普通高等学校应用型教材

·会计·

纳税筹划

（第7版）

TAX PLANNING

主　编◎梁文涛
副主编◎苏　杉　彭新媛

中国人民大学出版社
·北京·

图书在版编目（CIP）数据

纳税筹划/梁文涛主编；苏杉，彭新媛副主编. --7 版. --北京：中国人民大学出版社，2023.8
普通高等学校应用型教材. 会计
ISBN 978-7-300-31888-2

Ⅰ.①纳… Ⅱ.①梁… ②苏… ③彭… Ⅲ.①税收筹划-高等学校-教材 Ⅳ.①F810.423

中国国家版本馆 CIP 数据核字（2023）第 123887 号

普通高等学校应用型教材·会计
纳税筹划（第 7 版）
主　编　梁文涛
副主编　苏　杉　彭新媛
Nashui Chouhua

出版发行	中国人民大学出版社		
社　　址	北京中关村大街 31 号	**邮政编码**	100080
电　　话	010－62511242（总编室）		010－62511770（质管部）
	010－82501766（邮购部）		010－62514148（门市部）
	010－62515195（发行公司）		010－62515275（盗版举报）
网　　址	http://www.crup.com.cn		
经　　销	新华书店		
印　　刷	北京昌联印刷有限公司	**版　　次**	2016 年 8 月第 1 版
开　　本	787 mm×1092 mm　1/16		2023 年 8 月第 7 版
印　　张	18.75 插页 1	**印　　次**	2023 年 8 月第 1 次印刷
字　　数	404 000	**定　　价**	46.00 元

前　言

“纳税筹划”是应用型院校财经专业的一门专业核心课程。“纳税筹划”服务于会计专业人才培养目标，培养具有一定企业纳税筹划知识、岗位能力强的应用型人才。本课程坚持“理实一体，学做合一”，以培养纳税筹划能力为主线，致力于让学生掌握从事纳税筹划工作应具备的基本知识、基本技能和核算操作能力。

《纳税筹划（第7版）》配备《〈纳税筹划（第7版）〉习题集》。“纳税筹划”课程的前置课程为“税法”“税务会计”，读者可以选用本教材作者在中国人民大学出版社出版的《税法（第7版）》《税法习题集》《税务会计（第5版）》《〈税务会计（第5版）〉习题集》作为参考书。

《纳税筹划（第7版）》共9章，包括纳税筹划认知、纳税筹划的风险及其防范、增值税的纳税筹划、消费税的纳税筹划、企业所得税的纳税筹划、个人所得税的纳税筹划、其他税种的纳税筹划、跨国经营中的纳税筹划、纳税筹划的风险管理。为培养高端应用型纳税筹划人才，本教材精心挑选了150多个有代表性的纳税筹划案例，从筹划案例、工作要求、税法依据、筹划思路、筹划过程、筹划结论、筹划点评7个方面进行分析点评，突出了纳税筹划的实用性和应用性，让学生在学习纳税筹划理论知识的同时，提升纳税筹划的实践能力。

本教材在借鉴大量优秀的纳税筹划成果的基础上，结合作者对纳税筹划理论与实践的认识而编写，具有以下特色。

1. 案例经典、丰富，实用性和应用性强

本教材在介绍纳税筹划理论的基础上，注重纳税筹划的实用性和应用性，着重培养学生的应用能力。作者从多年归纳整理的300多个经典纳税筹划案例中选取了150多个有代表性的案例进行精讲，让学生把握纳税筹划的思想和精髓。

2. 编写体例、形式和内容适合应用型人才培养特点

本教材强调“理实一体，学做合一”，更加突出实践性，力求实现情境化教学。教材编写形式和内容适合应用型人才培养特点。

每章开头设置“素养提升”，落实立德树人根本任务；接着设置“能力目标”，让学生明确本章的学习目标；在开始每章的学习之前，设置“工作引例”，激发学生的学习兴趣；在纳税筹划案例的讲授过程中，从筹划案例、工作要求、税法依据、筹划思路、筹划过程、筹划结论、筹划点评7个方面进行分析点评，加深学生对纳税筹划的了解和认识，充分掌握案例及案例中蕴含的知识点；章后设置“技能训练”“实战演练”（为任课教师提供参考答案的电子版），并配备配套参考书《〈纳税筹划（第7版）〉习题集》，让学生通过习题训练进一步理解和掌握所学知识。

《〈纳税筹划（第7版）〉习题集》每章由“能力目标”“技能训练”“实战演练”构成，其中“技能训练”包括单项选择题、多项选择题、判断题、实务咨询题、案例分析题，“实战演练”包括综合题或者实训题；《〈纳税筹划（第7版）〉习题集》除了包括每章的习题，还包括两套模拟试题。《〈纳税筹划（第7版）〉习题集》中的一部分习题来自注册会计师考试《税法》课程、税务师考试《税法（一）》《税法（二）》《涉税服务实务》课程、全国会计专业技术资格考试《经济法基础》课程按照最新税法改编后的历年真题，学生通过练习，在一定程度上可以对上述证书考试课程形成一个整体的认识。《〈纳税筹划（第7版）〉习题集》中不仅包括全书习题的参考答案及解析，还包括主教材《纳税筹划（第7版）》中“技能训练”“实战演练”部分的参考答案及解析。

3. 按照最新税法编写，体现最新的营改增、深化增值税改革有关政策（含13%和9%的增值税税率）和个人所得税法等内容

本教材根据截稿日（2023年8月21日）的最新税法编写，在后续重印、修订或再版时，将根据最新税法进行修正和完善，同时在PPT等教学资源中体现。第7版根据自2022年7月1日起施行的《中华人民共和国印花税法》，自2021年9月1日起施行的《中华人民共和国城市维护建设税法》，自2021年9月1日起施行的《中华人民共和国契税法》，自2020年9月1日起施行的《中华人民共和国资源税法》，自2019年7月1日起施行的《中华人民共和国车辆购置税法》，自2019年4月1日起实行的深化增值税改革有关政策（含13%和9%的增值税新税率），以及自2019年1月1日起正式施行的修正后的《中华人民共和国个人所得税法》（简称《个人所得税法》）、新修订的《中华人民共和国个人所得税法实施条例》（简称《个人所得税法实施条例》）和《个人所得税专项附加扣除暂行办法》等编写。

4. 教学资源丰富

本教材作者为任课教师提供PPT教学课件、教学大纲、技能训练和实战演练的参考答案等电子资源。任课教师可通过中国人民大学出版社网站获取上述教学资源。

5. 提供最新法律法规库链接

本教材提供最新法律法规库链接，读者可以通过法律法规库查询各个税种的最新法律法规文件。具体可登录 http://www.chinatax.gov.cn/chinatax/n810341/n810825 或者扫描以下二维码（通过电脑登录可以按照税种查询最新法律法规文件）。

《纳税筹划（第 7 版）》由梁文涛担任主编，苏杉、彭新媛担任副主编。本教材在出版过程中，得到了中国人民大学出版社的大力支持与帮助，在此表示感谢；在撰写本教材的过程中，作者参考借鉴了大量相关著作、教材与论文，在此向相关作者表示由衷的感谢。由于作者水平有限，以及会计、税收等领域的法律法规、政策不断修订变化，本教材难免存在不当之处，读者在实际运用时应当以最新的法律法规、政策为准。同时，竭诚欢迎广大读者批评指正。联系邮箱：nashuichouhua@126. com；任课教师 QQ 群：498267290（仅供任课教师加入，申请加入时请说明单位和姓名）。

本教材既可以作为应用型院校教材，又可以作为各种财税培训机构的培训教材，也适合企业董事长、经理、财务主管、税务经理、税务律师、注册会计师、税务师、会计师、管理会计师、纳税筹划师等各类关心财税的人士阅读。

目　录

第1章

纳税筹划认知

素养提升

税收取之于民，用之于民。坚持全面依法治国，推进法治中国建设。

(1) 征税主体（税务机关、海关）应当落实减税降费政策，依法依规进行税收征管。

(2) 纳税主体（纳税人）应当学习如何运用税收政策，合法合理地进行纳税筹划。

能力目标

(1) 能明确纳税筹划的含义和特点。

(2) 能进行纳税筹划目标的分析。

(3) 能划分纳税筹划的主要形式。

(4) 能界定纳税筹划、偷税（逃避缴纳税款）、逃避追缴欠税、抗税与骗税。

(5) 能进行纳税筹划成本与收益的分析。

(6) 能划分不同的纳税筹划方法。

(7) 能梳理纳税筹划的步骤。

工作引例

对纳税筹划案例的认知

居民个人王某是一名工程师，任职于中国境内的甲公司，本年[①]有两种工作方案可供选择。方案一：王某与甲公司签订劳动合同，全年可取得的税前工资、薪金收入合计额为500 000元。方案二：王某与甲公司签订劳务合同，全年可取得的税前劳务报酬收

① 本书中的本年均指2023年。

入合计额为500 000元。假设无论选择上述何种方案，当年王某的专项扣除、专项附加扣除和依法确定的其他扣除合计额均为40 000元。王某本年没有其他收入。无论选择何种用工关系，对企业和个人的其他方面都不产生影响。假设不考虑增值税等因素。

【工作要求】请对上述业务进行纳税筹划。

【工作引例解析】见本章的1.1.1。

1.1 纳税筹划的内涵

1.1.1 纳税筹划的含义

纳税筹划、税收筹划、税务筹划、纳税规划、税收规划、税务规划都是根据英文“tax planning”翻译的，在此不做具体的区分。本书统一采用“纳税筹划”一词。

荷兰国际财税文献局（IBFD）编著的《IBFD国际税收辞汇》对纳税筹划是这样定义的：纳税筹划是指纳税人通过经营活动或个人事务活动的安排，实现缴纳最低的税收。

印度税务专家N. J. 雅萨斯威在《个人投资和税收筹划》一书中写道：“税收筹划是纳税人通过税务活动的安排，充分利用税收法规所提供的包括减免税在内的一切优惠，从而获得最大的税收收益。”

美国南加利福尼亚大学W. B. 梅格斯在《会计学》一书中写道：“人们合理合法地安排自己的经营活动，以缴纳最低的税收，他们使用的方法称为税收筹划。”

我国税务专家唐腾翔在《税收筹划》一书中写道：“税收筹划是指在法律许可的范围内，通过经营、投资、理财活动的事先筹划和安排，尽可能取得节税的税收利益。”

我国纳税筹划专家张中秀在《公司避税节税转嫁筹划》一书中写道：“纳税筹划是指纳税人通过非违法的避税形式和合法的节税形式以及税负转嫁形式来尽可能减少税负的行为。”后来他在《纳税筹划宝典》一书中又提到了纳税筹划的第四种形式，即“实现涉税零风险”。

天津财经大学会计学科首席教授盖地在《税务筹划学》一书中写道：“税务筹划是纳税人依据所涉及的税境和现行税法，遵循税收国际惯例，在遵守税法、尊重税法的前提下，根据税法中的‘允许’与‘不允许’以及‘非不允许’的项目和内容等，对企业涉税事项进行的旨在减轻税负、实现企业财务目标的谋划、决策与安排。”

综上所述，纳税筹划有广义和狭义之分。广义的纳税筹划既包括节税筹划，又包括避税筹划、税负转嫁筹划和实现涉税零风险（又称涉税零风险筹划）。狭义的纳税筹划只包括节税筹划。本书采用广义的纳税筹划观点，认为纳税筹划不仅包括节税筹划，还包括避税筹划、税负转嫁筹划和涉税零风险筹划。

事实上，就企业而言，纳税筹划是企业财务管理的一部分，研究纳税筹划不能脱离财务管理。一般认为，企业财务管理的最终目标是实现企业价值最大化，因此，企业纳税筹划的最终目标不一定是降低企业的税负，而是实现企业价值最大化。所以，企业纳税筹划是指企业在不违反法律的前提下，自行或委托代理人，通过对企业设立、筹资、投资、经营、股利分配、产权重组等活动中的涉税事项事先进行策划和安排，来实现企业价值最大化等目标的行为。就个人而言，纳税筹划是个人理财的一部分，研究纳税筹划不能脱离个人理财。一般认为，个人理财的最终目标是实现个人价值最大化或者股东价值最大化，因此，个人纳税筹划的最终目标不一定是降低个人的税负，而是实现个人价值最大化或者股东价值最大化。所以，个人纳税筹划是指个人在不违反法律的前提下，自行或委托代理人，通过对个人所得税涉税事项事先进行策划和安排，来实现个人价值最大化或者股东价值最大化等目标的行为。纳税主体主要是企业，因此本书的纳税筹划，尤其是涉及理论知识的部分，主要以企业为研究对象展开论述，有关个人所得税纳税筹划的部分才会涉及个人。

工作引例解析

【税法依据】居民个人的综合所得，以每一纳税年度的收入额减除费用 60 000 元以及专项扣除、专项附加扣除和依法确定的其他扣除后的余额，为应纳税所得额。

劳务报酬所得、稿酬所得、特许权使用费所得以收入减除 20%的费用后的余额为收入额。稿酬所得的收入额减按 70%计算。

综合所得个人所得税税率表（按年）如表 1－1 所示。

表 1－1 综合所得个人所得税税率表（按年）

级数	全年应纳税所得额	税率（%）	速算扣除数
1	不超过 36 000 元的	3	0
2	超过 36 000 元至 144 000 元的部分	10	2 520
3	超过 144 000 元至 300 000 元的部分	20	16 920
4	超过 300 000 元至 420 000 元的部分	25	31 920
5	超过 420 000 元至 660 000 元的部分	30	52 920
6	超过 660 000 元至 960 000 元的部分	35	85 920
7	超过 960 000 元的部分	45	181 920

【筹划思路】综合所得中的劳务报酬所得以收入减除 20%的费用后的余额为收入额，而综合所得中的工资、薪金所得以实际金额为收入额，因此，在收入相等的情况下，个人应当尽量选择取得劳务报酬所得，而非工资、薪金所得。工资、薪金所得与劳务报酬所得最大的区别在于，提供劳动的个人与接受其劳动的单位或个人签订了存在雇佣关系的劳动合同还是存在非雇佣关系的劳务合同。

【筹划过程】

方案一：王某与甲公司签订劳动合同，可取得的税前工资、薪金收入合计额为

500 000元。

王某本年没有其他收入，因此

本年综合所得的应纳税所得额＝本年工资、薪金所得的应纳税所得额
＝500 000－60 000－40 000＝400 000(元)

本年综合所得的应纳个人所得税＝400 000×25%－31 920＝68 080(元)

方案二：王某与甲公司签订劳务合同，可取得的税前劳务报酬收入合计额为500 000元。王某本年没有其他收入，因此

本年综合所得的应纳税所得额＝本年劳务报酬所得的应纳税所得额
＝500 000×(1－20%)－60 000－40 000
＝300 000(元)

本年综合所得的应纳个人所得税＝300 000×20%－16 920＝43 080(元)

【筹划结论】方案二比方案一少缴纳个人所得税25 000元（68 080－43 080），若以实现税负最小化为纳税筹划目标，则应当选择方案二。

【筹划点评】根据自2019年1月1日起正式施行的《个人所得税法》的规定，综合所得的年免征额60 000元（定额减除额）可以从居民个人的综合所得（工资、薪金所得，劳务报酬所得，稿酬所得，特许权使用费所得的合计额）中扣除，其中的劳务报酬所得、稿酬所得、特许权使用费所得又有各自的定率减除额（减除20%的费用。另外，稿酬所得的收入额减按70%计算）。因此，根据自2019年1月1日起正式施行的《个人所得税法》的规定，取得劳务报酬所得、稿酬所得、特许权使用费所得比取得同等金额的工资、薪金所得更为有利。签署劳动合同或者劳务合同，需要事先和工作单位协商一致。签署劳动合同，工作单位有为个人缴纳五险一金的义务，而签署劳务合同，工作单位可通过为个人缴纳商业保险来代替。另外，应当注意的是，对于属于增值税征收范围的劳务报酬所得，若达到起征点，还需要缴纳增值税；还有可能需要缴纳城市维护建设税、教育费附加。因此，纳税人应当综合测算，做出最终的决策。

1.1.2 纳税筹划的特点

1. 不违法性或合法性

不违法性主要是从消极的角度针对广义的纳税筹划来说的，是指纳税筹划不能违反法律规定。不违法是纳税筹划的前提条件，是对纳税筹划最基本的要求，也是纳税筹划与偷税（逃避缴纳税款）、逃避追缴欠税、抗税、骗税的根本区别。合法性主要是从积极的角度针对狭义的纳税筹划来说的，是指纳税筹划应当符合法律规定。与不违法相比，合法是对纳税筹划一般或者更高的要求。

2. 事先性

事先性是指企业在从事设立、筹资、投资、经营、股利分配、产权重组等活动之前，应当把税收作为影响最终成果的一个重要因素来设计和安排。一方面，涉税行为发

生之后企业便会产生纳税义务，这决定了企业可以对自身涉税行为进行事前安排；另一方面，纳税筹划要在涉税行为发生之前进行，一旦涉税行为已经发生，纳税义务便已经形成，企业就难以进行纳税筹划了。

3. 目的性

目的性是指纳税筹划有明确的目的或者目标。不同纳税人的纳税筹划目标有可能不同。一般来说，企业纳税筹划的最终目标不一定是降低企业的税负，而是实现企业价值最大化。

4. 协作性

协作性是指一般情况下纳税筹划需要多方合作来完成。复杂的纳税筹划关系到企业的设立、筹资、投资、经营、股利分配、产权重组等活动，因此它不是企业某个部门或某个人单独操作就能完成的工作，而是需要企业进行规范的管理，在企业领导重视的前提下，财务部门和其他部门密切配合、充分协作，甚至有时还需要客户等其他企业的配合。

5. 全面性

全面性是指应该从战略角度全面地考虑和把握纳税筹划。也就是说，企业在纳税筹划时应当用全面、发展的眼光看问题。企业不能只关注个别税种的筹划，而应着眼于各个税种的筹划。同时，企业不能局限于短期目标的实现，而应考虑长远发展目标，最终增加企业长期、整体的效益。

6. 专业性

专业性是指纳税筹划人员需要具备相关的专业知识和实际操作能力。一方面，纳税筹划涉及税收学、管理学、财务学、会计学、法学、国际贸易学、金融学等专业，需要跨专业的综合人才来从事这项工作；另一方面，随着经济的快速发展、中国市场与世界市场的不断融合，以及各国税制的日益复杂和税收法律法规的不断更新变化，单凭一个人在短时间内设计出一个相对复杂的纳税筹划方案的难度越来越高。这不仅促使企业开始设置专门从事纳税筹划的部门，也促进了税务代理行业的发展。

7. 时效性

时效性是指某纳税筹划方案仅在特定的时间内对决策具有价值。世界各国的税收法律法规都不是固定不变的，总是随着国内外经济环境的变化不断进行修订和完善。这就要求企业一方面要抓住时机，及时充分地利用好法律法规的优惠政策；另一方面要密切关注税收法律法规的发展变化，对已经制订或实行的纳税筹划方案及时进行修订、调整或更正。

8. 风险性

风险性是指纳税筹划在产生收益的同时具有一定的风险。随着税收法律法规不断调整和变化，企业内外各种因素导致纳税筹划结果具有不确定性。因此，立足于长期规划的纳税筹划，蕴含着更大的风险。并且，纳税筹划的预期收益往往是一个估算值。所以，纳税筹划具有风险性。

1.2 纳税筹划目标的分析

1.2.1 纳税筹划目标的种类

纳税筹划目标是指纳税人通过纳税筹划希望达到的结果。对纳税筹划进行准确的目标定位，直接关系到纳税筹划的成败。纳税筹划目标从不同的角度可以分为以下几种。

1. 税负目标

（1）实现税负最小化。

纳税人最主要、最基本的权利是不需要缴纳比税法规定应缴税款更多的税款。纳税人对降低自身税负的追求，是纳税筹划产生的最初原因。但随着现代财务理念的发展，人们发现纳税筹划单纯地以实现税负最小化为目标存在很多缺陷，主要表现在：第一，没有考虑纳税筹划方案对相关收入和成本的影响，容易导致决策的片面性。若减少的税负是以减少更多的收入或增加更多的成本为代价，则得不偿失。第二，没有考虑资金时间价值。不同纳税筹划方案下相关收益的流入或成本的流出可能发生在不同的时点，不同时点的现金流量的现值是不同的，而税负最小化没有考虑资金时间价值因素，在纳税筹划方案涉及长期决策时很可能导致失误。第三，没有考虑相关的风险。不同的纳税筹划方案面对的风险往往是不同的，有的方案能实现比较低的税负，但要面对很多不确定的负面因素，在这种情况下，仅仅考虑税负的高低并不能做出正确的决策。第四，没有考虑到实现税负最大化或者税负合理化是有些纳税人的纳税筹划目标。

因此，纳税筹划以税负最小化为目标有很大的缺陷，甚至会将纳税人引入误区。当然，降低税负是大多数纳税人进行纳税筹划最直接的动机，也是纳税筹划兴起与发展的直接原因。

（2）实现税负最大化或者税负合理化。

实现税负最大化或者税负合理化是对特定的纳税人来说的。一般来说，纳税人如果有某种特殊的纳税目的或者要求，就有可能追求实现税负最大化或者税负合理化。例如，国有企业强调完成一定利税目标，这里的“利”是指企业的税后利润，“税”是指企业向国家缴纳的税费总额。因此，这些国有企业的纳税筹划目标一般情况下是实现税负最大化或者税负合理化。又如，根据《关于修改〈首次公开发行股票并上市管理办法〉的决定》（中国证券监督管理委员会令第196号）的规定，发行人不得有“最近36个月内违反工商、税收、土地、环保、海关以及其他法律、行政法规，受到行政处罚，且情节严重”的情形；发行人依法纳税，各项税收优惠符合相关法律法规的规定。因此，这些准备上市的企业的纳税筹划目标一般情况下是实现税负合理化。又如，根据《上海证券交易所股票上市规则》的规定，上市公司最近连续两个会计年度经审计的财务会计报告相关财务指标触及财务类强制退市情形的，上海证券交易所决定终止其股票上市。其中财务类强制退市情形包括“最近一个会计年度经审计的净利润为负值且营业收入低于人民币 1 亿元，或追溯重述后最近一个会计年度净利润为负值且营业收入低于人民币 1 亿元”等。上市公司为了避免退市，有可能会通过纳税筹划使得上市公司产生一定的利润，避免连续两个会计年度经审计的净利润为负值且营业收入低于人民币 1 亿元，这会使上市公司缴纳一定的企业所得税，以实现税负合理化。又如，企业连续 3 个月零申报或负申报属于异常申报，可能被税务机关列入重点抽查对象，因此，企业一般要避免连续 3 个月零申报或负申报，以实现税负合理化。再如，某些大城市个人积分落户的指标中有纳税指标，其中包括纳税基本指标和纳税加分指标，为了满足落户条件，个人的纳税筹划目标一般是实现税负最大化或者税负合理化。

2. 税后利润目标

（1）实现税后利润最大化。

税后利润最大化目标可以克服税负最小化目标的第一个缺陷，即没有考虑相关的收入和成本。税后利润最大化目标在当今的理论界和实务界都比较流行，这种观点认为，因为税后利润＝收入－成本－税金，所以要实现税后利润最大化，就要在收入增加、成本减少的同时，尽可能地减少缴纳的税金，使收入减去成本再减去税金后的值即税后利润尽可能最大。但是这一目标的提出仍然没有解决资金时间价值、风险计量的问题，在纳税筹划方案涉及不同期间的现金流量时有可能导致决策失误，容易导致企业只注重对本年度利润的追求，造成纳税筹划的短期行为，不能兼顾企业的长远发展。当然，在一年以内的短期纳税筹划决策中，税后利润最大化目标一般可以用来对纳税筹划方案进行选择和评价。应当注意的是，以实现税后利润最大化为纳税筹划目标的纳税人，有可能同时以实现税负最小化为纳税筹划目标；而实现税后利润最大化的目标可能和有些纳税人实现税负最大化或者税负合理化的纳税筹划目标相违背。另外，实现税后利润最大化的目标是针对企业来说的，对于个人而言，一般称为实现税后收益最大化。

（2）实现税后利润最小化或者税后利润合理化。

以企业所得税的纳税筹划为例，因为税后利润＝利润总额－所得税费用＝利润总额－（当期所得税＋递延所得税）＝利润总额－（当期应纳税所得额×企业所得税税率＋递延所得税），所以在利润总额一定的情况下，若当期所得税（即当期应纳企业所得税）增加，则税后利润就会减少，所以以实现税负最大化或者税负合理化为纳税筹划目标的纳税人，有可能同时以实现税后利润最小化或者税后利润合理化为纳税筹划目标。例如，有些企业在初创时得到了国家和政府的支持，企业做大做强之后，虽然可以享受税收优惠，但会故意放弃，通过多缴税来回报国家、回报社会，这些企业就是同时以实现税负最大化或者税负合理化和实现税后利润最小化或者税后利润合理化为纳税筹划目标。另外，实现税后利润最小化或者税后利润合理化的目标是针对企业来说的，对于个人而言，一般称为实现税后收益最小化或者税后收益合理化。

3. 涉税资金时间价值目标

（1）实现涉税资金时间价值最大化。

资金是有时间价值的，纳税人通过一定的手段将本期应当缴纳的税款延期缴纳，以获得资金的时间价值，也是纳税筹划的目标之一。实现涉税资金时间价值最大化的目标与实现税负最小化的目标一般情况下是一致的。虽然这笔延期缴纳的税款迟早都要缴纳，但本期无偿占用这笔资金就相当于从税务机关处获得了一笔无息贷款（相当于降低了税负），并且这笔无息贷款不存在财务风险。当然，实现涉税资金时间价值最大化是在应缴税款一定的情况下进行的，纳税人不能单纯为了实现涉税资金时间价值最大化而最大限度地晚缴税款，在少缴和晚缴之间应进行合理的选择。

（2）实现涉税资金时间价值最小化或者涉税资金时间价值合理化。

实现涉税资金时间价值最小化或者涉税资金时间价值合理化的目标与实现税负最大化或者税负合理化的目标一般情况下是一致的。实现涉税资金时间价值最小化或者涉税资金时间价值合理化实际上就是纳税人通过一定的手段将未来应当缴纳的税款提前缴纳。例如，有些企业为了在某一年度实现转亏为盈的目标，会在该年度末通过纳税筹划将原本下年度销售的产品提前销售，使得该年度多一些收入，进而产生一些利润，导致企业提前一个纳税期间缴纳企业所得税，以实现涉税资金时间价值最小化或者涉税资金时间价值合理化。

4. 纳税风险目标

（1）实现纳税风险最小化。

实现纳税风险最小化虽然不一定能够直接影响税负或者税后利润等，但能使纳税人间接地获取一定的经济利益，主要表现在：第一，可以使纳税人不至于受到税务机关的经济处罚，避免发生不必要的经济损失。第二，可以避免纳税人发生不必要的名誉损失，使纳税人的品牌和产品更容易为消费者所接受，从而有利于纳税人的生产经营。第三，纳税风险最小化主要是通过达到涉税零风险这一状态来实现的。涉税零风险状态可以使纳税人账目更加清楚，使管理更加有条不紊，有利于纳税人控制成本费用，也有利于纳税人的长远发展与规模扩大。

（2）实现纳税风险合理化。

过分追求纳税风险最小化可能会较大程度增加纳税人的成本，结果可能得不偿失，因此纳税人在追求降低纳税风险的同时，应当考虑相关成本，在二者之间保持平衡。实现纳税风险合理化就是用较低成本达到较大程度降低纳税风险的目的。

5. 现金净流量目标

（1）实现现金净流量最大化。

现金净流量是指一定期间内，现金及现金等价物流入减去现金及现金等价物流出的余额（即净收入或净支出），反映了本期现金及现金等价物净增加或净减少的数额。实现现金净流量最大化是针对短期纳税筹划目标来说的。实现现金净流量最大化的目标与实现税后利润最大化的目标一般情况下是一致的，但也有相悖的情况。例如存在应收应付款项、固定资产折旧等因素时，两种目标未必一致。

（2）实现现金净流量最小化或者现金净流量合理化。

实现现金净流量最小化或者现金净流量合理化的目标与实现税后利润最小化或者税后利润合理化的目标一般情况下是一致的，但也有相悖的情况。例如存在应收应付款项、固定资产折旧等因素时，两种目标未必一致。

6. 企业价值目标——实现企业价值最大化

纳税筹划属于财务管理的范畴。一般来说，企业财务管理的最终目标是实现企业价值最大化，因此，企业纳税筹划的最终目标也是实现企业价值最大化。企业价值是企业未来创造的现金净流量的现值，是对企业未来现金流入和流出、现金流量的时间价值以及风险综合评估的结果。将实现企业价值最大化作为纳税筹划目标，可以综合考虑纳税筹划方案引起的相关收益、成本、资金时间价值以及风险因素，因此是一种较为合理的目标。实现企业价值最大化是针对长期纳税筹划目标来说的。以实现企业价值最大化作为纳税筹划目标的主要应用是在长期纳税筹划决策中引入净现值法，即计算长期纳税筹划方案可能带来的相关现金流量的净现值，以此作为评价长期纳税筹划方案优劣的依据。因为计算净现值时采用的折现率不仅考虑了资金时间价值因素，而且考虑了风险因素，所以净现值法可以帮助纳税筹划人员更为准确地进行纳税筹划方案的选择与决策。当然，实现企业价值最大化的纳税筹划目标同样存在缺陷：一是在计算长期纳税筹划方案带来的净现值时，难以确定折现率，即难以准确计量纳税筹划方案的资金时间价值；二是难以确定风险因素的影响，即难以确定采用风险调整贴现率法还是调整现金流量法。这些都制约着企业价值最大化目标和净现值法在长期纳税筹划决策中的应用。另外，实现企业价值最大化的目标是针对企业来说的，对于个人而言，一般称为实现个人价值最大化或者股东价值最大化。

1.2.2　不同纳税筹划目标之间的联系

就企业而言，纳税筹划目标在不同的纳税筹划决策中有不同的运用。企业在进行纳税筹划时应注意纳税筹划目标之间的联系。实现企业价值最大化是纳税筹划的最终目标，是企业长期发展必须关注的目标，很多时候应当包含其他一个或者多个目标。在具体的纳税筹划中，如果企业在实现其他一个或者多个目标的过程中违背了企业价值最大化目标，也就违背了企业的长远发展规划，该项纳税筹划方案应当加以修正。事实上，纳税筹划的长期目标的重点在于通过降低企业的税负和纳税风险，来保证企业持续安全地盈利，最终实现企业价值最大化。

然而，应当注意的是，实现企业价值最大化目标在实际的计量中有一定的局限性。因此，可以把实现企业价值最大化作为最终目标，而在具体的纳税筹划实务中，使其表现为其他一个或者多个目标。

为研究方便，本书的理论知识和案例主要是以实现税负最小化而非以实现税负最大化或者税负合理化为目标，是以实现税后利润最大化而非以实现税后利润最小化或者税后利润合理化为目标，是以实现涉税资金时间价值最大化而非以实现涉税资金时间价值最小化或者涉税资金时间价值合理化为目标，是以实现纳税风险最小化而非以实现纳税风险合理化为目标，是以实现现金净流量最大化而非以实现现金净流量最小化或者现金净流量合理化为目标，同时以实现企业价值最大化为长期最终目标。

1.3 纳税筹划的主要形式

广义的纳税筹划有四种主要形式：节税筹划、避税筹划、税负转嫁筹划和涉税零风险筹划。

1.3.1 节税筹划

节税筹划是指企业在不违背法律本身且不违背立法精神的前提下，在国家法律及税收法规许可并鼓励的范围内，利用税法所赋予的税收优惠或选择机会，对各种涉税事项进行策划和安排，通过减轻税负来实现企业纳税筹划目标的行为。

节税筹划是在企业不违背法律本身且不违背立法精神的前提下进行的，纳税筹划活动本身及其后果与税法的本意相一致，这有利于加强税法的地位，从而使政府更加有效地利用税法来进行宏观调控，因此，节税筹划是政府提倡的行为。

1.3.2 避税筹划

避税筹划强调的是不违背法律本身但违背了立法精神，是指企业利用法律的空白、漏洞或缺陷，对各种涉税事项进行策划和安排，通过规避税收来实现企业纳税筹划目标的行为。因为避税筹划违背了立法精神，所以其风险较大，是一种短期行为，最终难以实现企业价值最大化目标。

避税筹划遵循“法无明文不为罪”的原则，不符合政府的政策导向和意图，是政府不提倡的。成功进行避税筹划意味着行为主体找到了法律的漏洞与缺陷，这可以促使政府弥补漏洞与缺陷，客观上可以促使税法逐步完善。从这方面来说，避税筹划有助于社会的进步与发展。

1.3.3 税负转嫁筹划

税负转嫁筹划是指企业为了达到降低税负的目的，通过价格的调整和变动，将税负转嫁给他人来实现企业纳税筹划目标的行为。

典型的税负转嫁是在商品流通过程中，纳税人通过提高销售价格或压低购进价格，将税负转嫁给购买者或供应者。这会导致纳税人和负税人分离，纳税人是法律意义上的纳税主体，负税人（购买者或供应者）是经济上的承担主体，而国家的税收收入并不受影响，因此政府对此一般持中立态度。

1.3.4　涉税零风险筹划

涉税零风险筹划是指企业努力做到会计账目清楚，会计核算健全，业务流程规范、合理，纳税申报及时、准确，缴纳税款及时、足额，避免受到任何税收方面的处罚，即在税收方面几乎处于零风险的状态，或者是风险极小可以忽略不计的状态。

涉税零风险筹划虽然不能为企业带来直接经济利益，但却能够为企业创造一定的间接经济利益。主要表现在：(1) 涉税零风险筹划可以避免涉税风险和损失的出现，从而避免税务机关的经济处罚；(2) 涉税零风险筹划可以避免发生信誉损失，而良好的纳税信誉有利于企业的经营；(3) 企业会计账目清楚，会计核算健全，业务流程规范、合理，纳税申报及时、准确，缴纳税款及时、足额等，会使税务机关对企业印象良好，从而使企业在税务检查以及税收优惠政策方面获得宽松待遇等。这些都有利于企业价值最大化目标的实现和企业的长远发展。

涉税零风险筹划有利于形成良好的税收征纳环境，促进社会和谐发展，政府对此持鼓励的态度。

1.4　纳税筹划与偷税（逃避缴纳税款）、逃避追缴欠税、抗税、骗税的界定

1.4.1　偷税（逃避缴纳税款）、逃避追缴欠税、抗税、骗税的含义

偷税（逃避缴纳税款）① 是指纳税人伪造、变造、隐匿、擅自销毁账簿、记账凭证，或者在账簿上多列支出或者不列、少列收入，或者经税务机关通知申报而拒不申报或者进行虚假的纳税申报，不缴或者少缴应纳税款的行为。

逃避追缴欠税是指纳税人欠缴应纳税款，采取转移或者隐匿财产的手段，致使税务机关无法追缴欠缴税款的行为。

抗税是指纳税人以暴力、威胁方法拒不缴纳税款的行为。

骗税是指纳税人以假报出口骗取国家出口退税款的行为。

1.4.2　纳税筹划与偷税（逃避缴纳税款）、逃避追缴欠税、抗税、骗税的区别

1. 性质不同

纳税筹划是在正确履行纳税义务的前提下进行的，它的特点是不违法或合法，而偷税（逃避缴纳税款）、逃避追缴欠税、抗税、骗税是通过非法手段将应税行为变为非应

① 从 2009 年 2 月 28 日起，《中华人民共和国刑法》用“逃避缴纳税款”的表述取代了原法律条文中“偷税”的表述，但《中华人民共和国税收征收管理法》仍采用“偷税”这一表述。

税行为或者故意逃避、拒绝缴纳税款，从而逃避纳税人的应税责任，是违法甚至犯罪行为，应该受到法律的制裁。

2. 使用的手段不同

纳税筹划采取公开或相对公开的手段，不需要进行修饰和掩盖，以理财为目的来实现企业的财务目标；偷税（逃避缴纳税款）、逃避追缴欠税、骗税采用转移、隐蔽、假冒等手段达到少缴税款的目的，具有欺诈性；抗税采用暴力、威胁的手段，恶意触犯法律，必将受到法律的严惩。

3. 承担的责任不同

纳税筹划既然是一种不违法或合法行为，原则上不会承担法律责任，并应受到国家法律的认可和保护。偷税（逃避缴纳税款）、逃避追缴欠税、抗税、骗税是违法行为，一经查实，除给予一定的经济处罚外，还要视情节轻重，决定是否追究刑事责任。

4. 政府的态度不同

偷税（逃避缴纳税款）、逃避追缴欠税、抗税、骗税行为具有故意性、欺诈性、违法性等特征，会使国家税收遭受严重损失。政府持坚决反对和抵制态度，并针对此类行为制定专门的处罚规定。而对纳税筹划，政府一般持提倡或鼓励态度。虽然政府对避税筹划持不提倡态度，但是相对于偷税（逃避缴纳税款）、逃避追缴欠税、抗税、骗税行为来说，政府的态度要宽松很多。

1.4.3 纳税筹划的四种形式与偷税（逃避缴纳税款）、逃避追缴欠税、抗税、骗税之间的比较

节税筹划、避税筹划、税负转嫁筹划、涉税零风险筹划与偷税（逃避缴纳税款）、逃避追缴欠税、抗税、骗税的比较如表 1-2 所示。

表 1-2 节税筹划、避税筹划、税负转嫁筹划、涉税零风险筹划与偷税（逃避缴纳税款）、逃避追缴欠税、抗税、骗税的比较

比较点	类别				
	节税筹划	避税筹划	税负转嫁筹划	涉税零风险筹划	偷税（逃避缴纳税款）、逃避追缴欠税、抗税、骗税
法律性质	合法	非违法	纯经济活动	合法	违法
政府态度	提倡	不提倡	中立	鼓励	反对和抵制
风险性	低风险	风险较高	多因素风险	几乎零风险	高风险
实施手段	主要利用税收优惠政策或选择机会	主要利用税法的漏洞与缺陷	调整产品价格	准确进行纳税申报，及时、足额纳税	利用非法手段
立法意图	体现	违背	不相关	顺应	违反
经济影响	促进经济发展	影响甚至破坏市场规则	有利于企业间的竞争	有利于形成良好的税收征纳环境	违背公平竞争原则，破坏经济秩序

1.5　纳税筹划成本与收益的分析

1.5.1　纳税筹划的成本

纳税筹划的成本是指企业因进行纳税筹划而失去或放弃的资源。纳税筹划的成本主要包括以下几个方面的内容。

1. 制订和执行纳税筹划方案而新增的成本

纳税筹划方案的制订和执行成本是指纳税筹划方案在制订和执行过程中发生的支出，具体包括：收集和保存与纳税筹划相关信息的耗费；从事纳税筹划方案制订和执行工作的纳税筹划人员的工资、薪金；对纳税筹划人员进行纳税筹划培训的费用；委托税务代理机构进行纳税筹划的全部费用；按照纳税筹划方案安排生产、经营等活动而发生的筹建或改建成本、沟通及协作成本、制订计划的成本、谈判成本、监督成本和管理成本等。应当注意的是，制订和执行纳税筹划方案而新增的成本指的是纳税筹划方案与原纳税方案相比，制订和执行成本的增加值。

2. 因进行纳税筹划而新增的纳税成本

纳税成本是指纳税人在纳税过程中发生的直接或间接费用，包括经济、时间等方面的损失。

因进行纳税筹划而新增的纳税成本也是一个增加值，它是与原纳税方案相比纳税成本的增加值，具体包括：(1) 新增正常税负，指按照税法规定计算得出的纳税筹划方案下税款总额较之原纳税方案下税款总额的增加额，是纳税筹划方案的正常税负，是必须支付的，是一项法定义务。纳税筹划并非总是以减少税负为目的，有时税负增加同样会带来经济利益。(2) 新增办税费用，指与原纳税方案相比增加的办税费用。办税费用包括办税人员费用、资料费用、差旅费用、邮寄费用、利息等。(3) 新增税收滞纳金和罚款，指的是纳税筹划被认定为偷税（逃避缴纳税款）等违法行为而缴纳的罚款及滞纳金。(4) 为取得税务机关对纳税筹划方案的认可而加强沟通、游说等的支出。(5) 因不服税务机关对纳税筹划方案的认定而发生的行政复议、行政诉讼费用支出（如因行政复议、行政诉讼而发生的律师费、差旅费、误工损失等）等。

3. 纳税筹划的心理成本

纳税筹划的心理成本是指与纳税人因担心纳税筹划失败而产生的焦虑相关的损失。心理成本很难测量，也很少有人进行深入研究，但这并不意味着心理成本不重要。许多人在处理纳税筹划事项时都要经历相当大的挫折，承受相当多的焦虑，这会影响他们的工作效率。对于心理承受能力差的人，这甚至会影响他们的身体健康，使他们付出更大的心理成本作为进行纳税筹划的代价。心理成本的高低取决于纳税筹划的复杂程度、纳税人的心理承受力、当地税务机关对纳税筹划的态度、政府对税收违法行为处罚的严厉程度等。

4. 纳税筹划的机会成本

纳税筹划的机会成本，也就是纳税筹划的隐性成本，是指纳税人由于采用拟订的纳税筹划方案而放弃的潜在利益。

纳税筹划本身是一个决策过程，即在众多方案中选择一个最佳方案，但选定一个方案必然要舍弃其他方案。纳税筹划的机会成本在纳税筹划实务中往往被忽视。

5. 纳税筹划的风险成本

纳税筹划的风险成本是指由于纳税筹划风险的存在而发生的成本，主要包括：企业因纳税筹划方案设计失误或实施不当造成筹划目标落空而发生的经济损失，税收政策的变化导致纳税筹划方案失败而发生的损失，企业经营活动的变化导致纳税筹划方案无法实现既定目标而发生的损失，税务机关对纳税筹划方案的错误认定所导致的的损失，等等。

6. 纳税筹划的非税成本

纳税筹划的非税成本是指企业因实施纳税筹划所产生的连带经济行为的经济后果。它是一个内涵丰富的概念，既包括可量化的内容，也包括不可量化的内容。

由于信息不对称、隐藏行为和隐藏信息的存在，非税成本有时很大，甚至大大超过节省的税收利益。例如，如果一家企业亏损多年，积累了大量的税收损失，那么另一家盈利企业这时兼并这家企业就会产生很大的节税收益，但不能忽视的是，兼并后管理费用、协调费用都会大大增加。而且，由于信息不对称，盈利企业对被兼并企业其他方面（如资产状况、员工素质）的情况可能不是很了解，种种非税成本加起来可能会抵消所产生的节税收益。

上述对纳税筹划的成本的分类并不是非常严格，有些纳税筹划的成本可能同时属于其中的两类或多类。例如，纳税筹划被认定为偷税（逃避缴纳税款）等违法行为而缴纳的罚款及滞纳金，既属于因进行纳税筹划而新增的纳税成本，又属于纳税筹划的风险成本。

1.5.2 纳税筹划的收益

纳税筹划的收益指企业进行纳税筹划而获得的各种利益。纳税筹划的收益主要包括以下几个方面的内容。

1. 因进行纳税筹划而新增的收入

在数量上，新增收入等于实施纳税筹划后企业各项收入大于实施纳税筹划前各项收入的部分。应当注意的是，这里所说的新增收入均是由实施纳税筹划活动直接或间接引起的，企业发生的与实施纳税筹划活动无关的新增收入不包括在内。

2. 因进行纳税筹划而减少的纳税成本

与纳税筹划的成本中新增的纳税成本相对应，纳税成本的减少额主要包括与原纳税方案相比，执行纳税筹划方案引起的税负的减少额、办税费用的节约额以及行政处罚的减少额等。其中，税负的减少额是主要部分，是指执行纳税筹划方案的全部税负与原纳税方案全部税负的差额。

3. 因进行纳税筹划而新增的涉税资金时间价值

这主要是通过延期纳税来实现的。通过延期纳税，企业当期的总资金会增加，不仅可以用来清偿债务，还可以用来进行持续的生产经营。

4. 涉税零风险筹划带给企业的利益

前文中已提到，涉税零风险筹划虽然不能为纳税人带来直接经济利益的增加，但能够为纳税人创造一定的间接经济利益。实现涉税零风险，一方面有利于企业保持较好的纳税信誉，树立良好的形象，从而更好地经营；另一方面会使税务机关对企业印象良好，从而使企业在税务检查以及税收优惠政策方面获得宽松待遇等。

5. 由于纳税筹划提高了企业的整体管理水平和核算水平而使企业增加的收益

企业进行纳税筹划时会聘用高素质的财税人才，规范自己的财务会计处理、财务管理、内部纳税控制和纳税申报行为，这可以提高企业的整体管理水平和核算水平，为企业带来收益。

类似于纳税筹划的成本分类，上述对纳税筹划的收益的分类并不是非常严格，有些纳税筹划的收益可能同时属于其中的两类或多类。

1.5.3 纳税筹划成本与收益分析法的应用

纳税筹划成本与收益分析法，是指在纳税筹划方案的制订和执行过程中，比较纳税筹划方案带来的收益与耗费的成本，只有当纳税筹划方案的成本小于取得的收益时，该纳税筹划方案才是可行的；反之则不可行。

借鉴财务管理中投资决策的分析方法，在进行成本与收益分析时，可以把能够量化的纳税筹划成本和收益折现，然后进行大致的比较，具体步骤如下。

（1）确定比较期限。纳税筹划一般是为了企业的长远发展，因而纳税筹划的成本与收益分析不能仅仅局限于某个纳税年度。企业可根据自身实际，确定比较年限为 n 年。

（2）将纳税筹划的成本折现。即把前 n 年的所有纳税筹划的成本依次折现到纳税筹划方案执行的起始日，并求和得出 C。

（3）将纳税筹划的收益折现。即把前 n 年的所有纳税筹划的收益依次折现到纳税筹划方案执行的起始日，并求和得出 R。

（4）比较成本和收益的大小。若 $R>C$，则此纳税筹划方案是可行的；若 $R<C$，则此纳税筹划方案不可行。

上述步骤中第（2）、（3）步的计算公式如下：

$$C=\sum_{t=1}^{n}C_t\times(P/S,i,t)$$

$$R=\sum_{t=1}^{n}R_t\times(P/S,i,t)$$

式中，C 是总的纳税筹划成本；C_t 是第 t 年的纳税筹划成本；R 是总的纳税筹划收益；R_t 是第 t 年的纳税筹划收益；$(P/S, i, t)$ 是第 t 年的复利现值系数；i 是折现率；

n 是比较期限（年）。

1.6 纳税筹划方法的划分

纳税筹划的方法总体来说可以划分为八种：一是降低计税依据法；二是降低适用税率法；三是增加可抵扣（或扣除、抵减、抵免）税额法；四是直接减免税款法；五是推迟纳税时间法；六是规避或转换纳税义务（或身份）法；七是实现税后利润最大化或企业价值最大化法；八是防范纳税风险法。

1.6.1 降低计税依据法

计税依据是指纳税人计算应纳税额的依据。一般来说，应纳税额＝计税依据×适用税率，因此，在税率确定的情况下，降低计税依据就会使得应纳税额降低。降低计税依据法是纳税筹划最基本的方法。各个税种的计税依据不尽相同，因此，纳税人需要研究各个税种计税依据的不同规定，通过各种不同的方法降低计税依据，从而降低企业税负。

1.6.2 降低适用税率法

降低适用税率法是在存在不同税率的前提下，运用一定的方法选择适用相对较低的税率，从而降低应纳税额的方法。运用该方法的前提条件是存在税率差异以及选择的机会。

1.6.3 增加可抵扣（或扣除、抵减、抵免）税额法

增加可抵扣（或扣除、抵减、抵免）税额就相当于减少了纳税人应当缴纳的税款，在计税依据和税率既定的情况下，意味着纳税人实际缴纳税款的减少。可抵扣（或扣除、抵减、抵免）的税额包括：在计算应纳增值税时，准予抵扣的进项税额；在计算特定应税消费品应纳消费税时，对于以前环节（采购环节或委托加工环节）缴纳的税款在税法规定的范围内准予扣除；在计算缴纳企业所得税时，准许纳税人弥补以前年度（5年内）发生的亏损、自己分公司发生的亏损等，这相当于变相抵减了税额；在计算缴纳企业所得税时，企业取得的来源于中国境外的应税所得已在境外缴纳的所得税税额，可以从其当期应纳税额中抵免，抵免限额为该项所得依照《中华人民共和国企业所得税法》（以下简称《企业所得税法》）规定计算的应纳税额，超过抵免限额的部分可以在以后5个年度内，用每年度抵免限额抵免当年应抵税额后的余额进行抵补。

1.6.4 直接减免税款法

直接减免税款法主要是指企业利用相关减免税等税收优惠政策，直接获得税负减免或者享受相关税收优惠政策。例如，农业生产者销售自产的初级农产品免征增值税，纳

税人利用起征点、免征额等减免税政策来享受税收优惠。

1.6.5　推迟纳税时间法

推迟纳税时间法属于利用涉税资金时间价值的方法，具体做法有很多，基本思路可以归结为：一是尽量推迟确认收入；二是尽量提前确认成本和费用。

1.6.6　规避或转换纳税义务（或身份）法

规避或转换纳税义务（或身份）法主要是指企业通过改变生产流程或经营方向，一方面规避纳税义务，例如，若生产高档化妆品，则缴纳消费税，但若生产护肤护发品（不属于“高档护肤类化妆品”），则不必缴纳消费税；另一方面转换纳税义务（或身份），例如，将企业所得税业务合理转换为个人所得税业务，在增值税一般纳税人与增值税小规模纳税人之间合理转换，以及在一般计税方法和简易计税方法之间合理转换。

1.6.7　实现税后利润最大化或企业价值最大化法

前文提到，实现税负最小化的目标有时未必会同时实现税后利润最大化或企业价值最大化的目标，因此当二者出现冲突时，纳税人应当采用实现税后利润最大化或企业价值最大化法。

1.6.8　防范纳税风险法

实现纳税风险最小化是企业纳税筹划目标之一。企业通过纳税筹划，合理合法地纳税，尽最大努力遵守税收法律法规，从而最大限度地降低纳税风险，实现平稳健康的发展。这有利于建立和谐的税收征纳关系，实现企业与国家的双赢。

1.7　纳税筹划步骤的梳理

1.7.1　收集纳税筹划必需的信息

1. 分析企业涉税情况与需求

不同企业的基本情况及纳税要求有所不同，在实施纳税筹划活动时，首先要了解企业以下基本情况：企业组织形式、纳税筹划主体的意图、经营状况、财务状况、投资意向、管理层对风险的态度、企业的需求和目标等。其中，纳税筹划主体的意图是纳税筹划中最根本的部分，是纳税筹划活动的出发点。

2. 分析企业相关税收政策与环境

企业在着手设计纳税筹划方案之前，应当对相关的财税政策和法规进行梳理、整理和归类。全面了解与企业相关的行业、部门的税收政策，理解和掌握国家税收政策及精神，争取税务机关的帮助与合作，对于成功实施纳税筹划尤为重要。如果有条件，最好建立企业税收信息资源库备用。同时，企业必须了解政府的相关涉税行为，就政府对纳税筹划方案可能的行为反应做出合理的预期，以增加筹划成功的可能性。这方面的信息包括政府对纳税筹划中可能涉及的避税活动的态度、政府反避税的主要法规和措施以及政府反避税的运作规程等。

3. 确定纳税筹划的具体目标

根据前文所述，企业纳税筹划的最终目标是实现企业价值最大化。对上面已经收集的信息进行分析后，企业便可以确定纳税筹划的各个具体目标，以此为基准来设计纳税筹划方案。纳税筹划的具体目标主要有：

（1）实现税负最小化、税负最大化或者税负合理化；

（2）实现税后利润最大化、税后利润最小化或者税后利润合理化；

（3）实现涉税资金时间价值最大化、涉税资金时间价值最小化或者涉税资金时间价值合理化；

（4）实现纳税风险最小化、纳税风险合理化；

（5）实现现金净流量最大化、现金净流量最小化或者现金净流量合理化。

1.7.2 设计备选的纳税筹划方案

在掌握相关信息和确立目标之后，决策者可以着手设计纳税筹划的具体方案。关注角度不同，具体方案就可能存在差异，因此决策者需要将方案逐一列示，并在后续过程中进行选择。

纳税筹划方案的设计一般按以下步骤进行：首先，对涉税问题进行认定，即涉税项目的性质、涉及的税种等；其次，对涉税问题进行分析，即涉税项目的发展态势、引起的后果、纳税筹划空间的大小、需解决的关键问题等；最后，设计多种备选方案，即针对涉税问题设计若干可选方案，包括涉及的经营活动、财务运作和会计处理等。

1.7.3 分析、评价并选择纳税筹划方案

纳税筹划方案是多种筹划技术的组合运用，同时需要考虑风险因素。方案列示以后，必须进行一系列的分析，主要包括以下方面。

1. 合法性分析

纳税筹划的首要原则是不违法或合法，任何纳税筹划方案都必须在不违法的前提下进行，因此，对设计的纳税筹划方案首先要进行合法性分析，规避法律风险。

2. 可行性分析

纳税筹划的实施需要多方面的条件，企业必须对方案的可行性做出评估，包括实施时间、人员素质以及趋势预测等。

3. 目标分析

不同设计方案会产生不同的纳税结果，这种纳税结果是否符合企业既定的目标，是

选择纳税筹划方案的基本依据。因此，必须对方案进行目标分析，同时选出最佳方案。目标分析还包括评价纳税筹划的合理性、防止纳税筹划具有片面性、评价纳税筹划对企业整体策略的影响。对列示的方案逐项分析之后，设计者可能会获取新的信息，这时需要对原有的纳税筹划方案进行调整，同时继续规范分析过程。

对多种方案进行分析、比较和评估后，选择最佳方案。

1.7.4　实施纳税筹划方案

纳税筹划方案选定之后，经企业管理部门批准，即进入实施阶段。企业应当按照选定的纳税筹划方案，对自己的纳税人身份、组织形式、注册地点、所从事的产业和经济活动以及会计处理等做出相应的处理或改变，同时记录纳税筹划方案的收益。

1.7.5　对纳税筹划方案进行监控、评估和改进

在纳税筹划方案的实施过程中，应及时监控出现的问题，例如国家税收政策有所调整、相关人员操作不当、纳税筹划方案出现漏洞等。再运用信息反馈制度，对纳税筹划方案的效果进行评价，考核其经济效益与最终结果是否实现了纳税筹划目标。在实施过程中，可能会因为执行偏差、环境改变或者原有方案的设计存在缺陷而导致实际结果与预期结果存在差异，这些差异要及时反馈给纳税筹划的决策者，以对方案进行改进。

技能训练

A 商贸公司为增值税一般纳税人，位于市区，产品适用的增值税税率为 13%，本年 1 月，有以下几种进货方案可供选择：一是从增值税一般纳税人甲公司购买，每吨含税价格为 12 000 元，可取得税率为 13%的增值税专用发票；二是从增值税小规模纳税人乙公司购买，每吨含税价格为 11 000 元，可取得税率为 3%的增值税专用发票；三是从增值税小规模纳税人丙公司购买，每吨含税价格为 10 000 元，可取得税率为 3%的增值税普通发票①。A 商贸公司销售其所购货物的价格为每吨 20 000 元（含增值税），其他相关成本费用为 2 000 元。A 商贸公司适用的城市维护建设税税率为 7%，教育费附加征收率为 3%。假设本案例都为现销、现购（非赊销、赊购）。

任务要求：

1. 指出纳税筹划有哪些目标。

2. 若以实现税负最小化为纳税筹划目标（假设只考虑流转税和相应的城市维护建设税及教育费附加），请对本案例进行纳税筹划。

3. 若以实现税后利润最大化为纳税筹划目标，请对本案例进行纳税筹划。

4. 若以实现现金净流量最大化为纳税筹划目标，请对本案例进行纳税筹划。

---

① 为研究方便，若无特别说明，本书不考虑小规模纳税人阶段性减免政策，题目中的小规模纳税人适用的征收率均为 3%。全书同。

5. 结合本案例，对实现税负最小化、税后利润最大化和现金净流量最大化这三种纳税筹划目标进行点评。

实战演练

纳税筹划与偷税（逃避缴纳税款）、逃避追缴欠税、抗税、骗税的区别

20×2年8月10日，甲设备检测公司（以下简称“甲公司”）成立。张某为甲公司的法定代表人，李某、王某均为甲公司的会计人员，周某、徐某为甲公司的其他员工。甲公司自成立以来，一直使用内部专门的检测凭证核对账目，但纳税申报时通过少记收入的方式（大约只记每天实际收入的30%）偷逃税款。

20×9年2月10日，甲公司的主管税务机关第一稽查局对甲公司进行纳税检查，调取了甲公司未及时隐匿的周期为7天的内部检测凭证（20×9年1月11日至17日）。

20×9年2月12日，张某、李某、王某、周某、徐某开会研究对策，最终统一口径称这7天使用的内部检测凭证为甲公司在促销期间所用，因此金额较大。后来，为防止税务机关查明真相，逃避税务检查，张某又指使李某、王某、周某、徐某将历年的内部检测凭证整理后集中销毁。被销毁的内部检测凭证金额高达300余万元。

任务要求：

1. 指出纳税筹划与偷税（逃避缴纳税款）、逃避追缴欠税、抗税、骗税的区别。
2. 指出本案例中当事人的行为触犯了哪些法律，有可能受到什么处罚。
3. 指出从本案例中可以吸取的教训。

第2章

纳税筹划的风险及其防范

素养提升

风险随处可见，应强化风险意识，做好风险防范，提高化解能力。

(1) 征税主体应当加强税收风险管理，防范税收执法风险。

(2) 纳税主体应当合法、合规、合理纳税，防范纳税筹划风险。

能力目标

(1) 能明确纳税筹划风险的含义和特征。

(2) 能划分纳税筹划风险的类型。

(3) 能明确纳税筹划风险产生的原因。

(4) 能明确纳税筹划风险的防范措施。

工作引例

防范纳税筹划风险的应用

甲公司[①]为某电子产品代理商，本年代理商品的购销价格受到生产厂家的控制，毛利率偏低。一方面，甲公司近期集中购入产品，导致进项税额急剧上升；另一方面，其前期库存商品的市场销售价格下跌，导致销项税额下降，已连续两个月（本年1—2月）增值税应纳税额负申报。本年1—2月的销项税额分别为100万元、120万元，允许抵扣的进项税额分别为110万元、160万元，这样到本年3月仍有50万元的进项税额留抵。本年3月销项税额为70万元，购入产品取得的增值税专用发票注明的增值税税额为40万元。假设甲公司连续三个月增值税零申报或负申报时，有可能被当地主管税务

① 如果未明确说明，本书例题中的企业均不符合小型微利企业和免征增值税的条件。

机关作为异常户进行管理。

【工作要求】请对上述业务的纳税筹划风险进行防范。

【工作引例解析】见本章的2.3.2。

2.1 纳税筹划风险的内涵

2.1.1 风险和纳税筹划风险的含义

1. 风险的含义

要对纳税筹划风险下定义，首先需要了解一下风险的内涵。目前，学术界对风险的内涵还没有统一和权威的定义，归纳起来有以下几种代表性观点。

（1）损失可能性观。美国学者海恩斯在1895年出版的《经济中的风险》一书中最早提出风险的概念，他将风险定义为“损害或损失发生的可能性”。这个定义非常接近日常生活中使用的概念，主要强调风险可能带来的损失。这种观点认为，损失发生的可能性或者概率越大，风险就越大。

（2）损失不确定性观。美国学者威利特于1901年在其博士论文《风险与保险的经济理论》中如此定义风险：“风险是不愿发生的事件发生的不确定性之客观体现。”这一定义强调了以下几点：第一，风险与损失或不希望的后果相关；第二，风险的本质是不确定性，而非可能性；第三，风险是客观存在的；第四，风险被人厌恶，人们不愿其发生。

（3）预期结果与实际结果差异观。美国学者小阿瑟·威廉姆斯等将风险定义为：“风险是结果中潜在的变化。风险是人们的预期结果和实际结果的差异。”[①] 这种观点认为，风险是预期结果与实际结果之间的差异大小或偏离程度。预期结果和实际结果之间的差异越小或偏离程度越低，风险越小；反之，风险越大。

在对风险进行深入研究以后，人们发现风险不仅可以带来超出预期的损失，也可以带来超出预期的收益。所以广义的风险可定义为：由于事件的不确定性而导致产生损失或收益的可能性。

在实际的风险管理中，人们更多关注的是风险的负面效应，即风险可能带来的损失。所以狭义的风险可定义为：由于事件的不确定性而导致发生损失的可能性。

2. 纳税筹划风险的含义

一般情况下，从狭义的角度来理解风险更有意义，因此，在对纳税筹划风险的管理进行探讨时，侧重点往往放在“损失”上。

根据上述风险的含义可以总结出纳税筹划风险的含义：纳税筹划风险是指企业在进

① 小阿瑟·威廉姆斯，理查德·M.汉斯．风险管理与保险．陈伟，张清寿，王铁，等，译．北京：中国商业出版社，1990.

行纳税筹划时因各种不确定因素的存在，导致纳税筹划方案失败、纳税筹划目标落空、偷税（逃避缴纳税款）等违法行为认定而发生各种损失的可能性。

2.1.2 纳税筹划风险的特点

1. 客观性

一方面，纳税筹划风险是不可避免的，但又是遵循一定规律的，只要把握了这种规律，纳税筹划风险就可以降低；另一方面，影响纳税筹划风险的各种因素虽然具有不确定性，但却是客观存在的。

2. 复杂性

纳税筹划风险的复杂性体现在，纳税筹划风险的形成原因、形成过程、表现形式、影响程度等都是复杂的。

3. 可评估性

纳税筹划风险的可评估性指纳税筹划风险是可度量的。虽然纳税筹划具有复杂性，但是纳税筹划可能造成的损失大小和损失发生的可能性可以参照经验数据、借助数理技术手段加以分析估算，在此基础上企业采取相应策略加以应对。

4. 潜在性

一方面，纳税筹划风险是客观存在的，纳税筹划人员不易做出精确的判断，只能认识到它的存在，依赖知识和经验做出专业判断；另一方面，纳税筹划可能造成的损失有一个显化的过程，这一过程的长短因纳税筹划风险的内容、企业的经济环境和法律环境以及纳税筹划人员对风险的认识程度而异。

5. 损失与收益的对立统一性

纳税筹划风险可能带来损失，也可能带来收益，损失与收益具有对立统一性。但在大多数情况下，纳税筹划风险会给企业带来损失，因此纳税筹划风险主要是针对损失来说的。

2.2 纳税筹划风险类型的划分

2.2.1 按照纳税筹划风险产生的原因及导致的结果进行划分

按照纳税筹划风险产生的原因及导致的结果，可将纳税筹划风险分为以下几种类型。

1. 纳税意识低下的风险

纳税意识包括企业管理者的纳税意识和纳税筹划相关人员的职业道德，其中企业管理者的纳税意识是主要的。一方面，若企业管理者纳税意识低下，利用职权指使或强迫纳税筹划人员完成其指定的纳税目标而不计后果，就会在无形中增加纳税筹划风险。反之，若企业管理者依法纳税意识很强，纳税筹划的目的只是降低企业涉税费用和风险，实现合理优化纳税，那么只要纳税筹划人员依法严格按程序精心筹划，风险一般不会太高。另一方面，若纳税筹划人员职业道德水平低下，则会直接影响其工作态度、对风险的判断及筹划事项最终的结果，无形中会带来潜在的风险。反之，若纳税筹划人员以遵守税法为前提，保持必要的职业谨慎和敏锐的专业判断力，依法严格按程序精心筹划，就会降低风险。

2. 政策风险

政策风险分为政策变化风险和政策选择风险。

政策变化风险是指政府政策在一定时期内发生变化而引起的风险。税收政策是国家对经济进行宏观调控的主要手段之一。为了适应市场经济的发展，优化产业结构，一个国家的税收政策不可能固定不变，总要根据经济发展状况进行相应的调整，及时修订、补充或完善税收法律法规，使旧的政策不断取消和改变，新的政策不断推出。这会使纳税筹划尤其是长期纳税筹划产生一定的风险。

政策选择风险是指企业对政府的政策选择错误或不恰当而导致的风险。该风险主要是企业对税收法律法规及政策精神认识不足、理解不透、把握不准所导致的。也就是说，企业自认为其采取的纳税筹划方案符合国家的政策，实际上却违背了国家的法律法规，由此导致纳税筹划活动失败。

3. 经营活动变化风险

纳税筹划是一种合理合法的预先谋划行为，具有较强的计划性、事先性和时效性。一方面，纳税筹划是对企业未来所处环境的一种预期。纳税筹划方案的选择是在未来实际环境与纳税筹划方案的预期环境相一致的假设前提下做出的，如果二者不一致，有可能导致纳税筹划活动失败。另一方面，纳税筹划是对不同的税收政策进行选择和利用的过程。一旦纳税筹划选定某项税收政策，企业日后的生产经营活动只有符合所选定的税收政策，才能够享受此税收政策的优惠。然而，在市场经济体制下，企业的生产经营活动并非一成不变，需要根据市场环境的变化和企业战略管理的要求进行相应的调整。一旦经营活动本身发生变化，企业就很可能失去享受税收优惠的必要特征或条件，不仅无法达到预期财务目的，还有可能加重税负，从而导致纳税筹划活动失败。

4. 制订和执行不当风险

制订和执行不当风险是指纳税筹划方案在具体制订和执行过程中产生的风险，主要包括以下几个方面：一是纳税筹划方案的制订本身存在问题，导致执行的结果得不偿失。二是在纳税筹划方案执行过程中，因相关部门及人员配合与协作不到位而产生的纳税筹划风险。三是在执行过程中不彻底、半途而废、执行手段不恰当、某一环节衔接不上等都有可能使得整个纳税筹划方案前功尽弃，从而导致纳税筹划活动失败。

5. 片面性风险

片面性风险是指企业选择纳税筹划方案时，因未全面、综合、长远考虑问题而产生的风险，主要包括以下几个方面：一是没有从战略的角度进行全面的把握，只考虑个别税种税负的高低，而未着眼于整体税负的轻重。二是仅考虑税负的减轻，而未考虑其他方面的成本，导致实施纳税筹划后的税后收益小于实施纳税筹划前的税后收益。三是仅局限于短期目标的实现，未考虑企业的长远发展目标。四是纳税筹划方案的实施虽然使企业获取一些纳税上的收益，但企业有可能要承担较多其他方面的责任，如违约责任、担保责任、赔偿责任等。

6. 执法风险

纳税筹划中的节税筹划是符合立法意图的，但这种合法性还需要税务行政执法部门的确认；纳税筹划中的避税筹划是违背立法意图的，如果国家对某些避税筹划措施坚决抵制和查处，将会大大增加纳税筹划的风险。因此执法风险是指因税务行政执法的偏差或采取反避税筹划措施等而产生的风险。

执法风险主要包括以下内容：一是税收法律法规的不完善导致税务行政执法部门对税收政策的执行有所偏差。很多税收政策只对税收的基本层面做出相应规定，具体的税收条款设置不完善，无法涵盖所有的税收事项，企业和税务机关对同一税收政策的理解很可能存在偏差。二是税法对具体的涉税事项通常留有一定的空间，在一定范围内，税务机关拥有自由裁量权，这在客观上为税务行政执法存在偏差提供了可能性。三是部分税务行政执法人员专业素质较低，将原本合法的纳税筹划方案错误地认定为偷税（逃避缴纳税款）等违法行为。四是部分税务行政执法人员从思想上抵制纳税筹划，对纳税筹划在认识上存在偏差。五是原本得到税务机关默认的避税筹划措施突然受到坚决抵制和查处，导致企业避税筹划失败。

7. 纳税信誉风险

纳税信誉风险是指一旦纳税筹划被认定为违法，企业所建立的信誉和品牌形象将受到严重影响，企业未来经营将面临风险。市场经济是信誉经济，强调品牌意识，而纳税信誉是企业重要的信誉之一。大多数企业不愿意与纳税信誉低的企业有业务往来，因为纳税信誉低的企业往往资金支付能力及合同履行能力等也较差。纳税信誉风险是一种间接风险，会间接导致企业发生经济损失。

8. 心理风险

纳税筹划的心理风险是指在制订和实施纳税筹划方案时，由于面临的预期结果具有不确定性而承受的心理负担和精神痛苦。它可能给企业和个人造成损失。

最后，应当注意的是，因纳税筹划人员素质低而形成的风险也是非常重要的，之所以没有将其单独作为纳税筹划风险之一介绍，是因为它已包含在上述风险中。

2.2.2 按照纳税筹划风险是否可以直接度量进行划分

按照纳税筹划风险是否可以直接度量，可将纳税筹划风险分为以下类型。

1. 定性的纳税筹划风险

定性的纳税筹划风险的特征是不容易直接度量（评估）风险的大小，一般只用“是否变化”“是否存在”等作为风险大小的度量指标。当然，这并不意味着不能对这种风险进行度量。实务中可以采用模糊测评法对定性的纳税筹划风险进行度量，这种方法主要涉及对前面提到的政策变化风险、经营活动变化风险、制订和执行不当风险、执法风险等进行度量。

2. 定量的纳税筹划风险

定量的纳税筹划风险的特征是能够直接度量风险的大小，且只能通过量化的数字来描述风险的大小，包括纳税筹划风险导致的显性损失的大小以及隐性损失的大小。纳税筹划风险导致的显性损失比较直观，可以通过企业的财务数据表现出来，例如因纳税筹划方案设计不合理而多缴的税款、纳税筹划方案被认定为偷税（逃避缴纳税款）行为而产生的罚款和滞纳金等。纳税筹划风险导致的隐性损失，是指纳税人由于实施制订的纳税筹划方案而放弃的潜在利益，它是一种机会成本，在纳税筹划实务中易被忽视。

2.3 纳税筹划风险产生的原因及防范

2.3.1 纳税筹划风险产生的原因

1. 纳税筹划方案的设计不合理

一般来说，纳税筹划方案设计合理是纳税筹划成功的前提，而这与纳税筹划人员的认知水平和业务素质息息相关。如果纳税筹划人员认知水平和业务素质较高，熟悉税收、管理、财务、会计、法律等方面的政策及相关业务，纳税筹划方案设计的合理性就高，成功的可能性也就高；相反，失败的可能性就高。目前，纳税筹划在我国还属于起步阶段，既懂得相关知识又有很多实践经验的专业人才很少，企业有时会错误地设计纳税筹划方案，节税不成，反而可能演变为偷税（逃避缴纳税款），从而引发纳税筹划风险。

2. 纳税筹划方案操作不当

纳税筹划方案涉及企业的采购、生产、投资、筹资、销售等各项活动，需要企业认真操作、严格实施，需要各个部门密切配合、充分协作。即使纳税筹划方案本身设计正确，如果操作不当，方案失败的可能性也会很大。

3. 纳税筹划方案实施的条件发生变化

一切纳税筹划方案都是在一定条件下选择与确定的，也是在一定条件下组织实施的。纳税筹划方案实施的条件发生变化包括两方面：

一是企业自身条件的变化，主要是经济活动的变化。企业要获取某项税收利益，必须使生产经营活动的某一方面符合选择的税收政策，这往往制约着企业经营的灵活性。一旦预期经营活动发生变化，企业就会失去享受税收优惠和税收利益的必要特征和条件，导致纳税筹划结果与企业的主观预期存在偏差。

二是企业外部条件的变化。(1) 政治方面的变化。比如爆发战争，企业正常的生产经营都难以保证，何谈纳税筹划。(2) 税收政策的变化。在不同经济发展时期，国家会基于总体发展战略不断地调整税收政策，这不仅增加了企业纳税筹划的难度，也增加了企业纳税筹划的风险。(3) 国内经济的波动。这是对纳税筹划风险影响较大的较为直接的因素。例如，发生恶性通货膨胀时，由于各种能源、原料、设备及劳动力成本上涨，与企业纳税筹划息息相关的成本费用会大量增加，与企业相关的各种税负也会发生重大的变化，此时纳税筹划的效果就难以预料，风险陡增。(4) 全球经济的波动，国外税收、金融政策的变化。比如，2008 年美元贬值，发生全球性的金融危机，对于许多从事外贸的企业来说，在这一背景下设计纳税筹划方案，风险必然会增加。(5) 自然灾害、突发事件的出现。自然灾害、突发事件会直接导致已设计好的纳税筹划方案无法实施，由此带来风险。

4. 税收征纳双方的权利和义务并不对等

税务机关和纳税义务人是税收法律关系的主体。征纳双方的法律地位是平等的，但由于主体双方是行政管理者与被管理者的关系，其权利和义务并不对等。

一方面，纳税筹划方案是否合法，很大程度上取决于税务机关对纳税人纳税筹划方案的认定。如果企业原本正确的纳税筹划方案被税务机关认定为偷税（逃避缴纳税款）或恶意避税，那么企业不但得不到节税收益，还会因为行为违法而受到处罚，从而导致纳税筹划失败。

另一方面，从征纳博弈的角度看，税务机关是纳税筹划“游戏规则”的制定者，主动权掌握在立法者手中。一旦立法者修改税法，纳税人如果不能及时调整，难免会遭受损失，从而导致纳税筹划失败。

5. 纳税筹划的成本最终超过收益

前文中已经提到，在纳税筹划方案的制订和执行过程中，要充分考虑纳税筹划带来的收益与耗费的成本，只有当纳税筹划方案的成本小于取得的收益时，该纳税筹划方案才具有可行性。然而，有些成本和收益是估算值，无法准确度量，即使在纳税筹划方案制订时测算的收益大于成本，最终实施的结果也可能是成本超过收益，从而产生纳税筹划风险。

2.3.2 纳税筹划风险的防范

1. 提高纳税筹划相关人员的素质

一方面，要引进高素质的纳税筹划人才，将纳税筹划知识与能力的考核成绩、职业道德修养以及沟通和协作能力作为录取的标准之一；另一方面，要加强对包括财会人员在内的从事纳税筹划工作的人员的培训，使他们较好地掌握税收、会计、财务、法律、企业管理、风险管理等各方面的知识，同时加强职业道德教育和沟通、协作能力的培训，使其既能制订正确的纳税筹划方案，又能正确地执行纳税筹划方案，还能有效地对纳税筹划风险进行防范。

2. 加强企业各部门之间的沟通、协作与配合

一方面，在企业管理层的组织下，各业务部门应当定期进行交流，共享信息并进行讨论，协调纳税筹划与其他领域的管理活动，分享各自对纳税筹划风险的建议；另一方面，企业应当建立纳税筹划风险责任制，明确各部门和人员的职责，将其风险防范业绩与工资挂钩，从而将纳税筹划风险降到最低。

3. 密切关注纳税筹划方案实施条件的变化，不断调整完善纳税筹划方案

一方面，要密切关注企业自身条件的变化，主要是企业经济活动的变化；另一方面，要密切关注企业外部条件的变化，包括政治环境的变化，税收政策的变化，国内经济的波动，全球经济的波动，国外金融、税收政策的变化，自然灾害、突发事件的出现等。有时甚至要预测、推断上述变化，不断调整和完善纳税筹划方案，将纳税筹划风险降到最低。

4. 加强与税务机关的沟通，协调好与税务机关的征纳关系

企业应当加强与税务机关的交流和沟通，处理好和税务机关的关系，主动适应税务机关的管理，及时争取税务机关的指导，努力寻求税务机关的支持与帮助，树立良好的纳税信誉和形象，甚至可以在实施每一个新的纳税筹划方案时，诚心地向税务机关咨询，获得批准和认可，实现企业与税务机关的双赢。

5. 合理利用税务代理的专业化服务

一方面，不能盲目信赖税务代理的专业化服务，在将纳税筹划方案外包出去的同时，企业自身仍要加强对纳税筹划风险的防范，避免因外包的纳税筹划失败而发生损失；另一方面，对纳税筹划方案的复杂程度和企业纳税筹划人员的专业胜任能力进行合理的评价，应该外包的纳税筹划方案就外包给税务代理机构，不应外包的就不外包。

6. 尽量避免纳税筹划的成本最终超过收益

企业应当较为保守地预计纳税筹划的成本和收益，同时不能忽略纳税筹划的隐性损失（机会成本），合理运用成本与收益分析法，谨慎地选择和实施纳税筹划方案。

工作引例解析

【税法依据】自2020年3月1日起，增值税一般纳税人取得2017年1月1日及以后开具的增值税专用发票、海关进口增值税专用缴款书、机动车销售统一发票、收费公路通行费增值税电子普通发票，取消认证确认、稽核比对、申报抵扣的期限。纳税人在进行增值税纳税申报时，应当通过本省（自治区、直辖市和计划单列市）增值税发票综合服务平台对上述扣税凭证信息进行用途确认。

自2020年3月1日起，增值税一般纳税人取得2016年12月31日及以前开具的增值税专用发票、海关进口增值税专用缴款书、机动车销售统一发票，超过认证确认、稽核比对、申报抵扣期限，但符合规定条件的，仍可按照《国家税务总局关于逾期增值税扣税凭证抵扣问题的公告》（国家税务总局公告2011年第50号，国家税务总局公告

2017 年第 36 号、2018 年第 31 号修改)、《国家税务总局关于未按期申报抵扣增值税扣税凭证有关问题的公告》(国家税务总局公告 2011 年第 78 号，国家税务总局公告 2018 年第 31 号修改）的规定，继续抵扣进项税额。

增值税一般纳税人本期申报抵扣的增值税专用发票必须先进行认证，纳税人可以持增值税专用发票的抵扣联在办税服务厅认证窗口认证，或进行远程认证（指网上增值税专用发票认证，包括扫描认证、勾选确认认证两种)。未经认证的，不得申报抵扣。自 2019 年 3 月 1 日起，取消增值税发票认证（指扫描认证）的纳税人范围扩大至全部一般纳税人。一般纳税人取得增值税发票（包括增值税专用发票、机动车销售统一发票、收费公路通行费增值税电子普通发票，下同）后，可以自愿使用增值税发票综合服务平台查询、选择用于申报抵扣、出口退税或者代办退税的增值税发票信息（一般称作发票勾选确认认证)。纳税人取得增值税发票，通过增值税发票综合服务平台未查询到对应发票信息的，仍可进行扫描认证。扫描专用发票认证在本月末进行，而通过增值税发票综合服务平台进行发票勾选确认认证一般在次月纳税申报期之内进行。

【筹划思路】企业对增值税的纳税申报如果在一定时期内均为零申报或负申报，则可能被主管税务机关作为异常户进行管理，可能被税务机关约谈，要求说明纳税申报异常的原因，甚至还有可能接受税务机关的调查和检查。为了避免上述麻烦，增值税一般纳税人在取得 2017 年 1 月 1 日及以后开具的增值税专用发票、海关进口增值税专用缴款书、机动车销售统一发票、收费公路通行费增值税电子普通发票后，可以适当推迟通过本省（自治区、直辖市和计划单列市）增值税发票综合服务平台对上述扣税凭证信息进行用途确认（勾选确认认证）的时间。

【筹划过程】

方案一：甲公司使得本年 3 月取得的增值税专用发票在本年 3 月符合抵扣规定（甲公司在本年 4 月初的纳税申报期内，对本年 3 月取得的增值税专用发票通过增值税发票综合服务平台进行勾选确认)，则

本年 3 月应纳增值税＝70－50－40＝－20(万元)

即仍是负申报，且有 20 万元进项税额留抵。

甲公司连续三个月增值税负申报，可能导致的后果是，甲公司被当地主管税务机关作为异常户进行管理，被税务机关约谈，要求说明纳税申报异常的原因，甚至接受税务机关的调查和检查。

方案二：甲公司使得本年 3 月取得的增值税专用发票在本年 3 月尚不符合抵扣规定（甲公司在本年 4 月初的纳税申报期内，未对本年 3 月取得的增值税专用发票通过增值税发票综合服务平台进行勾选确认)，以使本年 3 月产生适当的应纳增值税，这样可以避免长期增值税负申报带来的诸多麻烦。

本年 3 月应纳增值税＝70－50＝20(万元)

【筹划结论】方案二与方案一相比，可以避免税收风险，若以实现纳税风险最小化

为纳税筹划目标，应当选择方案二。

【筹划点评】纳税筹划的目的不仅仅是降低税负，还要注重防范税收风险，为企业营造一个安全稳妥的经营环境。

技能训练

甲公司为增值税一般纳税人，采用一般计税方法计税。本年 1 月，甲公司向乙公司销售一台甲公司自产的且需要由甲公司安装的机器设备，乙公司支付给甲公司设备价款和安装费。甲公司的税务会计人员学习了《营业税改征增值税试点实施办法》中的以下规定，“一项销售行为如果既涉及服务又涉及货物，为混合销售。从事货物的生产、批发或者零售的单位和个体工商户的混合销售行为，按照销售货物缴纳增值税；其他单位和个体工商户的混合销售行为，按照销售服务缴纳增值税。本条所称从事货物的生产、批发或者零售的单位和个体工商户，包括以从事货物的生产、批发或者零售为主，并兼营销售服务的单位和个体工商户在内”。甲公司的税务会计人员据此认为，甲公司销售货物同时提供安装服务，为混合销售行为，应当按照销售货物缴纳增值税，即安装服务的税率不再按照建筑服务 9%的税率，而是按照货物 13%的税率。于是甲公司税务会计人员开具给乙公司的增值税专用发票上注明设备价款 100 000 元、增值税税额 13 000 元（100 000×13%），安装费 20 000 元、增值税税额 2 600 元（20 000×13%）。

任务要求：

1. 指出甲公司的税务会计人员对上述业务的处理存在什么问题。
2. 指出从本案例中可以吸取的教训。

实战演练

纳税筹划风险的原因及防范

甲酿酒厂（以下简称“甲公司”）生产的主要产品为白酒、酒精。20×9 年 9 月初，甲公司的主管税务机关第一稽查局在审查其纳税申报情况时，发现纳税情况异常，尤其是消费税应纳税额与上年同期相比下降较大。20×9 年 10 月 18 日，甲公司的主管税务机关第一稽查局派员对甲公司 20×9 年 1—9 月份的纳税情况进行了检查。

通过检查产品销售明细账，税务人员发现酒精产品的销售收入达 2 800 万元，与 20×8 年同期相比，增加了 800 万元，增长了 40%，增幅较大；白酒产品的销售收入与上年相比减少了 600 万元。对此，企业财务人员解释说，今年以来，甲公司进行了产品结构调整，减少了白酒产品的产量，扩大了酒精产品的生产规模。因为酒精不征消费税，所以在总的应税收入基本不变的情况下，应纳消费税额相应减少。为了查明真实情况，税务人员又对生产成本明细账、库存商品明细账、主营业务成本明细账等进行了检查，发现甲公司 20×9 年 1—9 月白酒产品的产量比去年同期增长了 5%，酒精产品的产量比上年同期增长了 6%，增幅不大。甲公司 20×9 年 1—9 月结转酒精产品的销售成本 1 000 万元，与酒精产品的销售收入 2 800 万元明显不配比。由此推断，甲公司很可能存在混淆白酒产品与酒精产品销售的问题。经过进一步检查，税务人员发现甲公司在销售部分白酒产品时，填开发票的货物名称为酒精。

任务要求：

1. 指出纳税筹划风险产生的原因，并按照纳税筹划风险产生的原因及导致的结果对纳税筹划风险进行分类。

2. 指出本案例中当事人的行为触犯了哪些法律，当事人有可能受到什么处罚。

3. 指出防范纳税筹划风险的措施。

4. 指出从本案例中可以吸取的教训。

第3章

增值税的纳税筹划

素养提升

纳税人应当充分运用国家出台的增值税税收政策，合法合理地进行纳税筹划，避免税收违法行为。

(1) 我国出台了资源综合利用产品和劳务增值税优惠政策，有利于推进资源节约综合利用和节能减排技术进步，引导投资方向，促进经济社会可持续发展。

(2) 我国严厉打击虚开或者故意接受虚开增值税专用发票，以及虚开用于骗取出口退税、抵扣税款的其他发票等违法犯罪行为，有利于保护国家税收利益。

能力目标

(1) 能通过选择增值税纳税人身份进行纳税筹划。

(2) 能通过合并转换增值税纳税人身份来进行纳税筹划。

(3) 能通过分立转换增值税纳税人身份来进行纳税筹划。

(4) 能通过选择增值税计税方法进行纳税筹划。

(5) 能对一般纳税人从小规模纳税人购进货物、劳务、服务、无形资产或者不动产进行纳税筹划。

(6) 能通过选择供应商增值税纳税人身份进行纳税筹划。

(7) 能通过变“收购非初级农产品”为“收购初级农产品”进行纳税筹划。

(8) 能通过分立农业生产部门进行纳税筹划。

(9) 能对存货非正常损失进行纳税筹划。

(10) 能通过合并抵扣增值税进项税额进行纳税筹划。

(11) 能对购进国内旅客运输服务进行纳税筹划。

(12) 能对折扣销售进行纳税筹划。

(13) 能对销售折扣进行纳税筹划。

(14) 能对实物折扣进行纳税筹划。
(15) 能对返还现金进行纳税筹划。
(16) 能对直销行为进行纳税筹划。
(17) 能对促销方式的选择进行纳税筹划。
(18) 能利用增值税一般纳税人适用税率进行纳税筹划。
(19) 能通过分别核算进行纳税筹划。
(20) 能利用环保税收优惠政策进行纳税筹划。
(21) 能利用增值税小规模纳税人免征增值税政策进行纳税筹划。
(22) 能通过延期纳税进行纳税筹划。
(23) 能通过改变税款缴纳时间进行纳税筹划。
(24) 能通过选择分别纳税与汇总纳税进行纳税筹划。
(25) 能通过税负转嫁进行纳税筹划。
(26) 能对全面营改增后小规模纳税人转化为一般纳税人进行纳税筹划。
(27) 能对全面营改增后变一般纳税人为小规模纳税人进行纳税筹划。
(28) 能对全面营改增后兼营行为进行纳税筹划。
(29) 能对全面营改增后混合销售行为进行纳税筹划。
(30) 能在全面营改增后通过选择固定资产购置时机进行纳税筹划。
(31) 能在全面营改增后通过选择运输服务提供方进行纳税筹划。
(32) 能在全面营改增后通过选择一般计税方法与简易计税方法进行纳税筹划。
(33) 能在全面营改增后通过选择程租、期租与光租进行纳税筹划。
(34) 能在全面营改增后通过选择个人销售房产时机进行纳税筹划。
(35) 能在全面营改增后通过选择自然人税务登记进行纳税筹划。
(36) 能基本解决增值税实务中的疑难问题。

工作引例

促销方式选择的纳税筹划

甲商场为增值税一般纳税人，本年1月有以下五种促销方案可供选择。方案一：商品八折销售，即原价为1 000元的商品现价为800元。方案二[①]：买一赠一，即顾客只需花费800元即可购买原价为800元的商品，同时获赠原价为200元的商品，且原价为200元的商品的购进价格为140元（将实际收取的价款800元换算为不含税价款后，按照原品与赠品公允价值之比分摊不含税价款并分别填写在同一张发票的“金额”栏，此

① 多数传统教材认为“方案二和方案三中的买一赠一，即顾客只需花1 000元即可购买原价为1 000元的商品，同时获赠原价为200元的商品，且原价为200元的商品的购进价格为140元”，这种数据是不合理的。因为本例的所有方案应当均为相当于顾客用800元的人民币购买了原价为1 000元的商品，而非顾客用1 000元的人民币购买了原价为1 200元的商品。只有按照本教材本例的数据，不同的方案之间才具有可比性。

时要按照分摊后的金额分别计算原品与赠品各自的增值税销项税额）。方案三：买一赠一，即顾客只需花费800元即可购买原价为800元的商品，同时获赠原价为200元的商品，且原价为200元的商品的购进价格为140元（将赠送的200元商品单独开具发票，此时不但原价为800元的商品要按照800元换算为不含税价款后的价格计算缴纳增值税，而且赠送的原价为200元的商品也要按照200元换算为不含税价款后的价格视同销售计算缴纳增值税）。方案四：顾客按原价赊购商品满1 000元，在10天内付款，甲商场给予含税价款20%的折扣；在30天内付款，甲商场不给予折扣。假设顾客在10天内付款。方案五：顾客按原价购买商品满1 000元便可从甲商场获赠200元现金。甲商场的销售利润率为30%，即若销售额为1 000元，则进价为700元。上述价格和成本均含增值税。此外，甲商场每销售原价1 000元（含增值税）的商品，便发生可以在企业所得税税前扣除的工资和其他费用50元（不含增值税）。假设甲商场销售和购进商品的增值税税率均为13%，购进的商品均取得了增值税专用发票且取得的增值税专用发票本年1月均符合抵扣规定，不考虑城市维护建设税和教育费附加。假设参与甲商场促销活动的顾客均为其他个人（自然人）。甲商场适用的企业所得税税率为25%。

【工作要求】请对上述业务进行纳税筹划。

【工作引例解析】见本章的3.3.4。

3.1 增值税纳税人的纳税筹划

3.1.1 增值税纳税人身份选择的纳税筹划

【例3-1】 甲公司为一家工业企业，年不含税应征增值税销售额为480万元，现为增值税小规模纳税人，适用3%的增值税征收率[①]。甲公司能够按照国家统一的会计制度规定设置账簿，根据合法、有效凭证进行核算，能够提供准确的税务材料，因此可登记为增值税一般纳税人[②]，若登记为增值税一般纳税人，则销货适用13%的增值税税率。其不含税可抵扣购进金额为350万元，购货适用13%的增值税税率。

---

① 为研究方便，若无特别说明，本书增值税小规模纳税人征收率均为3%，不考虑“自2020年3月1日至2021年3月31日，湖北省增值税小规模纳税人，适用3%征收率的应税销售收入，免征增值税；适用3%预征率的预缴增值税项目，暂停预缴增值税。自2021年4月1日至2022年3月31日，湖北省增值税小规模纳税人，适用3%征收率的应税销售收入，减按1%征收率征收增值税；适用3%预征率的预缴增值税项目，减按1%预征率预缴增值税。自2020年3月1日至2022年3月31日，除湖北省外，其他省、自治区、直辖市的增值税小规模纳税人，适用3%征收率的应税销售收入，减按1%征收率征收增值税；适用3%预征率的预缴增值税项目，减按1%预征率预缴增值税。自2022年4月1日至2022年12月31日，增值税小规模纳税人适用3%征收率的应税销售收入，免征增值税；适用3%预征率的预缴增值税项目，暂停预缴增值税。自2023年1月1日至2027年12月31日，增值税小规模纳税人适用3%征收率的应税销售收入，减按1%征收率征收增值税；适用3%预征率的预缴增值税项目，减按1%预征率预缴增值税”等政策。全书同。

② 若无特别说明，本教材题目中的增值税一般纳税人取得的增值税专用发票等扣税凭证均符合抵扣规定。

【工作要求】请对上述业务进行纳税筹划。

【税法依据】

增值税纳税人分为小规模纳税人和一般纳税人两类，分别适用不同的征收和管理方式。

1. 小规模纳税人的标准

小规模纳税人是指年应征增值税销售额（简称年应税销售额，指的是销售货物、劳务、服务、无形资产、不动产年应征增值税销售额之和，下同）在规定标准以下，并且会计核算不健全，不能按规定报送有关税务资料的增值税纳税人。

根据规定，凡符合下列条件的视为小规模纳税人：

（1）自 2018 年 5 月 1 日起，增值税小规模纳税人标准统一为年应税销售额 500 万元及以下。

（2）年应税销售额超过小规模纳税人标准的其他个人（指自然人）按小规模纳税人纳税（不属于一般纳税人）。

（3）对于原增值税纳税人，超过小规模纳税人标准的非企业性单位、不经常发生应税行为的企业可选择按小规模纳税人纳税；对于营改增试点纳税人，年应税销售额超过小规模纳税人标准但不经常发生应税行为的单位和个体工商户可选择按照小规模纳税人纳税。

2. 一般纳税人的标准

自 2018 年 5 月 1 日起，增值税纳税人（以下简称纳税人）年应税销售额超过财政部、国家税务总局规定的小规模纳税人标准（自 2018 年 5 月 1 日起为年应税销售额 500 万元及以下）的，除税法另有规定外，应当向其机构所在地主管税务机关办理一般纳税人登记。其中，年应税销售额是指纳税人在连续不超过 12 个月或 4 个季度的经营期内累计应征增值税销售额，包括纳税申报销售额、稽查查补销售额、纳税评估调整销售额。其中，纳税申报销售额是指纳税人自行申报的全部应征增值税销售额，包括免税销售额和税务机关代开发票销售额。稽查查补销售额和纳税评估调整销售额计入查补税款申报当月（或当季）的销售额，不计入税款所属期销售额。经营期是指在纳税人存续期内的连续经营期间，含未取得销售收入的月份或季度。

销售服务、无形资产或者不动产（简称应税行为）有扣除项目的纳税人，其应税行为年应税销售额按未扣除之前的销售额计算。纳税人偶然发生的销售无形资产、转让不动产的销售额，不计入应税行为年应税销售额。

年应税销售额未超过规定标准的纳税人，会计核算健全，能够提供准确税务资料的，可以向主管税务机关办理一般纳税人登记。会计核算健全是指能够按照国家统一的会计制度规定设置账簿，根据合法、有效凭证进行核算。

3. 小规模纳税人和一般纳税人的征税管理

小规模纳税人实行简易计税方法，不得抵扣进项税额。小规模纳税人销售货物、加工修理修配劳务、服务、无形资产或不动产可以由税务机关代开增值税专用发票（代开的增值税专用发票的税率一般情况下为3%，特殊情况下为5%等）。自2020年2月1日起，增值税小规模纳税人（其他个人除外）发生增值税应税行为，需要开具增值税专用发票的，可以自愿使用增值税发票管理系统自行开具。选择自行开具增值税专用发票的小规模纳税人，税务机关不再为其代开增值税专用发票。

符合增值税一般纳税人条件的纳税人应当向主管税务机关办理一般纳税人登记，以取得法定资格；未办理一般纳税人登记手续的，应按销售额依照增值税税率计算应纳税额，不得抵扣进项税额，也不得使用增值税专用发票。经税务机关审核登记的一般纳税人，可按规定申领和使用增值税专用发票，按增值税条例的规定计算缴纳增值税。应当注意的是，纳税人登记为一般纳税人后，不得转为小规模纳税人，国家税务总局另有规定的除外。

一般纳税人符合以下条件的，在2020年12月31日前，可选择转登记为小规模纳税人：转登记日前连续12个月（以1个月为1个纳税期）或者连续4个季度（以1个季度为1个纳税期）累计销售额未超过500万元。

4. 增值税的税率和征收率

一般纳税人缴纳增值税采用一般计税方法适用三种情况的比例税率：第一种是基本税率；第二种是低税率；第三种是出口货物、服务或者无形资产适用的零税率。自2019年4月1日起，增值税一般纳税人发生增值税应税销售行为或者进口货物，原适用16%税率的，税率调整为13%；原适用10%税率的，税率调整为9%。一般纳税人特殊情况下采用简易计税方法适用征收率。小规模纳税人缴纳增值税采用简易计税方法适用征收率。自2019年4月1日起，增值税税率和征收率的具体适用范围如下。

（1）基本税率。增值税的基本税率为13%，适用于纳税人销售或者进口货物（适用9%的低税率的除外）、提供加工修理修配劳务、销售有形动产租赁服务。

（2）低税率。增值税的低税率分为两档：9%和6%。

一般纳税人销售或者进口下列货物，税率为9%。

- 粮食等农产品、食用植物油、食用盐；
- 自来水、暖气、冷气、热水、煤气、石油液化气、天然气、二甲醚、沼气、居民用煤炭制品；
- 图书、报纸、杂志、音像制品、电子出版物；
- 饲料、化肥、农药、农机、农膜；
- 国务院规定的其他货物。

纳税人销售交通运输、邮政、基础电信、建筑、不动产租赁服务，销售不动产，转让土地使用权，税率为9%。

纳税人销售增值电信服务、金融服务、现代服务和生活服务，销售土地使用权以外的无形资产，税率为6%。

（3）零税率。

- 纳税人出口货物或者劳务，一般适用零税率，国务院另有规定的除外；

● 境内单位和个人跨境销售国务院规定范围内的服务或者无形资产（统称跨境应税行为），适用零税率。

（4）征收率。一般纳税人特殊情况下采用简易计税方法适用征收率；小规模纳税人缴纳增值税采用简易计税方法适用征收率。我国增值税的法定征收率是 3%；一些特殊项目适用 3%的征收率减按 2%征收增值税；自 2020 年 5 月 1 日至 2023 年 12 月 31 日，从事二手车经销的纳税人销售其收购的二手车，减按 0.5%征收率征收增值税。全面营改增后与不动产有关的特殊项目适用 5%的征收率；一些特殊项目适用 5%的征收率减按 1.5%征收增值税。

自 2020 年 3 月 1 日至 2021 年 3 月 31 日，湖北省增值税小规模纳税人，适用 3%征收率的应税销售收入，免征增值税；适用 3%预征率的预缴增值税项目，暂停预缴增值税。自 2021 年 4 月 1 日至 2022 年 3 月 31 日，湖北省增值税小规模纳税人，适用 3%征收率的应税销售收入，减按 1%征收率征收增值税；适用 3%预征率的预缴增值税项目，减按 1%预征率预缴增值税。自 2020 年 3 月 1 日至 2022 年 3 月 31 日，除湖北省外，其他省、自治区、直辖市的增值税小规模纳税人，适用 3%征收率的应税销售收入，减按 1%征收率征收增值税；适用 3%预征率的预缴增值税项目，减按 1%预征率预缴增值税。自 2022 年 4 月 1 日至 2022 年 12 月 31 日，增值税小规模纳税人适用 3%征收率的应税销售收入，免征增值税；适用 3%预征率的预缴增值税项目，暂停预缴增值税。自 2023 年 1 月 1 日至 2027 年 12 月 31 日，增值税小规模纳税人销售自己使用过的固定资产和旧货，适用 3%征收率的应税销售收入，减按 1%征收率征收增值税。

5. 增值税的计算

增值税的计税方法主要包括一般计税方法和简易计税方法。我国目前对一般纳税人增值税的计算通常情况下采用一般计税方法，某些特殊情况下采用或者选择采用简易计税方法；我国目前对小规模纳税人增值税的计算采用简易计税方法。

一般计税方法下的应纳增值税税额等于本期增值税销项税额减本期准予抵扣的增值税进项税额。其计算公式为：

应纳增值税税额＝本期增值税销项税额－本期准予抵扣的增值税进项税额

简易计税方法下的应纳增值税税额等于本期不含税销售额乘以增值税征收率，不得抵扣进项税额。其计算公式为：

应纳增值税税额＝本期不含税销售额×增值税征收率

6. 准予从销项税额中抵扣的进项税额

增值税一般纳税人下列进项税额准予从销项税额中抵扣：

（1）从销售方取得的增值税专用发票（含税控机动车销售统一发票，下同）上注明的增值税税额。具体来说，购进货物或接受加工、修理修配劳务，从销售方或提供劳务方取得的增值税专用发票上注明的增值税税额为进项税额，准予从销项税额中抵扣；购进服务、无形资产或者不动产，取得的增值税专用发票上注明的增值税税额为进项税额，准予从销项税额中抵扣。

(2) 从海关取得的海关进口增值税专用缴款书上注明的增值税税额。

(3) 自2019年4月1日起，纳税人购进农产品，按下列规定抵扣进项税额：

1) 除第2) 项规定外，纳税人购进农产品，取得一般纳税人开具的增值税专用发票或海关进口增值税专用缴款书的，以增值税专用发票或海关进口增值税专用缴款书上注明的增值税税额为进项税额；从按照简易计税方法依照3%征收率计算缴纳增值税的小规模纳税人取得增值税专用发票的，以增值税专用发票上注明的金额和9%的扣除率计算进项税额；取得（开具）农产品销售发票或收购发票的，以农产品销售发票或收购发票上注明的农产品买价和9%的扣除率计算进项税额（买价是指纳税人购进农产品在农产品收购发票或者销售发票上注明的价款和按照规定缴纳的烟叶税）。

2) 自2019年4月1日起的营改增试点期间，纳税人购进用于生产或者委托加工13%税率货物的农产品，按照10%的扣除率计算进项税额。

3) 继续推进农产品增值税进项税额核定扣除试点。纳税人购进农产品进项税额已实行核定扣除的，仍按照《财政部 国家税务总局关于在部分行业试行农产品增值税进项税额核定扣除办法的通知》(财税〔2012〕38号)、《财政部 国家税务总局关于扩大农产品增值税进项税额核定扣除试点行业范围的通知》(财税〔2013〕57号) 执行。其中，前者附件1《农产品增值税进项税额核定扣除试点实施办法》第四条第（二）项规定的扣除率调整为9%；第（三）项规定的扣除率调整为按上述第1) 项、第2) 项规定执行。

4) 纳税人从批发、零售环节购进适用免征增值税政策的蔬菜、部分鲜活肉蛋而取得的普通发票，不得作为计算抵扣进项税额的凭证。

5) 纳税人购进农产品既用于生产销售或委托加工13%税率货物又用于生产销售其他货物服务的，应当分别核算用于生产销售或委托加工13%税率货物和其他货物服务的农产品进项税额。未分别核算的，统一以增值税专用发票或海关进口增值税专用缴款书上注明的增值税税额为进项税额，或以农产品收购发票或销售发票上注明的农产品买价和9%的扣除率计算进项税额。

6) 销售发票是指农业生产者销售自产农产品适用免征增值税政策而开具的增值税普通发票。

(4) 自用的应征消费税的摩托车、汽车、游艇，2013年8月1日（含）以后购入的，其进项税额准予从销项税额中抵扣。

(5) 自境外单位或者个人购进劳务、服务、无形资产或者境内的不动产，从税务机关或者扣缴义务人取得的代扣代缴税款的完税凭证上注明的增值税税额。

纳税人凭完税凭证抵扣进项税额的，应当具备书面合同、付款证明和境外单位的对账单或者发票。资料不全的，其进项税额不得从销项税额中抵扣。

(6) 自2019年4月1日起，购进国内旅客运输服务，其进项税额允许从销项税额中抵扣。

纳税人购进国内旅客运输服务未取得增值税专用发票的，暂按照以下规定确定进项税额：

1）取得增值税电子普通发票的，为发票上注明的税额；

2）取得注明旅客身份信息的航空运输电子客票行程单的，为按照下列公式计算的进项税额：

航空旅客运输进项税额＝（票价＋燃油附加费）÷（1＋9％）×9％

3）取得注明旅客身份信息的铁路车票的，为按照下列公式计算的进项税额：

铁路旅客运输进项税额＝票面金额÷（1＋9％）×9％

4）取得注明旅客身份信息的公路、水路等其他客票的，按照下列公式计算进项税额：

公路、水路等其他旅客运输进项税额＝票面金额÷（1＋3％）×3％

7. 加计抵减政策

自 2023 年 1 月 1 日至 2023 年 12 月 31 日，增值税加计抵减政策按照以下规定执行：

（1）允许生产性服务业纳税人按照当期可抵扣进项税额加计 5％抵减应纳税额。生产性服务业纳税人，是指提供邮政服务、电信服务、现代服务、生活服务取得的销售额占全部销售额的比重超过 50％的纳税人。①

（2）允许生活性服务业纳税人按照当期可抵扣进项税额加计 10％抵减应纳税额。生活性服务业纳税人，是指提供生活服务取得的销售额占全部销售额的比重超过 50％的纳税人。②

（3）纳税人适用加计抵减政策的其他有关事项，按照《财政部 税务总局 海关总署关于深化增值税改革有关政策的公告》（财政部 税务总局 海关总署公告 2019 年第 39 号）、《财政部 税务总局关于明确生活性服务业增值税加计抵减政策的公告》（财政部 税务总局公告 2019 年第 87 号）等有关规定执行。

（4）符合《财政部 税务总局 海关总署关于深化增值税改革有关政策的公告》（财政部 税务总局 海关总署公告 2019 年第 39 号）、《财政部 税务总局关于明确增值税小规模纳税人减免增值税等政策的公告》（财政部 税务总局公告 2023 年第 1 号）规定的生产性服务业纳税人，应在年度首次确认适用加计 5％抵减政策时，通过电子税务局或办税服

① 原政策：自 2019 年 4 月 1 日至 2022 年 12 月 31 日，允许生产、生活性服务业纳税人按照当期可抵扣进项税额加计 10％，抵减应纳税额。生产、生活性服务业纳税人，是指提供邮政服务、电信服务、现代服务、生活服务取得的销售额占全部销售额的比重超过 50％的纳税人。

② 原政策：自 2019 年 10 月 1 日至 2022 年 12 月 31 日，允许生活性服务业纳税人按照当期可抵扣进项税额加计 15％，抵减应纳税额。生活性服务业纳税人，是指提供生活服务取得的销售额占全部销售额的比重超过 50％的纳税人。

务厅提交《适用5%加计抵减政策的声明》；符合《财政部 税务总局关于明确生活性服务业增值税加计抵减政策的公告》（财政部 税务总局公告2019年第87号）、《财政部 税务总局关于明确增值税小规模纳税人减免增值税等政策的公告》（财政部 税务总局公告2023年第1号）规定的生活性服务业纳税人，应在年度首次确认适用10%加计抵减政策时，通过电子税务局或办税服务厅提交《适用10%加计抵减政策的声明》。

（5）纳税人适用加计抵减政策的其他征管事项，按照《国家税务总局关于国内旅客运输服务进项税抵扣等增值税征管问题的公告》（国家税务总局公告2019年第31号）第二条等有关规定执行。

【筹划思路】

增值税一般纳税人在一般计税方法下购进货物、劳务、服务、无形资产或者不动产，若取得增值税专用发票等合法的扣税凭证，则可抵扣进项税额；而增值税小规模纳税人以及增值税一般纳税人在简易计税方法下购进货物、劳务、服务、无形资产或者不动产，不能抵扣进项税额，只能将进项税额计入成本。增值税一般纳税人销售货物、劳务、服务、无形资产或者不动产时，可以自行开具增值税专用发票或者增值税普通发票；增值税小规模纳税人销售货物、劳务、服务、无形资产或者不动产时，可以通过税务机关代开或自行开具增值税专用发票或者增值税普通发票。增值税小规模纳税人销售货物、劳务、服务、无形资产或者不动产，因开具的增值税专用发票的税率或者增值税普通发票的征收率较低，一般为3%或5%，所以不必由购买方负担不含税销售价格的13%，9%或6%等比例的增值税销项税额，只需由购买方负担不含税销售价格的3%或5%的增值税税额，因此销售价格相对较低。那些不需要增值税专用发票或不能抵扣进项税额的购买方更愿意从增值税小规模纳税人那里购进货物、劳务、服务、无形资产或者不动产。实际操作中可以通过比较不同纳税人身份的税负大小来做出纳税人身份的选择。

【判别方法】

1. 毛利率判别法[①]

假定纳税人不含税销售额为S，适用的销售增值税税率为T_1，不含税可抵扣购进金额为P，适用的购进增值税税率为T_2，增值税征收率为T_3。假定一般纳税人采用一般计税方法。具体操作如下：

（1）计算毛利率。

$$
\begin{aligned}
\text{毛利率} &= (\text{不含税销售额}-\text{不含税可抵扣购进金额})\div\text{不含税销售额} \\
&= (S-P)\div S
\end{aligned}
$$

① 传统叫法为增值率判别法，但因为增值率＝(不含税销售额－不含税可抵扣购进金额)÷不含税可抵扣购进金额＝$(S-P)\div P$，而非$(S-P)\div S$，所以在此叫作毛利率判别法更确切。叫作毛利率判别法的前提是：毛利率＝(不含税销售额－不含税可抵扣购进金额)÷不含税销售额＝$(S-P)\div S$。

（2）计算应纳增值税税额。

$$\text{一般纳税人采用一般计税方法的应纳增值税税额}=\text{不含税销售额}\times\text{销售增值税税率}-\text{不含税可抵扣购进金额}\times\text{购进增值税税率}$$

$$=S\times T_1-P\times T_2$$

$$\text{小规模纳税人应纳增值税税额}=\text{不含税销售额}\times T_3=S\times T_3$$

（3）计算增值税纳税均衡点下的毛利率。令两种纳税人的增值税税负相等，则

$$S\times T_1-P\times T_2=S\times T_3$$

得

$$\text{毛利率}=(S-P)/S=1-(T_1-T_3)/T_2$$ ①

令 $T_1=13\%$，$T_2=13\%$，$T_3=3\%$，得

$$\text{毛利率}=(S-P)/S=1-(13\%-3\%)/13\%=23.08\%$$

由此得出结论：若 $T_1=13\%$，$T_2=13\%$，$T_3=3\%$，当毛利率为23.08%时，两种纳税人身份的增值税税负相同，这时既可以选择一般纳税人身份，也可以选择小规模纳税人身份；当毛利率小于23.08%时，小规模纳税人的增值税税负重于一般纳税人的增值税税负，这时选择一般纳税人身份是有利的；当毛利率大于23.08%时，一般纳税人的增值税税负重于小规模纳税人的增值税税负，这时选择小规模纳税人身份是有利的。

将增值税税率13%，9%，6%，增值税征收率3%分别代入上述公式计算②，可得出两类纳税人在增值税纳税均衡点下的毛利率（见表3-1）。

---

① 具体推导过程为：$S\times T_1-P\times T_2=S\times T_3\Rightarrow S(T_1-T_3)=P\times T_2\Rightarrow P/S=(T_1-T_3)/T_2\Rightarrow 1-P/S=1-(T_1-T_3)/T_2\Rightarrow(S-P)/S=1-(T_1-T_3)/T_2$。

② 为研究方便，除非题目中特别说明，本教材不考虑各种类型的免征增值税，“自2020年3月1日至2021年3月31日，湖北省增值税小规模纳税人，适用3%征收率的应税销售收入，免征增值税；适用3%预征率的预缴增值税项目，暂停预缴增值税。自2021年4月1日至2022年3月31日，湖北省增值税小规模纳税人，适用3%征收率的应税销售收入，减按1%征收率征收增值税；适用3%预征率的预缴增值税项目，减按1%预征率预缴增值税。自2020年3月1日至2022年3月31日，除湖北省外，其他省、自治区、直辖市的增值税小规模纳税人，适用3%征收率的应税销售收入，减按1%征收率征收增值税；适用3%预征率的预缴增值税项目，减按1%预征率预缴增值税。自2022年4月1日至2022年12月31日，增值税小规模纳税人适用3%征收率的应税销售收入，免征增值税；适用3%预征率的预缴增值税项目，暂停预缴增值税。自2023年1月1日至2027年12月31日，增值税小规模纳税人适用3%征收率的应税销售收入，减按1%征收率征收增值税；适用3%预征率的预缴增值税项目，减按1%预征率预缴增值税”，“3%的征收率减按2%征收增值税”，“自2020年5月1日至2023年12月31日，从事二手车经销的纳税人销售其收购的二手车，减按0.5%征收率征收增值税”，与不动产有关的特殊项目适用5%的征收率，一些特殊项目适用5%的征收率减按1.5%征收增值税，同时不考虑“自2019年4月1日起，纳税人购进用于生产销售或委托加工13%税率货物的农产品，按照10%的扣除率计算进项税额”，“自2023年1月1日至2023年12月31日，允许生产性服务业纳税人按照当期可抵扣进项税额加计5%抵减应纳税额”以及“自2023年1月1日至2023年12月31日，允许生活性服务业纳税人按照当期可抵扣进项税额加计10%抵减应纳税额”等优惠政策。全书同。

表 3-1 两类纳税人在增值税纳税均衡点下的毛利率

一般纳税人销售增值税税率（T_1）	一般纳税人购进增值税税率（T_2）	小规模纳税人增值税征收率（T_3）	增值税纳税均衡点下的毛利率
13%	13%	3%	23.08%
13%	9%	3%	−11.11%
13%	6%	3%	−66.67%
9%	13%	3%	53.85%
9%	9%	3%	33.33%
9%	6%	3%	0
6%	13%	3%	76.92%
6%	9%	3%	66.67%
6%	6%	3%	50%

2. 可抵扣购进金额占销售额比重判别法（简称不含税购销金额比判别法）

上述方法中毛利率的测算较为复杂，在纳税筹划中难以操作，因而可以将毛利率的计算公式进行转化。假定纳税人不含税销售额为 S，适用的销售增值税税率为 T_1，不含税可抵扣购进金额为 P，适用的购进增值税税率为 T_2，增值税征收率为 T_3。假定一般纳税人采用一般计税方法。具体操作如下：

（1）计算不含税购销金额比。

不含税购销金额比＝不含税可抵扣购进金额÷不含税销售额＝$P\div S$

（2）计算应纳增值税税额。

$$\text{一般纳税人采用一般计税方法的应纳增值税税额}=\text{不含税销售额}\times\text{销售增值税税率}-\text{不含税可抵扣购进金额}\times\text{购进增值税税率}$$

$$=S\times T_1-P\times T_2$$

小规模纳税人应纳增值税税额＝不含税销售额×T_3＝$S\times T_3$

（3）计算增值税纳税均衡点下的不含税购销金额比。令两种纳税人的增值税税负相等，则

$$S\times T_1-P\times T_2=S\times T_3$$

得

不含税购销金额比＝$P\div S=(T_1-T_3)\div T_2$

令 $T_1=13\%$，$T_2=13\%$，$T_3=3\%$，得

不含税购销金额比＝$P\div S=(13\%-3\%)\div 13\%=76.92\%$

由此得出结论：若 $T_1=13\%$，$T_2=13\%$，$T_3=3\%$，当不含税购销金额比为76.92%时，两种纳税人身份的增值税税负相同，这时既可以选择一般纳税人身份，也可以选择小规模纳税人身份；当不含税购销金额比大于76.92%时，小规模纳税人的增值税税负重于一般纳税人的增值税税负，这时选择一般纳税人身份是有利的；当不含税购销金额比小于76.92%时，一般纳税人的增值税税负重于小规模纳税人的增值税税负，这时选择小规模纳税人身份是有利的。

将增值税税率13%，9%，6%，增值税征收率3%分别代入上述公式计算，可得出两类纳税人在增值税纳税均衡点下的不含税购销金额比（见表3-2）。

表3-2　两类纳税人在增值税纳税均衡点下的不含税购销金额比

一般纳税人销售增值税税率（T_1）	一般纳税人购进增值税税率（T_2）	小规模纳税人增值税征收率（T_3）	增值税纳税均衡点下的不含税购销金额比
13%	13%	3%	76.92%
13%	9%	3%	111.11%
13%	6%	3%	166.67%
9%	13%	3%	46.15%
9%	9%	3%	66.67%
9%	6%	3%	100%
6%	13%	3%	23.08%
6%	9%	3%	33.33%
6%	6%	3%	50%

【筹划过程】若采用毛利率判别法，则

$$毛利率=(S-P)\div S=(480-350)\div 480=27.08\%>23.08\%$$

根据表3-1的结论，此时选择作为小规模纳税人可少缴纳增值税。具体验证如下。

方案一：选择作为增值税一般纳税人。

年应税销售额未超过规定标准的纳税人，会计核算健全，能够提供准确的税务资料的，可以向主管税务机关办理一般纳税人登记，因此，甲公司在满足“会计核算健全，能够提供准确的税务资料”条件的基础上，可以向主管税务机关办理一般纳税人登记，成为一般纳税人。

$$应纳增值税=480\times 13\%-350\times 13\%=16.9(万元)$$

方案二：选择作为增值税小规模纳税人。

$$应纳增值税=480\times 3\%=14.4(万元)$$

若采用可抵扣购进金额占销售额比重判别法，则

$$不含税购销金额比=350\div 480=72.92\%<76.92\%$$

根据表3-2的结论，此时选择作为小规模纳税人可少缴纳增值税。具体验证同上。

【筹划结论】方案二比方案一少缴纳增值税2.5万元（16.9－14.4），若以实现税负最小化为纳税筹划目标，则应当选择方案二。

【筹划点评】除了单纯考虑增值税税负因素外，在进行增值税纳税人身份选择的纳税筹划时还需注意以下因素：除增值税以外的其他税负，纳税人身份转化成本，企业货物、劳务、服务、无形资产或者不动产的性质及客户的特殊要求对企业选择纳税人身份的制约，转换后导致的收入和成本的增加或减少等。

3.1.2 通过合并转换增值税纳税人身份的纳税筹划

【例3-2】 甲公司是一家商业企业，为增值税小规模纳税人，适用3%的增值税征收率，年应税销售额为400万元，年购货金额为350万元。乙公司也是一家商业企业，为增值税小规模纳税人，适用3%的增值税征收率，年应税销售额为300万元，年购货金额为250万元。以上金额均不含增值税，购货均取得税率为13%的增值税专用发票。此时，假设甲公司有机会合并乙公司，且是否合并乙公司对自身经营基本没有影响。合并之后的公司可以登记为增值税一般纳税人，适用的增值税税率为13%，且取得的增值税专用发票符合抵扣规定。

【工作要求】请对上述业务进行纳税筹划。

【税法依据】参照例3-1的税法依据。

【筹划思路】一般纳税人在一般计税方法下可以抵扣进项税额，而小规模纳税人不得抵扣进项税额，因此小规模纳税人的税负可能会重于一般纳税人。若小规模纳税人不具备转化为一般纳税人的条件（年应税销售额未达标准、会计核算不健全或者其他原因），则可以考虑通过合并其他小规模纳税人转化为一般纳税人，从而享有一般纳税人可以抵扣进项税额的税收待遇。

【筹划过程】

方案一：甲公司不合并乙公司，则

甲公司应纳增值税＝400×3%＝12(万元)

乙公司应纳增值税＝300×3%＝9(万元)

甲公司与乙公司应纳增值税合计＝12＋9＝21(万元)

方案二：甲公司合并乙公司，并登记成为增值税一般纳税人，则

合并后的公司应纳增值税＝(400＋300)×13%－(350＋250)×13%＝13(万元)

【筹划结论】方案二比方案一少缴纳增值税8万元（21－13），若以实现税负最小化为纳税筹划目标，则应当选择方案二。

【筹划点评】除国家税务总局另有规定外，纳税人一经登记为一般纳税人，不得再转为小规模纳税人。如果企业的销售客户大多是小规模纳税人，那么企业自身不适合作为一般纳税人。因此，通过合并变“小规模纳税人”为“一般纳税人”，不能单纯考虑税负因素。

3.1.3　通过分立转换增值税纳税人身份的纳税筹划

【例 3-3】　甲公司是一家工业企业，为增值税一般纳税人。年不含增值税销售额为 3 000 万元，销售货物适用增值税税率为 13%；年不含增值税可抵扣购进金额为 500 万元，购进货物适用增值税税率为 13%，能取得增值税专用发票，且取得的增值税专用发票符合抵扣规定。销售过程中既有销售给增值税一般纳税人的业务，也有销售给增值税小规模纳税人的业务，其中销售给增值税小规模纳税人的业务的不含增值税销售额为 400 万元。如果成立一家为增值税小规模纳税人的公司，则销售货物适用 3%的增值税征收率。

【工作要求】请对上述业务进行纳税筹划。

【税法依据】参照例 3-1 的税法依据。

【筹划思路】如果企业具有较高的销项税额和较低的进项税额，那么增值税税负会较重。这种情况下，若作为增值税小规模纳税人，征收率一般为 3%，虽不能抵扣进项税额，但整体增值税税负较低。因此未达到增值税一般纳税人标准的此类企业可以继续选择作为增值税小规模纳税人。而达到增值税一般纳税人标准的此类企业通过办理一般纳税人登记具备增值税一般纳税人资格后，可以考虑分立出一家为增值税小规模纳税人的公司，开展与其他增值税小规模纳税人的业务，这样可以在一定程度上降低增值税税负。

【筹划过程】

方案一：继续维持增值税一般纳税人身份，则

甲公司应纳增值税＝3 000×13%－500×13%＝325(万元)

方案二：将开具增值税普通发票的业务分立出去，重新注册一个乙公司，并将乙公司的年不含增值税销售额控制在 400 万元或以下（本例假设正好为 400 万元）。此时，甲公司仍为增值税一般纳税人，乙公司为增值税小规模纳税人（假设适用 3%的增值税征收率）。

甲公司应纳增值税＝(3 000－400)×13%－500×(3 000－400)÷3 000×13%
＝281.67(万元)

乙公司应纳增值税＝400×3%＝12(万元)

应纳增值税合计＝281.67＋12＝293.67(万元)

【筹划结论】方案二比方案一少缴纳增值税 31.33 万元（325－293.67），若以实现税负最小化为纳税筹划目标，则应当选择方案二。

【筹划点评】如果企业的销售客户大多是增值税一般纳税人，那么企业自身不适合作为增值税小规模纳税人。因此，通过分立转换增值税纳税人身份的纳税筹划要根据具体情况具体分析。

3.1.4 增值税计税方法选择的纳税筹划

【例3-4】 甲公司是2020年1月新成立的一家自来水公司，成立之初登记为增值税一般纳税人。2020年购进一台大型设备，取得增值税专用发票，注明价款400万元、增值税税额52万元，且取得的增值税专用发票符合抵扣规定，其他可抵扣进项税额为30万元。2020年生产销售自来水，取得收入1 000万元（不含增值税）。2021年及以后各年收入不变，可抵扣进项税额每年均为30万元。

【工作要求】请对上述业务进行纳税筹划。

【税法依据】自2019年4月1日起，自来水适用税率为9%（采用一般计税方法时）。

一般纳税人销售其自产的自来水可以选择按照简易计税方法依照3%的征收率计算缴纳增值税。一般纳税人一旦选择按照简易计税方法计算缴纳增值税，36个月内不得变更。

【筹划思路】税法给予自来水公司在增值税计税方法上一定的选择权及转变权，因此，自来水公司可以通过测算不同计税方法下的税负大小来选择最优的计税方法，或适时转变为最优的计税方法。

【筹划过程】

方案一：选择按简易计税方法依照3%的征收率计算缴纳增值税。

因为在36个月的简易计税方法期间进项税额不得抵扣，所以大型设备的进项税额不得抵扣，则

2020年应纳增值税＝1 000×3%＝30(万元)

2021年应纳增值税＝1 000×3%＝30(万元)

2022年应纳增值税＝1 000×3%＝30(万元)

2023年应纳增值税＝1 000×3%＝30(万元)

4年应纳增值税合计＝30＋30＋30＋30＝120(万元)

方案二：选择按一般计税方法计算缴纳增值税。

2020年应纳增值税＝1 000×9%－52－30＝8(万元)

2021年应纳增值税＝1 000×9%－30＝60(万元)

2022年应纳增值税＝1 000×9%－30＝60(万元)

2023年应纳增值税＝1 000×9%－30＝60(万元)

4年应纳增值税合计＝8＋60＋60＋60＝188(万元)

方案三：2020年选择按一般计税方法计算缴纳增值税，2021年转变为简易计税方法。

2020年应纳增值税＝1 000×9%－52－30＝8(万元)

2021年应纳增值税＝1 000×3%＝30(万元)

2022 年应纳增值税＝1 000×3%＝30(万元)

2023 年应纳增值税＝1 000×3%＝30(万元)

4 年应纳增值税合计＝8＋30＋30＋30＝98(万元)

【筹划结论】方案三比方案一少缴纳增值税 22 万元（120－98），比方案二少缴纳增值税 90 万元（188－98），若以实现税负最小化为纳税筹划目标，则应当优先选择方案三，其次是方案一，最后是方案二。

【筹划点评】增值税一般纳税人选择简易计税方法后 36 个月内不得变更，因此，纳税人应当从长远且综合的角度进行测算，选择或转变为最优的计税方法。

3.2　增值税采购行为或进项税额的纳税筹划

3.2.1　一般纳税人从小规模纳税人购进货物、劳务、服务、无形资产或者不动产的纳税筹划

【例 3－5】　甲公司为增值税一般纳税人，本年 1 月从本市的增值税小规模纳税人乙公司购进原材料一批，含税购进金额为 10.3 万元，增值税小规模纳税人乙公司向甲公司开具一张增值税普通发票，票面金额为 10.3 万元。乙公司适用 3%的增值税征收率。

【工作要求】请对上述业务进行纳税筹划。

【税法依据】参照例 3－1 的税法依据。

【筹划思路】一般纳税人从小规模纳税人购进货物、劳务、服务、无形资产或者不动产应尽量取得增值税专用发票等合法扣税凭证，以便达到降低企业税负的目的。

【筹划过程】

方案一：乙公司开具增值税普通发票，即甲公司从增值税小规模纳税人乙公司取得增值税普通发票。这种情况下不得抵扣进项税额，因此甲公司可抵扣的进项税额为 0。

方案二：甲公司要求增值税小规模纳税人乙公司开具增值税专用发票，即甲公司从增值税小规模纳税人乙公司取得增值税专用发票，且甲公司取得的增值税专用发票本年 1 月符合抵扣规定。

甲公司可抵扣的进项税额＝10.3÷(1＋3%)×3%＝0.3(万元)

【筹划结论】方案二比方案一多抵扣进项税额 0.3 万元（0.3－0），相当于少缴纳增值税 0.3 万元，若以实现税负最小化为纳税筹划目标，则应当选择方案二。

【筹划点评】一般纳税人从小规模纳税人购进货物、劳务、服务、无形资产或者不动产时，经过努力从小规模纳税人取得增值税专用发票，可以获取抵扣进项税额的好处，勿以利小而不为。

3.2.2 供应商增值税纳税人身份选择的纳税筹划

【例3-6】 甲公司为增值税一般纳税人，适用的增值税税率为13%，本年1月购买原材料时，有以下方案可供选择。方案一：从增值税一般纳税人A公司购买，每吨含税价格为11 000元，可取得由A公司开具的税率为13%的增值税专用发票。方案二：从增值税小规模纳税人B公司购买，每吨含税价格为10 000元，可取得由B公司开具的税率为3%的增值税专用发票。方案三：从增值税小规模纳税人C公司购买，每吨含税价格为9 000元，可取得由C公司开具的税率为3%的增值税普通发票。甲公司用此原材料生产的产品每吨不含税销售额为20 000元，其他相关费用为2 800元。甲公司取得的增值税专用发票本年1月符合抵扣规定。甲公司以实现税后利润最大化为纳税筹划目标。甲公司适用的企业所得税税率为25%，城市维护建设税税率为7%，教育费附加征收率为3%。①

【工作要求】 请对上述业务进行纳税筹划。

【税法依据】 参照例3-1的税法依据。

【筹划思路】 若购买方为增值税一般纳税人，一方面，从其他一般纳税人购进货物、劳务、服务、无形资产或者不动产可以按不含税价格13%、9%或6%等比例抵扣增值税进项税额，而从小规模纳税人购进货物、劳务、服务、无形资产或者不动产则无法抵扣增值税进项税额，或者即便能取得小规模纳税人通过主管税务机关代开或者小规模纳税人自行开具的增值税专用发票，也只能抵扣货物、劳务、服务、无形资产或者不动产不含税价格3%（特殊情况下为5%）的增值税进项税额。另一方面，一般情况下，从其他一般纳税人购进货物、劳务、服务、无形资产或者不动产的价格要高于从小规模纳税人购进的价格。所以，一般纳税人在选择供应商时，需要综合考虑上述两方面内容。

若购买方为增值税小规模纳税人，是从一般纳税人还是从小规模纳税人购进货物、劳务、服务、无形资产或者不动产，选择是比较容易的。因为小规模纳税人不能抵扣进项税额，含税购进价格中的增值税税额对其意味着单纯的现金流出，所以，只要比较一下供应商给出的含税价格的高低即可。

【判别方法】

若购买方以实现税后利润最大化为纳税筹划目标，则可以采用税后利润法（又称净利润法），即比较选择不同供应商的税后利润的大小，进而选择税后利润最大的方案。

1. 一般纳税人对供应商增值税纳税人身份的选择

（1）一般纳税人选择供应商增值税纳税人身份的类型。一般纳税人在购进货物、劳务、服务、无形资产或者不动产时，可以选择不同增值税纳税人身份的供应商。概括起来，共有三种类型：一是从一般纳税人购进货物、劳务、服务、无形资产或者不动产，

---

① 若没有特别说明，本书题目中的企业所得税税率均为25%，城市维护建设税税率均为7%，教育费附加征收率均为3%。除了城市维护建设税和教育费附加之外，实务中还有地方教育附加（征收率为2%），部分省份有地方水利建设基金（征收率为1%或0.5%）。为研究方便，本书不考虑地方教育附加、地方水利建设基金。

可取得由一般纳税人开具的增值税专用发票；二是从小规模纳税人购进货物、劳务、服务、无形资产或者不动产，可取得由主管税务机关代开的增值税专用发票或者小规模纳税人自行开具的增值税专用发票；三是从小规模纳税人购进货物、劳务、服务、无形资产或者不动产，可取得由小规模纳税人开具的增值税普通发票。

（2）一般纳税人选择供应商增值税纳税人身份的纳税筹划方法。若供应商既可以是一般纳税人，又可以是小规模纳税人，则需在二者之间做出选择。

1）分别计算不同情况下的税后利润情况。

假定购买方为一般纳税人，其不含税销售额为 S，销售货物、劳务、服务、无形资产或者不动产的增值税税率为 T，从一般纳税人购进货物、劳务、服务、无形资产或者不动产的含税金额为 P_1，购进货物、劳务、服务、无形资产或者不动产的增值税税率为 T_1（假设从一般纳税人购进货物、劳务、服务、无形资产或者不动产，可取得增值税专用发票），其他费用为 F①，此时的税后利润为 L_1。假定城市维护建设税税率为7%，教育费附加征收率为3%，企业所得税税率为25%。

$$L_1=\left(\begin{array}{c}\text{不含税}\\ \text{销售额}\end{array}-\begin{array}{c}\text{不含税}\\ \text{购进金额}\end{array}-\begin{array}{c}\text{其他}\\ \text{费用}\end{array}-\begin{array}{c}\text{城市维护建设税}\\ \text{和教育费附加}\end{array}\right)\times(1-\text{企业所得税税率})$$

$$=\left[S-\frac{P_1}{1+T_1}-F-\left(S\times T-\frac{P_1}{1+T_1}\times T_1\right)\times(7\%+3\%)\right]\times(1-25\%)$$

假定购买方为一般纳税人，其不含税销售额为 S，销售货物、劳务、服务、无形资产或者不动产的增值税税率为 T，从小规模纳税人购进货物、劳务、服务、无形资产或者不动产的含税金额为 P_2，购进货物、劳务、服务、无形资产或者不动产的增值税征收率为 T_2（假设从小规模纳税人购进货物、劳务、服务、无形资产或者不动产，可取得由主管税务机关代开或者小规模纳税人自行开具的增值税专用发票），其他费用为 F，此时的税后利润为 L_2。

$$L_2=\left(\begin{array}{c}\text{不含税}\\ \text{销售额}\end{array}-\begin{array}{c}\text{不含税}\\ \text{购进金额}\end{array}-\begin{array}{c}\text{其他}\\ \text{费用}\end{array}-\begin{array}{c}\text{城市维护建设税}\\ \text{和教育费附加}\end{array}\right)\times(1-\text{企业所得税税率})$$

$$=\left[S-\frac{P_2}{1+T_2}-F-\left(S\times T-\frac{P_2}{1+T_2}\times T_2\right)\times(7\%+3\%)\right]\times(1-25\%)$$

假定购买方为一般纳税人，其不含税销售额为 S，销售货物、劳务、服务、无形资产或者不动产的增值税税率为 T，从小规模纳税人购进货物、劳务、服务、无形资产或者不动产的含税金额为 P_3，购进货物、劳务、服务、无形资产或者不动产的增值税征收率为 T_3（假设从小规模纳税人购进货物、劳务、服务、无形资产或者不动产，可取得由小规模纳税人开具的增值税普通发票，不能取得增值税专用发票），其他费用为 F，此时的税后利润为 L_3。

① 不管如何选择供应商都不影响其他费用 F，下同。

$$L_3=\left(\begin{matrix}\text{不含税}\\\text{销售额}\end{matrix}-\begin{matrix}\text{含税}\\\text{购进金额}\end{matrix}-\begin{matrix}\text{其他}\\\text{费用}\end{matrix}-\begin{matrix}\text{城市维护建设税}\\\text{和教育费附加}\end{matrix}\right)\times(1-\text{企业所得税税率})$$
$$=[S-P_3-F-(S\times T)\times(7\%+3\%)]\times(1-25\%)$$

2）根据不同情况下的税后利润，计算税后利润均衡点价格比。

令 $L_1=L_2$，得

$$\text{税后利润均衡点价格比}=P_1/P_2$$
$$=[(1+T_1)(1-0.1T_2)]/[(1+T_2)(1-0.1T_1)]$$

当 $T_1=13\%$，$T_2=3\%$时，代入上式得

$$P_1/P_2=[(1+13\%)(1-0.1\times3\%)]/[(1+3\%)(1-0.1\times13\%)]=1.108\,2$$

也就是说，当 $T_1=13\%$，$T_2=3\%$，且 $P_1/P_2=1.108\,2$ 时，无论是从开具增值税专用发票的一般纳税人，还是从由主管税务机关代开或者自行开具增值税专用发票的小规模纳税人采购，税后利润是一样的；当 $P_1/P_2>1.108\,2$ 时，则从由主管税务机关代开或者自行开具增值税专用发票的小规模纳税人采购，产生的税后利润较大，此时应当选择从由主管税务机关代开或者自行开具增值税专用发票的小规模纳税人采购；当 $P_1/P_2<1.108\,2$ 时，应当选择从开具增值税专用发票的一般纳税人采购。

令 $L_1=L_3$，得

$$\text{税后利润均衡点价格比}=P_1/P_3=(1+T_1)/(1-0.1T_1)$$

当 $T_1=13\%$时，代入上式得

$$P_1/P_3=(1+T_1)/(1-0.1T_1)=(1+13\%)/(1-0.1\times13\%)=1.144\,9$$

也就是说，当 $T_1=13\%$，且 $P_1/P_3=1.144\,9$ 时，无论是从开具增值税专用发票的一般纳税人，还是从开具增值税普通发票的小规模纳税人采购，税后利润是一样的；当 $P_1/P_3>1.144\,9$ 时，则从开具增值税普通发票的小规模纳税人采购，产生的税后利润较大，此时应当选择从开具增值税普通发票的小规模纳税人采购；当 $P_1/P_3<1.144\,9$ 时，应当选择从开具增值税专用发票的一般纳税人采购。

令 $L_2=L_3$，得

$$\text{税后利润均衡点价格比}=P_2/P_3=(1+T_2)/(1-0.1T_2)$$

当 $T_2=3\%$时，代入上式得

$$P_2/P_3=(1+T_2)/(1-0.1T_2)=(1+3\%)/(1-0.1\times3\%)=1.033\,1$$

也就是说，当 $T_2=3\%$，且 $P_2/P_3=1.033\,1$ 时，无论是从由主管税务机关代开或者自行开具增值税专用发票的小规模纳税人，还是从开具增值税普通发票的小规模纳税人采购，税后利润是一样的；当 $P_2/P_3>1.033\,1$ 时，则从开具增值税普通发票的小规模纳税人采购，产生的税后利润较大，此时应当选择从开具增值税普通发票的小规模纳

税人采购；当$P_2/P_3<1.0331$时，应当选择从由主管税务机关代开或者自行开具增值税专用发票的小规模纳税人采购。

同理，我们可以得出其他情况下税后利润均衡点价格比（见表3-3）。

表3-3　不同情况下税后利润均衡点价格比汇总表

	13%税率的增值税专用发票	9%税率的增值税专用发票	6%税率的增值税专用发票	3%税率的增值税专用发票
3%税率的增值税专用发票	$P_1/P_2=1.1082$	$P_1/P_2=1.0647$	$P_1/P_2=1.0322$	—
3%税率的增值税普通发票	$P_1/P_3=1.1449$	$P_1/P_3=1.1000$	$P_1/P_3=1.0664$	$P_2/P_3=1.0331$

2. 小规模纳税人对供应商增值税纳税人身份的选择

（1）小规模纳税人选择供应商增值税纳税人身份的类型。小规模纳税人在购进货物、劳务、服务、无形资产或者不动产时，也可以选择不同纳税人身份的供应商。概括起来，也有三种类型，同上述一般纳税人选择供应商增值税纳税人身份的类型。

（2）小规模纳税人选择供应商增值税纳税人身份的纳税筹划方法。对于小规模纳税人来说，无论是从增值税一般纳税人购进货物、劳务、服务、无形资产或者不动产，还是从小规模纳税人购进货物、劳务、服务、无形资产或者不动产，都不能抵扣进项税额。所以，小规模纳税人在选择供应商时，主要考虑购进货物、劳务、服务、无形资产或者不动产含税价格的高低，选择价格最低的供应商就可以了。

【筹划过程】

$P_1/P_2=11\,000/10\,000=1.1<1.1082$，根据表3-3的结论，方案一与方案二相比，应当选择方案一。

$P_1/P_3=11\,000/9\,000=1.2222>1.1449$，根据表3-3的结论，方案一与方案三相比，应当选择方案三。

$P_2/P_3=10\,000/9\,000=1.1111>1.0331$，根据表3-3的结论，方案二与方案三相比，应当选择方案三。

综上所述，应当选择方案三。具体验证如下：

方案一：从一般纳税人A公司购买，每吨含税价格为11 000元，可取得由A公司开具的税率为13%的增值税专用发票。

$$
\begin{aligned}
\text{税后利润}=&\{20\,000-11\,000\div(1+13\%)-2\,800-[20\,000\times13\%-11\,000\\
&\div(1+13\%)\times13\%]\times(7\%+3\%)\}\times(1-25\%)\\
=&5\,499.03(\text{元})
\end{aligned}
$$

方案二：从小规模纳税人B公司购买，每吨含税价格为10 000元，可取得由B公司开具的税率为3%的增值税专用发票。

税后利润＝{20 000－10 000÷(1＋3%)－2 800－[20 000×13%－10 000
÷(1＋3%)×3%]×(7%＋3%)}×(1－25%)
＝5 445.29(元)

方案三：从小规模纳税人C公司购买，每吨含税价格为9 000元，可取得由C公司开具的税率为3%的增值税普通发票。

税后利润＝[20 000－9 000－2 800－20 000×13%×(7%＋3%)]×(1－25%)
＝5 955(元)

【筹划结论】方案三比方案一多获取税后利润455.97元（5 955－5 499.03），比方案二多获取税后利润509.71元（5 955－5 445.29），若以实现税后利润最大化为纳税筹划目标，则应当优先选择方案三，其次是方案一，最后是方案二。

【筹划点评】以上是在“购买方以实现税后利润最大化为纳税筹划目标”的前提下进行讨论的。事实上，企业选择供应商时除了需要考虑税后利润大小，还应当考虑诸如现金净流量、信用关系、售后服务、购进运费等因素，以便做出全面、合理的决策。

3.2.3 变“收购非初级农产品”为“收购初级农产品”的纳税筹划

【例3-7】 甲公司是一家家具生产企业，为增值税一般纳税人，本年1月从农民手中收购经农民加工过的板材（胶合板）1 200万元（含增值税），并取得增值税普通发票（假设农民为小规模纳税人，增值税税率或者征收率为3%），且于当月全部用于生产家具，假设农民加工这1 200万元板材（胶合板）耗用的树木（原木）的成本为800万元。甲公司本年1月销售家具取得不含增值税销售收入3 600万元。甲公司销售家具适用的增值税税率为13%，其他可抵扣进项税额为100万元。当地未将板材加工行业购进原木连续加工板材（胶合板）纳入农产品增值税进项税额核定扣除试点。甲公司适用的企业所得税税率为25%，城市维护建设税税率为7%，教育费附加征收率为3%。

【工作要求】请对上述业务进行纳税筹划。

【税法依据】自2019年4月1日起，纳税人购进农产品，按下列规定抵扣进项税额：

（1）除第（2）项规定外，纳税人购进农产品，取得一般纳税人开具的增值税专用发票或海关进口增值税专用缴款书的，以增值税专用发票或海关进口增值税专用缴款书上注明的增值税税额为进项税额；从按照简易计税方法依照3%征收率计算缴纳增值税的小规模纳税人取得增值税专用发票的，以增值税专用发票上注明的金额和9%的扣除率计算进项税额；取得（开具）农产品销售发票或收购发票的，以农产品销售发票或收购发票上注明的农产品买价和9%的扣除率计算进项税额（买价是指纳税人购进农产品在农产品收购发票或者销售发票上注明的价款和按照规定缴纳的烟叶税）。

农产品销售发票，是指农业生产者销售自产农产品适用免征增值税政策而开具的普通发票。农产品收购发票是指收购单位向农业生产者自然人（不包括从事农产品收购的个体经营者①）收购其自产的免征增值税农产品时，由付款方向收款方开具的发票。增值税一般纳税人向从事农业生产的自然人收购其自产的免征增值税农产品，应当按规定妥善保管收购业务相关的过磅单、入库单、收付款凭证、从事农业生产的自然人的身份证复印件等原始凭证以备查验。

（2）自 2019 年 4 月 1 日起的营改增试点期间，纳税人购进用于生产或者委托加工 13%税率货物的农产品，按照 10%的扣除率计算进项税额。

农产品是指种植业、养殖业、林业、牧业、水产业生产的各种植物、动物的初级产品。农产品的范围按照《财政部 国家税务总局关于印发〈农业产品征税范围注释〉的通知》（财税字〔1995〕52 号）文件执行，其中原木属于该文件中的农业产品（农产品），板材（胶合板）不属于该文件中的农业产品（农产品）。

《中华人民共和国增值税暂行条例》（以下简称《增值税暂行条例》）第一条所称提供加工、修理修配劳务，是指有偿提供加工、修理修配劳务。单位或者个体工商户聘用的员工为本单位或者雇主提供加工、修理修配劳务，不包括在内。

【筹划思路】一般纳税人向农业生产者自然人购进其自产的免征增值税农产品（初级农产品）的，如果该一般纳税人向税务机关申领农产品收购发票，则可向农业生产者个人开具农产品收购发票，并按收购发票上注明的农产品买价和 9%的扣除率计算进项税额。初级农产品指的是没有经过任何加工的农业产品，其范围按照《财政部 国家税务总局关于印发〈农业产品征税范围注释〉的通知》（财税字〔1995〕52 号）文件执行。初级农产品一旦经过加工，即使是最简单的加工，也失去了税法规定的初级农产品的特点，就不能按照扣除率计算进项税额。因此，一般纳税人企业应当尽量向农业生产者自然人收购没有经过加工的农产品，以充分享受优惠政策，从而减轻税负。

【筹划过程】方案一：甲公司以 1 200 万元的价格从农民手中收购经农民加工过的板材（胶合板），并取得增值税普通发票。

甲公司应纳增值税＝3 600×13%－100＝368(万元)

农民应纳增值税＝1 200÷(1＋3%)×3%＝34.95(万元)

甲公司税后利润＝[3 600－1 200－368×(7%＋3%)]×(1－25%)＝1 772.4(万元)

方案二：甲公司直接以 800 万元的价格从农民手中收购树木（原木），并开具农产品收购发票，然后雇农民将树木（原木）加工成板材（胶合板），支付工资或者劳务报酬 400 万元（1 200－800）。

甲公司应纳增值税＝3 600×13%－800×10%－100＝288(万元)

农民应纳增值税＝0

甲公司税后利润＝[3 600－800×(1－10%)－400－288×(7%＋3%)]×(1－25%)

＝1 838.4(万元)

① 个体经营者即个体工商户。

【筹划结论】方案二比方案一甲公司少缴纳增值税 80 万元（368－288），多获取税后利润 66 万元（1 838.4－1 772.4），农民少缴纳增值税 34.95 万元（34.95－0），若以实现税负最小化以及税后利润最大化为纳税筹划目标，则应当选择方案二。

【筹划点评】企业直接收购树木（原木），然后雇用农民加工成板材（胶合板），产生的人工成本不应当高于 480 万元（1 200－800＋80），否则将得不偿失。

3.2.4 分立农业生产部门的纳税筹划

【例 3-8】 甲纺织品公司为增值税一般纳税人，有种植园和纺织车间两个部门。种植园提供原材料亚麻给纺织车间，纺织车间使用亚麻生产纺织品。纺织品的增值税税率为 13%。甲纺织品公司预计本年 1—12 月将实现纺织品销售收入 6 300 万元（不含增值税），种植园自产亚麻的成本为 2 000 万元，种植园可抵扣的进项税额为 10 万元，纺织品车间可抵扣的进项税额为 120 万元。

【工作要求】请对上述业务进行纳税筹划。

【税法依据】销售自产农产品免征增值税。销售自产农产品指农业生产者销售自产初级农产品（包括制种、“公司＋农户”经营模式的畜禽饲养）。同时参考例 3-7 的税法依据。

【筹划思路】农业生产者销售的自产初级农产品（如亚麻）免征增值税，但以自产农产品（如亚麻）为原材料加工后的产品并不属于农产品免税范围。企业要想享受销售自产农产品免税的政策，可以考虑先把种植园和纺织车间分为两个独立法人，分别为种植厂和纺织厂，然后采取纺织厂购进种植厂亚麻的经营模式。一方面，种植厂可以享受销售自产农产品亚麻免征增值税的政策；另一方面，纺织厂购进亚麻若取得种植厂开具的农产品销售发票，则还可以按农产品销售发票上注明的农产品买价乘以扣除率来计算可抵扣的进项税额。

【筹划过程】

方案一：将种植园和纺织车间作为一个独立法人——甲纺织品公司。

$$\text{甲纺织品公司本年 1—12 月应纳增值税}=6\,300\times13\%-10-120=689(\text{万元})$$

方案二：将种植园和纺织车间分为两个独立法人，分别为 A 种植厂和 B 纺织厂。A 种植厂将自产的亚麻以 2 400 万元的公允价格直接销售给 B 纺织厂。

（1）本年 1—12 月 A 种植厂销售亚麻实现销售收入 2 400 万元。

农业生产者销售的自产初级农产品免征增值税，因此 A 种植厂销售亚麻免征增值税，即增值税税负为零，相应的进项税额 10 万元也不得抵扣。

（2）B 纺织厂购进亚麻。

自 2019 年 4 月 1 日起，纳税人购进用于生产销售或委托加工 13%税率货物的农产品，按照 10%的扣除率计算进项税额，因此 B 纺织厂从 A 种植厂购进亚麻，取得 A 种植厂开具的农产品销售发票，相应的进项税额可以从销项税额中抵扣。

$$\text{B 纺织厂本年 1—12 月应纳增值税}=6\,300\times13\%-2\,400\times10\%-120=459(\text{万元})$$

【筹划结论】方案二比方案一整体上少缴纳增值税 230 万元（689－459），若以实现税负最小化为纳税筹划目标，则应当选择方案二。

【筹划点评】将种植园和纺织车间分为两个独立法人，必然要多支出一部分开办费用及其他费用。但这笔费用与增值税的节税额相比要少得多，因此采用上述方式是非常划算的。

3.2.5　存货非正常损失的纳税筹划

【例 3－9】　甲公司为增值税一般纳税人，适用 13%的增值税税率。本年 1 月甲公司购入一批原材料，不含增值税价格为 200 万元，取得的增值税专用发票注明的增值税税额为 26 万元，该进项税额已经于本年 1 月从销项税额中抵扣。本年 6 月该批原材料由于仓库发生火灾（因管理不善）而发生损失，甲公司对其进行盘存清理，发现有不含增值税价格 30 万元的原材料经过一定处理后仍能使用，为回笼资金甲公司决定将其变价卖出。本年 6 月甲公司其他业务增值税销项税额为 100 万元，可抵扣进项税额为 35 万元。

【工作要求】请对上述业务进行纳税筹划。

【税法依据】下列项目的进项税额不得从销项税额中抵扣：

（1）用于简易计税方法计税项目、免征增值税项目、集体福利或者个人消费的购进货物、加工修理修配劳务、服务、无形资产和不动产。其中涉及的无形资产、不动产，仅指专用于上述项目的无形资产（不包括其他权益性无形资产）、不动产。纳税人的交际应酬消费属于个人消费。

（2）非正常损失的购进货物，以及相关的加工修理修配劳务和交通运输服务。

（3）非正常损失的在产品、产成品所耗用的购进货物（不包括固定资产）、加工修理修配劳务和交通运输服务。

（4）非正常损失的不动产，以及该不动产所耗用的购进货物、设计服务和建筑服务。

（5）非正常损失的不动产在建工程所耗用的购进货物、设计服务和建筑服务。纳税人新建、改建、扩建、修缮、装饰不动产，均属于不动产在建工程。

（6）购进的贷款服务、餐饮服务、居民日常服务和娱乐服务。

（7）财政部和国家税务总局规定的其他情形。

上述第（4）项、第（5）项所称货物，是指构成不动产实体的材料和设备，包括建筑装饰材料和给排水、采暖、卫生、通风、照明、通讯、煤气、消防、中央空调、电梯、电气、智能化楼宇设备及配套设施。

非正常损失，是指因管理不善造成货物被盗、丢失、霉烂变质，以及因违反法律法规造成货物或者不动产被依法没收、销毁、拆除的情形。

纳税人接受贷款服务向贷款方支付的与该笔贷款直接相关的投融资顾问费、手续费、咨询费等费用，其进项税额不得从销项税额中抵扣。

已抵扣进项税额的购进货物（不含固定资产）、劳务、服务，发生上述第（1）至（7）项规定情形（简易计税方法计税项目、免征增值税项目除外）的，应当将该进项税额从当期进项税额中扣减；无法确定该进项税额的，按照当期实际成本计算应扣减的进项税额。

已抵扣进项税额的固定资产、无形资产或者不动产，发生上述第（1）至（7）项规定情形的，按照下列公式计算不得抵扣的进项税额：

不得抵扣的进项税额＝固定资产、无形资产或者不动产净值×适用税率

按照《增值税暂行条例》第十条和上述不得抵扣且未抵扣进项税额的固定资产、无形资产或者不动产，发生用途改变，用于允许抵扣进项税额的应税项目，可在用途改变的次月按照下列公式，依据合法有效的增值税扣税凭证，计算可以抵扣的进项税额：

$$可以抵扣的进项税额=\frac{固定资产、无形资产或者不动产净值}{1+适用税率}\times 适用税率$$

上述可以抵扣的进项税额应取得合法有效的增值税扣税凭证。

自2020年3月1日起，增值税一般纳税人取得2017年1月1日及以后开具的增值税专用发票、海关进口增值税专用缴款书、机动车销售统一发票、收费公路通行费增值税电子普通发票，取消认证确认、稽核比对、申报抵扣的期限。纳税人在进行增值税纳税申报时，应当通过本省（自治区、直辖市和计划单列市）增值税发票综合服务平台对上述扣税凭证信息进行用途确认。

自2020年3月1日起，增值税一般纳税人取得2016年12月31日及以前开具的增值税专用发票、海关进口增值税专用缴款书、机动车销售统一发票，超过认证确认、稽核比对、申报抵扣期限，但符合规定条件的，仍可按照《国家税务总局关于逾期增值税扣税凭证抵扣问题的公告》（国家税务总局公告2011年第50号，国家税务总局公告2017年第36号、国家税务总局公告2018年第31号修改）、《国家税务总局关于未按期申报抵扣增值税扣税凭证有关问题的公告》（国家税务总局公告2011年第78号，国家税务总局公告2018年第31号修改）规定，继续抵扣进项税额。

【筹划思路】非正常损失存货的进项税额不能抵扣，因此增值税一般纳税人在合理且精确地计算存货非正常损失额的基础上，尽量降低非正常损失存货的会计核算额具有重要意义。

【筹划过程】

方案一：会计核算时将200万元作为非正常损失。

进项税转出额＝200×13%＝26(万元)

30万元的原材料变价销售的销项税额＝30×13%＝3.9(万元)

应纳增值税＝100＋3.9－(35－26)＝94.9(万元)

方案二：会计核算时将170万元（200－30）作为非正常损失。

进项税转出额＝170×13%＝22.1(万元)

30万元的原材料变价销售的销项税额＝30×13%＝3.9(万元)

应纳增值税＝100＋3.9－(35－22.1)＝91(万元)

【筹划结论】方案二比方案一少缴纳增值税3.9万元（94.9－91），若以实现税负最小化为纳税筹划目标，则应当选择方案二。

【筹划点评】尽量降低非正常损失存货的会计核算额的前提在于，合理且精确地将报废的存货和仍能使用的存货分开，并在会计核算时体现正确的数量、单价和金额。

3.2.6 通过合并抵扣增值税进项税额的纳税筹划

【例3-10】 甲公司、乙公司均为增值税一般纳税人。乙公司期初有27万元的增值税留抵税额，本期预计销售额为50万元（不含增值税），没有新增采购项目，即本期没有新增进项税额。甲公司本期预计销售额为200万元（不含增值税），可抵扣的增值税进项税额为4万元。此时，假设甲公司有机会合并乙公司，且是否合并乙公司对自身经营基本没有影响。假设乙公司不符合向主管税务机关申请退还增量留抵税额的条件。甲公司、乙公司均适用13%的增值税税率。

【工作要求】请对上述业务进行纳税筹划。

【税法依据】

应纳增值税税额=本期增值税销项税额一本期准予抵扣的增值税进项税额

增值税一般纳税人的进项税额可从本期的销项税额中抵扣，不足抵扣的部分可结转下期继续抵扣。增值税一般纳税人（原纳税人）在资产重组中将全部资产、负债、劳动力一并转让给其他增值税一般纳税人（新纳税人），并按程序办理注销税务登记的，其在办理注销税务登记前尚未抵扣的进项税额可以结转至新纳税人处继续抵扣。

【筹划思路】如果目标企业有大量的期初存货可以用于抵扣进项税额，则合并企业在合并当期的应纳增值税税额就会减少，从而达到节税目的。

【筹划过程】

方案一：甲公司不合并乙公司。

甲公司应纳增值税=200×13%－4=22(万元)

乙公司应纳增值税=50×13%－27=－20.5(万元)

即乙公司本期不缴纳增值税，20.5万元的增值税进项税额留待下期抵扣，则

甲公司与乙公司应纳增值税合计=22+0=22(万元)

方案二：甲公司合并乙公司。

合并后的公司应纳增值税=(200+50)×13%－4－27=1.5(万元)

【筹划结论】方案二比方案一本期少缴纳增值税20.5万元（22－1.5），若以实现税负最小化为纳税筹划目标，则应当选择方案二。

【筹划点评】企业是否选择合并应充分考虑合并成本、合并后的发展前景、职工安置等各方面的因素，不能仅考虑税负因素。

3.2.7 购进国内旅客运输服务的纳税筹划

【例3-11】 甲公司为增值税一般纳税人，本年1月员工出差乘车有两种方案

可供选择。方案一：乘长途汽车出差，可以取得注明旅客身份信息的公路客票若干张，票面金额合计 10 000 元。方案二：乘高铁出差，可以取得注明旅客身份信息的铁路车票若干张，票面金额合计 10 000 元。

【工作要求】请对上述业务进行纳税筹划。

【税法依据】自 2019 年 4 月 1 日起，购进国内旅客运输服务，其进项税额允许从销项税额中抵扣。

纳税人购进国内旅客运输服务未取得增值税专用发票的，暂按照以下规定确定进项税额：

（1）取得增值税电子普通发票的，为发票上注明的税额；

（2）取得注明旅客身份信息的航空运输电子客票行程单的，为按照下列公式计算的进项税额：

航空旅客运输进项税额＝(票价＋燃油附加费)÷(1＋9％)×9％

（3）取得注明旅客身份信息的铁路车票的，为按照下列公式计算的进项税额：

铁路旅客运输进项税额＝票面金额÷(1＋9％)×9％

（4）取得注明旅客身份信息的公路、水路等其他客票的，为按照下列公式计算的进项税额：

公路、水路等其他旅客运输进项税额＝票面金额÷(1＋3％)×3％

【筹划思路】一般纳税人购进国内旅客运输服务，在国内旅客运输服务总价一定的情况下，根据取得的扣税凭证的不同，其可以抵扣的进项税额也不同。一般纳税人应当测算购进不同的国内旅客运输服务方式可以抵扣的进项税额的大小，选择可以抵扣的进项税额大的方式。

【筹划过程】

方案一：乘长途汽车出差，可以取得注明旅客身份信息的公路客票若干张，票面金额合计 10 000 元。

可以抵扣的进项税额＝10 000÷(1＋3％)×3％＝291.26(元)

方案二：乘高铁出差，可以取得注明旅客身份信息的铁路车票若干张，票面金额合计 10 000 元。

可以抵扣的进项税额＝10 000÷(1＋9％)×9％＝825.69(元)

【筹划结论】方案二比方案一多抵扣进项税额 534.43 元（825.69－291.26），相当于少缴纳增值税 534.43 元，若以实现税负最小化为纳税筹划目标，则应当选择方案二。

【筹划点评】不同的国内旅客运输服务方式的价格一般情况下是不一样的，企业应当测算不同方式下的具体税后利润或者现金净流量，最终选择合适的方式。

3.3　增值税销售行为或销项税额的纳税筹划

3.3.1　折扣销售的纳税筹划

【例 3-12】　甲公司为增值税一般纳税人，本年 1 月为促销产品，给予客户以下优惠：凡一次性购买其产品总价达到 5 万元及以上的，给予价格上 10%的折扣。本年 1 月甲公司一次性销售给某客户总价为 10 万元的产品。以上价格均不含增值税。该产品适用的增值税税率为 13%。

【工作要求】请对上述业务进行纳税筹划。

【税法依据】折扣销售，又称商业折扣，是指销货方在销售货物或应税劳务时，因购货方购货数量较大等原因而给予购货方的价格优惠，在实现销售时发生。

纳税人采取折扣方式销售货物，销售额和折扣额在同一张发票上的“金额”栏分别注明的，可按折扣后的销售额征收增值税；未在同一张发票“金额”栏注明折扣额，而仅在发票的“备注”栏注明折扣额的，折扣额不得从销售额中减除。

【筹划思路】企业采用折扣销售时，应在同一张发票的“金额”栏分别注明销售额和折扣额，以便按折扣后的销售额计征增值税，这样能降低计税依据，从而减轻企业税负。

【筹划过程】

方案一：甲公司未将销售额和折扣额在同一张发票的“金额”栏分别注明，而仅在发票的“备注”栏注明折扣额。

增值税销项税额＝10×13%＝1.3(万元)

方案二：甲公司将销售额和折扣额在同一张发票的“金额”栏分别注明。

增值税销项税额＝(10－10×10%)×13%＝1.17(万元)

【筹划结论】方案二比方案一少缴纳增值税 0.13 万元（1.3－1.17），若以实现税负最小化为纳税筹划目标，则应当选择方案二。

【筹划点评】将销售额和折扣额在同一张发票的“金额”栏分别注明是举手之劳，能降低增值税税负。

3.3.2　销售折扣的纳税筹划

【例 3-13】　甲公司为增值税一般纳税人，本年 1 月与购货方签订销售合同，金额为 500 万元（不含增值税），合同中约定的付款期为 30 天。若对方在 10 天内付款，则给予对方不含增值税金额 20%的销售折扣；若对方在 30 天内付款，则不给予折扣。该货物适用的增值税税率为 13%。

【工作要求】请对上述业务进行纳税筹划。

【税法依据】销售折扣，又称现金折扣，是指销货方在销售货物或应税劳务后，为了鼓励购货方及早偿还货款而协议许诺给予购货方的一种折扣优待。销售折扣通常用“2/10，1/20，n/30”表示，其含义为：购货方若10天内付款，则货款折扣2%；若20天内付款，则货款折扣1%；若30天内付款，则需全额付款。因为销售折扣发生在销货之后，是一种融资性质的理财费用，所以销售折扣不得从销售额中减除，而需按全额计征增值税。

【筹划思路】销售折扣不得从销售额中减除，因此这种折扣方式无疑加重了企业的税收负担。企业可以修改合同规定，变“销售折扣”为“折扣销售”，以达到节税目的。

【筹划过程】

方案一：采取销售折扣方式。

折扣额不能从销售额中扣除，甲公司应按照500万元全额计算增值税销项税额。

$$甲公司增值税销项税额=500\times13\%=65(万元)$$

方案二：变“销售折扣”为“折扣销售”。

甲公司主动压低该批货物的价格，将合同金额降为400万元（不含增值税），相当于给予对方20%折扣后的金额。同时在合同中约定，购货方超过10天付款加收113万元的滞纳金。在这种情况下，甲公司的收入并没有受到实质影响。

如果购货方在10天之内付款，则

$$甲公司增值税销项税额=400\times13\%=52(万元)$$

比方案一少缴纳增值税13万元（65－52）。

如果购货方没有在10天之内付款，甲公司可向对方收取113万元滞纳金，并以全部价款和价外费用计算增值税销项税额，则

$$甲公司增值税销项税额=[400+113\div(1+13\%)]\times13\%=65(万元)$$

与方案一的税负是一样的。

【筹划结论】方案二比方案一少缴纳或晚缴纳增值税，若以实现税负最小化以及涉税资金时间价值最大化为纳税筹划目标，则应当选择方案二。

【筹划点评】因为存在滞纳金，所以购货方一般情况下会选择在10天之内付款；购货方若选择10天之后付款，则对销售方（甲公司）来说，会增加收入113万元（含增值税）。因此，方案二总是优于方案一。

3.3.3 实物折扣的纳税筹划

【例3-14】 甲公司为增值税一般纳税人，本年1月为促销举办赠送活动，凡购买一件价格为90万元（不含增值税）的A产品，均能获赠一件价格为10万元（不含

增值税）的B产品。A，B产品适用的增值税税率均为13%。甲公司采取实物折扣的方式，即将赠送的价格为10万元（不含增值税）的B产品单独开具发票。

【工作要求】请对上述业务进行纳税筹划。

【税法依据】纳税人采取折扣方式销售货物，如果销售额和折扣额在同一张发票的“金额”栏分别注明，可按折扣后的销售额征收增值税。折扣销售的税收优惠仅适用于价格折扣，而不适用于实物折扣。如果销售者将自产、委托加工或者购进的货物用于实物折扣，则该实物折扣额不能从销售额中减除，且该实物应按《中华人民共和国增值税暂行条例实施细则》中“视同销售货物”中的“无偿赠送其他单位或者个人”计算缴纳增值税。①

【筹划思路】企业在选择折扣方式时，应当尽量不选择实物折扣。在必须采用实物折扣的销售方式时，企业可以在发票上做适当的调整，变“实物折扣”为“价格折扣（折扣销售）”，以达到节税的目的。

【筹划过程】

方案一：甲公司采取实物折扣的方式，即将赠送的价值10万元（不含增值税）的B产品单独开具发票。

销售90万元A产品的增值税销项税额=90×13%=11.7(万元)

赠送10万元B产品视同销售，则

赠送B产品的增值税销项税额=10×13%=1.3(万元)

增值税销项税额合计=11.7+1.3=13(万元)

方案二：变“实物折扣”为“价格折扣（折扣销售）”。

在开发票时将实物折扣变为价格折扣，即原价合计100万元（A产品90万元、B产品10万元）打九折，打折后的价格为90万元（A产品81万元、B产品9万元），且将原价100万元（A产品90万元、B产品10万元）和折扣额10万元（A产品9万元、B产品1万元）在同一张发票的“金额”栏中分别注明，则

增值税销项税额=[(90−9)+(10−1)]×13%=11.7(万元)

【筹划结论】方案二比方案一少缴纳增值税1.3万元（13−11.7），若以实现税负最小化为纳税筹划目标，则应当选择方案二。

【筹划点评】变换一下折扣方式，符合税法中关于折扣销售的规定，能降低增值税税负。

---

① 就增值税而言，对于买一赠一、捆绑销售等组合销售行为，一部分地区税务机关认为，应当视同销售缴纳增值税；另一部分地区税务机关认为，买一赠一不属于无偿赠送，买一是赠一的前提，不买一便不会无偿赠一，因此买一赠一应分别以实际收取的价款按照赠品与卖品公允价值的比例计算各自的增值税销项税额，且赠品部分取得的增值税进项税额可以抵扣。对此，企业应当事先咨询当地税务机关。

3.3.4 返还现金的纳税筹划

【例3-15】 甲超市为增值税一般纳税人，本年1月为促销举办“购货满100元（含增值税）返还现金20元”的活动。本期销售额合计100万元（含增值税），共返还现金20万元。假设原价为100元（含增值税）的商品，成本为60元（含增值税）。另外，甲超市每销售原价为100元（含增值税）的商品，便发生可在企业所得税税前扣除的工资和其他费用6元（不含增值税）。甲超市销售和采购商品适用的增值税税率均为13%。甲超市购进的商品均取得了增值税专用发票，且取得的增值税专用发票本年1月均符合抵扣规定。假设参与甲超市促销活动的顾客均为其他个人（自然人）。甲超市适用的企业所得税税率为25%，城市维护建设税税率为7%，教育费附加征收率为3%。

【工作要求】请对上述业务进行纳税筹划。

【税法依据】

（1）返还现金指企业在销售货物的同时，返还部分现金给购买方。还本销售是企业销售货物后，在一定期限内将全部或部分销货款一次或分次无条件退还给购货方的一种销售方式。返还现金是还本销售的一种形式。返还现金或者还本销售不同于捐赠，返还现金或者还本销售与销售行为有关，而捐赠与销售行为无关。

根据《国家税务总局关于印发〈增值税若干具体问题的规定〉的通知》（国税发〔1993〕154号）的规定，纳税人采取还本销售方式销售货物，不得从销售额中减除还本支出。

根据《企业所得税法》第八条的规定，企业实际发生的与取得收入有关的、合理的支出，包括成本、费用、税金、损失和其他支出，准予在计算应纳税所得额时扣除。根据《中华人民共和国企业所得税法实施条例》（以下简称《企业所得税法实施条例》）第二十七条的规定，《企业所得税法》第八条所称有关的支出，是指与取得收入直接相关的支出。《企业所得税法》第八条所称合理的支出，是指符合生产经营活动常规，应当计入当期损益或者有关资产成本的必要和正常的支出。根据《企业所得税法实施条例》第三十三条的规定，《企业所得税法》第八条所称其他支出，是指除成本、费用、税金、损失外，企业在生产经营活动中发生的与生产经营活动有关的、合理的支出。由此可见，还本支出（包括返还现金）与企业生产经营活动有关，可以在企业所得税税前扣除。

根据《财政部 国家税务总局关于企业促销展业赠送礼品有关个人所得税问题的通知》（财税〔2011〕50号）以及《财政部 税务总局关于个人取得有关收入适用个人所得税应税所得项目的公告》（财政部 税务总局公告2019年第74号）的规定，对企业和单位在营销活动中以折扣折让、赠品、抽奖等方式，向个人赠送现金、消费券、物品、服务等（以下简称礼品）有关个人所得税问题通知如下：1）企业在销售商品（产品）和提供服务过程中向个人赠送礼品，属于下列情形之一的，不征收个人所得税：①企业通过价格折扣、折让方式向个人销售商品（产品）和提供服务；②企业在向个人销售商品（产品）和提供服务的同时给予赠品，如通信企业对个人购买手机赠话费、入网费，或者购话费赠手机等；③企业对累积消费达到一定额度的个人按消费积分反馈礼品。2）企业向个人赠送礼品，属于下列情形之一的，取得该项所得的个人应依法缴纳个人所得税，税款由赠送礼品的企业代扣代缴：①企业在业务宣传、广告等活动中，随机向本单位以外的个人赠送礼品（包括网络红包，下同），以及企业在年会、座谈会、庆典以及其他活动中向本单位以外的个人赠送礼品，个人取得的礼品收入，按照“偶然所得”项目计算缴纳个人所得税，但企业赠送的具有价格折扣或折让性质的消费券、代金券、抵用券、优惠券等礼品除外。②企业对累积消费达到一定额度的顾客，给予额外抽奖机会，个人的获奖所得，按照“偶然所得”项目，全额适用 20%的税率缴纳个人所得税。3）企业赠送的礼品是自产产品（服务）的，按该产品（服务）的市场销售价格确定个人的应税所得；是外购商品（服务）的，按该商品（服务）的实际购置价格确定个人的应税所得。由此可见，企业在销售商品（产品）和提供服务过程中向个人赠送（或返还）礼品（现金、消费券、物品、服务等），不需要扣缴个人所得税。

（2）根据《国家税务总局关于印发〈增值税若干具体问题的规定〉的通知》（国税发〔1993〕154 号）的规定，纳税人采取折扣方式销售货物，如果销售额和折扣额在同一张发票上分别注明的，可按折扣后的销售额征收增值税。

根据《国家税务总局关于折扣额抵减增值税应税销售额问题通知》（国税函〔2010〕56 号）的规定，纳税人采取折扣方式销售货物，销售额和折扣额在同一张发票上分别注明是指销售额和折扣额在同一张发票上的“金额”栏分别注明的，可按折扣后的销售额征收增值税。未在同一张发票“金额”栏注明折扣额，而仅在发票的“备注”栏注明折扣额的，折扣额不得从销售额中减除。

【筹划思路】纳税人采取返还现金（属于还本销售的一种）方式销售货物，在计算增值税时，不得从销售额中减除还本支出（即返还的现金），因此加重了增值税税负，而若变“返还现金”为“价格折扣（折扣销售）”，则会达到节税效果。

【筹划过程】

方案一：采取返还现金的方式。

$$销售商品应纳增值税=100\div(1+13\%)\times13\%-60\div(1+13\%)\times13\%=4.60(万元)$$

$$应纳城市维护建设税和教育费附加=4.60\times(7\%+3\%)=0.46(万元)$$

$$应纳税所得额=100\div(1+13\%)-60\div(1+13\%)-6-20-0.46=8.94(万元)$$

$$应纳企业所得税=8.94\times25\%=2.24(万元)$$

$$税负合计=4.60+0.46+2.24=7.30(万元)$$

$$税后利润=100\div(1+13\%)-60\div(1+13\%)-6-20-0.46-2.24=6.70(万元)$$

方案二：变“返还现金”为“价格折扣（折扣销售）”。

原价为 100 元的商品，打折后价格为 80 元，且将销售额 100 元和折扣额 20 元在同一张发票上的“金额”栏分别注明。

销售商品应纳增值税＝(100－20)÷(1＋13%)×13%－60÷(1＋13%)×13%
＝2.30(万元)

应纳城市维护建设税和教育费附加＝2.30×(7%＋3%)＝0.23(万元)

应纳税所得额＝(100－20)÷(1＋13%)－60÷(1＋13%)－6－0.23＝11.47(万元)

应纳企业所得税＝11.47×25%＝2.87(万元)

税负合计＝2.30＋0.23＋2.87＝5.40(万元)

税后利润＝(100－20)÷(1＋13%)－60÷(1＋13%)－6－0.23－2.87
＝8.60(万元)

【筹划结论】方案二比方案一少缴税合计1.90万元（7.30－5.40），多获取税后利润1.90万元（8.60－6.70），若以实现税负最小化以及税后利润最大化为纳税筹划目标，则应当选择方案二。

【筹划点评】变“返还现金”为“价格折扣（折扣销售）”，一方面，对于销售方来说，可以降低其税负且多获取税后利润；另一方面，对于多数顾客来说，同样是相当于花费80元购买100元的商品，并没有什么区别，但对于部分只携带80元现金的顾客来说，无须拿出100元便能享受此优惠，在一定程度上使销售方扩大销售量。

工作引例解析

【税法依据】

(1) 折扣销售方式，参照例3-12和例3-14的税法依据。

(2) 组合销售方式（如买一赠一）。对于企业所得税，根据《国家税务总局关于确认企业所得税收入若干问题的通知》（国税函〔2008〕875号）的规定，企业以买一赠一等方式组合销售本企业商品的，不属于捐赠，应将总的销售金额按各项商品的公允价值的比例来分摊确认各项的销售收入。

对于增值税，即对以组合销售方式赠送的商品是否征收增值税，国家税务总局至今并未下文予以明确，因此各地执行并不一致。作者就此问题咨询国家税务总局网站，回复如下：《中华人民共和国增值税暂行条例实施细则》第四条规定：“单位或者个体工商户的下列行为，视同销售货物：……（八）将自产、委托加工或者购进的货物无偿赠送其他单位或者个人。”买一赠一不属于无偿赠送，买一是赠一的前提，不买一便不会无偿赠一，因此买一赠一应分别以实际收取的价款按照赠品与卖品公允价值的比例计算各自的增值税销项税额，且赠品部分取得的增值税进项税额可以抵扣。但纳税人在具体操作前仍应当咨询当地主管税务机关，以当地主管税务机关的答复为准。

对于个人所得税，根据《财政部 国家税务总局关于企业促销展业赠送礼品有关个人所得税问题的通知》（财税〔2011〕50号）以及《财政部 税务总局关于个人取得有关收入适用个人所得税应税所得项目的公告》（财政部 税务总局公告2019年第74号）的规定，对企业和单位在营销活动中以折扣折让、赠品、抽奖等方式，向个人赠送现金、消费券、物品、服务等（以下简称礼品）有关个人所得税问题通知如下：

1）企业在销售商品（产品）和提供服务的过程中向个人赠送礼品，属于下列情形之一的，不征收个人所得税：①企业通过价格折扣、折让方式向个人销售商品（产品）和提供服务；②企业在向个人销售商品（产品）和提供服务的同时给予赠品，如通信企业对个人购买手机赠话费、入网费，或者购话费赠手机等；③企业对累积消费达到一定额度的个人按消费积分反馈礼品。

2）企业向个人赠送礼品，属于下列情形之一的，取得该项所得的个人应依法缴纳个人所得税，税款由赠送礼品的企业代扣代缴：①企业在业务宣传、广告等活动中，随机向本单位以外的个人赠送礼品（包括网络红包，下同），以及企业在年会、座谈会、庆典以及其他活动中向本单位以外的个人赠送礼品，个人取得的礼品收入，按照“偶然所得”项目计算缴纳个人所得税，但企业赠送的具有价格折扣或折让性质的消费券、代金券、抵用券、优惠券等礼品除外。②企业对累积消费达到一定额度的顾客，给予额外抽奖机会，个人的获奖所得，按照“偶然所得”项目，全额适用20%的税率缴纳个人所得税。

3）企业赠送的礼品是自产产品（服务）的，按该产品（服务）的市场销售价格确定个人的应税所得；是外购商品（服务）的，按该商品（服务）的实际购置价格确定个人的应税所得。

由此可见，企业以买一赠一等方式组合销售本企业商品的，不需要扣缴个人所得税。

（3）销售折扣方式，参照例3－13的税法依据。

（4）返还现金方式，参照例3－15的税法依据。

【筹划思路】

（1）折扣销售方式。对于折扣销售，应尽量在同一张发票的“金额”栏中分别注明销售额和折扣额，按折扣后的销售额计征增值税。

（2）组合销售方式（如买一赠一）。对于买一赠一等组合销售行为，一方面，若本地税务机关认可组合销售方式赠送的商品不征增值税，则企业可以采取组合销售方式，反之，则应尽量避免采取组合销售方式。另一方面，若将赠送的商品单独开具发票，不仅原品按照其公允价值计算缴纳增值税，而且赠送的商品也按照其公允价值视同销售计算缴纳增值税；若以实际收取不含税的价款按照原品与赠品公允价值的比例分别填写在同一张发票的“金额”栏，则按照分摊后的金额分别计算原品与赠品各自的增值税销项税额。

（3）销售折扣方式。销售折扣不得从销售额中减除，因此这种折扣方式加重了企业的税收负担。但可以修改合同规定，变“销售折扣”为“折扣销售”，以达到节税效果。

（4）返还现金方式。纳税人采取返还现金（属于还本销售的一种）方式销售货物，在计算企业所得税时，还本支出（包括返还现金）与企业的生产经营活动有关，可以在企业所得税税前扣除；在计算增值税时，不得从销售额中减除还本支出（即返还的现金），因此加重了增值税税负，而若变“返还现金”为“价格折扣（折扣销售）”，便能达到节税效果。

【筹划过程】

方案一：商品八折销售，即原价为 1 000 元的商品现价为 800 元。这实际上相当于折扣销售，折扣为 20%。

应纳增值税＝800÷(1＋13%)×13%－700÷(1＋13%)×13%＝11.50(元)

应纳税所得额＝800÷(1＋13%)－700÷(1＋13%)－50＝38.50(元)

应纳企业所得税＝38.50×25%＝9.63(元)

应纳税额合计＝11.50＋9.63＝21.13(元)

税后利润＝800÷(1＋13%)－700÷(1＋13%)－50－9.63＝28.87(元)

方案二：买一赠一，即顾客只需花费 800 元即可购买原价为 800 元的商品，同时获赠原价为 200 元的商品，且原价为 200 元的商品的购进价格为 140 元（将实际收取的价款 800 元换算为不含税价款后，按照原品与赠品公允价值之比分摊不含税价款并分别填写在同一张发票的“金额”栏，此时要按照分摊后的金额分别计算原品与赠品各自的增值税销项税额）。

应纳增值税＝800÷(1＋13%)×13%－800×(1－30%)÷(1＋13%)×13%
－140÷(1＋13%)×13%
＝11.50(元)

应纳税所得额＝800÷(1＋13%)－800×(1－30%)÷(1＋13%)－140
÷(1＋13%)－50
＝38.50(元)

应纳企业所得税＝38.50×25%＝9.63(元)

应纳税额合计＝11.50＋9.63＝21.13(元)

税后利润＝800÷(1＋13%)－800×(1－30%)÷(1＋13%)－140
÷(1＋13%)－50－9.63
＝28.87(元)

方案三：买一赠一，即顾客只需花费 800 元即可购买原价为 800 元的商品，同时获赠原价为 200 元的商品，且原价为 200 元的商品的购进价格为 140 元（将赠送的 200 元商品单独开具发票，此时不但原价为 800 元的商品要按照 800 元换算为不含税价款后的价格计算缴纳增值税，而且赠送的原价为 200 元的商品也要按照 200 元换算为不含税价款后的价格视同销售计算缴纳增值税）。

销售 800 元商品应纳增值税＝800÷(1＋13%)×13%－800×(1－30%)
÷(1＋13%)×13%
＝27.61(元)

赠送200元商品视同销售应纳增值税 $=200\div(1+13\%)\times13\%-140\div(1+13\%)\times13\%=6.90$(元)

合计应纳增值税 $=27.61+6.90=34.51$(元)

应纳税所得额 $=800\div(1+13\%)-800\times(1-30\%)\div(1+13\%)-140\div(1+13\%)-50-200\div(1+13\%)\times13\%=15.49$(元)[1]

应纳企业所得税 $=15.49\times25\%=3.87$(元)

应纳税额合计 $=34.51+3.87=38.38$(元)

税后利润 $=800\div(1+13\%)-800\times(1-30\%)\div(1+13\%)-140\div(1+13\%)-50-200\div(1+13\%)\times13\%-3.87=11.62$(元)

方案四：顾客按原价赊购商品满1 000元，在10天内付款，甲商场给予含税价款20%的折扣；在30天内付款，甲商场不给予折扣。假设顾客在10天内付款。

销售1 000元商品应纳增值税 $=1\,000\div(1+13\%)\times13\%-700\div(1+13\%)\times13\%=34.51$(元)

应纳税所得额 $=1\,000\div(1+13\%)-700\div(1+13\%)-1\,000\times20\%-50=15.49$(元)

应纳企业所得税 $=15.49\times25\%=3.87$(元)

应纳税额合计 $=34.51+3.87=38.38$(元)

税后利润 $=1\,000\div(1+13\%)-700\div(1+13\%)-1\,000\times20\%-50-3.87=11.62$(元)

方案五：顾客按原价购买商品满1 000元便可从甲商场获赠200元现金。

销售1 000元商品应纳增值税 $=1\,000\div(1+13\%)\times13\%-700\div(1+13\%)\times13\%=34.51$(元)

根据规定，企业在销售商品（产品）和提供服务过程中向个人赠送（或返还）礼品（现金、消费券、物品、服务等），不需要扣缴个人所得税。

应纳税所得额 $=1000\div(1+13\%)-700\div(1+13\%)-50-200=15.49$(元)

---

① 对于企业所得税，根据《国家税务总局关于确认企业所得税收入若干问题的通知》（国税函〔2008〕875号）的规定，企业以买一赠一等方式组合销售本企业商品的，不属于捐赠（本文件此处所说的“不属于捐赠”，指的是“对于企业所得税，不属于捐赠”），应将总的销售金额按各项商品的公允价值的比例来分摊确认各项的销售收入。因此，买一赠一、捆绑销售等组合销售中的赠送商品视同销售的增值税销项税额23.01元（$200\div(1+13\%)\times13\%$）可以从应纳税所得额中扣除。

具体会计分录为：

借：销售费用　　146.90(123.89+23.01)

　贷：库存商品　　123.89(140÷(1+13%))

　　应交税费——应交增值税（销项税额）　　23.01(200÷(1+13%)×13%)

应纳企业所得税＝15.49×25％＝3.87(元)

应纳税额合计＝34.51＋3.87＝38.38(元)

税后利润＝1000÷(1＋13％)－700÷(1＋13％)－50－200－3.87＝11.62(元)

各方案的税负及税后利润的比较如表3-4所示。

表3-4　各方案的税负及税后利润比较　　单位：元

方案	增值税	企业所得税	税负合计	税后利润
一	11.50	9.63	21.13	28.87
二	11.50	9.63	21.13	28.87
三	34.51	3.87	38.38	11.62
四	34.51	3.87	38.38	11.62
五	34.51	3.87	38.38	11.62

【筹划结论】假设顾客一般会按甲商场要求及时付款，若甲商场以实现税后利润最大化为纳税筹划目标，同时考虑各项税负及其他因素，则应当优先选择方案一、方案二，其次是方案三、方案四、方案五。

【筹划点评】商场在选择折扣方式时不能盲目，应当全面权衡，综合筹划，选择最佳的折扣方式，以便降低税收成本，获得最大的经济效益。

3.3.5　直销行为的纳税筹划

【例3-16】　甲公司是一家保健品生产企业，为增值税一般纳税人，采用直销方式推销产品，由业务员进行推销。业务员并非本公司雇用的员工，而是一些兼职人员，所签合同并非劳动合同，而是业务或劳务合同。合同中有如下条款："业务员从甲公司提货的产品提货价必须与卖给客户的产品零售价一致，然后业务员按含增值税销售额的5％从甲公司获取提成。"本年1月甲公司取得的直销产品收入总额为10 000万元（含增值税），可抵扣的进项税额为500万元。该产品的增值税税率为13％，增值税征收率为3％。

【工作要求】请对上述业务进行纳税筹划。

【税法依据】

$$\begin{array}{c}\text{一般纳税人采用一般计税方法的}\\\text{应纳增值税税额}\end{array}=\begin{array}{c}\text{本期增值税}\\\text{销项税额}\end{array}-\begin{array}{c}\text{本期准予抵扣的}\\\text{增值税进项税额}\end{array}$$

小规模纳税人应纳增值税税额＝不含税销售额×征收率

根据《国家税务总局关于直销企业增值税销售额确定有关问题的公告》（国家税务总局公告2013年第5号）的规定：（1）直销企业先将货物销售给直销员，直销员再将货物销售给消费者的，直销企业的销售额为其向直销员收取的全部价款和价外费用。直销员将货物销售给消费者时，应按照现行规定缴纳增值税。（2）直销企业通过直销员向消费者销售货物，直接向消费者收取货款，直销企业的销售额为其向消费者收取的全部价款和价外费用。

【筹划思路】一般纳税人采用一般计税方法销售货物、劳务、服务、无形资产或者不动产，只要其采购时取得增值税专用发票等扣税凭证，就可以抵扣进项税额，即相当于按增值额来缴纳增值税，但小规模纳税人的应纳增值税与增值额无关，仅与销售额有关。因此，小规模纳税人应当尽量避免从一般纳税人购进货物、劳务、服务、无形资产或者不动产；在小规模纳税人（含作为小规模纳税人的个人，下同）作为一般纳税人直销企业业务员的直销业务中，应当避免出现“一般纳税人直销企业先将产品卖给小规模纳税人，小规模纳税人再对外销售”的合同条款。

【筹划过程】

方案一：业务员从甲公司提货的产品提货价必须与卖给客户的产品零售价一致，然后业务员按含增值税销售额的5%从甲公司获取提成。

需分为两道销售环节，第一道是甲公司将产品按照提货价卖给业务员，则

甲公司应纳增值税＝10 000÷(1＋13%)×13%－500＝650.44(万元)

第二道是业务员将产品按照零售价卖给客户（假设适用3%的增值税征收率），则

业务员销售产品的应纳增值税＝10 000÷(1＋3%)×3%＝291.26(万元)

当然业务员销售产品的这291.26万元的增值税一般由甲公司通过其他方式补偿给业务员。

业务员获取提成的应纳增值税＝10 000×5%×3%＝15(万元)

方案二：修改合同条款为：“业务员以甲公司的名义对外销售产品，按照甲公司的统一定价卖给客户，然后按含增值税销售额的5%从甲公司获取提成。”这时只有一道销售环节，即甲公司销售产品给客户。

甲公司应纳增值税＝10 000÷(1＋13%)×13%－500＝650.44(万元)

业务员获取提成的应纳增值税＝10 000×5%×3%＝15(万元)

【筹划结论】方案二比方案一少缴纳增值税合计291.26万元（(650.44＋291.26＋15)－(650.44＋15)），若以实现税负最小化为纳税筹划目标，则应当选择方案二。

【筹划点评】聘请财税专业人士审查合同内容，避免不必要的税收，是企业签订合同时越来越需要注意的问题。

3.4　增值税税率的纳税筹划

3.4.1　增值税一般纳税人适用税率的纳税筹划

【例3-17】　甲公司、乙公司均为增值税一般纳税人。甲公司（非农产品生产

者）本年1月销售给乙公司一批含税价格为30万元的初级农产品A，甲公司向乙公司开具一张税率为9%的增值税专用发票。乙公司本年1月将购入的初级农产品A加工成B产品（饼干）后，再将B产品以100万元的含税价格出售给甲公司，乙公司向甲公司开具一张税率为13%的增值税专用发票。甲公司、乙公司取得的增值税专用发票本年1月均符合抵扣规定。

【工作要求】请对上述业务进行纳税筹划。

【税法依据】农业生产者销售的自产农业产品，是指直接从事植物的种植、收割和动物的饲养、捕捞的单位和个人销售的《农业产品征税范围注释》（见《财政部 国家税务总局关于印发〈农业产品征税范围注释〉的通知》（财税字〔1995〕52号）的附件，下同）所列的自产农业产品；对上述单位和个人销售的外购的农业产品，以及单位和个人外购农业产品生产、加工后销售的仍然属于《农业产品征税范围注释》所列的农业产品，不属于免税的范围，应当按照规定税率征收增值税。农业生产者用自产的茶青再经筛分、风选、拣剔、碎块、干燥、匀堆等工序精制而成的精制茶，不得按照农业生产者销售的自产农业产品免税的规定执行，应当按照规定的税率征收增值税。

纳税人提供加工修理修配劳务，税率为13%。纳税人销售货物（含饼干），税率为13%。

自2019年4月1日起，纳税人购进用于生产销售或委托加工13%税率货物的农产品，按照10%的扣除率计算进项税额。除此之外，纳税人购进农产品，取得一般纳税人开具的增值税专用发票或海关进口增值税专用缴款书的，以增值税专用发票或海关进口增值税专用缴款书上注明的增值税税额为进项税额；从按照简易计税方法依照3%征收率计算缴纳增值税的小规模纳税人取得增值税专用发票的，以增值税专用发票上注明的金额和9%的扣除率计算进项税额；取得（开具）农产品销售发票或收购发票的，以农产品销售发票或收购发票上注明的农产品买价和9%的扣除率计算进项税额。农产品是指种植业、养殖业、林业、牧业、水产业生产的各种植物、动物的初级产品。

【筹划思路】甲公司可以在乙公司同意的前提下，通过改变交易方式，变“由乙公司自行加工”为“委托乙公司加工”，从而降低增值税税负。

【筹划过程】

方案一：甲公司与乙公司签订两份购销合同，即签订一份甲公司向乙公司销售A产品的购销合同，再签订一份甲公司从乙公司购买B产品的购销合同。

$$\begin{aligned}\text{甲公司应纳增值税} &= 30\div(1+9\%)\times 9\% - 100\div(1+13\%)\times 13\% \\ &= -9.03(\text{万元})\end{aligned}$$

即相当于甲公司有9.03万元进项税额可予抵扣。

自2019年4月1日起，纳税人购进用于生产销售或委托加工13%税率货物的农产品，按照10%的扣除率计算进项税额，因此

$$\begin{aligned}\text{乙公司应纳增值税} &= 100\div(1+13\%)\times 13\% - 30\div(1+9\%)\times 10\% \\ &= 8.75(\text{万元})\end{aligned}$$

方案二：甲公司与乙公司签订委托加工合同，加工费的含增值税价格为 70 万元（100－30）。即甲公司委托乙公司将 A 产品加工成 B 产品，并签订一份委托加工合同。

甲公司应纳增值税＝－70÷(1＋13％)×13％＝－8.05(万元)

即相当于甲公司有 8.05 万元进项税额可予抵扣。

乙公司应纳增值税＝70÷(1＋13％)×13％＝8.05(万元)

【筹划结论】甲公司选择方案一比选择方案二少缴纳（多抵扣）增值税 0.98 万元（(－8.05)－(－9.03)），若以实现税负最小化为纳税筹划目标，则甲公司应当选择方案一；乙公司选择方案二比选择方案一少缴纳增值税 0.7 万元（8.75－8.05），若以实现税负最小化为纳税筹划目标，则乙公司应当选择方案二。

【筹划点评】甲公司在少缴纳增值税的同时，会造成乙公司应纳增值税的增加，因此，在改变交易方式时双方应充分协商。

3.4.2　分别核算的纳税筹划

【例 3－18】　甲公司为增值税一般纳税人，主要生产机电设备。本年 1 月销售机电设备共取得收入 1 000 万元（不含增值税），其中农机的销售额为 600 万元（不含增值税），适用的增值税税率为 9％；其他机电设备的销售额为 400 万元（不含增值税），适用的增值税税率为 13％。甲公司本年 1 月可抵扣的进项税额共 100 万元。

【工作要求】请对上述业务进行纳税筹划。

【税法依据】纳税人销售货物、加工修理修配劳务、服务、无形资产或者不动产适用不同税率或征收率的，应当分别核算不同税率或征收率的销售额；未分别核算销售额的，从高适用税率或征收率。

【筹划思路】纳税人应当尽量将不同税率或征收率的货物、加工修理修配劳务、服务、无形资产或者不动产分别核算，以适用不同的税率或征收率，从而避免从高适用税率或征收率，进而减轻企业负担。

【筹划过程】

方案一：未分别核算销售额。

应纳增值税＝1 000×13％－100＝30(万元)

方案二：分别核算销售额。

应纳增值税＝400×13％＋600×9％－100＝6(万元)

【筹划结论】方案二比方案一少缴纳增值税 24 万元（30－6），若以实现税负最小化为纳税筹划目标，则应当选择方案二。

【筹划点评】分别核算在一定程度上会增加核算成本，但与节税额相比，一般情况下是非常合算的。

3.5 增值税税收优惠的纳税筹划

3.5.1 利用环保税收优惠政策的纳税筹划

【例3-19】 甲市市属钢铁厂拥有固定资产12亿元，员工7 000余人，主要生产钢材。该厂位于甲市郊区，在生产钢材的过程中，每天产生近50吨废煤渣（炉底渣），随之产生了较大的污染问题。废煤渣的排放使周围乡村的水质受到很大影响，导致附近居民经常抗议该厂的排放行为，从而影响工厂的正常生产经营。环保部门也多次给予警告和罚款，累计罚款20万元。该厂要想维持正常的生产经营，树立良好的社会形象，必须下决心治污。该厂根据有关专家的建议，拟订了两个方案。方案一：把废煤渣的排放处理全权一次性委托给工厂所在地的村委会，但须一次性支付该村委会100万元处理费用；方案二：投资100万元兴建墙体材料厂，利用钢铁厂排放的废煤渣生产墙板，且利用钢铁厂排放的废煤渣生产的墙板中废煤渣的比例不少于70%。

【工作要求】请对上述业务进行纳税筹划。

【税法依据】根据《财政部 税务总局关于完善资源综合利用增值税政策的公告》（财政部 税务总局公告2021年第40号，以下简称40号公告）的规定，自2022年3月1日起，增值税一般纳税人销售自产的资源综合利用产品和提供资源综合利用劳务（以下简称销售综合利用产品和劳务），可享受增值税即征即退政策。

（1）综合利用的资源名称、综合利用产品和劳务名称、技术标准和相关条件、退税比例等按照40号公告所附《资源综合利用产品和劳务增值税优惠目录（2022年版）》（以下简称《目录》）的相关规定执行。

（2）纳税人从事《目录》所列的资源综合利用项目，其申请享受40号公告规定的增值税即征即退政策时，应同时符合下列条件：

1）纳税人在境内收购的再生资源，应按规定从销售方取得增值税发票；适用免税政策的，应按规定从销售方取得增值税普通发票。销售方为依法依规无法申领发票的单位或者从事小额零星经营业务的自然人，应取得销售方开具的收款凭证及收购方内部凭证，或者税务机关代开的发票。小额零星经营业务是指自然人从事应税项目经营业务的销售额不超过增值税按次起征点的业务。

纳税人从境外收购的再生资源，应按规定取得海关进口增值税专用缴款书，或者从销售方取得具有发票性质的收款凭证、相关税费缴纳凭证。

纳税人应当取得上述发票或凭证而未取得的，该部分再生资源对应产品的销售收入不得适用40号公告的即征即退规定。

$$\text{不得适用 40 号公告即征即退规定的销售收入} = \text{当期销售综合利用产品和劳务的销售收入}$$

$$\times\left(\frac{\text{纳税人应当取得发票或凭证而}}{\text{未取得的购入再生资源成本}}\div\frac{\text{当期购进再生}}{\text{资源的全部成本}}\right)$$

纳税人应当在当期销售综合利用产品和劳务销售收入中剔除不得适用即征即退政策部分的销售收入后，计算可申请的即征即退税额：

$$\text{可申请退税额}=\left[\left(\text{当期销售综合利用产品和劳务的销售收入}-\text{不得适用即征即退规定的销售收入}\right)\times\text{适用税率}-\text{当期即征即退项目的进项税额}\right]\times\text{对应的退税比例}$$

各级税务机关要加强发票开具相关管理工作，纳税人应按规定及时开具、取得发票。

2）纳税人应建立再生资源收购台账，留存备查。台账内容包括：再生资源供货方单位名称或个人姓名及身份证号、再生资源名称、数量、价格、结算方式、是否取得增值税发票或符合规定的凭证等。纳税人现有账册、系统能够包括上述内容的，无须单独建立台账。

3）销售综合利用产品和劳务，不属于发展改革委《产业结构调整指导目录》中的淘汰类、限制类项目。

4）销售综合利用产品和劳务，不属于生态环境部《环境保护综合名录》中的“高污染、高环境风险”产品或重污染工艺。“高污染、高环境风险”产品，是指在《环境保护综合名录》中标注特性为“GHW/GHF”的产品，但纳税人生产销售的资源综合利用产品满足“GHW/GHF”例外条款规定的技术和条件的除外。

5）综合利用的资源，属于生态环境部《国家危险废物名录》列明的危险废物的，应当取得省级或市级生态环境部门颁发的《危险废物经营许可证》，且许可经营范围包括该危险废物的利用。

6）纳税信用级别不为 C 级或 D 级。

7）纳税人申请享受 40 号公告规定的即征即退政策时，申请退税税款所属期前 6 个月（含所属期当期）不得发生下列情形：

①因违反生态环境保护的法律法规受到行政处罚（警告、通报批评或单次 10 万元以下罚款、没收违法所得、没收非法财物除外；单次 10 万元以下含本数，下同）。

②因违反税收法律法规被税务机关处罚（单次 10 万元以下罚款除外），或发生骗取出口退税、虚开发票的情形。

纳税人在办理退税事宜时，应向主管税务机关提供其符合第（2）条规定的上述条件以及《目录》规定的技术标准和相关条件的书面声明，并在书面声明中如实注明未取得发票或相关凭证以及接受环保、税收处罚等情况。未提供书面声明的，税务机关不得给予退税。

（3）已享受 40 号公告规定的增值税即征即退政策的纳税人，自不符合第（2）条规定的条件以及《目录》规定的技术标准和相关条件的当月起，不再享受 40 号公告规定的增值税即征即退政策。

(4) 已享受40号公告规定的增值税即征即退政策的纳税人，在享受增值税即征即退政策后，出现第（2）条第7）点规定情形的，自处罚决定作出的当月起6个月内不得享受40号公告规定的增值税即征即退政策。如纳税人连续12个月内发生两次以上第（2）条第7）点规定的情形，自第二次处罚决定作出的当月起36个月内不得享受40号公告规定的增值税即征即退政策。相关处罚决定被依法撤销、变更、确认违法或者确认无效的，符合条件的纳税人可以重新申请办理退税事宜。

(5) 各省、自治区、直辖市、计划单列市税务机关应于每年3月底之前在其网站上，将本地区上一年度所有享受40号公告规定的增值税即征即退或免税政策的纳税人，按下列项目予以公示：纳税人名称、纳税人识别号、综合利用的资源名称、综合利用产品和劳务名称。各省、自治区、直辖市、计划单列市税务机关在对本地区上一年度享受40号公告规定的增值税即征即退或免税政策的纳税人进行公示前，应会同本地区生态环境部门，再次核实纳税人受环保处罚情况。

根据《目录》的规定，将废渣用于砖瓦（不含烧结普通砖）、砌块、陶粒、墙板、管材（管桩）、混凝土、砂浆、道路井盖、道路护栏、防火材料、耐火材料（镁铬砖除外）、保温材料、矿（岩）棉、微晶玻璃、U型玻璃，产品原料70%以上来自废渣时，可享受的增值税退税比例为70%。

【筹划思路】企业应当充分利用废渣来生产《目录》中的相关产品，并满足40号公告规定的条件，从而在促进资源综合利用和节能减排的同时，获取节税效益。

【筹划过程】

方案一：把废煤渣的排放处理全权一次性委托给工厂所在地的村委会，但须一次性支付该村委会100万元处理费用。

该方案是应用传统的“就事论事”的思维模式得出的，并未有意识、有目的地去关注企业的税收问题，因此不会让企业获取税收利益。

方案二：投资100万元兴建墙体材料厂，利用钢铁厂排放的废煤渣生产墙板，且利用钢铁厂排放的废煤渣生产的墙板中废煤渣的比例不少于70%。

该方案既关注促进资源综合利用和节能减排，又关注实现企业价值最大化。企业要想享受税收优惠，就必须努力生产出符合税收优惠政策条件的资源综合利用产品。这种情况下可享受的增值税退税比例为70%。

【筹划结论】方案二比方案一更加优越，若以实现企业价值最大化为纳税筹划目标，则应当选择方案二。

【筹划点评】通过创造条件来满足税收优惠政策的要求，从而享受相关的税收优惠，是纳税筹划的一个重要思路。

3.5.2 增值税小规模纳税人免征增值税的纳税筹划

【例3-20】 甲公司是一家专营食品销售的商业企业，为增值税小规模纳税人，选择以1个月为增值税的纳税期限，本年1月含税销售额合计为101 010.1元。假设不考虑城市维护建设税和教育费附加。

【工作要求】请对上述业务进行纳税筹划。

【税法依据】根据《财政部 税务总局关于明确增值税小规模纳税人减免增值税等政策的公告》（财政部 税务总局公告2023年第1号）的规定，自2023年1月1日至2027年12月31日，增值税小规模纳税人适用3%征收率的应税销售收入，减按1%征收率征收增值税；适用3%预征率的预缴增值税项目，减按1%预征率预缴增值税。

自2023年1月1日至2027年12月31日，根据《国家税务总局关于增值税小规模纳税人减免增值税等政策有关征管事项的公告》（国家税务总局公告2023年第1号）的规定：

（1）增值税小规模纳税人（简称小规模纳税人）发生增值税应税销售行为，合计月销售额未超过10万元（以1个季度为1个纳税期的，季度销售额未超过30万元）的，免征增值税。

小规模纳税人发生增值税应税销售行为，合计月销售额超过10万元（以1个季度为1个纳税期的，季度销售额超过30万元），但扣除本期发生的销售不动产的销售额后未超过10万元（以1个季度为1个纳税期的，季度销售额未超过30万元）的，其销售货物、劳务、服务、无形资产取得的销售额免征增值税。

（2）适用增值税差额征税政策的小规模纳税人，以差额后的销售额确定是否可以享受"自2023年1月1日至2027年12月31日，对月销售额10万元（以1个季度为1个纳税期的，季度销售额30万元）以下（含本数）的增值税小规模纳税人，免征增值税"规定中的免征增值税政策。

《增值税及附加税费申报表（小规模纳税人适用）》中的"免税销售额"相关栏次，填写差额后的销售额。

（3）《中华人民共和国增值税暂行条例实施细则》第九条所称的其他个人，采取一次性收取租金形式出租不动产取得的租金收入，可在对应的租赁期内平均分摊，分摊后的月租金收入未超过10万元的，免征增值税。

（4）小规模纳税人取得应税销售收入，适用"自2023年1月1日至2027年12月31日，对月销售额10万元（以1个季度为1个纳税期的，季度销售额30万元）以下（含本数）的增值税小规模纳税人，免征增值税"规定中的免征增值税政策的，纳税人可就该笔销售收入选择放弃免税并开具增值税专用发票。

（5）小规模纳税人取得应税销售收入，适用"自2023年1月1日至2027年12月31日，增值税小规模纳税人适用3%征收率的应税销售收入，减按1%征收率征收增值税"政策的，应按照1%征收率开具增值税发票。纳税人可就该笔销售收入选择放弃减税并开具增值税专用发票。

（6）小规模纳税人取得应税销售收入，纳税义务发生时间在2022年12月31日前并已开具增值税发票，如发生销售折让、中止或者退回等情形需要开具红字发票，应开具对应征收率红字发票或免税红字发票；开票有误需要重新开具的，应开具对应征收率红字发票或免税红字发票，再重新开具正确的蓝字发票。

(7) 小规模纳税人发生增值税应税销售行为，合计月销售额未超过10万元（以1个季度为1个纳税期的，季度销售额未超过30万元）的，免征增值税的销售额等项目应填写在《增值税及附加税费申报表（小规模纳税人适用）》“小微企业免税销售额”或者“未达起征点销售额”相关栏次；减按1%征收率征收增值税的销售额应填写在《增值税及附加税费申报表（小规模纳税人适用）》“应征增值税不含税销售额（3%征收率）”相应栏次，对应减征的增值税应纳税额按销售额的2%计算填写在《增值税及附加税费申报表（小规模纳税人适用）》“本期应纳税额减征额”及《增值税减免税申报明细表》减税项目相应栏次。

(8) 按固定期限纳税的小规模纳税人可以选择以1个月或1个季度为纳税期限，一经选择，一个会计年度内不得变更。

(9) 按照现行规定应当预缴增值税税款的小规模纳税人，凡在预缴地实现的月销售额未超过10万元（以1个季度为1个纳税期的，季度销售额未超过30万元）的，当期无须预缴税款。在预缴地实现的月销售额超过10万元（以1个季度为1个纳税期的，季度销售额超过30万元）的，适用3%预征率的预缴增值税项目，减按1%预征率预缴增值税。

(10) 小规模纳税人中的单位和个体工商户销售不动产，应按其纳税期、上述第(9)条以及其他现行政策规定确定是否预缴增值税；其他个人销售不动产，继续按照现行规定征免增值税。

(11) 纳税人按照《财政部 税务总局关于明确增值税小规模纳税人减免增值税等政策的公告》（财政部 税务总局公告2023年第1号）第四条规定申请办理抵减或退还已缴纳税款，如果已经向购买方开具了增值税专用发票，应先将增值税专用发票追回。

【筹划思路】 增值税小规模纳税人如果月销售额刚刚超过10万元（以1个季度为1个纳税期的，季度销售额刚刚超过30万元），则应减少销售额至10万元或者10万元以下（以1个季度为1个纳税期的，减少销售额至30万元或者30万元以下），以便规避增值税纳税义务。

【筹划过程】

方案一：实现的月含税销售额合计为101 010.1元。

不含税销售额合计＝101 010.1÷(1＋1%)＝100 010(元)

超过100 000元，因此需要全缴纳增值税。

应纳增值税合计＝100 010×1%＝1 000.1(元)

增值税税后收入合计＝101 010.1－1 000.1＝100 010(元)

方案二：通过减少销售量而将合计的月含税销售额降至101 000元。

不含税销售额合计＝101 000÷(1＋1%)＝100 000(元)

未超过 100 000 元，因此免征增值税。

增值税税后收入合计＝101 000(元)

【筹划结论】方案二比方案一少缴纳增值税 1 000.1 元（1 000.1－0），多获取增值税税后收入 990 元（101 000－100 010），若以实现税负最小化为纳税筹划目标，则应当选择方案二。

【筹划点评】增值税小规模纳税人免征增值税的纳税筹划仅适用于增值税小规模纳税人月销售额刚刚超过 10 万元（以 1 个季度为 1 个纳税期的，季度销售额刚刚超过 30 万元）的情况，因此，其应用空间较小。

3.6 增值税纳税时机或方式的纳税筹划

3.6.1 延期纳税的纳税筹划

【例 3-21】 甲公司为增值税一般纳税人，20×6 年 10 月 15 日发生销售业务 3 笔，应收货款合计 2 000 万元。其中，第 1 笔 800 万元，货款两清；第 2 笔 500 万元，两年后一次性付清；第 3 笔 700 万元，一年后付 300 万元，余款 400 万元两年后结清。以上价格均为不含增值税价格。甲公司销售产品适用增值税税率为 13%。

【工作要求】请对上述业务进行纳税筹划。

【税法依据】采取赊销和分期收款方式销售货物的，纳税义务发生时间为书面合同约定的收款日期的当天；无书面合同的或者书面合同没有约定收款日期的，纳税义务发生时间为货物发出的当天。

【筹划思路】企业在产品销售过程中，在应收货款一时无法收回或部分无法收回的情况下，可选择赊销或分期收款结算方式，避免垫付税款。具体来说，应在合同中体现出赊销或分期收款的具体日期。

【筹划过程】

方案一：采取直接收款方式。具体来说，合同中未体现出购销或分期收款结算的具体日期，税务机关推断为直接收款方式。

20×6 年 10 月的增值税销项税额＝2 000×13%＝260(万元)

方案二：对第 2 笔和第 3 笔业务采取赊销和分期收款结算方式。具体来说，需要在合同中体现出赊销或分期收款结算的具体日期，即第 2 笔 500 万元于 20×8 年 10 月 15 日付款；第 3 笔 700 万元于 20×7 年 10 月 15 日付款 300 万元，20×8 年 10 月 15 日付款 400 万元。

20×6 年 10 月的增值税销项税额＝800×13%＝104(万元)

20×7 年 10 月的增值税销项税额＝300×13%＝39(万元)

20×8 年 10 月的增值税销项税额＝(500＋400)×13％＝117(万元)

【筹划结论】方案二比方案一 20×6 年 10 月当期增值税销项税额少 156 万元（260－104），若以实现税负最小化以及涉税资金时间价值最大化为纳税筹划目标，则应当选择方案二。

【筹划点评】虽然这 156 万元的增值税在以后期间还要缴清，但延缓了纳税时间，充分利用了资金的时间价值。

3.6.2 改变税款缴纳时间的纳税筹划

【例 3－22】 甲公司、乙公司均为增值税一般纳税人。乙公司欲订购甲公司生产的设备一台，不含增值税金额为 2 000 万元。双方在合同中约定本年 1 月先由乙公司预先支付总价款的 30％；本年 6 月在甲公司制造完成设备后，乙公司再向其支付总价款的 20％，同时甲公司发出货物；在设备安装调试合格后 6 个月内，预计本年 12 月乙公司支付剩余的 50％的货款。甲公司销售机械适用增值税税率为 13％。

【工作要求】请对上述业务进行纳税筹划。

【税法依据】采取赊销和分期收款方式销售货物，参照例 3－21 的税法依据。

采取预收货款方式销售货物，纳税义务发生时间为货物发出的当天，但生产销售生产工期超过 12 个月的大型机械设备、船舶、飞机等货物，纳税义务发生时间为收到预收款或者书面合同约定的收款日期的当天。

纳税人应在发生增值税纳税义务时开具发票。

【筹划思路】通过改变合同条款与措辞，充分利用经济、法律、会计及税收政策与条文，尽量满足赊销或分期收款条件，合理合法地延迟纳税义务发生时间，从而充分利用资金的时间价值。

【筹划过程】

方案一：维持原合同不变。

很明显，该销售行为属于采用预收货款方式销售货物，按规定其纳税义务发生时间为货物发出的当天，即甲公司必须在发出货物时（本年 6 月）将累计收回的货款 1 000 万元（2 000×30％＋2 000×20％）和剩余未收回的 1 000 万元（2 000×50％）货款全部确认为增值税应税销售额。

本年 6 月增值税销项税额＝2 000×13％＝260(万元)

方案二：甲公司在合同中可以将本年 1 月先行收取的 600 万元约定为合同订金，并在收取时将该款项计入“其他应付款”科目。

甲公司与乙公司进一步约定，合同的主要条款履行后，即本年 6 月甲公司发出设备时由乙公司支付 50％的货款（2 000×50％＝1 000 万元），甲公司将订金返还给乙公司，该订金并非冲抵货款而是冲销“其他应付款”科目，然后在设备安装调试合格（以双方签署手续为准）后的 6 个月内（合同中具体到某日收款），乙公司再支付剩余的 50％的货款（2 000×50％＝1 000万元）。这样的销售行为从法律及财税的角度看都属于分期收款销售行为，可以避免提前产生纳税义务。但是这里应当注意，本年6月甲公司发出设备时，不能开出2 000万元（含税价为2 260万元）的发票，因为税法规定，先开出发票的，纳税义务发生时间为开出发票的当天。也就是说，销售发票作为索款凭据一旦开具便产生纳税义务，因此，只能先按货款的50％即1 000万元（含税价为1 130万元）开出发票。在设备安装调试合格后的6个月内，预计本年12月再按剩余的50％即1 000万元（含税价为1 130万元）开出发票。

本年6月增值税销项税额＝1 000×13％＝130(万元)

本年12月增值税销项税额＝1 000×13％＝130(万元)

【筹划结论】方案二比方案一将130万元的增值税纳税义务发生时间延期了6个月，充分利用了资金的时间价值，若以实现税负最小化以及涉税资金时间价值最大化为纳税筹划目标，则应当选择方案二。

【筹划点评】通过变换合同措辞来改变涉税业务活动的实质，进而改变税收，是纳税筹划的常用思路。

3.6.3　分别纳税与汇总纳税选择的纳税筹划

【例3－23】　甲服装连锁经营企业为增值税一般纳税人，在某省设立了十几家连锁经营的零售门店（年销售额均在500万元以上），在正常情况下，各零售门店应在所在地办理“一照一码”登记，并登记为增值税一般纳税人，分别申报缴纳增值税。

【工作要求】请对上述业务进行纳税筹划。

【税法依据】固定业户应当向其机构所在地的主管税务机关申报纳税。总机构和分支机构不在同一县（市）的，应当分别向各自所在地的主管税务机关申报纳税；经国务院财政、税务主管部门或者其授权的财政、税务机关批准，可以由总机构汇总向总机构所在地的主管税务机关申报纳税。

根据《国家税务总局关于企业所属机构间移送货物征收增值税问题的通知》（国税发〔1998〕137号）的规定，《中华人民共和国增值税暂行条例实施细则》第四条视同销售货物行为的第（三）项所称的用于销售，是指受货机构发生以下情形之一的经营行为：（1）向购货方开具发票；（2）向购货方收取货款。受货机构的货物移送行为有上述两项情形之一的，应当向所在地税务机关缴纳增值税；未发生上述两项情形的，则应由总机构统一缴纳增值税。

【筹划思路】从长远来看，连锁经营企业在存货采购及销售总额一定的前提下，无论是由总公司汇总申报纳税还是由零售门店分别申报纳税，应缴纳的增值税总额是相等的，但汇总缴纳可以减少办税成本，降低纳税风险。

【筹划过程】

方案一：各零售门店分别缴纳增值税。

这个方案存在较多不利因素：(1) 总机构（甲服装连锁经营企业）统一从供应商采购服装，再调拨给各分支机构（零售门店），如果分支机构向购货方开具发票或者向购货方收取货款，则总机构向分支机构的这一调拨行为需要视同销售，缴纳增值税。(2) 甲服装连锁经营企业为每一零售门店专门配备办税人员，购置税控装置，进行增值税发票管理。零售门店作为独立的增值税纳税义务人，必须进行准确的增值税核算，这样会增加核算成本。(3) 零售门店众多，办税人员素质参差不齐，容易产生少报、漏报、错报增值税税款等风险。(4) 每一零售门店作为一个独立的增值税纳税义务人，必须应对主管税务机关的日常管理和税务检查，从而产生一定的成本与风险。(5)《企业所得税法》第五十条规定：居民企业在中国境内设立不具有法人资格的营业机构的，应当汇总计算并缴纳企业所得税。但如果对于增值税实行总分机构各自分别纳税，而对于企业所得税实行总分机构汇总纳税，则会产生纳税方式的不同，容易给零售门店造成认识和行为上的混淆。

方案二：各零售门店汇总缴纳增值税。

甲服装连锁经营企业经过努力，根据税法及当地主管税务机关的要求，在会计核算、发票管理、内部控制、人员配置等方面做了必要的调整，最后经当地税务主管机关批准，各零售门店实行汇总缴纳增值税。

甲服装连锁经营企业将各零售门店的增值税税款汇总起来，统一缴纳，可大大节约人员成本，避免方案一带来的诸多麻烦。

【筹划结论】方案二比方案一减少了办税成本，降低了纳税风险，若以实现纳税风险最小化以及税后利润最大化为纳税筹划目标，则应当选择方案二。

【筹划点评】通过努力得到相关部门的批准来取得税收上的某些资格或好处，是纳税筹划的常用思路。

3.6.4 税负转嫁的纳税筹划

【例3-24】 甲公司为增值税一般纳税人，本年1月10日从乙公司购买一批产品，价税合计113万元，同时取得乙公司开具的增值税专用发票，注明价款100万元、增值税税额13万元。甲公司是乙公司的老客户，而且采购量较大，经协商甲公司可以在2个月内（最晚本年3月10日）向乙公司支付货款113万元。

【工作要求】请对上述业务进行纳税筹划。

【税法依据】销售货物或应税劳务，其增值税纳税义务发生时间为收讫销售款项或者取得索取销售款项的凭据的当天；先开具发票的，其增值税纳税义务发生时间为开具发票的当天。

自2020年3月1日起，增值税一般纳税人取得2017年1月1日及以后开具的增值税专用发票、海关进口增值税专用缴款书、机动车销售统一发票、收费公路通行费增值税电子普通发票，取消认证确认、稽核比对、申报抵扣的期限。纳税人在进行增值税纳税申报时，应当通过本省（自治区、直辖市和计划单列市）增值税发票综合服务平台对上述扣税凭证信息进行用途确认。

自 2020 年 3 月 1 日起，增值税一般纳税人取得 2016 年 12 月 31 日及以前开具的增值税专用发票、海关进口增值税专用缴款书、机动车销售统一发票，超过认证确认、稽核比对、申报抵扣期限，但符合规定条件的，仍可按照《国家税务总局关于逾期增值税扣税凭证抵扣问题的公告》（国家税务总局公告 2011 年第 50 号，国家税务总局公告 2017 年第 36 号、国家税务总局公告 2018 年第 31 号修改）、《国家税务总局关于未按期申报抵扣增值税扣税凭证有关问题的公告》（国家税务总局公告 2011 年第 78 号，国家税务总局公告 2018 年第 31 号修改）的规定，继续抵扣进项税额。

【筹划思路】买卖双方之间的商品交易是企业最基本的业务之一，在供大于求的情况下，容易出现以下情形：购买方在没有付款给销售方的情况下，要求销售方先开具增值税专用发票，然后根据本企业未来资金的实际情况再付款给销售方，这样就会出现税负转嫁。对于销售方，当把增值税专用发票开具给购买方以后，销售方必须做销项税额处理，同时确认收入，缴纳企业所得税。对于购买方，在没有付款的情况下，因为购买方已经取得了增值税专用发票，所以购买方通过本省（自治区、直辖市和计划单列市）增值税发票综合服务平台对扣税凭证信息进行用途确认之后便可以在规定的纳税申报期内，向主管税务机关申报抵扣进项税额；同时，如果该笔支出结转了成本，还可以抵减企业所得税。这样就相当于购买方将一部分税负转嫁给了销售方。

【筹划过程】

方案一：甲公司于本年 1 月 10 日向乙公司付款。

甲公司在本年 2 月初的申报期内通过本省（自治区、直辖市和计划单列市）增值税发票综合服务平台对扣税凭证信息进行用途确认，则本年 1 月可以抵扣进项税额 13 万元，即相当于本年 1 月减少增值税税负 13 万元。

乙公司本年 1 月需将 13 万元计入销项税额，即相当于本年 1 月增加增值税税负 13 万元。

方案二：甲公司于本年 3 月 10 日向乙公司付款。

甲公司在本年 2 月初的申报期内通过本省（自治区、直辖市和计划单列市）增值税发票综合服务平台对扣税凭证信息进行用途确认，则本年 1 月可以抵扣进项税额 13 万元，即相当于本年 1 月减少增值税税负 13 万元，但这 13 万元的税款本年 1 月 10 日并未支付给销售方乙公司（直到 3 月 10 日才支付给销售方乙公司）。

乙公司本年 1 月便需将 13 万元计入销项税额，即相当于本年 1 月增加增值税税负 13 万元，但是乙公司本年 1 月 10 日并未从甲公司收到 13 万元的税款，相当于乙公司先自己“掏钱垫税”（直到 3 月 10 日才从甲公司收回）。

【筹划结论】与方案一相比，方案二中甲公司在没有付款的情况下享受到进项税额抵扣的好处，充分利用了资金的时间价值，若以实现税负最小化以及涉税资金时间价值最大化为纳税筹划目标，则应当选择方案二。

【筹划点评】销售方可以采用反转嫁的方法来保证自己的税收利益在正常交易中不受损害。对于购买方与销售方之间开具发票的问题，销售方可以采取以下方法来解决：

销售方向购买方声明，“在购买方没有付款的情况下，销售方不能开具发票给购买方”；通过双方在合同中订立诸如“销售方依据收到的货款开具相应金额的发票”的条款加以限制。这样就避免了销售方货物已经销售却没收到货款，然后自己“掏钱垫税”的情况出现。

3.7 全面营业税改征增值税的纳税筹划

3.7.1 全面营改增后小规模纳税人转化为一般纳税人的纳税筹划

【例3-25】 甲咨询公司是本年1月新成立的一家公司，为增值税小规模纳税人，经测算未来一年的应税销售额为450万元（不含增值税），该公司仍然可作为增值税小规模纳税人。若为增值税小规模纳税人，则适用3%的增值税征收率。若登记为增值税一般纳税人，经测算未来一年的可抵扣进项税额为18万元，且满足增值税加计抵减10%政策的条件。

【工作要求】请对上述业务进行纳税筹划。

【税法依据】参照例3-1的税法依据。

【筹划思路】对于年应税销售额未超过500万元以及新开业的纳税人，若经测算发现作为增值税一般纳税人更有利，则应当在满足会计核算健全、能够提供准确税务资料这一条件的基础上，主动向主管税务机关办理一般纳税人登记。

【筹划过程】

方案一：仍然作为增值税小规模纳税人。

应纳增值税＝450×3%＝13.5(万元)

方案二：在满足会计核算健全、能够提供准确税务资料这一条件的基础上，主动向主管税务机关办理增值税一般纳税人登记。

应纳增值税＝450×6%－18－18×10%＝7.2(万元)

【筹划结论】方案二比方案一少缴纳增值税6.3万元（13.5－7.2），若以实现税负最小化为纳税筹划目标，则应当选择方案二。

【筹划点评】通过主动创造条件来满足税法的规定，是纳税筹划常用的思路，但应当注意的是，除国家税务总局另有规定外，企业一经登记为一般纳税人，不得转为小规模纳税人。

3.7.2 全面营改增后变一般纳税人为小规模纳税人的纳税筹划

【例3-26】 甲咨询公司为增值税小规模纳税人，适用3%的增值税征收率。预计本年2月底甲咨询公司年应税销售额将超过500万元（不含增值税），若登记为增值税一般纳税人，预计未来一年的应税销售额为689万元（含增值税），未来一年的可抵扣进项税额为10万元，且满足增值税加计抵减10%政策的条件。

【工作要求】 请对上述业务进行纳税筹划。

【税法依据】 参照例3-1的税法依据。

【筹划思路】 对于营改增试点纳税人来说，一般纳税人的适用税率高于小规模纳税人的征收率，因此，当企业可抵扣进项税额较少时，在符合成为一般纳税人的条件（年应税销售额为500万元）之前，企业应当尽量拆分为小规模纳税人，以降低企业增值税税负，达到节税的目的。

【筹划过程】

方案一：本年2月底年销售额将超过500万元（不含增值税），应当登记成为增值税一般纳税人。

未来一年应纳增值税＝689÷(1＋6%)×6%－10－10×10%＝28(万元)

方案二：本年1月底在年销售额超过500万元（不含增值税）之前，将甲公司分拆为A公司和B公司，年应税销售额为206.7万元（含增值税）的服务由A公司提供，年应税销售额为482.3万元（含增值税）的服务由B公司提供。[①]

A公司和B公司都可作为增值税小规模纳税人。

A公司应纳增值税＝206.7÷(1＋3%)×3%＝6.02(万元)

B公司应纳增值税＝482.3÷(1＋3%)×3%＝14.05(万元)

应纳增值税合计＝6.02＋14.05＝20.07(万元)

【筹划结论】 方案二比方案一少缴纳增值税7.93万元（28－20.07），若以实现税负最小化为纳税筹划目标，则应当选择方案二。

【筹划点评】 增值税小规模纳税人的征收率比增值税一般纳税人的税率要低很多，对于规模不大的企业，当可抵扣进项税额较少时，可以根据自己的营收状况、资产状况，通过分拆业务、新设公司等方式成为增值税小规模纳税人，享受增值税小规模纳税人3%或5%的征收率。但同时应当考虑客户和供应商因素，最终选择适合自己的纳税人身份。

3.7.3　全面营改增后兼营行为的纳税筹划

【例3-27】　甲公司在营改增试点后登记为增值税一般纳税人，本年1月共取得销售额600万元（含增值税），其中提供设备租赁取得销售额400万元（含增值税），对境内单位提供信息技术咨询服务取得销售额200万元（含增值税），当月可抵扣的进项税额共30万元，且满足增值税加计抵减10%政策的条件。

【工作要求】 请对上述业务进行纳税筹划。

---

① 206.7万元和482.3万元是本题假设的数据，只要两个数据之和为689万元，且每个数据换算为不含增值税金额后均不超过500万元即可。

【税法依据】纳税人兼营销售货物、劳务、服务、无形资产或者不动产，适用不同税率或者征收率的，应当分别核算适用不同税率或者征收率的销售额；未分别核算的，从高适用税率。

具体来说，纳税人销售货物、加工修理修配劳务、服务、无形资产或者不动产适用不同税率或者征收率的，应当分别核算适用不同税率或者征收率的销售额，未分别核算销售额的，按照以下方法适用税率或者征收率：(1) 兼有不同税率的销售货物、加工修理修配劳务、服务、无形资产或者不动产，从高适用税率。(2) 兼有不同征收率的销售货物、加工修理修配劳务、服务、无形资产或者不动产，从高适用征收率。(3) 兼有不同税率和征收率的销售货物、加工修理修配劳务、服务、无形资产或者不动产，从高适用税率。

另外，参照例3-1的税法依据。

【筹划思路】纳税人若兼营货物、劳务、服务、无形资产或者不动产，则应当尽量将不同税率或者征收率的货物、劳务、服务、无形资产或者不动产分别核算，以适用不同的税率或者征收率，从而规避从高适用税率，减轻企业税负。

【筹划过程】

方案一：未分别核算销售额。

$$应纳增值税=600\div(1+13\%)\times13\%-30-30\times10\%=36.03(万元)$$

方案二：分别核算销售额。

$$\begin{aligned}应纳增值税&=400\div(1+13\%)\times13\%+200\div(1+6\%)\times6\%-30-30\times10\%\\&=24.34(万元)\end{aligned}$$

【筹划结论】方案二比方案一少缴纳增值税11.69万元（36.03－24.34），若以实现税负最小化为纳税筹划目标，则应当选择方案二。

【筹划点评】分别核算在一定程度上会增加核算成本，但与降低的税额相比，一般情况下是非常合算的。

3.7.4 全面营改增后混合销售行为的纳税筹划

【例3-28】 甲公司是一家销售并安装设备的企业（非设备生产企业），为增值税一般纳税人，本年1月销售设备（适用增值税税率为13%），同时提供安装服务（该设备属于高端产品，因此安装费用较高，与设备价款相当），共取得销售额100万元（含增值税），与此相关的可以抵扣的进项税额为5万元。

【工作要求】请对上述业务进行纳税筹划。

【税法依据】一项销售行为如果既涉及服务又涉及货物，为混合销售。从事货物的生产、批发或者零售的单位和个体工商户的混合销售行为，按照销售货物缴纳增值税；其他单位和个体工商户的混合销售行为，按照销售服务缴纳增值税。这里所称从事货物的生产、批发或者零售的单位和个体工商户，包括以从事货物的生产、批发或者零售为主，并兼营销售服务的单位和个体工商户在内。

【筹划思路】企业可以通过控制销售货物和服务所占的比例，结合销售货物和服务的税率或征收率的大小，选择按照销售货物还是按照销售服务缴纳增值税。也就是说，在混合销售行为中，若想按照销售货物缴纳增值税，则应尽量使纳税人从事货物的生产、批发或者零售的年货物销售额超过50%；反之，若想按照销售服务缴纳增值税，则应尽量使纳税人从事货物的生产、批发或者零售的年货物销售额低于50%。

销售设备的增值税税率为13%，安装服务（属于建筑服务）的增值税税率为9%，因此，应尽量使企业从事货物的生产、批发或者零售的年货物销售额低于50%，这样就可以按照9%的税率缴纳增值税。

【筹划过程】

方案一：使甲公司从事货物的生产、批发或者零售的年货物销售额超过50%。

按照销售货物缴纳增值税，适用的增值税税率为13%。

$$应纳增值税=100\div(1+13\%)\times13\%-5=6.50(万元)$$

方案二：使甲公司从事货物的生产、批发或者零售的年货物销售额低于50%。

按照销售服务缴纳增值税，适用的增值税税率为9%。

$$应纳增值税=100\div(1+9\%)\times9\%-5=3.26(万元)$$

【筹划结论】方案二比方案一少缴纳增值税3.24万元（6.50－3.26），若以实现税负最小化为纳税筹划目标，则应当选择方案二。

【筹划点评】纳税人在对混合销售行为进行纳税筹划时，主要是对比销售货物和服务的税率或征收率的大小，最终选择税率或征收率最小的方案。同时需要注意，纳税人的销售行为是否属于混合销售行为，由主管税务机关确定，这是税务机关拥有自由裁量权的具体表现。也就是说，税务机关可能将其认定为混合销售行为，也可能不认定为混合销售行为；可能将其认定为按照销售货物缴纳增值税的混合销售行为，也可能将其认定为按照销售服务缴纳增值税的混合销售行为。因此，纳税人对混合销售行为进行纳税筹划时应事先得到税务机关的认可，以获取正当的纳税利益。

3.7.5　全面营改增后固定资产购置时机选择的纳税筹划

【例3-29】　甲公司为增值税小规模纳税人，从事信息技术咨询服务，适用3%的增值税征收率。本年1月甲公司对境内单位提供信息技术咨询服务取得收入50万元（含增值税），购进信息技术专用设备，价款为22.6万元（含增值税），并取得增值税专用发票。本年2月甲公司登记成为增值税一般纳税人，当月对境内单位提供信息技术咨询服务取得收入100万元，但不满足增值税加计抵减政策的条件。

【工作要求】请对上述业务进行纳税筹划。

【税法依据】小规模纳税人实行简易计税方法，不得抵扣进项税额。一般纳税人一般情况下实行一般计税方法，可以抵扣进项税额。

下列进项税额准予从销项税额中抵扣：

(1) 从销售方取得的增值税专用发票（含税控机动车销售统一发票，下同）上注明的增值税税额。

(2) 从海关取得的海关进口增值税专用缴款书上注明的增值税税额。

(3) 自2019年4月1日起，纳税人购进农产品，按下列规定抵扣进项税额：

1) 除第2) 项规定外，纳税人购进农产品，取得一般纳税人开具的增值税专用发票或海关进口增值税专用缴款书的，以增值税专用发票或海关进口增值税专用缴款书上注明的增值税税额为进项税额；从按照简易计税方法依照3%征收率计算缴纳增值税的小规模纳税人取得增值税专用发票的，以增值税专用发票上注明的金额和9%的扣除率计算进项税额；取得（开具）农产品销售发票或收购发票的，以农产品销售发票或收购发票上注明的农产品买价和9%的扣除率计算进项税额。

2) 纳税人购进用于生产销售或委托加工13%税率货物的农产品，按照10%的扣除率计算进项税额。

3) 继续推进农产品增值税进项税额核定扣除试点。纳税人购进农产品进项税额已实行核定扣除的，仍按照《财政部 国家税务总局关于在部分行业试行农产品增值税进项税额核定扣除办法的通知》（财税〔2012〕38号）、《财政部 国家税务总局关于扩大农产品增值税进项税额核定扣除试点行业范围的通知》（财税〔2013〕57号）执行。其中，《农产品增值税进项税额核定扣除试点实施办法》（财税〔2012〕38号）第四条第（二）项规定的扣除率调整为9%；第（三）项规定的扣除率调整为按上述第1）、第2）项规定执行。

4) 纳税人从批发、零售环节购进适用免征增值税政策的蔬菜、部分鲜活肉蛋而取得的增值税普通发票，不得作为计算抵扣进项税额的凭证。

5) 纳税人购进农产品既用于生产销售或委托加工13%税率货物又用于生产销售其他货物服务的，应当分别核算用于生产销售或委托加工13%税率货物和其他货物服务的农产品进项税额。未分别核算的，统一以增值税专用发票或海关进口增值税专用缴款书上注明的增值税税额为进项税额，或以农产品收购发票或销售发票上注明的农产品买价和9%的扣除率计算进项税额。

6) 销售发票是指农业生产者销售自产农产品适用免征增值税政策而开具的增值税普通发票。

(4) 自用的应征消费税的摩托车、汽车、游艇，2013年8月1日（含）以后购入的，其进项税额准予从销项税额中抵扣。

(5) 自境外单位或者个人购进劳务、服务、无形资产或者境内的不动产，从税务机关或者扣缴义务人取得的代扣代缴税款的完税凭证上注明的增值税税额。

(6) 自2019年4月1日起，购进国内旅客运输服务，其进项税额允许从销项税额中抵扣。

【筹划思路】营改增试点小规模纳税人在登记成为一般纳税人之前，在不影响正常经营的前提下，可以适当推迟货物、劳务、服务、无形资产或者不动产的购置时间，即在登记成为一般纳税人之后再购进货物、劳务、服务、无形资产或者不动产，以使这部分固定资产的进项税额获得抵扣，从而降低企业的增值税税负，达到节税的目的。

【筹划过程】

方案一：本年1月购进信息技术专用设备，并取得增值税专用发票。

甲公司本年1月仍为增值税小规模纳税人，因此本年1月的进项税额不能抵扣。

本年1月应纳增值税＝50÷(1＋3%)×3%＝1.46(万元)

本年2月应纳增值税＝100÷(1＋6%)×6%＝5.66(万元)

方案二：本年2月购进信息技术专用设备，并取得增值税专用发票，且该增值税专用发票本年2月符合抵扣规定。

本年1月应纳增值税＝50÷(1＋3%)×3%＝1.46(万元)

甲公司本年2月登记成为增值税一般纳税人，因此本年2月的进项税额可以抵扣。

本年2月应纳增值税＝100÷(1＋6%)×6%－22.6÷(1＋13%)×13%
＝3.06(万元)

【筹划结论】方案二比方案一本年2月少缴纳增值税2.6万元（5.66－3.06），若以实现税负最小化为纳税筹划目标，则应当选择方案二。

【筹划点评】营改增试点小规模纳税人以外的原增值税小规模纳税人若即将转变为一般纳税人，也应当在转变为增值税一般纳税人之后再购进原材料或者固定资产，以达到抵扣进项税额的目的。

3.7.6　全面营改增后运输服务提供方选择的纳税筹划

【例3-30】　甲公司为增值税一般纳税人，本年1月欲接受一家企业提供的交通运输服务，现有以下几种方案可供选择。方案一：接受乙公司（增值税一般纳税人）提供的运输服务，取得由乙公司开具的税率为9%的增值税专用发票，价税合计31 000元。方案二：接受丙公司（增值税小规模纳税人）提供的运输服务，取得由丙公司开具的税率为3%的增值税专用发票，价税合计30 000元。方案三：接受丁公司（增值税小规模纳税人）提供的运输服务，取得由丁公司开具的税率为3%的增值税普通发票，价税合计29 000元。甲公司取得的增值税专用发票本年1月均符合抵扣规定。甲公司适用的城市维护建设税税率为7%，教育费附加征收率为3%。

【工作要求】请对上述业务进行纳税筹划。

【税法依据】参照例3-29的税法依据。

【筹划思路】

接受运输服务的企业应当综合考虑接受运输服务的价格和可抵扣的进项税额两方面因素，存在的可抵扣的进项税额（会使增值税税负减少）又会相应地减少城市维护建设税和教育费附加。因此可通过比较不同方案下的现金净流量或现金流出量的大小，最终选择现金净流量最大或现金流出量最小的方案。

【筹划过程】

方案一：接受乙公司（增值税一般纳税人）提供的运输服务，取得由乙公司开具的税率为9%的增值税专用发票，价税合计31 000元。

$$\text{甲公司现金流出量}=31\,000-31\,000\div(1+9\%)\times9\%\times(1+7\%+3\%)=28\,184.40(\text{元})$$

方案二：接受丙公司（增值税小规模纳税人）提供的运输服务，取得由丙公司开具的税率为3%的增值税专用发票，价税合计30 000元。

$$\text{甲公司现金流出量}=30\,000-30\,000\div(1+3\%)\times3\%\times(1+7\%+3\%)=29\,038.84(\text{元})$$

方案三：接受丁公司（增值税小规模纳税人）提供的运输服务，取得由丁公司开具的税率为3%的增值税普通发票，价税合计29 000元。

$$\text{甲公司现金流出量}=29\,000(\text{元})$$

【筹划结论】方案一比方案二现金流出量少854.44元（29 038.84－28 184.40），相当于比方案二现金净流量多854.44元；方案一比方案三现金流出量少815.60元（29 000－28 184.40），相当于比方案三现金净流量多815.60元。若以实现现金净流量最大化为纳税筹划目标，则应当优先选择方案一，其次是方案三，最后是方案二。

【筹划点评】企业在选择运输服务提供方时，不能仅考虑价格和税负因素，还应考虑对方提供的运输服务的质量、信用、耗用时间等因素。

3.7.7 全面营改增后一般计税方法与简易计税方法选择的纳税筹划

【例3-31】 甲公司是一家设备租赁公司，为增值税一般纳税人。本年1月1日将2013年5月（该地区营改增试点实施之日前）购进的3台设备对外租赁给乙公司，租期为一年，共收取租赁费100万元（含增值税），租赁结束时甲公司收回该设备继续出租。本年1月1日至本年12月31日可抵扣进项税额共2万元，且满足增值税加计抵减10%政策的条件。

【工作要求】请对上述业务进行纳税筹划。

【税法依据】一般纳税人发生下列应税行为可以选择适用简易计税方法计税：

（1）公共交通运输服务，包括轮客渡、公交客运、地铁、城市轻轨、出租车、长途客运、班车。其中，班车是指按固定路线、固定时间运营并在固定站点停靠的运送旅客的陆路运输服务。

（2）经认定的动漫企业为开发动漫产品提供的动漫脚本编撰、形象设计、背景设计、动画设计、分镜、动画制作、摄制、描线、上色、画面合成、配音、配乐、音效合成、剪辑、字幕制作、压缩转码（面向网络动漫、手机动漫格式适配）服务，以及在境内转让动漫版权（包括动漫品牌、形象或者内容的授权及再授权）。

动漫企业和自主开发、生产动漫产品的认定标准和认定程序，按照《文化部 财政部 国家税务总局关于印发〈动漫企业认定管理办法（试行）〉的通知》（文市发〔2008〕51 号）的规定执行。

（3）电影放映服务、仓储服务、装卸搬运服务、收派服务和文化体育服务。

（4）以纳入营改增试点之日前取得的有形动产为标的物提供的经营租赁服务。

（5）在纳入营改增试点之日前签订的尚未执行完毕的有形动产租赁合同。

（6）提供物业管理服务的纳税人，向服务接受方收取的自来水水费，以扣除其对外支付的自来水水费后的余额为销售额，按照简易计税方法依 3%的征收率计算缴纳增值税。

（7）非企业性单位中的一般纳税人提供的研发和技术服务、信息技术服务、鉴证咨询服务，以及销售技术、著作权等无形资产，可以选择简易计税方法按照 3%的征收率计算缴纳增值税。

非企业性单位中的一般纳税人提供“技术转让、技术开发和与之相关的技术咨询、技术服务”，可以参照上述规定，选择简易计税方法按照 3%的征收率计算缴纳增值税。

（8）一般纳税人提供教育辅助服务，可以选择简易计税方法按照 3%的征收率计算缴纳增值税。

【筹划思路】试点一般纳税人将试点实施之前购进的有形动产对外提供经营租赁时，因为该有形动产在试点前购进，当时其进项税额不予抵扣，所以在试点后可抵扣的进项税额较少，因此，一般情况下应选择适用简易计税方法计算缴纳增值税，以达到节税的目的。

【筹划过程】

方案一：选择一般计税方法。

$$应纳增值税=100\div(1+13\%)\times13\%-2-2\times10\%=9.30(万元)$$

方案二：选择简易计税方法。

$$应纳增值税=100\div(1+3\%)\times3\%=2.91(万元)$$

【筹划结论】方案二比方案一少缴纳增值税 6.39 万元（9.30－2.91），若以实现税负最小化为纳税筹划目标，则应当选择方案二。

【筹划点评】试点一般纳税人在试点期间提供有形动产经营租赁服务，一旦选择适用简易计税方法计算缴纳增值税，在 36 个月内不得变更，因此企业应当权衡利弊，综合考虑，慎重选择计税方法。

3.7.8　全面营改增后程租、期租与光租选择的纳税筹划

【例 3-32】　甲公司为增值税一般纳税人，本年 1 月为乙公司提供一次光租业务，收费 200 万元（含增值税），相关成本费用为 100 万元（不含增值税），相关可抵扣

进项税额为15万元。若提供期租业务，甲公司将多支出成本费用50万元（不含增值税），需要收费250万元（含增值税），相关可抵扣进项税额为20万元。若提供程租业务，则甲公司将多支出成本费用100万元（不含增值税），需要收费300万元（含增值税），相关可抵扣进项税额为23万元。甲公司适用的企业所得税税率为25%，城市维护建设税税率为7%，教育费附加征收率为3%。甲公司不满足增值税加计抵减政策的条件。

【工作要求】请对上述业务进行纳税筹划。

【税法依据】水路运输的程租、期租业务，属于水路运输服务，按照交通运输服务缴纳增值税，适用9%的增值税税率。程租业务，是指运输企业为租船人完成某一特定航次的运输任务并收取租赁费的业务。期租业务，是指运输企业将配备有操作人员的船舶承租给他人使用一定期限，承租期内听候承租方调遣，不论是否经营，均按天向承租方收取租赁费，发生的固定费用均由船东负担的业务。

水路运输的光租业务，属于经营租赁，按照有形动产经营租赁服务缴纳增值税，适用13%的增值税税率。光租业务，是指运输企业将船舶在约定的时间内出租给他人使用，不配备操作人员，不承担运输过程中发生的各项费用，只收取固定租赁费的业务活动。

【筹划思路】水路运输的程租、期租业务，属于水路运输服务，按照交通运输服务缴纳增值税，适用9%的增值税税率；水路运输的光租业务，属于经营租赁，按照有形动产经营租赁服务缴纳增值税，适用13%的增值税税率。因此，企业应当尽量提供程租、期租业务，以适用较低的增值税税率。

【筹划过程】

方案一：提供光租业务。

应纳增值税＝200÷(1＋13%)×13%－15＝8.01(万元)

应纳城市维护建设税和教育费附加＝8.01×(7%＋3%)＝0.80(万元)

税后利润＝[200÷(1＋13%)－100－0.80]×(1－25%)＝57.14(万元)

方案二：提供期租业务。

应纳增值税＝250÷(1＋9%)×9%－20＝0.64(万元)

应纳城市维护建设税和教育费附加＝0.64×(7%＋3%)＝0.06(万元)

税后利润＝[250÷(1＋9%)－100－50－0.06]×(1－25%)＝59.47(万元)

方案三：提供程租业务。

应纳增值税＝300÷(1＋9%)×9%－23＝1.77(万元)

应纳城市维护建设税和教育费附加＝1.77×(7%＋3%)＝0.18(万元)

税后利润＝[300÷(1＋9%)－100－100－0.18]×(1－25%)＝56.29(万元)

【筹划结论】方案二比方案一多获取税后利润2.33万元（59.47－57.14），比方案三多获取税后利润 3.18 万元（59.47－56.29），若以实现税后利润最大化为纳税筹划目标，则应当优先选择方案二，其次是方案一，最后是方案三。

【筹划点评】相对于水路运输的光租业务来说，提供水路运输的程租、期租业务的运输企业需要承担一定的责任，因此，运输企业应当权衡利弊、综合考虑，选择最优方案。

3.7.9　全面营改增后个人销售房产时机选择的纳税筹划

【例 3-33】　孙某于 2021 年 1 月 1 日在山东济南购买了一套 100 平方米的普通住宅，该住宅为孙某的第 2 套住宅，买价为 650 000 元（含增值税）。孙某准备于 2023 年 1 月前后对外售出，预计市场价格为 1 000 000 元（含增值税）。

【工作要求】请对上述业务进行纳税筹划。

【税法依据】北京市、上海市、广州市和深圳市之外的地区，个人将购买不足 2 年的住房对外销售的，按照 5%的征收率全额缴纳增值税；个人将购买 2 年以上（含 2 年）的住房对外销售的，免征增值税。

北京市、上海市、广州市和深圳市的个人将购买不足 2 年的住房对外销售的，按照 5%的征收率全额缴纳增值税；个人将购买 2 年以上（含 2 年）的非普通住房对外销售的，以销售收入减去购买住房价款后的差额按照 5%的征收率缴纳增值税；个人将购买 2 年以上（含 2 年）的普通住房对外销售的，免征增值税。

深圳市自 2020 年 7 月 15 日起、上海市自 2021 年 1 月 22 日起、广州市 9 个区自 2021 年 4 月 21 日起，将个人住房转让增值税征免年限由 2 年调整到 5 年。

【筹划思路】个人在转让住房时，应当把握上述时间限定因素，以尽量避免纳税义务。尽量在购买住房满 2 年后对外销售，以享受减免税款的优惠政策。

【筹划过程】

方案一：孙某于 2022 年 12 月或之前对外销售。个人将购买不足 2 年的住房对外销售的，按照 5%的征收率全额缴纳增值税。

$$应纳增值税=1\ 000\ 000\div(1+5\%)\times5\%=47\ 619.05(元)$$

方案二：孙某于 2023 年 1 月或之后对外销售。个人将购买 2 年以上（含 2 年）的住房对外销售的，免征增值税。

$$应纳增值税=0$$

【筹划结论】方案二比方案一少缴纳增值税 47 619.05 元，若以实现税负最小化为纳税筹划目标，则应当选择方案二。

【筹划点评】选择售房时机是个人出售房产的重要纳税筹划思路，但因为目前享受税收优惠的年限定为 2 年，所以该纳税筹划思路仅对出售接近 2 年房龄的房产适用。另外，应当注意的是，2 年的时限一般以房产证上的日期为起点计算。

3.7.10 全面营改增后自然人[①]税务登记选择的纳税筹划

【例3-34】 张某是我国的自然人（其他个人），现为灵活就业者，未办理税务登记或者临时税务登记（均通过办理“一照一码”登记来实现，下同），对外提供咨询服务。本年1月共提供咨询服务20次，每次取得咨询服务收入3 000元（含增值税），并通过税务机关代开发票，发票上的增值税税率为1%。本年1月张某取得咨询服务收入总额60 000元（含增值税），相关成本费用为6 000元。当地规定的增值税起征点为每次（日）500元。假设不考虑城市维护建设税和教育费附加。

【工作要求】请对上述业务进行纳税筹划。

【税法依据】根据《财政部 税务总局关于明确增值税小规模纳税人减免增值税等政策的公告》（财政部 税务总局2023年第1号）的规定，自2023年1月1日至2027年12月31日，增值税小规模纳税人适用3%征收率的应税销售收入，减按1%征收率征收增值税；适用3%预征率的预缴增值税项目，减按1%预征率预缴增值税。

个人发生应税行为的销售额未达到增值税起征点的，免征增值税；达到起征点的，全额计算缴纳增值税。增值税起征点不适用于登记为一般纳税人的个体工商户。增值税起征点幅度如下：（1）按期纳税的，为月销售额5 000～20 000元（含本数）。（2）按次纳税的，为每次（日）销售额300～500元（含本数）。起征点的调整由财政部和国家税务总局规定。省、自治区、直辖市财政厅（局）和税务局应当在规定的幅度内，根据实际情况确定本地区适用的起征点，并报财政部和国家税务总局备案。

自2023年1月1日至2027年12月31日，根据《国家税务总局关于增值税小规模纳税人减免增值税等政策有关征管事项的公告》（国家税务总局2023年第1号）的规定：

（1）增值税小规模纳税人（简称小规模纳税人）发生增值税应税销售行为，合计月销售额未超过10万元（以1个季度为1个纳税期的，季度销售额未超过30万元，下同）的，免征增值税。

小规模纳税人发生增值税应税销售行为，合计月销售额超过10万元，但扣除本期发生的销售不动产的销售额后未超过10万元的，其销售货物、劳务、服务、无形资产取得的销售额免征增值税。

（2）适用增值税差额征税政策的小规模纳税人，以差额后的销售额确定是否可以享受“自2023年1月1日至2027年12月31日，对月销售额10万元（季度销售额30万元）以下（含本数）的增值税小规模纳税人，免征增值税”规定中的免征增值税政策。

《增值税及附加税费申报表（小规模纳税人适用）》中的“免税销售额”相关栏次，

---

① 根据《中华人民共和国增值税暂行条例实施细则》《国家税务总局关于增值税一般纳税人登记管理若干事项的公告》（国家税务总局公告2018年第6号）等文件的规定，个人是指个体工商户和其他个人。另外，《国家税务总局关于增值税一般纳税人登记管理若干事项的公告》（国家税务总局公告2018年第6号）明确指出《增值税一般纳税人登记管理办法》（国家税务总局令第43号）第四条第二项所称的“其他个人”是指自然人。综上所述，在我国增值税法律制度中，个人分为两类，一类为个体工商户，另一类为其他个人，即自然人。

填写差额后的销售额。

（3）《中华人民共和国增值税暂行条例实施细则》第九条所称的其他个人，采取一次性收取租金形式出租不动产取得的租金收入，可在对应的租赁期内平均分摊，分摊后的月租金收入未超过10万元的，免征增值税。

（4）小规模纳税人取得应税销售收入，适用“自2023年1月1日至2027年12月31日，对月销售额10万元（季度销售额30万元）以下（含本数）的增值税小规模纳税人，免征增值税”规定中的免征增值税政策的，纳税人可就该笔销售收入选择放弃免税并开具增值税专用发票。

（5）小规模纳税人取得应税销售收入，适用“自2023年1月1日至2027年12月31日，增值税小规模纳税人适用3%征收率的应税销售收入，减按1%征收率征收增值税”政策的，应按照1%征收率开具增值税发票。纳税人可就该笔销售收入选择放弃减税并开具增值税专用发票。

（6）小规模纳税人取得应税销售收入，纳税义务发生时间在2022年12月31日前并已开具增值税发票，如发生销售折让、中止或者退回等情形需要开具红字发票，应开具对应征收率红字发票或免税红字发票；开票有误需要重新开具的，应开具对应征收率红字发票或免税红字发票，再重新开具正确的蓝字发票。

（7）小规模纳税人发生增值税应税销售行为，合计月销售额未超过10万元的，免征增值税的销售额等项目应填写在《增值税及附加税费申报表（小规模纳税人适用）》“小微企业免税销售额”或者“未达起征点销售额”相关栏次；减按1%征收率征收增值税的销售额应填写在《增值税及附加税费申报表（小规模纳税人适用）》“应征增值税不含税销售额（3%征收率）”相应栏次，对应减征的增值税应纳税额按销售额的2%计算填写在《增值税及附加税费申报表（小规模纳税人适用）》“本期应纳税额减征额”及《增值税减免税申报明细表》减税项目相应栏次。

（8）按固定期限纳税的小规模纳税人可以选择以1个月或1个季度为纳税期限，一经选择，一个会计年度内不得变更。

（9）按照现行规定应当预缴增值税税款的小规模纳税人，凡在预缴地实现的月销售额未超过10万元的，当期无须预缴税款。在预缴地实现的月销售额超过10万元的，适用3%预征率的预缴增值税项目，减按1%预征率预缴增值税。

（10）小规模纳税人中的单位和个体工商户销售不动产，应按其纳税期、上述第（9）条以及其他现行政策规定确定是否预缴增值税；其他个人销售不动产，继续按照现行规定征免增值税。

（11）纳税人按照《财政部 税务总局关于明确增值税小规模纳税人减免增值税等政策的公告》（财政部 税务总局公告2023年第1号）第四条规定申请办理抵减或退还已缴纳税款，如果已经向购买方开具了增值税专用发票，应先将增值税专用发票追回。

【筹划思路】增值税适用按次纳税还是按期纳税，以是否办理税务登记或者临时税务登记作为划分标准。

对于未办理税务登记或临时税务登记的小规模纳税人个人发生增值税应税销售行为，除特殊规定外，执行《增值税暂行条例》及其实施细则关于按次纳税的起征点有关规定，每次销售额未达到300～500元（各地的起征点一般确定为500元，下同）的，享受增值税免税政策，达到300～500元的则需要全额缴纳增值税。而对于办理了税务登记或临时税务登记的小规模纳税人个人发生增值税应税销售行为，执行按期纳税的有关规定，合计月销售额未超过10万元（以1个季度为1个纳税期的，季度销售额未超过30万元）的，都可以按规定享受增值税免税政策。

因此，经常通过税务机关代开发票的自然人（其他个人），应当主动办理税务登记或临时税务登记，以充分享受小规模纳税人合计月销售额未超过10万元（以1个季度为1个纳税期的，季度销售额未超过30万元）的增值税免税政策。

【筹划过程】

方案一：张某不办理税务登记或临时税务登记。

每次不含增值税销售额＝3 000÷(1＋1%)＝2 970.30(元)

超过当地规定的增值税起征点每次（日）500元，因此，需要全额缴纳增值税。

本月应纳增值税合计＝20×[3 000÷(1＋1%)×1%]＝594.06(元)

本月增值税税后收入合计＝20×3 000－594.06＝59 405.94(元)

本月税后收益＝59 405.94－6 000＝53 405.94(元)

方案二：张某通过办理税务登记或临时税务登记，登记为小规模纳税人个体工商户，并选择以1个月为纳税期限。

本月不含增值税销售额合计＝20×3 000÷(1＋1%)＝59 405.94(元)

未超过100 000元，因此，免缴增值税。

本月增值税税后收入合计＝20×3 000＝60 000(元)

本月税后收益＝60 000－6 000＝54 000(元)

【筹划结论】方案二比方案一少缴纳增值税594.06元（594.06－0），多获取增值税税后收入594.06元（60 000－59 405.94），多获取税后收益594.06元（54 000－53 405.94），若以实现税负最小化以及税后收益最大化为纳税筹划目标，则应当选择方案二。

【筹划点评】自然人通过税务登记成为小规模纳税人个体工商户，需要定期进行纳税申报，可能增加一定的运营成本，因此，纳税人应当权衡利弊、综合考虑，以选择最优方案。

3.8 增值税实务疑难解答

【实务释疑1】我公司为增值税一般纳税人，既有简易计税项目，又有一般计税项目，在营改增后购进不动产既用于简易计税项目，又用于一般计税项目，若取得增值税专用发票，其进项税额能否从销项税额中抵扣？

答：根据《增值税暂行条例》的规定，下列项目的进项税额不得从销项税额中抵扣：用于简易计税方法计税项目、免征增值税项目、集体福利或者个人消费的购进货物、劳务、服务、无形资产和不动产。其中涉及的固定资产、无形资产、不动产，仅指专用于上述项目的固定资产、无形资产（不包括其他权益性无形资产）、不动产。

因此，你公司在营改增后购进不动产，并且不是专用于简易计税办法计税项目（“不是专用于简易计税办法计税项目”是指“既用于简易计税项目，又用于一般计税项目”），若取得增值税专用发票，其进项税额可以从销项税额中抵扣。

【实务释疑 2】我公司为一家制种企业，请问生产销售种子是否免税？

答：根据《国家税务总局关于制种行业增值税有关问题的公告》（国家税务总局公告 2010 年第 17 号）的规定，自 2010 年 12 月 1 日起，制种企业在下列生产经营模式下生产销售种子，属于农业生产者销售自产农业产品，应根据《增值税暂行条例》有关规定免征增值税：（1）制种企业利用自有土地或承租土地，雇用农户或雇工进行种子繁育，再经烘干、脱粒、风筛等深加工后销售种子。（2）制种企业提供亲本种子委托农户繁育并从农户手中收回，再经烘干、脱粒、风筛等深加工后销售种子。

因此，你公司作为制种企业，若满足上述规定中的生产经营模式，则生产销售种子免征增值税。

【实务释疑 3】我公司是一家供电企业，现有部分用户需要临时用电，与我公司签订了临时用电协议，并缴纳了一定数额的电费保证金，我公司将逾期（超过合同约定时间）未退还的电费保证金作为“营业外收入”。请问逾期未退还的电费保证金是否应作为价外费用计算缴纳增值税？

答：根据《电力产品增值税征收管理办法》（国家税务总局令第 10 号）的规定，电力产品增值税的计税销售额为纳税人销售电力产品向购买方收取的全部价款和价外费用，但不包括收取的销项税额。价外费用是指纳税人销售电力产品在目录电价或上网电价之外向购买方收取的各种性质的费用。供电企业收取的电费保证金，凡逾期（超过合同约定时间）未退还的，一律并入价外费用计算缴纳增值税。

因此，你公司作为供电企业，应将逾期未退还的电费保证金并入价外费用计算缴纳增值税。

【实务释疑 4】我公司是一家工业企业，为增值税一般纳税人，在促销过程中购进了一些礼品（如皮包、水杯等）且取得了增值税专用发票，并将礼品送给客户，请问购进礼品涉及的进项税额能否抵扣？

答：根据《中华人民共和国增值税暂行条例实施细则》的规定，单位或者个体工商户将自产、委托加工或者购进的货物无偿赠送其他单位或者个人的行为，视同销售货物。

你公司作为增值税一般纳税人，发生上述视同销售货物的行为，需要计算确定增值税销项税额，因此，用于无偿赠送其他单位或者个人的购进货物涉及的进项税额相应地可以抵扣。

【实务释疑5】我公司为增值税一般纳税人，本年1月购进货物并取得供应商（甲公司）开具的增值税专用发票，但供应商（甲公司）却委托另一个公司（乙公司）收款，即我公司作为购货方将货款支付给供应商以外的其他公司（乙公司）。请问我公司取得的增值税专用发票上的进项税额能否抵扣？

答：根据《国家税务总局关于加强增值税征收管理若干问题的通知》（国税发〔1995〕192号）的规定，纳税人购进货物或应税劳务，支付运输费用，所支付款项的单位，必须与开具抵扣凭证的销货单位、提供劳务的单位一致，才能够申报抵扣进项税额，否则不予抵扣。

你公司所支付款项的单位（乙公司）与开具增值税专用发票的销货单位（甲公司）不一致，因此，你公司不能抵扣进项税额。

【实务释疑6】我公司为增值税一般纳税人，本年1月购进用于企业内部职工食堂的炊具设备的进项税额能否抵扣？

答：根据《增值税暂行条例》第十条规定，下列项目的进项税额不得从销项税额中抵扣：（1）用于简易计税方法计税项目、免征增值税项目、集体福利和个人消费的购进货物、劳务、服务、无形资产和不动产；（2）非正常损失的购进货物，以及相关的劳务和交通运输服务；（3）非正常损失的在产品、产成品所耗用的购进货物（不包括固定资产）、劳务和交通运输服务；（4）国务院规定的其他项目。

你公司购进的“用于企业内部职工食堂的炊具设备”属于“用于集体福利的购进货物”，因此其进项税额不得抵扣。

【实务释疑7】我公司为增值税一般纳税人，本年1月购进一批原材料并抵扣了进项税额，本年3月因地震发生的原材料损失是否属于非正常损失？需要做进项税额转出吗？

答：根据《增值税暂行条例》第十条第（二）项的规定，非正常损失的购进货物，以及相关的劳务和交通运输服务的进项税额不得从销项税额中抵扣。根据《中华人民共和国增值税暂行条例实施细则》第二十四条的规定，《增值税暂行条例》第十条第（二）项所称非正常损失，是指因管理不善造成被盗、丢失、霉烂变质的损失。根据《营业税改征增值税试点实施办法》第二十八条的规定，非正常损失，是指因管理不善造成货物被盗、丢失、霉烂变质，以及因违反法律法规造成货物或者不动产被依法没收、销毁、拆除的情形。

因此，因地震发生的原材料损失，属于自然灾害造成的损失，不属于税法规定的非正常损失范围，可以正常抵扣进项税额；对于已经抵扣进项税额的，不做进项税额转出处理。

【实务释疑8】我公司为增值税一般纳税人，向小规模纳税人销售货物时能否开具增值税专用发票？

答：根据《增值税暂行条例》的规定，纳税人发生应税销售行为，应当向索取增值税专用发票的购买方开具增值税专用发票，并在增值税专用发票上分别注明销售额和销项税额。

属于下列情形之一的，不得开具增值税专用发票：

（1）应税销售行为的购买方为消费者个人的。

（2）发生应税销售行为适用免税规定的。

根据《增值税专用发票使用规定》（国税发〔2006〕156号）的规定，商业企业一般纳税人零售的烟、酒、食品、服装、鞋帽（不包括劳保专用部分）、化妆品等消费品不得开具增值税专用发票。

税法并没有明确规定一般纳税人不得向小规模纳税人开具增值税专用发票。因此，你公司作为增值税一般纳税人与小规模纳税人发生的销售行为如果不属于上述规定的不得开具增值税专用发票的情形，在作为小规模纳税人的购买方索取的情况下，你公司作为增值税一般纳税人可以向作为小规模纳税人的购买方开具增值税专用发票。但因小规模纳税人即使取得增值税专用发票，发票上的进项税额也不能被抵扣，因此一般情况下，一般纳税人向小规模纳税人开具的是增值税普通发票。

【实务释疑9】我公司是一家建筑公司，为增值税一般纳税人。我公司提供建筑服务适用简易计税方法计税，请问是否需要备案？

答：根据《国家税务总局关于国内旅客运输服务进项税抵扣等增值税征管问题的公告》（国家税务总局公告2019年第31号）的规定，提供建筑服务的一般纳税人按规定适用或选择适用简易计税方法计税的，自2019年10月1日起不再实行备案制。以下证明材料无须向税务机关报送，改为自行留存备查：（1）为建筑工程老项目提供的建筑服务，留存《建筑工程施工许可证》或建筑工程承包合同；（2）为甲供工程提供的建筑服务、以清包工方式提供的建筑服务，留存建筑工程承包合同。

因此，你公司提供建筑服务适用简易计税，不再需要备案。

技能训练

1. 某投资者本年1月投资设立一家工业企业，预计年应税销售额为700万元（不含增值税），其会计核算制度比较健全，符合增值税一般纳税人条件，适用增值税税率为13%。但该企业准予从销项税额中抵扣的进项税额较少，只占销项税额的15%。若投资设立两家增值税小规模纳税人企业，各自作为独立核算单位，则这两个增值税小规模纳税人企业年应税销售额分别为400万元（不含增值税）和300万元（不含增值税），适用3%的增值税征收率。请对其进行纳税筹划。

2. 甲家电超市为增值税一般纳税人，本年1月销售空调2 000台，销售额为800万元（不含增值税），当月与销售空调相关的可抵扣进项税额为100万元；该超市同时为客户提供上门安装服务，收取安装费33.9万元（含增值税），当月与安装服务相关的可抵扣进项税额为1万元。请对其进行纳税筹划。

实战演练

折扣方式选择的纳税筹划

甲商场为增值税一般纳税人，为扩大销售，准备在本年1月开展一次促销活动，有以下三种方案可供选择。

方案一：让利（折扣）20%销售商品，即甲商场将原价为1 000元的商品以800元的价格销售，且将销售额和折扣额在同一张发票上的“金额”栏分别注明。这相当于折扣销售，折扣为20%。

方案二：赠送商品，即甲商场在销售原价为800元商品的同时，另外再赠送原价为200元的商品（将赠送的200元的商品单独开具发票，则不仅原价800元的商品按照800元换算为不含税价款后的价格计算缴纳增值税，而且赠送的200元的商品也按照200元换算为不含税价款后的价格视同销售计算缴纳增值税）。

方案三：返还20%的现金，即甲商场在销售原价为1 000元商品的同时，向顾客赠送200元现金。

以销售原价1 000元的商品为基数，参与该活动的商品购进成本为600元（即商品购进成本占商品原价的60%）。以上价格和成本均含增值税。假设甲商场销售商品适用增值税税率为13%，购进商品均取得了税率为13%的增值税专用发票，且甲商场取得的增值税专用发票本年1月均符合抵扣规定。经测算，甲商场每销售原价为1 000元（含增值税）的商品可以在企业所得税税前扣除的工资和其他费用为60元（不含增值税）。假设甲商场促销活动的顾客均为其他个人即自然人。甲商场适用的企业所得税税率为25%，城市维护建设税税率为7%，教育费附加征收率为3%。

任务要求：

1. 区分不同的折扣方式，明确各种折扣方式的税法规定。
2. 设计折扣方式选择的纳税筹划思路。
3. 正确计算各种折扣方式下的税负及税后利润。
4. 通过比较分析选择最优的折扣方式。

第4章

消费税的纳税筹划

素养提升

纳税人应当充分运用国家出台的消费税税收政策，合法合理地进行纳税筹划，避免税收违法行为。

（1）我国对某些高档消费品、奢侈品（如高档化妆品、贵重首饰及珠宝玉石、高尔夫球及球具）征收消费税，有利于引导群众理性消费，倡导勤俭节约，限制铺张浪费。

（2）我国对小汽车中的乘用车根据汽缸容量（排气量）的大小规定了1%～40%不等的消费税税率，汽缸容量（排气量）越小，消费税税率也就越低，不仅有利于引导乘用车生产企业降低汽缸容量（排气量），以降低消费税税负，而且有利于引导消费者购买汽缸容量（排气量）小的车，以便享受因消费税税负降低而带来的价格优惠，同时倡导“绿色消费，推动形成绿色低碳的生活方式”。

能力目标

（1）能通过设立销售公司来降低计税依据进行纳税筹划。

（2）能通过先销售来降低计税依据进行纳税筹划。

（3）能对包装物押金进行纳税筹划。

（4）能对进口应税消费品进行纳税筹划。

（5）能对自产自用应税消费品进行纳税筹划。

（6）能对应税消费品的成本核算进行纳税筹划。

（7）能通过降低价格来降低税率进行纳税筹划。

（8）能利用折扣销售进行纳税筹划。

（9）能对成套消费品进行纳税筹划。

（10）能通过合并变“外购原料”为“自行加工”进行纳税筹划。

（11）能通过选择白酒生产企业委托加工与自行加工进行纳税筹划。

(12) 能对手表生产企业消费税起征点进行纳税筹划。

(13) 能通过规避消费税进行纳税筹划。

(14) 能通过延期纳税进行纳税筹划。

(15) 能对出口应税消费品进行纳税筹划。

(16) 能基本解决消费税实务中的疑难问题。

工作引例

应税消费品成本核算中的纳税筹划

M汽车制造公司为增值税一般纳税人，本年1月生产甲型小汽车30辆，乙型小汽车50辆（其中25辆作为奖励发放给优秀员工，25辆作为样品送给各经销商）。甲型和乙型小汽车均由M汽车制造公司的A车间生产，且A车间只生产这两种型号的汽车。每辆甲型小汽车的直接材料成本为8万元，直接人工成本为2.5万元。每辆乙型小汽车的直接材料成本为10万元，直接人工成本为1万元。A车间归集的制造费用合计4万元。针对制造费用现有两种分配方法可供选择：一种是生产工时比例法，生产甲型、乙型小汽车的工时分别为50小时、150小时；另一种是生产工人工资比例法，生产甲型、乙型小汽车的工人的工资分别为10万元、10万元。[①] 甲型小汽车的销售价格为每辆40万元，乙型小汽车无销售价格也无同类汽车的销售价格。甲、乙两种小汽车的消费税税率均为25%，成本利润率均为8%。

【工作要求】请对上述业务进行纳税筹划。

【工作引例解析】见本章的4.1.5。

4.1 消费税计税依据的纳税筹划

4.1.1 通过设立销售公司来降低计税依据的纳税筹划

【例4-1】 甲酒厂为增值税一般纳税人，主要生产葡萄酒，销售给批发商的价格为每箱1 800元（不含增值税），销售给零售商及消费者的价格为每箱2 000元（不含增值税）。本年预计零售商及消费者到甲酒厂直接购买葡萄酒约10 000箱。葡萄酒的消费税比例税率为10%。

【工作要求】请对上述业务进行纳税筹划。

【税法依据】消费税属价内税，单一环节征收，即消费税纳税行为发生在生产领域（包括生产、委托加工和进口环节），而在以后的流通领域或终极消费领域（包括批发、

---

① 由于生产甲型汽车需要技术水平高的工人，因此，其工资与工时不成比例。

零售等环节），因为价款中已包含消费税，所以不必再缴纳消费税（卷烟、金银首饰、超豪华小汽车除外）。

【筹划思路】企业可设立独立核算的销售公司，先以较低但不违反公平交易的价格将应税消费品销售给其独立核算的销售公司，这时的消费税以较低的销售额计征，从而可以减少应纳消费税税额；然后独立核算的销售公司以较高的价格将商品对外售出，在此环节只缴纳增值税，不缴纳消费税。这样可使集团公司的整体消费税税负下降，但增值税税负不变。

【筹划过程】

方案一：甲酒厂将葡萄酒直接销售给零售商及消费者。

应纳消费税＝2 000×10 000×10％＝2 000 000(元)

方案二：甲酒厂先将葡萄酒以每箱 1 800 元的价格出售给其独立核算的销售公司，销售公司再以每箱 2 000 元的价格销售给零售商及消费者。

应纳消费税＝1 800×10 000×10％＝1 800 000(元)

【筹划结论】方案二比方案一少缴纳消费税 200 000 元（2 000 000－1 800 000），若以实现税负最小化为纳税筹划目标，则应当选择方案二。

【筹划点评】设立独立核算的销售公司必然增加部分支出，企业需要比较降低的税负与增加的支出的大小，最终做出正确的决策。

4.1.2　通过先销售来降低计税依据的纳税筹划

【例 4－2】　甲公司是一家摩托车生产企业，为增值税一般纳税人，本年 1 月对外销售同型号的摩托车时共有三种价格：以 6 000 元的单价销售 500 辆；以 6 500 元的单价销售 200 辆；以 7 000 元的单价销售 100 辆。甲公司当月以 300 辆同型号的摩托车对乙公司进行投资，双方按当月的加权平均销售价格确定投资金额。此类摩托车的消费税税率为 10％。

【工作要求】请对上述业务进行纳税筹划。

【税法依据】纳税人自产的应税消费品用于换取生产资料和消费资料、投资入股或抵偿债务等方面，应当按照纳税人同类应税消费品的最高销售价格作为计税依据。

【筹划思路】实际上，当纳税人用应税消费品换取生产资料和消费资料、投资入股或抵偿债务时，一般是按照双方的协议价或评估价确定，而协议价往往是市场的平均价。如果将同类应税消费品的最高销售价格作为计税依据，显然会加重纳税人的负担。可以考虑采取先销售应税消费品给对方，然后以现金进行易物（入股、抵债）的方式，以降低消费税税负。

【筹划过程】

方案一：甲公司直接以 300 辆摩托车对乙公司进行投资。

应纳消费税＝7 000×300×10％＝210 000(元)

方案二：甲公司先按照当月的加权平均价将这300辆摩托车销售给乙公司，再以收到的现金对乙公司进行投资。

应纳消费税＝(6 000×500＋6 500×200＋7 000×100)÷(500＋200＋100)×300×10％
＝187 500(元)

【筹划结论】方案二比方案一少缴纳消费税22 500元（210 000－187 500），若以实现税负最小化为纳税筹划目标，则应当选择方案二。

【筹划点评】通过先销售后投资的方式，可以规避按照同类应税消费品的最高销售价格作为计税依据的规定。多了一道环节，却降低了计税依据，从而降低了消费税税负。

4.1.3 包装物押金的纳税筹划

【例4-3】 甲公司是一家手表生产企业，为增值税一般纳税人，本年1月销售高档手表10 000只，每只价值20 000元，另外包装物价值1 000元。以上价格均为不含增值税的价格。高档手表的消费税税率为20％。

【工作要求】请对上述业务进行纳税筹划。

【税法依据】应税消费品连同包装物销售的，无论包装物是否单独计价以及在会计上如何核算，均应并入应税消费品的销售额中缴纳消费税。如果包装物不作价随同产品销售，而是收取押金，则此项押金不应并入应税消费品的销售额中纳税。但对因逾期未收回的包装物不再退还的或者已收取的时间超过12个月的押金，应并入应税消费品的销售额中，按照应税消费品的适用税率缴纳消费税。

对既作价随同应税消费品销售，又另外收取押金的包装物的押金，凡纳税人在规定的期限内没有退还的，均应并入应税消费品的销售额中，按照应税消费品的适用税率缴纳消费税。

自1995年6月1日起，对酒类（黄酒、啤酒除外）生产企业销售酒类产品而收取的包装物押金，无论押金是否返还以及在会计上如何核算，均需并入酒类产品的销售额中，依据酒类产品的适用税率计征消费税。

【筹划思路】若酒类包装物以外的包装物押金单独核算又未过期，则此项押金不并入销售产品的销售额中征税，因此企业可以考虑在情况允许时，不将包装物作价随同产品出售，而是采用收取包装物押金的方式。

【筹划过程】

方案一：采取随同包装物一并销售的方式。包装物作价随同产品销售，因此包装物于本年1月应并入应税消费品的销售额中计算缴纳增值税和消费税。

增值税销项税额＝10 000×20 000×13％＋10 000×1 000×13％
＝27 300 000(元)

应纳消费税＝10 000×20 000×20％＋10 000×1 000×20％＝42 000 000(元)

方案二：采取收取包装物押金的方式。甲公司对每只高档手表的包装物单独收取押金 1 130 元，则本年 1 月此项押金不并入应税消费品的销售额中计算缴纳增值税和消费税。这又分为两种情况。

一种情况是：包装物 12 个月内收回，则此项押金不并入应税消费品的销售额中计算缴纳增值税和消费税。

增值税销项税额＝10 000×20 000×13%＝26 000 000(元)

应纳消费税＝10 000×20 000×20%＝40 000 000(元)

这样，甲公司可减少增值税销项税额 1 300 000 元（27 300 000－26 000 000），可减少消费税 2 000 000 元（42 000 000－40 000 000）。

另一种情况是：包装物 12 个月内未收回，则本年 1 月：

甲公司销售高档手表时增值税销项税额＝10 000×20 000×13%
＝26 000 000(元)

应纳消费税＝10 000×20 000×20%＝40 000 000(元)

12 个月内包装物未收回，此项押金需于下一年 1 月补税，则下一年 1 月：

需补缴增值税＝10 000×1 130÷(1＋13%)×13%＝1 300 000(元)

需补缴消费税＝10 000×1 130÷(1＋13%)×20%＝2 000 000(元)

这样，甲公司将金额为 1 300 000 元的增值税和 2 000 000 元的消费税的纳税期限延缓了 1 年，充分利用了资金的时间价值。

【筹划结论】 方案二比方案一可以少缴或晚缴税金，若以实现税负最小化以及涉税资金时间价值最大化为纳税筹划目标，则应当选择方案二。

【筹划点评】 企业可以考虑在情况允许时，不将包装物作价随同产品出售，而是采用收取包装物押金的方式，不管未来包装物是否收回，都会少缴或晚缴税金。

4.1.4　进口应税消费品的纳税筹划

【例 4-4】　甲公司是一家国外的汽车生产企业，乙公司是甲公司在中国的销售公司，乙公司为增值税一般纳税人。本年 1 月乙公司先以每辆 120 万元的关税完税价格从甲公司进口汽车 10 辆，然后以每辆 200 万元的价格（不含增值税）将其全部销售给中国的丙公司，关税税率为 15%，消费税税率为 25%。假设不考虑乙公司国内销售环节的城市维护建设税和教育费附加。

【工作要求】 请对上述业务进行纳税筹划。

【税法依据】 实行从价定率办法计算关税的应纳关税税额的计算公式为：

应纳关税税额＝完税价格×关税税率

纳税人进口应税消费品，按照组成计税价格和规定的税率计算应纳税额。实行从价定率办法计算消费税的组成计税价格和应纳消费税税额的计算公式为：

组成计税价格=(关税完税价格+关税)÷(1−消费税比例税率)

应纳消费税税额=组成计税价格×消费税比例税率

正常情况下，进口货物采用以成交价格为基础的完税价格。进口货物的完税价格包括货物的货价、货物运抵我国输入地点起卸前的运输及相关费用、保险费。对于价格不符合成交条件或成交价格不能确定的进口货物，由海关估价确定。

【筹划思路】进口货物的关税完税价格越低，越能降低进口关税及进口环节的增值税和消费税。企业可以通过与中国境内关联方之间进行转让定价来降低关税完税价格，从而降低进口环节相关税负。

【筹划过程】

方案一：乙公司先以每辆120万元的关税完税价格从甲公司进口汽车10辆，然后以每辆200万元的价格（不含增值税）将其全部销售给中国的丙公司。

乙公司进口环节应纳关税=120×10×15%=180(万元)

乙公司进口环节应纳消费税=(120×10+180)÷(1−25%)×25%=460(万元)

乙公司进口环节应纳增值税=(120×10+180)÷(1−25%)×13%=239.2(万元)

乙公司销售给丙公司汽车应纳增值税=200×10×13%−239.2=20.8(万元)

乙公司税负合计=180+460+239.2+20.8=900(万元)

方案二：乙公司先以每辆90万元的关税完税价格从甲公司进口汽车10辆，然后以每辆200万元的价格（不含增值税）将其全部销售给中国的丙公司。

乙公司进口环节应纳关税=90×10×15%=135(万元)

乙公司进口环节应纳消费税=(90×10+135)÷(1−25%)×25%=345(万元)

乙公司进口环节应纳增值税=(90×10+135)÷(1−25%)×13%=179.4(万元)

乙公司销售给丙公司汽车应纳增值税=200×10×13%−179.4=80.6(万元)

乙公司税负合计=135+345+179.4+80.6=740(万元)

【筹划结论】方案二比方案一少缴纳关税45万元（180−135），少缴纳消费税115万元（460−345），合计少缴税160万元（900−740），若以实现税负最小化为纳税筹划目标，则应当选择方案二。

【筹划点评】关税完税价格的调整应当在价格符合成交条件的前提下进行，应当合法合理，否则有可能由海关估价确定。

4.1.5 自产自用应税消费品的纳税筹划

【例4-5】 甲公司是一家化妆品生产企业，为增值税一般纳税人。中秋节将至，甲公司将自产的特制高档化妆品（假设此种类高档化妆品不对外销售，且无市场同类产品价格）作为福利发放给职工。此批高档化妆品的成本为850万元（若采用成本控制，可以将成本降至765万元），成本利润率为5%，消费税税率为15%。

【工作要求】请对上述业务进行纳税筹划。

【税法依据】纳税人生产的应税消费品于纳税人销售时纳税。纳税人自产自用的应税消费品，用于连续生产应税消费品的，不纳税；用于其他方面的，于移送使用时纳税。

用于连续生产应税消费品，是指纳税人将自产自用的应税消费品作为直接材料生产最终应税消费品，自产自用应税消费品构成最终应税消费品的实体。

用于其他方面，是指纳税人将自产自用的应税消费品用于生产非应税消费品、在建工程、管理部门、非生产机构、提供劳务、馈赠、赞助、集资、广告、样品、职工福利、奖励等方面。

纳税人自产自用的应税消费品，按照纳税人生产的同类消费品的销售价格计算纳税；没有同类消费品销售价格的，按照组成计税价格计算纳税。实行从价定率办法计算消费税的组成计税价格和应纳消费税税额的计算公式为：

组成计税价格＝(成本＋利润)÷(1－消费税比例税率)

应纳消费税税额＝组成计税价格×消费税比例税率

实行复合计税办法计算消费税的组成计税价格和应纳消费税税额的计算公式为：

组成计税价格＝(成本＋利润＋自产自用数量×消费税定额税率)
÷(1－消费税比例税率)

应纳消费税税额＝组成计税价格×消费税比例税率＋自产自用数量
×消费税定额税率

【筹划思路】对于自产自用的应税消费品用于其他方面需要纳税的情况，若无市场同类商品售价，则成本的高低直接影响组成计税价格的高低，从而影响消费税税额的高低。企业通过降低成本可以达到降低组成计税价格的目的，从而减轻消费税税负。

【筹划过程】

方案一：维持该批产品成本不变。

组成计税价格＝850×(1＋5%)÷(1－15%)＝1 050(万元)

应纳消费税＝1 050×15%＝157.5(万元)

方案二：甲公司通过成本控制将成本降为765万元。

组成计税价格＝765×(1＋5%)÷(1－15%)＝945(万元)

应纳消费税＝945×15%＝141.75(万元)

【筹划结论】方案二比方案一少缴纳消费税15.75万元（157.5－141.75），若以实现税负最小化为纳税筹划目标，则应当选择方案二。

【筹划点评】降低产品成本具有一定的难度，并不是每个企业都能较为容易地做到，在涉及多种产品成本费用分配的情况下，企业可以选择合理的成本分配方法，将成本合理地、较多地分摊到不需计缴消费税的产品上，相应地压缩需要通过计算组成计税价格来计缴消费税的产品的成本，进而降低消费税税负。

工作引例解析

【税法依据】 参照例4-5的税法依据。

【筹划思路】 对只生产一种产品的车间而言，制造费用可以直接计入该产品的生产成本。对生产多种产品的车间而言，制造费用应采用既合理又简便的分配方法，分配计入各种产品的生产成本。常见的制造费用分配方法有生产工时比例法、生产工人工资比例法、机器工时比例法和按年度计划分配率分配法等。其中，生产工时比例法和生产工人工资比例法的具体解释如下。

(1) 生产工时比例法是按照各种产品所耗用生产工人工时的比例分配制造费用的一种方法。其计算公式为：

制造费用分配率＝制造费用总额÷车间产品生产工时总额

某种产品应分配的制造费用＝该种产品的生产工时×制造费用分配率

(2) 生产工人工资比例法是按照各种产品所耗用生产工人工资的比例分配制造费用的一种方法。其计算公式为：

制造费用分配率＝制造费用总额÷车间产品生产工人工资总额

某种产品应分配的制造费用＝该种产品的生产工人工资×制造费用分配率

纳税人自产自用的应税消费品，没有同类消费品销售价格的，按组成计税价格计税。实行从价定率办法计算纳税的组成计税价格的计算公式为：

组成计税价格＝(成本＋利润)÷(1－比例税率)

实行复合计税办法计算纳税的组成计税价格的计算公式为：

组成计税价格＝(成本＋利润＋自产自用数量×定额税率)÷(1－比例税率)

成本的高低决定了组成计税价格的高低，因此，企业可以通过改变成本费用分摊方法来降低成本账面金额，从而降低组成计税价格，达到节税的目的。

【筹划过程】

方案一：采用生产工时比例法分配制造费用。

制造费用分配率＝4÷(50＋150)＝0.02

甲型小汽车应分配的制造费用＝50×0.02＝1(万元)

乙型小汽车应分配的制造费用＝150×0.02＝3(万元)

甲型小汽车应纳消费税＝40×30×25%＝300(万元)

乙型小汽车应纳消费税＝(10＋1＋3)×(1＋8%)÷(1－25%)×50×25%

＝252(万元)

应纳税额合计＝300＋252＝552(万元)

方案二：采用生产工人工资比例法分配制造费用。

制造费用分配率＝4÷(10＋10)＝0.2
甲型小汽车应分配的制造费用＝10×0.2＝2(万元)
乙型小汽车应分配的制造费用＝10×0.2＝2(万元)
甲型小汽车应纳消费税＝40×30×25%＝300(万元)
乙型小汽车应纳消费税＝(10＋1＋2)×(1＋8%)÷(1－25%)×50×25%
＝234(万元)
应纳税额合计＝300＋234＝534(万元)

【筹划结论】 方案二比方案一少缴纳消费税 18 万元（552－534），若以实现税负最小化为纳税筹划目标，则应当选择方案二。

【筹划点评】 采用不同的费用分摊方法会改变企业的税负。应当注意的是，费用分摊方法在企业开始生产经营时确定，一旦确定，一般情况下不得随意变动。

4.2　消费税税率的纳税筹划

4.2.1　通过降低价格来降低税率的纳税筹划

【例 4-6】　甲啤酒厂位于市区，为增值税一般纳税人，本年 1 月生产销售某品牌啤酒，每吨出厂价格为 3 010 元（不含增值税），与此相关的成本费用为 2 500 元（不含增值税），准予抵扣的进项税额为 300 元。甲啤酒厂适用的企业所得税税率为 25%，城市维护建设税税率为 7%，教育费附加征收率为 3%。

【工作要求】 请对上述业务进行纳税筹划。

【税法依据】 每吨啤酒出厂不含增值税价格（含包装物及包装物押金）在 3 000 元（含 3 000 元）以上的，消费税单位税额为 250 元/吨；每吨啤酒出厂价格在 3 000 元（不含 3 000 元，不含增值税）以下的，消费税单位税额为 220 元/吨。娱乐业、饮食业自制啤酒，消费税单位税额为 250 元/吨。

【筹划思路】 我国啤酒的消费税税率实质上是一种全额累进性质的定额税率，其特点是：在临界点上下，税收负担变化较大。当每吨啤酒的销售价格稍微低于临界点时，将销售价格从临界点之下提高到临界点之上，会出现税收负担增加额大于销售价格增加额的情况。当每吨啤酒的销售价格稍微高于临界点时，适当降低销售价格至临界点之下，反而能够增加税后利润。

【筹划过程】

方案一：将每吨啤酒的出厂价格定为 3 010 元。

销售每吨啤酒应纳增值税＝3 010×13％－300＝91.3(元)
销售每吨啤酒应纳消费税＝250(元)
应纳城市维护建设税和教育费附加＝(91.3＋250)×(7％＋3％)＝34.13(元)
销售每吨啤酒的税后利润＝(3 010－2 500－250－34.13)×(1－25％)
＝169.4(元)

方案二：将每吨啤酒的出厂价格降至2 990元。

销售每吨啤酒应纳增值税＝2 990×13％－300＝88.7(元)
销售每吨啤酒应纳消费税＝220(元)
应纳城市维护建设税和教育费附加＝(88.7＋220)×(7％＋3％)＝30.87(元)
销售每吨啤酒的税后利润＝(2 990－2 500－220－30.87)×(1－25％)
＝179.35(元)

【筹划结论】方案二比方案一销售每吨啤酒少缴纳增值税2.6元（91.3－88.7），少缴纳消费税30元（250－220），少缴纳城市维护建设税和教育费附加3.26元（34.13－30.87），多获取税后利润9.95元（179.35－169.4），若以实现税负最小化以及税后利润最大化为纳税筹划目标，则应当选择方案二。

【筹划点评】当每吨啤酒的销售价格稍微高于临界点时，将每吨啤酒的销售价格从临界点之上适当地降至临界点之下，不仅可以降低消费税税负，多获取税后利润，而且可以增加产品在价格上的竞争力，使销售数量得以提升。

4.2.2 利用折扣销售的纳税筹划

【例4-7】 甲公司是一家啤酒生产企业，为增值税一般纳税人。本年1月甲公司实施买4吨送1吨的优惠活动，累计销售啤酒200吨，累计赠送啤酒50吨，每吨啤酒原价3 500元（不含增值税）。假设本地税务机关认为买一赠一、捆绑销售等组合销售行为赠送的商品视同销售征收增值税。

【工作要求】请对上述业务进行纳税筹划。

【税法依据】啤酒消费税的税率参照例4-6的税法依据。

另外，折扣销售的税收优惠仅适用于价格折扣，而不适用于实物折扣。如果销售者将自产、委托加工或者购进的货物用于实物折扣，则该实物折扣额不能从销售额中减除，且该实物应按《中华人民共和国增值税暂行条例实施细则》中“视同销售货物”中的“无偿赠送其他单位或者个人”计算缴纳增值税。

【筹划思路】甲公司可以将实物折扣改为折扣销售，一方面通过降低每吨啤酒的单价来降低啤酒的消费税税率；另一方面避免增值税视同销售行为，从而降低增值税税负。

【筹划过程】

方案一：采用实物折扣的方式。每吨啤酒的售价为3 500元，高于3 000元，因此消费税适用的定额税率为 250 元/吨。

应纳消费税＝(200＋50)×250＝62 500(元)

增值税销项税额＝(200＋50)×3 500×13%＝113 750(元)

方案二：将实物折扣改为折扣销售，即按八折销售，则

每吨啤酒的销售价格＝3 500×80%＝2 800(元)

每吨啤酒的售价降为 2 800 元，低于 3 000 元，因此消费税适用的定额税率为 220 元/吨。按八折销售整体上并不影响啤酒的销售数量，即

啤酒的销售数量＝200＋50＝250(吨)

应纳消费税＝250×220＝55 000(元)

增值税销项税额＝250×2 800×13%＝91 000(元)

【筹划结论】方案二比方案一少缴纳消费税 7 500 元（62 500－55 000），少缴纳增值税 22 750 元（113 750－91 000），若以实现税负最小化为纳税筹划目标，则应当选择方案二。

【筹划点评】打折后的价格应当合理，否则有可能导致税务机关进行纳税调整。

4.2.3　成套消费品的纳税筹划

【例 4－8】　甲公司是一家酒类生产企业，为增值税一般纳税人。为进一步扩大销售，甲公司采取多样化生产策略，生产粮食白酒与药酒并组成礼品套装进行销售。本年 1 月，甲公司对外销售 700 套套装酒，单价 100 元/套，其中粮食白酒、药酒各 1 瓶，均为 500 克装（若单独销售，粮食白酒 30 元/瓶，药酒 70 元/瓶）。假设此包装属于简易包装，包装费忽略不计。以上价格均为不含增值税价格。粮食白酒的消费税比例税率为 20%，消费税定额税率为每 500 克 0.5 元；药酒的消费税比例税率为 10%。

【工作要求】请对上述业务进行纳税筹划。

【税法依据】纳税人兼营不同税率的应税消费品，应当分别核算其销售额或销售数量。未分别核算销售额或销售数量，或者将不同税率的应税消费品组成成套消费品销售的，从高适用税率征收。

【筹划思路】企业在会计核算的过程中应当尽量做到账目清楚，即分别核算不同税率的应税消费品，以避免从高适用税率征税。在涉及成套消费品的问题上，要考虑是否有必要组成成套的消费品，避免给企业造成不必要的税收负担。对于有必要组成成套消费品的情况，可以采用变“先包装后销售”为“先销售后包装”的方式，这样可以大大降低消费税税负，同时保持增值税税负不变。具体的操作方法为：将各种产品先按品种和类别分别销售给零售商，再由零售商包装为成套消费品对外销售，这样做只是在生产流程中换了一个包装地点，便能在出厂销售环节对不同品种和类别的产品分别开具发票，在账务处理环节对不同的产品分别核算销售收入。

【筹划过程】

方案一：采取“先包装后销售”的方式。根据将不同税率的应税消费品组成成套消费品销售的，从高适用税率征收的规定，药酒不仅要按20%的高税率从价计税，而且要按每500克0.5元的定额税率从量计税。

应纳消费税＝(30＋70)×700×20%＋700×1×2×0.5＝14 700(元)

方案二：采取“先销售后包装”的方式。即先将粮食白酒和药酒按品种分别销售给零售商，在此销售环节对粮食白酒和药酒分别开具发票，在账务处理环节对粮食白酒和药酒分别核算销售收入，然后由零售商包装为成套消费品对外销售。在这种情况下，药酒不仅按10%这个较低的比例税率从价计税，而且不必按每500克0.5元的定额税率从量计税。

应纳消费税＝30×700×20%＋700×1×0.5＋70×700×10%＝9 450(元)

【筹划结论】方案二比方案一少缴纳消费税5 250元（14 700－9 450)，若以实现税负最小化为纳税筹划目标，则应当选择方案二。

【筹划点评】如果当地税务机关对有关操作环节要求比较严格，可以采取分设机构的操作方法，即另外设立一个独立核算且专门从事包装业务的子公司，先按品种和类别将产品分别销售给该子公司，由该子公司组成成套消费品后销售给零售商，最后由零售商对外销售。

4.3 消费税加工方式的纳税筹划

4.3.1 通过合并变“外购原料”为“自行加工”的纳税筹划

【例4-9】 甲公司和乙公司为某地区的两家大型酒厂，都是独立核算的法人企业，均为增值税一般纳税人。甲公司主要经营粮食类白酒，以当地生产的大米和玉米为原料进行酿造。乙公司以甲公司生产的粮食酒为原料，生产系列药酒。甲公司每年要向乙公司提供价值10 000万元、合计2 500万千克的粮食白酒。假定药酒的销售额为20 000万元，销售数量为2 500万千克。假设甲公司有机会合并乙公司，并且是否合并乙公司对自身经营基本没有影响。药酒的消费税比例税率为10%；粮食白酒的消费税比例税率为20%，消费税定额税率为每500克0.5元。

【工作要求】请对上述业务进行纳税筹划。

【税法依据】纳税人生产的应税消费品于纳税人销售时纳税。纳税人自产自用的应税消费品，用于连续生产应税消费品的，不纳税；用于其他方面的，于移送使用时纳税。

对外购或委托加工已税酒生产的酒，其外购酒已纳税款或委托方代收代缴税款不再予以抵扣。

【筹划思路】企业自产的酒类应税消费品，被企业内部其他部门作为原材料领用，用于连续生产另一种酒类应税消费品的，这一环节不用缴纳消费税。而对外购或委托加工已税酒生产的酒，其外购酒已纳税款或委托方代收代缴税款不予抵扣。这样，对于外购某种酒类应税消费品用于连续生产另一种酒类应税消费品的情况，企业可以创造条件并购上游企业，使原来企业间的购销环节转变为企业内部的原材料领用环节，从而达到避免重复缴纳消费税的目的。

【筹划过程】

方案一：甲公司不合并乙公司。

甲公司应纳消费税＝10 000×20％＋2 500×2×0.5＝4 500(万元)

乙公司应纳消费税＝20 000×10％＝2 000(万元)

应纳消费税合计＝4 500＋2 000＝6 500(万元)

方案二：甲公司合并乙公司。

合并后的公司应纳消费税＝20 000×10％＝2 000(万元)

【筹划结论】方案二比方案一少缴纳消费税 4 500 万元（6 500－2 000），若以实现税负最小化为纳税筹划目标，则应当选择方案二。

【筹划点评】当然，企业的合并（兼并）行为不能只考虑消费税税负的大小，还应考虑自身有无兼并的能力、兼并对企业未来发展的影响、被兼并的企业是否存在严重的问题等因素。

4.3.2　白酒生产企业委托加工与自行加工选择的纳税筹划

【例 4-10】　甲公司是一家酒类生产企业，为增值税一般纳税人。本年 1 月 10 日，甲公司接到一笔生产 500 吨 A 品牌白酒的业务，议定单价为 2 万元/吨，销售价格合计 1 000 万元，要求在本年 3 月 10 日前交货。由于交货时间比较紧迫，甲公司有四种生产方案可供选择。方案一：委托乙公司加工成酒精，然后由甲公司生产成 A 品牌白酒销售。即甲公司将价值 250 万元的原料委托乙公司加工成酒精，双方协议约定的加工费为 150 万元，加工成 300 吨酒精运回甲公司后，再由甲公司加工成 500 吨 A 品牌白酒销售，每吨售价 2 万元，甲公司的加工成本以及应该分摊的相关费用合计 70 万元。方案二：委托乙公司加工成高纯度白酒，然后由甲公司生产成 A 品牌白酒销售。即甲公司将价值 250 万元的原料委托乙公司加工成高纯度白酒，双方协议约定的加工费为 180 万元，加工成 400 吨高纯度白酒运回甲公司后，再由甲公司加工成 500 吨 A 品牌白酒销售，每吨售价 2 万元，甲公司的加工成本以及应该分摊的相关费用合计 40 万元。方案三：利用委托加工环节直接加工成最终产品（A 品牌白酒），收回后直接销售（全部委托加工方式）。即甲公司将酿酒原料交给乙公司，由乙公司完成所有的生产制作过程，甲公司从乙公司收回的产品就是指定的 A 品牌白酒，协议约定的加工费为 220 万元。产品运回后以原价直接销售。方案四：甲公司自己完成 A 品牌白酒的生产制作过程。即甲公司自己生产 A 品牌白酒，发生的生产成本恰好等于委托乙公司负责全部生产制作过程时的加工费，即220万元。以上价格均为不含增值税价格。上述委托加工行为中，受托方均无同类消费品的销售价格。假设不考虑城市维护建设税和教育费附加，甲公司适用的企业所得税税率为25%。

【工作要求】请对上述业务进行纳税筹划。

【税法依据】国家通过征收消费税对一些消费品的生产和消费进行限制，而白酒类产品正是消费税税负比较重的消费品。国家对白酒类消费品税收政策进行了多次调整，目的在于“扶优限劣，扶大限小”，使中国白酒企业逐步走上规模化、集团化发展的道路。

2001年，国家为了加强对白酒产业的管理，对白酒消费税政策进行调整，规定从2001年5月1日起，白酒生产企业生产的白酒实行按从价定率和从量定额复合计税的方式征收消费税，对粮食白酒和薯类白酒除分别按25%和15%的从价比例税率征收消费税外，还要按每500克0.5元从量定额征收消费税。因为低价白酒往往由小规模白酒生产企业生产，所以该政策调整不利于小规模白酒生产企业的发展。同时还规定了停止执行“对外购或委托加工酒及酒精产品连续生产应税消费品销售时已纳消费税进行抵扣”的政策。也就是说，外购或委托加工已税的酒及酒精产品连续生产应税消费品销售时，不能扣除外购或委托加工应税消费品已纳的消费税税款。很明显，这对需要先外购或委托加工已税的酒及酒精产品，然后连续生产应税消费品的白酒生产企业十分不利。

2006年，国家对白酒消费税政策又进行了比较大的调整，主要是取消了粮食白酒和薯类白酒的差别税率，从2006年4月1日起，粮食白酒和薯类白酒从价计征的比例税率由原来分别为25%和15%统一为20%，从量定额税率仍为每500克0.5元。整体上看，与原政策相比，新政策有利于以生产粮食白酒为主的大中型企业，不利于以生产薯类白酒为主的中小型企业。

根据《国家税务总局关于加强白酒消费税征收管理的通知》（国税函〔2009〕380号）的附件《白酒消费税最低计税价格核定管理办法（试行）》的规定，要对消费税计税价格低于销售单位对外销售价格（不含增值税）70%以下的白酒核定消费税最低计税价格。有关管理办法自2009年8月1日起执行：（1）白酒生产企业销售给销售单位的白酒，生产企业消费税计税价格高于销售单位对外销售价格70%（含70%）以上的，税务机关暂不核定消费税最低计税价格。（2）白酒生产企业销售给销售单位的白酒，生产企业消费税计税价格低于销售单位对外销售价格70%以下的，消费税最低计税价格由税务机关根据生产规模、白酒品牌、利润水平等情况在销售单位对外销售价格50%～70%的范围内自行核定。其中生产规模较大、利润水平较高的企业生产的需要核定消费税最低计税价格的白酒，税务机关核价幅度原则上应选择在销售单位对外销售价格60%～70%的范围内。

根据《中华人民共和国消费税暂行条例》的规定，委托加工的应税消费品，除受托方为个人外，由受托方在向委托方交货时代收代缴税款。第八条规定：委托加工的应税消费品，按照受托方的同类消费品的销售价格计算纳税；没有同类消费品销售价格的，按照组成计税价格计算纳税。实行从价定率办法计算纳税的组成计税价格的计算公式为（例如委托加工成烟丝、高档化妆品）：

组成计税价格＝(材料成本＋加工费)÷(1－比例税率)

实行复合计税办法计算纳税的组成计税价格的计算公式为（例如委托加工成卷烟、白酒）：

组成计税价格＝(材料成本＋加工费＋委托加工数量×定额税率)÷(1－比例税率)

根据《中华人民共和国消费税暂行条例实施细则》的规定，委托加工的应税消费品直接出售的，不再缴纳消费税。

根据《财政部 国家税务总局关于〈中华人民共和国消费税暂行条例实施细则〉有关条款解释的通知》（财法〔2012〕8号）的规定，委托方将收回的应税消费品，以不高于受托方的计税价格出售的，为直接出售，不再缴纳消费税；委托方以高于受托方的计税价格出售的，不属于直接出售，需按照规定申报缴纳消费税，在计税时准予扣除受托方已代收代缴的消费税。

根据《财政部 国家税务总局关于调整消费税政策的通知》（财税〔2014〕93号）的规定，自2014年12月1日起，取消酒精消费税。取消酒精消费税后，“酒及酒精”品目相应改为“酒”，并继续按现行消费税政策执行。

根据《国家税务总局关于白酒消费税最低计税价格核定问题的公告》（国家税务总局公告2015年第37号）的规定，自2015年6月1日起，纳税人将委托加工收回的白酒销售给销售单位，消费税计税价格低于销售单位对外销售价格（不含增值税）70%以下，属于《中华人民共和国消费税暂行条例》第十条规定的情形，应该按照《国家税务总局关于加强白酒消费税征收管理的通知》（国税函〔2009〕380号）规定的核价办法，核定消费税最低计税价格。

【筹划思路】为了避免重复征税，原来的白酒消费税政策规定，外购或者委托加工所缴纳的消费税，用于连续生产应税消费品的，可以按规定抵扣。这个规定类似于增值税的抵扣原理，所以无论生产环节多少，消费税的税收负担都不会增加。但为了调整白酒产业，税法规定，自2001年5月1日起，一方面，对外购或委托加工已税酒和酒精生产的酒，其外购酒及酒精已纳税款或委托方代收代缴税款不再予以抵扣；另一方面，还要从量征收消费税（酒精除外）。这样就从以上两个方面造成消费税负担增加，而且生产环节越多，税收负担增加的幅度越大。因此，生产像白酒这样的应税消费品时应当注意尽量避免委托加工成半成品后收回继续加工成白酒的生产方式。但自2014年12月1日起，因为取消对酒精征收消费税的政策，所以委托加工成酒精后收回继续加工成白酒的委托加工酒精环节，不需要再缴纳消费税。这样，企业就不用避免委托加工成酒精后收回继续加工成白酒的生产方式，但仍需避免委托加工成酒类半成品（例如高纯度白酒）后收回继续加工成白酒（例如低纯度白酒）的生产方式。

【筹划过程】

方案一：委托乙公司加工成酒精，然后由甲公司生产成A品牌白酒销售。即甲公司将价值250万元的原料委托乙公司加工成酒精，双方协议约定的加工费为150万元，加工成300吨酒精运回甲公司后，再由甲公司加工成500吨A品牌白酒销售，每吨售价2万元，甲公司的加工成本以及应该分摊的相关费用合计70万元。

（1）甲公司在从乙公司收回委托加工的产品（乙公司在向甲公司交货）时，因为自2014年12月1日起，酒精不再缴纳消费税，所以在委托加工酒精这一环节不需要由受托方乙公司针对酒精代收代缴消费税。

（2）甲公司销售白酒后：

甲公司应纳消费税＝1 000×20%＋500×1 000×2×0.5÷10 000＝250(万元)

（3）甲公司的税后利润为：

甲公司税后利润＝(1 000－250 150－70－250)×(1－25%)＝210(万元)

方案二：委托乙公司加工成高纯度白酒，然后由甲公司生产成A品牌白酒销售。即甲公司将价值250万元的原料委托乙公司加工成高纯度白酒，双方协议约定的加工费为180万元，加工成400吨高纯度白酒运回甲公司后，再由甲公司加工成500吨A品牌白酒销售，每吨售价2万元，甲公司的加工成本以及应该分摊的相关费用合计40万元。

（1）甲公司在从乙公司收回委托加工的产品（乙公司在向甲公司交货）时，向受托方乙公司支付由其代收代缴的消费税。

消费税组成计税价格＝(250＋180＋400×1 000×2×0.5÷10 000)÷(1－20%)
＝587.5(万元)

甲公司向乙公司支付由乙公司代收代缴的消费税＝587.5×20%＋400×1 000×2×0.5÷10 000
＝157.5(万元)

（2）甲公司销售白酒后：

甲公司应纳消费税＝1 000×20%＋500×1 000×2×0.5÷10 000＝250(万元)

（3）在委托加工高纯度白酒的方式下，甲公司向乙公司支付由乙公司代收代缴的消费税157.5万元，并缴纳消费税250万元，则

甲公司税后利润＝(1 000－250－180－40－157.5－250)×(1－25%)
＝91.88(万元)

方案三：利用委托加工环节直接加工成最终产品（A品牌白酒），收回后直接销售（全部委托加工方式）。即甲公司将酿酒原料交给乙公司，由乙公司完成所有的生产制作过程，甲公司从乙公司收回的产品就是指定的A品牌白酒，协议约定的加工费为220万元。产品运回后以原价直接销售。

(1) 甲公司在从乙公司收回委托加工的产品（乙公司在向甲公司交货）时，向受托方乙公司支付由其代收代缴的消费税。

消费税组成计税价格＝(250＋220＋500×1 000×2×0.5÷10 000)÷(1－20%)
＝650(万元)

甲公司向乙公司支付由乙公司代收代缴的消费税＝650×20%＋500×1 000×2×0.5÷10 000
＝180(万元)

(2) 委托方将收回的应税消费品以不高于受托方的计税价格出售的，为直接出售，不再缴纳消费税；委托方以高于受托方的计税价格出售的，不属于直接出售，需按照规定申报缴纳消费税，在计税时准予扣除受托方已代收代缴的消费税。

1 000 万元＞650 万元，因此属于委托方以高于受托方的计税价格出售的情况，不属于直接出售，需按照规定申报缴纳消费税，在计税时准予扣除受托方已代收代缴的消费税。

甲公司应纳消费税＝1 000×20%＋500×1 000×2×0.5÷10 000－180＝70(万元)

(3) 在全部委托加工的方式下，甲公司向乙公司支付由乙公司代收代缴的消费税 180 万元，并缴纳消费税 70 万元，则

甲公司税后利润＝(1 000－250－220－180－70)×(1－25%)＝210(万元)

方案四：甲公司自己完成 A 品牌白酒的生产制作过程。即甲公司自己生产 A 品牌白酒，发生的生产成本恰好等于委托乙公司负责全部生产制作过程时的加工费，即 220 万元。

甲公司应纳消费税＝1 000×20%＋500×1 000×2×0.5÷10 000＝250(万元)

甲公司税后利润＝(1 000－250－220－250)×(1－25%)＝210(万元)

以上四种方案的税负及税后利润的比较如表 4－1 所示。

表 4－1 甲公司各种白酒生产方式的税负及税后利润比较 单位：万元

备选方案	甲公司向乙公司支付由乙公司代收代缴的消费税	甲公司应纳消费税	消费税合计	税后利润
方案一	0	250	250	210
方案二	157.5	250	407.5	91.88
方案三	180	70	250	210
方案四	0	250	250	210

【筹划结论】由表 4－1 可知，若以实现税负最小化以及税后利润最大化为纳税筹划目标，则应当优先选择方案一、方案三和方案四，其次是方案二。

【筹划点评】对于酒类生产企业来说，可以得到以下结论：第一，尽量避免委托加

工成酒类半成品后收回继续加工的方式。第二，若必须采用委托加工成酒类半成品后收回继续加工的方式，可以考虑通过合并上游企业来降低消费税税负。

4.4 消费税税收优惠及其他方面的纳税筹划

4.4.1 手表生产企业消费税起征点的纳税筹划

【例4-11】 甲公司是一家中高档手表生产企业，为增值税一般纳税人。甲公司本年生产并销售一款中高档手表，每只手表的出厂价格为10 100元（不含增值税），与此相关的成本费用为5 000元，每只手表可抵扣进项税额1 000元。甲公司适用的企业所得税税率为25%，城市维护建设税税率为7%，教育费附加征收率为3%。

【工作要求】请对上述业务进行纳税筹划。

【税法依据】高档手表的消费税税率为20%。消费税新增和调整税目征收范围注释中，高档手表是指销售价格（不含增值税）每只在10 000元（含）以上的各类手表。

【筹划思路】在涉及起征点的情况下，若销售价格（收入）刚刚达到或超过起征点，则应将价格（收入）降至起征点以下，以避免缴纳消费税。

【筹划过程】

方案一：将每只手表的出厂价格仍定为10 100元，税法认定其为高档手表。

每只手表应纳增值税＝10 100×13%－1 000＝313(元)

每只手表应纳消费税＝10 100×20%＝2 020(元)

每只手表应纳城市维护建设税和教育费附加＝(313＋2 020)×(7%＋3%)
＝233.3(元)

每只手表的税后利润＝(10 100－5 000－2 020－233.3)×(1－25%)
＝2 135.03(元)

方案二：将每只手表的出厂价格降至9 900元，税法不认定其为高档手表。

每只手表应纳增值税＝9 900×13%－1 000＝287(元)

每只手表应纳消费税＝0

每只手表应纳城市维护建设税和教育费附加＝287×(7%＋3%)＝28.7(元)

每只手表的税后利润＝(9 900－5 000－0－28.7)×(1－25%)＝3 653.48(元)

【筹划结论】方案二比方案一每只手表少缴纳消费税2 020元（2 020－0），少缴纳城市维护建设税和教育费附加204.6元（233.3－28.7），多获取税后利润1 518.45元（3 653.48－2 135.03），若以实现税负最小化以及税后利润最大化为纳税筹划目标，则应当选择方案二。

【筹划点评】下面通过计算来找出手表的定价禁区：若每只手表的定价为9 999.99元，

则不缴纳消费税。现假设企业将每只手表定价为 X 元，每只手表的成本为 A，每只手表可抵扣进项税额为 B。

$$\{X-A-X\times20\%-[(X\times13\%-B)+X\times20\%]\times(7\%+3\%)\}\times(1-25\%)$$
$$>[9\,999.99-A-(9\,999.99\times13\%-B)\times(7\%+3\%)]\times(1-25\%)$$

得出　　$X>12\,868.31$(元)

也就是说，要么定价低于 10 000 元，以避免缴纳消费税；要么定价高于 12 868.31 元，使得增加的收入可以弥补多缴纳的税费。

4.4.2 规避消费税的纳税筹划

【例 4-12】 甲公司为增值税一般纳税人。本年甲公司选择生产经营范围时，有以下两种方案可供选择。方案一：生产高档手表，预计本年能取得销售收入 550 万元，耗用成本 330 万元，可抵扣的进项税额为 60 万元。方案二：生产高档摄像机，预计本年能取得销售收入 500 万元，耗用成本 300 万元，可抵扣的进项税额为 50 万元。甲公司适用的企业所得税税率为 25%，城市维护建设税税率为 7%，教育费附加征收率为 3%。

【工作要求】请对上述业务进行纳税筹划。

【税法依据】消费税共有 15 个税目：烟；酒；高档化妆品；贵重首饰及珠宝玉石；鞭炮、焰火；高尔夫球及球具；高档手表；游艇；木制一次性筷子；实木地板；成品油；摩托车；小汽车；电池；涂料。

【筹划思路】消费税的征收范围比较窄，应税消费品仅限于 15 个税目，企业在选择生产经营范围时，可以避开上述 15 个税目，选择其他符合国家产业政策甚至国家给予税收优惠的产品。

【筹划过程】

方案一：生产高档手表，预计本年能取得销售收入 550 万元，耗用成本 330 万元，可抵扣的进项税额为 60 万元。

应纳增值税＝550×13%－60＝11.5(万元)

应纳消费税＝550×20%＝110(万元)

应纳城市维护建设税和教育费附加＝(11.5＋110)×(7%＋3%)＝12.15(万元)

税后利润＝(550－330－110－12.15)×(1－25%)＝73.39(万元)

方案二：生产高档摄像机，预计本年能取得销售收入 500 万元，耗用成本 300 万元，可抵扣的进项税额为 50 万元。

应纳增值税＝500×13%－50＝15(万元)

应纳消费税＝0

应纳城市维护建设税和教育费附加＝15×(7%＋3%)＝1.5(万元)

税后利润＝(500－300－1.5)×(1－25%)＝148.88(万元)

【筹划结论】方案二比方案一少缴纳消费税110万元（110－0），少缴纳城市维护建设税和教育费附加10.65万元（12.15－1.5），多获取税后利润75.49万元（148.88－73.39），若以实现税负最小化以及税后利润最大化为纳税筹划目标，则应当选择方案二。

【筹划点评】随着社会经济的发展、人们生活水平的提高，一些以前认为是奢侈品的应税消费品现在已经成为人们生活中的必需品（例如非高档护肤护发品、非高档化妆品等），相应就不属于消费税征税范围了。同时，又有一些高档、新兴的消费品（例如高尔夫球及球具、高档手表等）被纳入消费税的征税范围。未来高档娱乐消费品等有可能被纳入消费税的征收范围。因此，企业在选择生产经营范围时，要考虑国家对消费税征税范围的调整趋势。

4.5 消费税纳税时机或方式的纳税筹划

4.5.1 延期纳税的纳税筹划

【例4－13】 甲公司是一家化妆品生产企业，为增值税一般纳税人，现向A客户赊销高档化妆品一批，不含增值税价格为2 000万元，合同中约定的收款日期为本年1月31日。高档化妆品的消费税税率为15%，甲公司的消费税纳税期限为1个月，同期银行贷款年利率为6%。假设只考虑消费税。

【工作要求】请对上述业务进行纳税筹划。

【税法依据】纳税人采取赊销和分期收款结算方式的，其消费税的纳税义务发生时间为销售合同规定的收款日期的当天，书面合同没有约定收款日期或者无书面合同的，其消费税的纳税义务发生时间为发出应税消费品的当天；纳税人采取预收货款结算方式的，其消费税的纳税义务发生时间为发出应税消费品的当天；纳税人采取托收承付和委托银行收款方式的，其消费税的纳税义务发生时间为发出应税消费品并办妥托收手续的当天；纳税人采取其他结算方式的，其消费税的纳税义务发生时间为收讫销售款或者取得索取销售款的凭据的当天。消费税纳税人以1个月或者1个季度为一个纳税期的，自期满之日起15日内申报纳税。

【筹划思路】纳税人可以充分利用消费税纳税义务发生时间和纳税期限的有关规定，合理延迟纳税义务发生时间，从而充分利用资金的时间价值。

【筹划过程】

方案一：仍将合同中该笔款项的收款时间确定为本年1月31日，则甲公司本年1月发生纳税义务，须于本年2月15日之前缴纳税款。假设甲公司本年2月10日缴纳税款，则

本年2月10日应纳消费税＝2 000×15%＝300(万元)

方案二：经与客户协商，将合同中该笔款项的收款时间确定为本年2月1日，则甲公司本年2月发生纳税义务，须于本年3月15日之前缴纳税款。假设本年3月10日缴纳税款，则

折现到本年2月10日应纳消费税＝300÷(1＋6%÷12)＝298.51(万元)

【筹划结论】方案二比方案一消费税现值少1.49万元（300－298.51），若以实现涉税资金时间价值最大化为纳税筹划目标，则应当选择方案二。

【筹划点评】将合同中赊销收款日期延迟一天，可以使纳税义务发生时间延迟一个月，从而充分利用资金的时间价值，这相当于从银行获取一笔一个月的无息贷款。若同时考虑增值税、城市维护建设税和教育费附加，节税效果更加明显。

4.5.2　出口应税消费品的纳税筹划

【例4-14】　甲公司是一家钟表生产企业，为增值税一般纳税人，本年1月出口一批高档手表，价款为800万元，消费税税率为20%，办理出口免税手续后因故发生退货，所退货物将于本年6月销售给国内一家商场。假设1个月的市场利率为1%，且假设不考虑增值税等因素。甲公司适用的城市维护建设税税率为7%，教育费附加征收率为3%。

【工作要求】请对上述业务进行纳税筹划。

【税法依据】出口的应税消费品办理退税后，发生退关或者国外退货，进口时予以免税的，报关出口者必须及时向其机构所在地或者居住地主管税务机关申报补缴已退的消费税税款。纳税人直接出口的应税消费品办理免税后，发生退关或者国外退货，进口时予以免税的，经机构所在地或者居住地主管税务机关批准，可暂不办理补税，待其转为国内销售时，再申报补缴消费税。

【筹划思路】对于纳税人直接出口的应税消费品办理免税后，发生退关或者国外退货，进口时予以免税的情况，纳税人可以经机构所在地或者居住地主管税务机关批准，暂不办理补税，待到转为国内销售时，再申报补缴消费税，这样可以延期纳税，充分利用资金的时间价值。

【筹划过程】

方案一：本年1月退货时申报补缴消费税。

补缴消费税＝800×20%＝160(万元)

补缴城市维护建设税和教育费附加＝160×(7%＋3%)＝16(万元)

补缴税额合计＝160＋16＝176(万元)

补缴税额现值合计＝176(万元)

方案二：本年6月转为国内销售时申报补缴消费税。

补缴消费税＝800×20%＝160(万元)

补缴城市维护建设税和教育费附加＝160×(7%＋3%)＝16(万元)

补缴税额合计＝160＋16＝176(万元)

但可以延期5个月纳税，因此

补缴税额现值合计＝176×$(P/F,1\%,5)$＝176×0.951 5＝167.464(万元)

【筹划结论】方案二比方案一补缴税额现值共少8.536万元（176－167.464），若以实现涉税资金时间价值最大化为纳税筹划目标，则应当选择方案二。

【筹划点评】发生出口货物退关或者退货时，采用适当方法延迟补税的时间，可以在一定时期内占用消费税税款，充分利用资金的时间价值。

4.6 消费税实务疑难解答

【实务释疑1】我公司从事卷烟批发，按规定从2009年5月1日起缴纳批发环节的消费税，请问在计算应纳消费税时能否扣除生产厂家已经缴纳的消费税？

答：根据《财政部 国家税务总局关于调整烟产品消费税政策的通知》（财税〔2009〕84号）的规定，卷烟消费税在生产和批发两个环节征收后，批发企业在计算纳税时不得扣除已含的生产环节的消费税税款。

因此，你公司在计算应纳消费税税款时不得扣除生产环节已经缴纳的消费税税款。

【实务释疑2】我公司将以汽油、汽油组分调和生产的乙醇汽油对外销售，是否需要缴纳消费税？

答：根据《财政部 国家税务总局关于提高成品油消费税税率的通知》（财税〔2008〕167号）的规定，汽油是指用原油或其他原料加工生产的辛烷值不小于66的可用作汽油发动机燃料的各种轻质油。含铅汽油是指铅含量每升超过0.013克的汽油。汽油分为车用汽油和航空汽油。以汽油、汽油组分调和生产的甲醇汽油、乙醇汽油也属于汽油税目征收范围。

因此，你公司将以汽油、汽油组分调和生产的乙醇汽油对外销售，需要缴纳消费税。

【实务释疑3】我公司为一家生产成品油的炼油厂，将自产的成品油用于本单位的班车（接送员工上下班），请问是否可以免缴消费税？

答：根据《财政部 国家税务总局关于对成品油生产企业生产自用油免征消费税的通知》（财税〔2010〕98号）的规定，从2009年1月1日起，对成品油生产企业在生产成品油过程中，作为燃料、动力及原料消耗掉的自产成品油，免征消费税。对用于其他用途或直接对外销售的成品油照章征收消费税。

因此，你公司将自产成品油用于班车（接送员工上下班）不符合上述规定，应按规定缴纳消费税。

【实务释疑4】 本年1月我公司与客户签订合同，按客户要求制造一艘机动游艇，工期18个月。本年1月收到预收款800万元，请问我公司收到该笔预收款项时是否需要缴纳消费税？

答： 根据《中华人民共和国消费税暂行条例实施细则》的规定，采取预收货款结算方式的，其消费税纳税义务发生时间为发出应税消费品的当天。

因此，你公司采取预收货款方式，应于完成机动游艇的建造、发出应税消费品时确认消费税纳税义务。

另外，根据《中华人民共和国增值税暂行条例实施细则》的规定，采取预收货款方式销售货物，其增值税纳税义务发生时间为货物发出的当天，但生产销售生产工期超过12个月的大型机械设备、船舶、飞机等货物，为收到预收款或者书面合同约定的收款日期的当天。

因此，你公司应当在收到预收款时确认增值税纳税义务。

【实务释疑5】 我公司的总公司在山东济南，对当地主管税务机关负有消费税纳税义务，近期在山东其他地区又设立了几家分支机构，请问分支机构的消费税可以由总公司汇总缴纳吗？

答： 根据《中华人民共和国消费税暂行条例实施细则》的规定，纳税人的总机构与分支机构不在同一县（市）的，应当分别向各自机构所在地的主管税务机关申报纳税。经财政部、国家税务总局或者其授权的财政、税务机关批准，可以由总机构汇总向总机构所在地主管税务机关申报纳税。根据《财政部 国家税务总局关于消费税纳税人总分支机构汇总缴纳消费税有关政策的通知》（财税〔2012〕42号）的规定，纳税人的总机构与分支机构不在同一县（市），但在同一省（自治区、直辖市）范围内，经省（自治区、直辖市）财政厅（局）、税务局审批同意，可以由总机构汇总向总机构所在地的主管税务机关申报缴纳消费税。

因此，你公司若经山东省财政厅、税务局审批同意，可以由总机构汇总向总机构所在地的主管税务机关申报缴纳消费税。

技能训练

1. 甲电池生产企业本年1月销售1 500箱电池，每箱电池1 000元（含包装物价格150元）。以上价格均不含增值税，电池适用的消费税税率为4%。请对其进行纳税筹划。

2. 甲汽车生产企业本年1月以50辆小汽车对外投资，当期该小汽车的销售价格分别为每辆9.5万元、10万元、10.5万元。以上价格均不含增值税，该小汽车适用的消费税税率为10%。请对其进行纳税筹划。

实战演练

包装物押金的纳税筹划

甲公司是一家手表生产企业，为增值税一般纳税人，本年1月销售高档手表50盒，每盒价格为1 200万元，另外每盒收取包装物租金100万元。以上价格均不含增值税，高档手表的消费税税率为20%。

任务要求：

1. 区分包装物租金与包装物押金的消费税税收政策。
2. 设计与包装物押金相关的消费税的纳税筹划思路。
3. 正确计算收取包装物租金与收取包装物押金方式下的消费税税负。
4. 通过比较分析选择最优方案。

第5章

企业所得税的纳税筹划

素养提升

纳税人应当充分运用国家出台的企业所得税税收政策，合法合理地进行纳税筹划，避免税收违法行为。

（1）我国出台了国家需要重点扶持的高新技术企业减按15%的税率征收企业所得税的优惠政策，有利于扶持高新技术企业加大科研力度、发展智能产业、拓展智能生活。

（2）我国出台了西部大开发企业所得税优惠政策，有利于推进西部大开发形成新格局，促进区域协调发展，巩固国家生态安全屏障，促进陆海内外联动和东西双向互济，增强内生增长动力，保障和改善民生。

能力目标

（1）能通过选择企业所得税纳税人身份进行纳税筹划。

（2）能通过选择企业设立时组织形式进行纳税筹划。

（3）能通过选择子公司与分公司进行纳税筹划。

（4）能通过选择非居民企业的企业所得税税率进行纳税筹划。

（5）能利用小型微利企业低税率政策进行纳税筹划。

（6）能通过将大企业分立为小企业进行纳税筹划。

（7）能通过创造条件成为国家重点扶持的高新技术企业进行纳税筹划。

（8）能利用西部大开发优惠政策对注册地点的选择进行纳税筹划。

（9）能通过选择企业借款方式进行纳税筹划。

（10）能对企业向股东筹资进行纳税筹划。

（11）能对业务招待费进行纳税筹划。

（12）能通过税前扣除项目之间相互转换进行纳税筹划。

（13）能对融资结构进行纳税筹划。

(14) 能对企业捐赠进行纳税筹划。

(15) 能对亏损弥补进行纳税筹划。

(16) 能通过选择企业转让股权时机进行纳税筹划。

(17) 能通过选择促销支出方式进行纳税筹划。

(18) 能对现金折扣享受与否进行纳税筹划。

(19) 能对还本销售进行纳税筹划。

(20) 能对以物易物进行纳税筹划。

(21) 能通过企业分立进行纳税筹划。

(22) 能通过企业合并进行纳税筹划。

(23) 能对企业清算进行纳税筹划。

(24) 能通过选择投资产业进行纳税筹划。

(25) 能通过选择直接投资与间接投资进行纳税筹划。

(26) 能对技术转让所得进行纳税筹划。

(27) 能通过合理安排研究开发费用进行纳税筹划。

(28) 能通过选择自行研发与委托研发进行纳税筹划。

(29) 能对创业投资企业的对外投资进行纳税筹划。

(30) 能利用企业从事符合条件的环境保护、节能节水项目的所得“三免三减半”税收优惠政策进行纳税筹划。

(31) 能通过单独核算核电厂操纵员培养费进行纳税筹划。

(32) 能通过选择国家重点扶持的高新技术企业注册地点进行纳税筹划。

(33) 能通过招聘残疾人员进行纳税筹划。

(34) 能对无形资产摊销进行纳税筹划。

(35) 能通过选择固定资产折旧年限进行纳税筹划。

(36) 能通过选择固定资产折旧方法进行纳税筹划。

(37) 能通过选择固定资产技术改造时间进行纳税筹划。

(38) 能对固定资产维修进行纳税筹划。

(39) 能通过选择存货计价方法进行纳税筹划。

(40) 能对购货过程进行纳税筹划。

(41) 能对接受售后服务方式进行纳税筹划。

(42) 能通过选择查账征收与核定征收进行纳税筹划。

(43) 能基本解决企业所得税实务中的疑难问题。

工作引例

企业转让股权时机选择的纳税筹划

我国居民企业甲公司购入居民企业乙公司的股票，投资成本为1 000万元。投资1年后，股票市值变为 1 600 万元，此时，乙公司股东大会决定将当年实现的税后利润全部分红，甲公司可分得 100 万元。现甲公司欲转让该股票。甲公司适用的企业所得税税率为 25%。

【工作要求】请对上述业务进行纳税筹划。

【工作引例解析】见本章的 5.3.7。

5.1 企业所得税纳税人的纳税筹划

5.1.1 企业所得税纳税人身份选择的纳税筹划

【例 5-1】 韩国甲食品公司在中国收购花生，加工成花生米在韩国销售，再将花生皮压碎后制作成花生皮制板，返售给中国。预计每年可获得花生皮制板收入 1 000 万元，相关成本费用为 200 万元。该公司有以下三种方案可供选择。方案一：在中国境内设立实际管理机构。方案二：在中国境内不设立实际管理机构，但设立营业机构，销售收入由营业机构取得。方案三：在中国境内既不设立实际管理机构，也不设立营业机构，而是派出一个海上车间，在中国烟台港口停留 25 天。在这 25 天中，将收购的花生加工成花生米，再将花生皮压碎后制作成花生皮制板，返售给中国。假设不考虑增值税等因素。

【工作要求】请对上述业务进行纳税筹划。

【税法依据】在中国境内未设立机构、场所的非居民企业取得的来源于中国境内的所得，以及在中国境内虽设立机构、场所但取得的所得与其在中国境内所设机构、场所没有实际联系的所得，适用税率为 20%，现减按 10%的税率征收企业所得税。

【筹划思路】仅有股息、租金等间接所得以及部分直接所得的非居民企业在我国境内不应设机构、场所，或者虽然在我国境内设立机构、场所，但应使取得的所得与该机构、场所没有实际联系，这样可以享受 10%的优惠税率。

【筹划过程】

方案一：在中国境内设立实际管理机构。

该公司在中国境内设立实际管理机构，因此应被认定为居民企业，适用 25%的企业所得税税率。

应纳企业所得税＝(1 000－200)×25%＝200(万元)

方案二：在中国境内不设立实际管理机构，但设立营业机构，销售收入由营业机构取得。

该公司在中国境内设立营业机构，且取得的收入与其所设机构、场所有实际联系，同样适用 25%的企业所得税税率。

应纳企业所得税＝(1 000－200)×25%＝200(万元)

方案三：在中国境内既不设立实际管理机构，也不设立营业机构，而是派出一个海上车间，在中国烟台港口停留25天。在这25天中，将收购的花生加工成花生米，再将花生皮压碎后制作成花生皮制板，返售给中国。

该公司在中国境内既不设立实际管理机构，也不设立营业机构，仅在烟台港口设立海上车间。按《企业所得税法》的规定，该公司属于中国的非居民企业，其取得的花生皮制板收入只需按10%的税率缴纳企业所得税。这种情况下，200万元的成本费用一般不允许税前列支。

应纳企业所得税=1 000×10%=100(万元)

【筹划结论】方案三比方案一、方案二少缴纳企业所得税100万元（200－100），若以实现税负最小化为纳税筹划目标，则应当选择方案三。

【筹划点评】设立海上车间生产产品并不现实或者会耗费很大的成本，但这至少是一种纳税筹划思路。

5.1.2 企业设立时组织形式选择的纳税筹划

【例5-2】 张某本年欲成立一家商店。现有三种方案可供选择。方案一：成立个人独资企业，每年利润总额为900 000元，且将利润全部分配（假设张某分得的利润恰好等于其计算经营所得个人所得税的应纳税所得额①）。方案二：成立个体工商户，每年利润总额为900 000元，且将利润全部分配（假设张某分得的利润恰好等于其计算经营所得个人所得税的应纳税所得额②）。方案三：成立一人有限责任公司，每年利润总额为900 000元（假设没有企业所得税纳税调整项目，即利润总额等于计算企业所得税的应纳税所得额），假设符合小型微利企业条件，税后利润提取法定盈余公积后全部分配给股东张某。本年张某除了获取上述所得，没有获取综合所得（工资、薪金所得，劳务报酬所得，稿酬所得，特许权使用费所得）。

【工作要求】请对上述业务进行纳税筹划。

【税法依据】具有法人资格的企业（股份有限公司、有限责任公司）需要缴纳25%的企业所得税，个人股东从股份有限公司和有限责任公司分配的税后利润需要按照“利息、股息、红利所得”缴纳20%的个人所得税。不具有法人资格的企业（个体工商户、个人独资企业、合伙企业）不需要缴纳企业所得税，个人通过在中国境内注册登记的个体工商户、个人独资企业、合伙企业从事生产、经营活动取得的所得按照经营所得缴纳个人所得税。

取得经营所得的个人，没有综合所得的，计算其每一纳税年度的应纳税所得额时，应当减除费用60 000元、专项扣除、专项附加扣除以及依法确定的其他扣除。专项附加扣除在办理汇算清缴时减除。经营所得个人所得税税率表如表5-1所示。

---

① 题目中的用词是“计算经营所得个人所得税的应纳税所得额”，意味着该应纳税所得额已经减除了费用6万元、专项扣除、专项附加扣除以及依法确定的其他扣除。

② 题目中的用词是“计算经营所得个人所得税的应纳税所得额”，意味着该应纳税所得额已经减除了费用6万元、专项扣除、专项附加扣除以及依法确定的其他扣除。

表5-1　经营所得个人所得税税率表

级数	全年应纳税所得额	税率（%）	速算扣除数
1	不超过30 000元的	5	0
2	超过30 000元至90 000元的部分	10	1 500
3	超过90 000元至300 000元的部分	20	10 500
4	超过300 000元至500 000元的部分	30	40 500
5	超过500 000元的部分	35	65 500

自2023年1月1日至2027年12月31日，对个体工商户年应纳税所得额不超过200万元的部分，减半征收个人所得税。个体工商户在享受现行其他个人所得税优惠政策的基础上，可叠加享受本条优惠政策。

自2019年1月1日至2021年12月31日，对小型微利企业年应纳税所得额不超过100万元的部分，减按25%计入应纳税所得额，按20%的税率缴纳企业所得税；对年应纳税所得额超过100万元但不超过300万元的部分，减按50%计入应纳税所得额，按20%的税率缴纳企业所得税。自2021年1月1日至2022年12月31日，对小型微利企业年应纳税所得额不超过100万元的部分，在上述优惠政策基础上，再减半征收企业所得税，即减按12.5%计入应纳税所得额，按20%的税率缴纳企业所得税。自2023年1月1日至2027年12月31日，对小型微利企业年应纳税所得额不超过100万元的部分，减按25%计入应纳税所得额，按20%的税率缴纳企业所得税。自2022年1月1日至2027年12月31日，对小型微利企业年应纳税所得额超过100万元但不超过300万元的部分，减按25%计入应纳税所得额，按20%的税率缴纳企业所得税。上述小型微利企业是指从事国家非限制和禁止行业，且同时符合年度应纳税所得额不超过300万元、从业人数不超过300人、资产总额不超过5 000万元等三个条件的企业。

从业人数包括与企业建立劳动关系的职工人数和企业接受的劳务派遣用工人数。从业人数和资产总额指标，应按企业全年的季度平均值确定。具体计算公式如下：

季度平均值=(季初值+季末值)÷2

全年季度平均值=全年各季度平均值之和÷4

年度中间开业或者终止经营活动的，以其实际经营期作为一个纳税年度确定上述相关指标。

【筹划思路】投资人可以通过计算不同组织形式下整体税负的大小，来选择整体税负最小的组织形式。

【筹划过程】

方案一：成立个人独资企业，每年利润总额为900 000元，且将利润全部分配（假设张某分得的利润恰好等于其计算经营所得个人所得税的应纳税所得额）。

投资者张某“经营所得”应纳个人所得税总额=900 000×35%−65 500

=249 500(元)

应纳税额合计＝249 500(元)

方案二：成立个体工商户，每年利润总额为900 000元，且将利润全部分配（假设张某分得的利润恰好等于其计算经营所得个人所得税的应纳税所得额）。

投资者张某"经营所得"应纳个人所得税总额＝(900 000×35%－65 500)－(900 000×35%－65 500)×50%
＝249 500－124 750
＝124 750(元)

应纳税额合计＝124 750(元)

方案三：成立一人有限责任公司，每年利润总额为900 000元（假设没有企业所得税纳税调整项目，即利润总额等于计算企业所得税的应纳税所得额），符合小型微利企业条件，税后利润提取法定盈余公积后全部分配给股东张某。

有限责任公司应纳企业所得税＝900 000×25%×20%＝45 000(元)
有限责任公司税后利润＝900 000－45 000＝855 000(元)
有限责任公司提取法定盈余公积＝855 000×10%＝85 500(元)
有限责任公司向股东张某分配的利润合计＝855 000－85 500＝769 500(元)
股东张某"利息、股息、红利所得"应纳个人所得税总额＝769 500×20%
＝153 900(元)

应纳税额合计＝45 000＋153 900＝198 900(元)

【筹划结论】方案二比方案一少缴税合计124 750元（249 500－124 750），比方案三少缴税合计74 150元（198 900－124 750），若以实现税负最小化为纳税筹划目标，则应当选择方案二。

【筹划点评】虽然成立个体工商户有可能会降低税负，但未必是最佳选择。具体而言，与成立不具有法人资格的企业（个体工商户、个人独资企业、合伙企业）相比，成立具有法人资格的企业（股份有限公司、有限责任公司）的优势在于：一是有利于扩大企业的经营规模，实现长期发展。二是具有法人资格的企业的股东以其认缴的出资额为限对公司承担有限责任，公司以其全部资产对其债务承担责任，而不具有法人资格的企业的投资人以其个人财产对企业债务承担无限责任。

5.1.3 子公司与分公司选择的纳税筹划

【例5-3】 甲公司为我国居民企业，预计本年及以后各年均将获取利润总额3 000万元。本年年初，甲公司准备在深圳设立分支机构乙公司。现有两种方案可供选择。方案一：将乙公司设立为子公司。方案二：将乙公司设立为分公司。预计乙公司在设立之后最初两年会亏损，第一年亏损400万元，第二年亏损100万元，以后每年盈利600万元，乙公司的生命周期为 8 年，折现率为 8%。假设甲公司与乙公司均没有企业所得税纳税调整项目，即利润总额等于应纳税所得额，适用的企业所得税税率均为 25%。

【工作要求】请对上述业务进行纳税筹划。

【税法依据】企业某一纳税年度发生的亏损可以用下一年度的所得弥补，下一年度的所得不足以弥补的，可以逐年延续弥补，但最长不得超过 5 年。

企业所得税的纳税人是具有法人资格的企业或组织。分公司（不具有法人资格）与总公司汇总缴纳企业所得税，子公司（具有法人资格）单独缴纳企业所得税。

【筹划思路】企业若将分支机构设立为分公司，可以实现汇总纳税，总机构与分支机构可以盈亏相抵；企业若将分支机构设立为子公司，不可以汇总纳税，子公司的亏损只能用自身下一年度的所得来弥补。企业应将不同方案下各年度各公司的企业所得税支出折现后进行对比，选择支出现值最小的方案。

【筹划过程】

从第四年开始，无论是设立子公司还是设立分公司，企业所得税都是相等的，因此仅需要比较前三年的应纳企业所得税及其现值。前三年应纳企业所得税及其现值计算如表 5 - 2 所示。

表 5 - 2　前三年应纳企业所得税及其现值计算表　　单位：万元

项目		第一年	第二年	第三年	合计
甲公司应纳税所得额		3 000	3 000	3 000	9 000
乙公司应纳税所得额		−400	−100	600	100
方案一：将乙公司设立为子公司	甲公司应纳企业所得税	750 （3 000×25%）	750 （3 000×25%）	750 （3 000×25%）	2 250
	乙公司应纳企业所得税	0	0	25 [（600−400−100）×25%]	25
	集团公司应纳企业所得税	750 （750+0）	750 （750+0）	775 （750+25）	2 275
	折现系数	（P/F，8%，1） =0.925 9	（P/F，8%，2） =0.857 3	（P/F，8%，3） =0.793 8	—
	集团公司应纳企业所得税现值	694.425 （750×0.925 9）	642.975 （750×0.857 3）	615.195 （775×0.793 8）	1 952.595
方案二：将乙公司设立为分公司	甲公司和乙公司盈亏相抵后的应纳税所得额	2 600 （3 000−400）	2 900 （3 000−100）	3 600 （3 000+600）	9 100
	甲公司和乙公司盈亏相抵后的应纳企业所得税	650 （2 600×25%）	725 （2 900×25%）	900 （3 600×25%）	2 275
	折现系数	（P/F，8%，1） =0.925 9	（P/F，8%，2） =0.857 3	（P/F，8%，3） =0.793 8	—
	甲公司和乙公司盈亏相抵后的应纳企业所得税现值	601.835 （650×0.925 9）	621.542 5 （725×0.857 3）	714.42 （900×0.793 8）	1 937.797 5

【筹划结论】两种方案前三年的企业所得税合计金额均为2 275万元，但方案二比方案一前三年缴纳的企业所得税的现值共少14.797 5万元（1 952.595－1 937.797 5），若以实现涉税资金时间价值最大化为纳税筹划目标，则应当选择方案二。

【筹划点评】企业在设置分支机构时，如果预期新设的分支机构在经营初期是亏损的，则可将分支机构设为分公司，这样可以与总公司盈亏相抵，从而获得延期纳税的好处。但选择设立子公司还是分公司，不能单纯考虑税收因素，而应当结合非税因素进行考虑，以做出合理的决策。

5.2 企业所得税税率的纳税筹划

5.2.1 非居民企业的企业所得税税率选择的纳税筹划

【例5-4】 甲公司现有两种运营方式：一是成立“依照外国（地区）法律成立且实际管理机构不在中国境内，但在中国境内设立机构、场所且所得与其所设机构、场所有关联”的非居民企业；二是成立“依照外国（地区）法律成立且实际管理机构不在中国境内，而且在中国境内不设立机构、场所，但有来源于中国境内所得”的非居民企业。假设两种方式下每年来源于中国境内的应纳税所得额均为1 000万元，且没有来源于中国境外的所得。

【工作要求】请对上述业务进行纳税筹划。

【税法依据】缴纳企业所得税的企业分为居民企业和非居民企业。其中，居民企业是指依法在中国境内成立，或者依照外国（地区）法律成立但实际管理机构在中国境内的企业。非居民企业是指依照外国（地区）法律成立且实际管理机构不在中国境内，但在中国境内设立机构、场所的，或者在中国境内未设立机构、场所，但有来源于中国境内所得的企业。

居民企业应当就其来源于中国境内、境外的所得缴纳企业所得税。非居民企业在中国境内设立机构、场所的，应当就其所设机构、场所取得的来源于中国境内的所得，以及发生在中国境外但与其所设机构、场所有实际联系的所得，缴纳企业所得税。非居民企业在中国境内未设立机构、场所的，或者虽设立机构、场所但取得的所得与其所设机构、场所没有实际联系的，应当就其来源于中国境内的所得缴纳企业所得税，即预提所得税。

企业所得税基本税率为25%，适用于居民企业和在中国境内设有机构、场所且所得与机构、场所有关联的非居民企业；低税率为20%（实际减按10%的税率征收），适用于在中国境内未设立机构、场所的，或者虽设立机构、场所但取得的所得与其所设机构、场所没有实际联系的非居民企业。

【筹划思路】同样是非居民企业，在不同情况下适用的企业所得税税率是不同的，企业可以通过选择不同的运营方式来适用低税率，从而降低企业所得税税负。

【筹划过程】

方案一：成立“依照外国（地区）法律成立且实际管理机构不在中国境内，但在中国境内设立机构、场所且所得与其所设机构、场所有关联”的非居民企业，即成为一种非居民纳税义务人，适用 25％的企业所得税税率。

应纳企业所得税＝1 000×25％＝250(万元)

方案二：成立“依照外国（地区）法律成立且实际管理机构不在中国境内，而且在中国境内不设立机构、场所，但有来源于中国境内所得”的非居民企业，即成为另一种非居民纳税义务人，适用 10％的企业所得税税率。

应纳企业所得税＝1 000×10％＝100(万元)

【筹划结论】方案二比方案一少缴纳企业所得税 150 万元（250－100），若以实现税负最小化为纳税筹划目标，则应当选择方案二。

【筹划点评】成立“依照外国（地区）法律成立且实际管理机构不在中国境内，而且在中国境内不设立机构、场所”的非居民企业，虽然会降低企业所得税税率，但有可能会降低来源于中国境内的所得。企业应当权衡利弊，综合考虑，最终选择合适的运营方式。

5.2.2　利用小型微利企业低税率政策的纳税筹划

【例 5－5】　甲公司为一家工业企业，资产总额为 2 900 万元，从业人数为 80 人。预计 2023 年、2024 年的应纳税所得额分别为 340 万元、240 万元。其中 2023 年 12 月实现的应纳税所得额为 50 万元。

【工作要求】请对上述业务进行纳税筹划。

【税法依据】自 2019 年 1 月 1 日至 2021 年 12 月 31 日，对小型微利企业年应纳税所得额不超过 100 万元的部分，减按 25％计入应纳税所得额，按 20％的税率缴纳企业所得税；对年应纳税所得额超过 100 万元但不超过 300 万元的部分，减按 50％计入应纳税所得额，按 20％的税率缴纳企业所得税。自 2021 年 1 月 1 日至 2022 年 12 月 31 日，对小型微利企业年应纳税所得额不超过 100 万元的部分，在上述优惠政策基础上，再减半征收企业所得税，即减按 12.5％计入应纳税所得额，按 20％的税率缴纳企业所得税。自 2023 年 1 月 1 日至 2027 年 12 月 31 日，对小型微利企业年应纳税所得额不超过 100 万元的部分，减按 25％计入应纳税所得额，按 20％的税率缴纳企业所得税。自 2022 年 1 月 1 日至 2027 年 12 月 31 日，对小型微利企业年应纳税所得额超过 100 万元但不超过 300 万元的部分，减按 25％计入应纳税所得额，按 20％的税率缴纳企业所得税。上述小型微利企业是指从事国家非限制和禁止行业，且同时符合年度应纳税所得额不超过

300 万元、从业人数不超过 300 人、资产总额不超过 5 000 万元等三个条件的企业。①

从业人数包括与企业建立劳动关系的职工人数和企业接受的劳务派遣用工人数。从业人数和资产总额指标，应按企业全年的季度平均值确定。具体计算公式如下：

季度平均值=(季初值+季末值)÷2

全年季度平均值=全年各季度平均值之和÷4

年度中间开业或者终止经营活动的，以其实际经营期作为一个纳税年度确定上述相关指标。

【筹划思路】当企业连续几年的应纳税所得额在 300 万元上下波动较大时，可以在合法、合理的前提下调整各年度的应纳税所得额，使每年的应纳税所得额尽量均衡实现且略低于 300 万元，以满足小型微利企业的条件，充分利用小型微利企业的税收优惠政策，降低企业所得税税负。

【筹划过程】

方案一：2023 年、2024 年的应纳税所得额分别为 340 万元、240 万元。

甲公司 2023 年的应纳税所得额分别为 340 万元，甲公司 2023 年不符合小型微利企业的条件。

2023 年应纳企业所得税=340×25%=85(万元)

甲公司 2024 年的应纳税所得额分别为 240 万元，甲公司 2024 年符合小型微利企业的条件。

2024 年应纳企业所得税=240×25%×20%=12(万元)

2023 年和 2024 年应纳企业所得税合计=85+12=97(万元)

方案二：将 2023 年 12 月的 50 万元应纳税所得额延迟至 2024 年实现，这样 2023 年、2024 年的应纳税所得额分别为 290 万元（340－50）、290 万元（240＋50）。

甲公司 2023 年、2024 年的应纳税所得额均为 240 万元，甲公司 2023 年、2024 年均符合小型微利企业的条件。

2023 年应纳企业所得税=290×25%×20%=14.5(万元)

2024 年应纳企业所得税=290×25%×20%=14.5(万元)

2023 年和 2024 年应纳企业所得税合计=14.5+14.5=29(万元)

【筹划结论】方案二比方案一少缴纳企业所得税 68 万元（97－29），若以实现税负最小化为纳税筹划目标，则应当选择方案二。

【筹划点评】实务中，绝对平均各年度的应纳税所得额较难实现，企业可以相对均

① 根据《财政部 税务总局关于进一步支持小微企业和个体工商户发展有关税费政策的公告》（财政部 税务总局公告 2023 年第 12 号）的规定，对小型微利企业减按 25%计算应纳税所得额，按 20%的税率缴纳企业所得税政策，延续执行至 2027 年 12 月 31 日。也就是说，自 2023 年 1 月 1 日至 2027 年 12 月 31 日，对小型微利企业不分年应纳税所得额是否超过 100 万元，均减按 25%计算应纳税所得额，按 20%的税率缴纳企业所得税。

衡地实现各年度的应纳税所得额，以降低企业所得税税负。

5.2.3　将大企业分立为小企业的纳税筹划

【例 5－6】　甲公司为一家商业企业，共有两个相对独立的门市部，预计本年税前利润总额为 380 万元，且没有企业所得税纳税调整项目，即税前利润总额等于应纳税所得额。这两个门市部的税前利润以及相应的应纳税所得额均为 190 万元，从业人数均少于 80 人，资产总额均低于 1 000 万元。

【工作要求】请对上述业务进行纳税筹划。

【税法依据】参照例 5－5 的税法依据。

【筹划思路】若企业年应纳税所得额超过 300 万元，可将企业分立为两个或者两个以上小企业，以享受年应纳税所得额不超过 300 万元的小型微利企业的企业所得税税收优惠政策。

【筹划过程】

方案一：维持原状。

应纳企业所得税＝380×25%＝95(万元)

方案二：将甲公司按照门市部分立为两个独立的公司：A 公司和 B 公司。

A 公司应纳企业所得税＝190×25%×20%＝9.5(万元)

B 公司应纳企业所得税＝190×25%×20%＝9.5(万元)

应纳企业所得税合计＝9.5＋9.5＝19(万元)

【筹划结论】方案二比方案一少缴纳企业所得税 76 万元（95－19），若以实现税负最小化为纳税筹划目标，则应当选择方案二。

【筹划点评】将大企业分立为两个或者两个以上小企业，必然要耗费一定的成本，还有可能影响正常的经营，而且不利于今后企业规模的扩大，因此需权衡利弊。

5.2.4　创造条件成为国家重点扶持的高新技术企业的纳税筹划

【例 5－7】　甲公司职工总数为 100 人，本年具备国家需要重点扶持的高新技术企业认定的八个条件中的七个，只有第四个条件未满足，因为从事研发和相关技术创新活动的科技人员只有 9 人，占企业当年职工总数的比例不足 10%。甲公司本年预计应纳税所得额为 600 万元。

【工作要求】请对上述业务进行纳税筹划。

【税法依据】国家需要重点扶持的高新技术企业减按 15%的税率征收企业所得税。

高新技术企业是指在《国家重点支持的高新技术领域》的范围内，持续进行研究开发与技术成果转化，形成企业核心自主知识产权，并以此为基础开展经营活动，在中国境内（不包括港、澳、台地区）注册的居民企业。

认定为高新技术企业须同时满足以下条件。

（1）企业申请认定时须注册成立1年以上。

（2）企业通过自主研发、受让、受赠、并购等方式，获得对其主要产品（服务）在技术上发挥核心支持作用的知识产权的所有权。

（3）对企业主要产品（服务）发挥核心支持作用的技术属于《国家重点支持的高新技术领域》规定的范围。

（4）企业从事研发和相关技术创新活动的科技人员占企业当年职工总数的比例不低于10%。

（5）企业近3个会计年度（实际经营期不满3年的按实际经营时间计算，下同）的研究开发费用总额占同期销售收入总额的比例符合如下要求：

1）最近1年销售收入小于5 000万元（含）的企业，比例不低于5%；

2）最近1年销售收入在5 000万元至2亿元（含）的企业，比例不低于4%；

3）最近1年销售收入在2亿元以上的企业，比例不低于3%。

其中，企业在中国境内发生的研究开发费用总额占全部研究开发费用总额的比例不低于60%。

（6）近1年高新技术产品（服务）收入占企业同期总收入的比例不低于60%。

（7）企业创新能力评价应达到相应要求。

（8）企业申请认定前1年内未发生重大安全、重大质量事故或严重环境违法行为。

【筹划思路】认定为国家需要重点扶持的高新技术企业需同时满足八个条件。企业可以通过努力满足全部条件成为国家需要重点扶持的高新技术企业，从而获取税收上的优惠。

【筹划过程】

方案一：从事研发和相关技术创新活动的科技人员为9人。

9÷100=9%<10%，从事研发和相关技术创新活动的科技人员占企业当年职工总数的比例不足10%，不能申请认定成为高新技术企业，适用的企业所得税税率为25%。

$$应纳企业所得税=600\times25\%=150(万元)$$

方案二：招聘1名从事研发和相关技术创新活动的科技人员，使得从事研发和相关技术创新活动的科技人员增加至10人。

10÷100=10%，从事研发和相关技术创新活动的科技人员占企业当年职工总数的比例不低于10%，可申请认定成为高新技术企业，适用的企业所得税税率为15%。

$$应纳企业所得税=600\times15\%=90(万元)$$

【筹划结论】方案二比方案一少缴纳企业所得税60万元（150−90），若以实现税负最小化为纳税筹划目标，则应当选择方案二。

【筹划点评】创造条件满足税收优惠政策的要求是纳税筹划的一种重要方法，纳税人不仅没有纳税风险，而且可通过享受税收优惠政策获得节税收益。

5.2.5　利用西部大开发优惠政策进行注册地点选择的纳税筹划

【例5-8】　甲公司本年年初欲投资设立属于固沙、保水、改土新材料生产企业的乙公司，预计乙公司的生命周期为5年。现有两种方案可供选择。方案一：在河北省设立，预计每年的利润总额均为5 000万元。方案二：在陕西省（属于西部地区）设立，预计每年的利润总额均为4 500万元。甲公司没有其他企业所得税纳税调整项目。

【工作要求】请对上述业务进行纳税筹划。

【税法依据】自2021年1月1日至2030年12月31日，对设在西部地区的鼓励类产业企业减按15%的税率征收企业所得税。鼓励类产业企业是指以《西部地区鼓励类产业目录》中规定的产业项目为主营业务，且其主营业务收入占企业收入总额60%以上的企业。

【筹划思路】投资者可以考虑在西部地区设立国家鼓励类产业的企业，以充分享受西部大开发的低企业所得税税率的税收优惠政策。

【筹划过程】

方案一：在河北省设立，预计每年的利润总额均为5 000万元。

乙公司5年应纳企业所得税合计＝5 000×25%×5＝6 250(万元)

乙公司5年税后利润合计＝5 000×5－6 250＝18 750(万元)

方案二：在陕西省设立，预计每年的利润总额均为4 500万元。

乙公司5年应纳企业所得税合计＝4 500×15%×5＝3 375(万元)

乙公司5年税后利润合计＝4 500×5－3 375＝19 125(万元)

【筹划结论】与方案一相比，方案二中乙公司5年少缴纳企业所得税合计2 875万元（6 250－3 375），多获取税后利润合计375万元（19 125－18 750），若以实现税负最小化以及税后利润最大化为纳税筹划目标，则应当选择方案二。

【筹划点评】在西部地区设立国家鼓励类产业的企业，虽然可享受西部大开发的税收优惠政策，但未必会获得较好的经营业绩。企业应当权衡利弊、综合考虑，做出最优决策。

5.3　企业所得税扣除项目的纳税筹划

5.3.1　企业借款方式选择的纳税筹划

【例5-9】　甲公司职工人数为1 000人，人均年税前工资、薪金收入为50 000元（均未超过60 000元的综合所得年免征额，且甲公司所有职工的综合所得只有工资、薪金所得）。甲公司本年1月1日在生产经营中急需2 000万元的资金。由于各种原因，甲公司难以向银行借款，现有以下四种筹资方案可供选择。方案一：向其他企业贷款，贷款利率为11%，贷款期限为1年，本年年末一次性还本付息，且需要提供担保。方案二：向社会上的个人借款，借款利率为12%，借款期限为1年，本年年末一次性还本付息，且无须提供担保。方案三：向本公司职工集资，每人集资20 000元，集资利率为12%，集资期限为1年，本年年末一次性还本付息，且无须提供担保。方案四：向本公司职工集资，每人集资20 000元，集资利率为7%，另外按照每人1 000元（20 000×5%）的金额增加职工工资、薪金，增加后的人均年税前工资、薪金收入为51 000元（均未超过60 000元的综合所得年免征额）。银行同期同类贷款利率为7%，预计本年度的利润总额为4 000万元（未扣除因集资2 000万元而发生的费用），且没有其他企业所得税纳税调整项目。甲公司适用的企业所得税税率为25%。在上述四种方案下，甲公司在支付利息时均取得增值税普通发票。

【工作要求】请对上述业务进行纳税筹划。

【税法依据】企业发生的合理的工资、薪金支出准予据实扣除。企业在生产、经营活动中发生的利息费用，准予扣除：

（1）非金融企业向金融企业借款的利息支出、金融企业的各项存款利息支出和同业拆借利息支出、企业经批准发行债券的利息支出；

（2）非金融企业向非金融企业借款的利息支出，不超过按照金融企业同期同类贷款利率计算的数额的部分。

【筹划思路】企业通过向职工借款的方式进行筹资，若借款利率超过银行同期同类贷款利率，则可将超过部分的利息以工资、薪金的形式支付给职工，从而使支付的利息和工资、薪金全部在企业所得税税前扣除。企业应综合比较各种筹资方案下税后利润的大小，从中选出最优的方案。

【筹划过程】

方案一：向其他企业贷款，贷款利率为11%，贷款期限为1年，本年年末一次性还本付息，且需要提供担保。

甲公司本年实际支付的利息总额＝20 000 000×11%＝2 200 000(元)

甲公司支付的超过银行同期同类贷款利率部分的利息不得在企业所得税税前扣除。

甲公司本年可在企业所得税税前扣除的利息＝20 000 000×7%＝1 400 000(元)

甲公司本年应纳企业所得税＝(40 000 000－1 400 000)×25%＝9 650 000(元)

甲公司本年税后利润＝40 000 000－2 200 000－9 650 000＝28 150 000(元)

方案二：向社会上的个人借款，借款利率为12%，借款期限为1年，本年年末一次性还本付息，且无须提供担保。

甲公司本年实际支付的利息总额＝20 000 000×12%＝2 400 000(元)

甲公司应代扣代缴利息所得个人所得税＝2 400 000×20%＝480 000(元)

社会上的个人税后收益＝2 400 000－480 000＝1 920 000(元)

甲公司支付的超过银行同期同类贷款利率部分的利息不得在企业所得税税前扣除。

甲公司本年可在企业所得税税前扣除的利息＝20 000 000×7％＝1 400 000(元)

甲公司本年应纳企业所得税＝(40 000 000－1 400 000)×25％＝9 650 000(元)

甲公司本年税后利润＝40 000 000－2 400 000－9 650 000＝27 950 000(元)

方案三：向本公司职工集资，每人集资20 000元，集资利率为12％，集资期限为1年，本年年末一次性还本付息，且无须提供担保。

甲公司职工人均年税前工资、薪金收入为50 000元（均未超过60 000元的综合所得年免征额，且甲公司所有职工的综合所得只有工资、薪金所得），甲公司职工不缴纳综合所得的个人所得税。

甲公司本年实际支付的利息总额＝1 000×20 000×12％＝20 000 000×12％
＝2 400 000(元)

甲公司应代扣代缴利息所得个人所得税＝2 400 000×20％＝480 000(元)

职工个人税后收益＝1 000×50 000＋2 400 000－480 000＝51 920 000(元)

甲公司支付的超过银行同期同类贷款利率部分的利息不得在企业所得税税前扣除。

甲公司本年可在企业所得税税前扣除的利息＝20 000 000×7％＝1 400 000(元)

甲公司本年应纳企业所得税＝(40 000 000－1 400 000)×25％＝9 650 000(元)

甲公司本年税后利润＝40 000 000－2 400 000－9 650 000＝27 950 000(元)

方案四：向本公司职工集资，每人集资20 000元，集资利率为7％，另外按照每人1 000元（20 000×5％）的金额增加职工工资、薪金，增加后的人均年税前工资、薪金收入为51 000元（均未超过60 000元的综合所得年免征额）。

甲公司职工人均年税前工资、薪金收入为51 000元（均未超过60 000元的综合所得年免征额，且甲公司所有职工的综合所得只有工资、薪金所得），甲公司职工不缴纳综合所得的个人所得税。

甲公司本年增加支付的工资、薪金总额＝1 000×1 000＝1 000 000(元)

甲公司本年实际支付的利息总额＝1 000×20 000×7％＝20 000 000×7％
＝1 400 000(元)

甲公司应代扣代缴利息所得个人所得税＝1 400 000×20％＝280 000(元)

职工个人税后收益＝1 000×51 000＋1 400 000－280 000＝52 120 000(元)

甲公司本年应纳企业所得税＝(40 000 000－1 000 000－1 400 000)×25％
＝9 400 000(元)

甲公司本年税后利润＝40 000 000－1 000 000－1 400 000－9 400 000
＝28 200 000(元)

【筹划结论】方案四比方案一少缴纳企业所得税250 000元（9 650 000－9 400 000），多获取税后利润50 000元（28 200 000－28 150 000）；比方案二、方案三少缴纳企业所得税 250 000 元（9 650 000－9 400 000），多获取税后利润 250 000 元（28 200 000－27 950 000），若以实现税负最小化以及税后利润最大化为纳税筹划目标，则应当优先选择方案四，其次是方案一，然后是方案二、方案三。

【筹划点评】企业在不能取得银行贷款时，在向社会上的个人借款与向职工集资的利率相同的情况下，应优先考虑向职工集资，将利率中超过银行同期同类贷款利率的部分以工资、薪金的形式支付给职工，这样不但降低了企业所得税税负，而且降低了职工因取得利息所得而缴纳的个人所得税，可谓一举两得，企业和职工都获得了节税利益。

5.3.2 企业向股东筹资的纳税筹划

【例 5-10】 甲公司由两个自然人股东设立，注册资本 2 000 万元，本年 1 月 1 日，所有者权益共 2 000 万元。本年甲公司欲扩大规模，需要资金 6 000 万元，假定甲公司扩大规模后每年的利润总额为 2 000 万元（未扣除利息支出），且没有其他企业所得税纳税调整项目。甲公司税后利润全部分给股东（甲公司法定盈余公积累计额已达到公司注册资本的 50%以上，甲公司决定不再提取法定盈余公积，也不提取任意盈余公积）。股东可通过股权或债权筹资，也可通过股权和债权相结合的方式筹资，具体来说，企业有以下三种筹资方案可供选择。方案一：甲公司接受股东的股权投资 6 000 万元。方案二：甲公司向股东借款 6 000 万元（甲公司不能按照《企业所得税法》及其实施条例的有关规定提供相关资料，不能证明相关交易活动符合独立交易原则）。方案三：甲公司接受股东的股权投资 700 万元，并向股东借款 5 300 万元。甲公司向股东借款的利率为 10%，金融企业同期同类贷款利率为 12%，甲公司无其他借款。甲公司适用的企业所得税税率为 25%。

【工作要求】请对上述业务进行纳税筹划。

【税法依据】根据《国家税务总局关于企业向自然人借款的利息支出企业所得税税前扣除问题的通知》（国税函〔2009〕777 号）的规定，（1）企业向股东或其他与企业有关联关系的自然人借款的利息支出，应根据《企业所得税法》第四十六条及《财政部 国家税务总局关于企业关联方利息支出税前扣除标准有关税收政策问题的通知》（财税〔2008〕121 号）规定的条件，计算企业所得税扣除额。（2）企业向除第（1）条规定以外的内部职工或其他人员借款的利息支出，其借款情况同时符合以下条件的，其利息支出在不超过按照金融企业同期同类贷款利率计算的数额的部分，根据《企业所得税法》第八条和《企业所得税法实施条例》第二十七条规定，准予扣除。1）企业与个人之间的借贷是真实、合法、有效的，并且不具有非法集资目的或其他违反法律、法规的行为；2）企业与个人之间签订了借款合同。

根据《财政部 国家税务总局关于企业关联方利息支出税前扣除标准有关税收政策问题的通知》（财税〔2008〕121 号）的规定，（1）在计算应纳税所得额时，企业实际支付给关联方的利息支出，不超过以下规定比例和《企业所得税法》及其实施条例有关规定计算的部分，准予扣除；超过的部分不得在发生当期和以后年度扣除。企业实际支付给关联方的利息支出，除符合第（2）条规定外，其接受关联方债权性投资与其权益性投资的比例为：1）金融企业为5：1；2）其他企业为2：1。（2）企业如果能够按照《企业所得税法》及其实施条例的有关规定提供相关资料，并证明相关交易活动符合独立交易原则的；或者该企业的实际税负不高于境内关联方的，其实际支付给境内关联方的利息支出，在计算应纳税所得额时准予扣除。（3）企业同时从事金融业务和非金融业务，其实际支付给关联方的利息支出，应按照合理方法分开计算；没有按照合理方法分开计算的，一律按第（1）条有关其他企业的比例计算准予税前扣除的利息支出。（4）企业自关联方取得的不符合规定的利息收入应按照有关规定缴纳企业所得税。

【筹划思路】企业向股东融资时，《企业所得税法》对税前利息的扣除有限制：一方面，企业应当在利息可以税前扣除的范围内借入资金，以充分发挥利息抵税的作用；另一方面，企业可以考虑进一步吸收股东股权投资，以避免超过《企业所得税法》及其实施条例规定的关联债资比例。

【筹划过程】

方案一：甲公司接受股东的股权投资6 000万元。

甲公司应纳企业所得税＝2 000×25%＝500(万元)

甲公司税后利润＝2 000－500＝1 500(万元)

股东红利所得＝1 500(万元)

股东红利所得应纳个人所得税＝1 500×20%＝300(万元)

甲公司和股东应纳税额合计＝500＋300＝800(万元)

股东税后收益＝1 500－300＝1 200(万元)

方案二：甲公司向股东借款6 000万元（甲公司不能按照《企业所得税法》及其实施条例的有关规定提供相关资料，不能证明相关交易活动符合独立交易原则）。

甲公司关联债资比例＝6 000：2 000＝3：1＞2：1

若甲公司不能按照《企业所得税法》及其实施条例的有关规定提供相关资料，不能证明相关交易活动符合独立交易原则，则甲公司关联债资比例超过税法规定的标准比例的利息支出不得在企业所得税税前扣除。

甲公司利息支出合计＝6 000×10%＝600(万元)

甲公司允许扣除的利息支出＝2 000×2×10%＝400(万元)

甲公司应纳税所得额＝2 000－400＝1 600(万元)

甲公司应纳企业所得税＝1 600×25%＝400(万元)

股东利息所得应纳个人所得税＝6 000×10%×20%＝120(万元)

甲公司税后利润＝2 000－600－400＝1 000(万元)

股东红利所得＝1 000(万元)

股东红利所得应纳个人所得税＝1 000×20%＝200(万元)

股东应纳个人所得税合计＝120＋200＝320(万元)

甲公司和股东应纳税额合计＝400＋320＝720(万元)

股东税后收益＝(600－120)＋(2 000－600－400－200)＝1 280(万元)

方案三：甲公司接受股东的股权投资700万元，并向股东借款5 300万元。

甲公司关联债资比例＝5 300∶2 700≈1.96∶1＜2∶1

甲公司关联债资比例未超过税法规定的标准比例，借款利息支出可以在企业所得税税前据实全额扣除。

甲公司允许扣除的利息支出＝5 300×10%＝530(万元)

甲公司应纳税所得额＝2 000－530＝1 470(万元)

甲公司应纳企业所得税＝1 470×25%＝367.5(万元)

股东利息所得应纳个人所得税＝5 300×10%×20%＝106(万元)

甲公司税后利润＝2 000－530－367.5＝1 102.5(万元)

股东红利所得＝1 102.5(万元)

股东红利所得应纳个人所得税＝1 102.5×20%＝220.5(万元)

股东应纳个人所得税合计＝106＋220.5＝326.5(万元)

甲公司和股东应纳税额合计＝367.5＋326.5＝694(万元)

股东税后收益＝(530－106)＋(2 000－530－367.5－220.5)＝1 306(万元)

【筹划结论】方案三比方案一少缴纳企业所得税132.5万元（500－367.5），多缴纳个人所得税26.5万元（326.5－300），少缴纳税额合计106万元（800－694），少获取税后利润397.5万元（1 500－1 102.5），多获取股东税后收益106万元（1 306－1 200）；方案三比方案二少缴纳企业所得税32.5万元（400－367.5），多缴纳个人所得税6.5万元（326.5－320），少缴纳税额合计26万元（720－694），多获取税后利润102.5万元（1 102.5－1 000），多获取股东税后收益26万元（1 306－1 280）。若以实现企业税后利润最大化为纳税筹划目标，则应当优先选择方案一，其次是方案三，最后是方案二；若以实现整体税负最小化或者股东税后收益最大化为纳税筹划目标，则应当优先选择方案三，其次是方案二，最后是方案一。

【筹划点评】通过测算不同筹资方式下相关指标的大小，结合自身的纳税筹划目标，企业可以做出合理的筹资决策。

5.3.3 业务招待费的纳税筹划

【例5-11】 甲公司本年预计取得销售收入10 000万元，本年业务招待费预计为50万～300万元。甲公司适用的企业所得税税率为25%。

【工作要求】请对业务招待费的支出额进行纳税筹划。

【税法依据】企业发生的与生产经营活动有关的业务招待费支出，按照发生额的60%扣除，但最高不得超过当年销售收入的5‰。

【筹划思路】 假设企业年销售收入为 X，年业务招待费为 Y，当

$$Y\times 60\%=X\times 5‰$$

有

$$Y=X\times 0.833\%$$

具体来说有三种情况：一是只有当业务招待费正好是销售收入的 0.833%时，企业才能充分利用上述政策；二是当业务招待费大于销售收入的 0.833%时，企业要承受更高的税负；三是当业务招待费小于销售收入的 0.833%时，与第二种情况相比，企业不会增加更多的税负，与第一种情况相比，企业不能充分利用上述政策，但如果企业的业务招待费支出本来就很低，则这种情况最佳。

【筹划过程】

$$Y=X\times 0.833\%=10\,000\times 0.833\%=83.3(\text{万元})$$

也就是说，业务招待费支出的最佳状态是 83.3 万元，其次是低于 83.3 万元。若高于 83.3 万元，则超过 83.3 万元的部分要承受更高的税负。具体验证如表 5－3 所示。

表 5－3　五种方案下各种项目的比较　　单位：万元

项目	方案				
	方案一	方案二	方案三	方案四	方案五
业务招待费	50	83.3	100	200	300
业务招待费的 60%	50×60%=30	83.3×60%=50	100×60%=60	200×60%=120	300×60%=180
销售收入的 5‰	50	50	50	50	50
孰低	30	50	50	50	50
纳税调整增加额	50−30=20	83.3−50=33.3	100−50=50	200−50=150	300−50=250
企业所得税增加额	20×25%=5	33.3×25%=8.33	50×25%=12.5	150×25%=37.5	250×25%=62.5
$\frac{\text{企业所得税增加额}}{\text{业务招待费}}$(%)	10	10	12.5	18.75	20.83

方案一：如果企业实际发生的业务招待费为 50 万元，小于销售收入的 0.833%，则业务招待费的 60%，即 50×60%=30(万元) 可以扣除，扣除限额为销售收入的 5‰，即 10 000×5‰=50(万元)。根据孰低原则，只能按照 30 万元在税前扣除。

纳税调整增加额=50−30=20(万元)

缴纳企业所得税=20×25%=5(万元)

即实际消费 50 万元，但

要付出的代价=50+5=55(万元)

将实际消费换算成 10 000 元，则要付出 11 000 元（55÷50×10 000）的代价。

方案二：如果企业实际发生的业务招待费为83.3万元，等于销售收入的0.833%，则业务招待费的60%，即83.3×60%=50(万元）可以扣除，扣除限额为销售收入的5‰，即10 000×5‰=50(万元)，正好等于业务招待费的60%。

纳税调整增加额=83.3−50=33.3(万元)

缴纳企业所得税=33.3×25%=8.33(万元)

即实际消费83.3万元，但

要付出的代价=83.3+8.33=91.63(万元)

将实际消费换算成10 000元，则要付出11 000元（91.63÷83.3×10 000）的代价。

方案三：如果企业实际发生的业务招待费为100万元，大于销售收入的0.833%，则业务招待费的60%，即100×60%=60(万元）可以扣除，扣除限额为销售收入的5‰，即10 000×5‰=50(万元)。根据孰低原则，只能按照50万元在税前扣除。

纳税调整增加额=100−50=50(万元)

缴纳企业所得税=50×25%=12.5(万元)

即实际消费100万元，但

要付出的代价=100+12.5=112.5(万元)

将实际消费换算成10 000元，则要付出11 250元（112.5÷100×10 000）的代价。

方案四：如果企业实际发生的业务招待费为200万元，大于销售收入的0.833%，则业务招待费的60%，即200×60%=120(万元）可以扣除，扣除限额为销售收入的5‰，即10 000×5‰=50(万元)。根据孰低原则，只能按照50万元在税前扣除。

纳税调整增加额=200−50=150(万元)

缴纳企业所得税=150×25%=37.5(万元)

即实际消费200万元，但

要付出的代价=200+37.5=237.5(万元)

将实际消费换算成10 000元，则要付出11 875元（237.5÷200×10 000）的代价。

方案五：如果企业实际发生的业务招待费为300万元，大于销售收入的0.833%，则业务招待费的60%，即300×60%=180(万元）可以扣除，扣除限额为销售收入的5‰，即10 000×5‰=50(万元)。根据孰低原则，只能按照50万元在税前扣除。

纳税调整增加额=300−50=250(万元)

缴纳企业所得税=250×25%=62.5(万元)

即实际消费300万元，但

要付出的代价=300+62.5=362.5(万元)

将实际消费换算成10 000元，则要付出12 083元（362.5÷300×10 000）的代价。

【筹划结论】如果企业需要充分运用业务招待费，则当销售收入为10 000万元时，业务招待费支出的最佳水平是恰好83.3万元，其次是低于83.3万元。若业务招待费支出高于83.3万元，则超过83.3万元的部分会使企业承受更高的税负。若以实现税负最小化为纳税筹划目标，则应当选择方案二。

【筹划点评】企业有时为了提高经营业绩，不得不使业务招待费支出高于销售收入的0.833%。企业应当在增加的业绩和降低的税负之间进行权衡，以做出合理的决策。

5.3.4　税前扣除项目之间相互转换的纳税筹划

【例5-12】　甲公司预计本年销售收入为12 000万元，广告费为600万元，业务宣传费为400万元，业务招待费为200万元，其他可税前扣除的支出为8 000万元，且没有其他企业所得税纳税调整项目。甲公司适用的企业所得税税率为25%。

【工作要求】请对上述业务进行纳税筹划。

【税法依据】企业发生的符合条件的广告费和业务宣传费支出，除国务院财政、税务主管部门另有规定外，不超过当年销售收入15%的部分，准予扣除；超过部分，准予结转以后纳税年度扣除。

企业发生的与生产经营活动有关的业务招待费，按照发生额的60%扣除，且扣除总额全年最高不得超过当年销售收入的5‰。

【筹划思路】企业应尽量将业务招待费的60%控制在当年销售收入的5‰以内，以充分利用业务招待费的限额，同时又可以减少纳税调增事项。在不影响经营的前提下，一般可以通过在调低业务招待费的同时调高广告费或业务宣传费来实现。

【筹划过程】

方案一：广告费为600万元，业务宣传费为400万元，业务招待费为200万元。

广告费和业务宣传费支出的扣除限额＝12 000×15%＝1 800(万元)

广告费和业务宣传费支出的实际发生额＝600＋400＝1 000(万元)

1 000万元＜1 800万元，因此可据实扣除。

业务招待费的扣除限额＝12 000×5‰＝60(万元)

业务招待费的60%＝200×60%＝120(万元)

业务招待费发生额为200万元，60万元＜120万元＜200万元，因此需调增应纳税所得额140万元（200－60）。

应纳企业所得税＝(12 000－600－400－200＋140－8 000)×25%＝735(万元)

税后利润＝12 000－600－400－200－8 000－735＝2 065(万元)

方案二：在不影响经营的前提下，调减业务招待费至100万元，同时调增广告费至

700万元，业务宣传费仍为400万元。

广告费和业务宣传费支出的扣除限额＝12 000×15%＝1 800(万元)

广告费和业务宣传费支出的实际发生额＝700＋400＝1 100(万元)

1 100万元<1 800万元，因此可据实扣除。

业务招待费的扣除限额＝12 000×5‰＝60(万元)

业务招待费的60%＝100×60%＝60(万元)

业务招待费发生额为100万元，60万元<100万元，因此需调增应纳税所得额40万元（100－60）。

应纳企业所得税＝(12 000－700－400－100＋40－8 000)×25%＝710(万元)

税后利润＝12 000－700－400－100－8 000－710＝2 090(万元)

【筹划结论】方案二比方案一少缴纳企业所得税25万元（735－710），多获取税后利润25万元（2 090－2 065），若以实现税负最小化以及税后利润最大化为纳税筹划目标，则应当选择方案二。

【筹划点评】有些情况下，在调减业务招待费的同时调增广告费或业务宣传费会影响经营业绩，因此，此类纳税筹划方法在运用时会受到一定的限制。

5.3.5 融资结构的纳税筹划

【例5-13】 甲公司准备筹资100万元用于一项新产品的生产，预计年息税前利润为30万元。现有三个方案可供选择。方案一：债务资本与权益资本的比例为0∶100。方案二：债务资本与权益资本的比例为30∶70。方案三：债务资本与权益资本的比例为50∶50。三个方案的负债利率均为6%（金融企业同期同类贷款利率为6.65%）。甲公司适用的企业所得税税率为25%。上述三个方案下，甲公司在支付利息时均取得增值税普通发票。

【工作要求】请对上述业务进行纳税筹划。

【税法依据】非金融企业向非金融企业借款的利息支出，不超过按照金融企业同期同类贷款利率计算的数额的部分，准予税前扣除。向投资者支付的股息、红利等权益性投资收益款项不得在计算应纳税所得额时扣除。

【筹划思路】企业融资总体上分为负债融资和所有者权益融资。负债融资的财务杠杆效应主要体现在抵减企业所得税和提高权益资本收益率这两个方面。在息税前收益率不低于负债成本率的前提下，负债融资所占比重越高，额度越大，节税效果越明显。企业可适当增加负债额度，提高负债融资所占比重，以实现节税和提高权益资本收益率的双重效果。

【筹划过程】

三种方案的比较如表5-4所示。

表 5-4　三种方案的比较

项目	方案		
	方案一	方案二	方案三
资本结构（债务资本：权益资本）	0：100	30：70	50：50
息税前利润（万元）	30	30	30
负债利率（%）	6	6	6
负债利息（万元）	0	30×6%=1.8	50×6%=3
税前利润（万元）	30−0=30	30−1.8=28.2	30−3=27
应纳企业所得税（税率为 25%）（万元）	30×25%=7.5	28.2×25%=7.05	27×25%=6.75
税后利润（万元）	30−7.5=22.5	28.2−7.05=21.15	27−6.75=20.25
税前权益资本收益率（%）	30÷100=30%	28.2÷70=40.3%	27÷50=54%
税后权益资本收益率（%）	22.5÷100=22.5%	21.15÷70=30.2%	20.25÷50=40.5%

【筹划结论】一方面，方案三企业所得税税负最低且权益资本收益率最高，若以实现税负最小化为纳税筹划目标，同时考虑权益资本收益率，则应当优先选择方案三，其次是方案二，最后是方案一；另一方面，方案一的税后利润最大，若以实现税后利润最大化为纳税筹划目标，则应当优先选择方案一，其次是方案二，最后是方案三。

【筹划点评】负债融资隐含着财务风险，并非多多益善。企业应当合理确定负债的规模，将其控制在一定的范围之内，使负债融资带来的收益大于负债融资所占比重的增加带来的财务风险和融资成本。

5.3.6　企业捐赠的纳税筹划

【例 5-14】　甲公司本年向灾区捐赠 300 万元，本年扣除捐赠支出后的利润总额为 1 500 万元，且没有其他企业所得税纳税调整项目。甲公司适用的企业所得税税率为 25%。

【工作要求】请对上述业务进行纳税筹划。

【税法依据】企业直接向受赠人的捐赠不允许在企业所得税税前扣除。企业发生的公益性捐赠支出，在年度利润总额 12%以内的部分，准予在计算应纳税所得额时扣除；超过年度利润总额 12%的部分，准予结转以后 3 年内在计算应纳税所得额时扣除。其中，公益性捐赠，是指企业通过公益性社会团体或者县级以上人民政府及其部门，用于《中华人民共和国公益事业捐赠法》规定的公益事业的捐赠。

【筹划思路】企业在选择捐赠对象的时候，优先选择通过公益性社会团体或者县级以上人民政府及其部门进行公益性捐赠；其次选择直接向受赠人捐赠。

【筹划过程】

方案一：直接捐赠 300 万元给灾区。此时，300 万元捐赠额不能在企业所得税税前扣除，需要进行纳税调整。

本年应纳企业所得税＝(1 500＋300)×25%＝450(万元)

方案二：通过公益性社会团体或者县级以上人民政府及其部门捐赠 300 万元给灾区。

本年可在税前扣除的公益性捐赠＝1 500×12%＝180(万元)

本年发生的公益性捐赠 300 万元大于可税前扣除的公益性捐赠 180 万元，因此公益性捐赠 300 万元需要进行纳税调整，调增应纳税所得额 120 万元（300－180）。

本年应纳企业所得税＝(1 500＋120)×25%＝405(万元)

【筹划结论】方案二比方案一少缴纳企业所得税 45 万元（450－405），若以实现税负最小化为纳税筹划目标，则应当选择方案二。

【筹划点评】有时，公益性捐赠可能会影响捐赠效果，要另当别论。

5.3.7 亏损弥补的纳税筹划

【例 5－15】 甲公司 20×1 年至 20×5 年的应纳税所得额分别为：－300 万元、80 万元、40 万元、30 万元、50 万元。假设 20×6 年 12 月 20 日甲公司实现应纳税所得额 60 万元，同时还有一个销售意向，预计于 20×7 年 1 月 1 日实现利润 40 万元，此外，20×7 年还可获取利润 30 万元。甲公司不符合小型微利企业资产规模的条件，且没有其他企业所得税纳税调整项目。甲公司适用的企业所得税税率为 25%。

【工作要求】请对上述业务进行纳税筹划。

【税法依据】企业每一纳税年度的收入总额，减去不征税收入、免税收入、各项扣除以及允许弥补的以前年度亏损后的余额，为应纳税所得额。

企业纳税年度发生的亏损，准予向以后年度结转，用以后年度的所得（应纳税所得额）弥补，但结转年限最长不得超过 5 年。

企业纳税年度发生的亏损，在用以后 5 个纳税年度的所得（应纳税所得额）弥补后仍不足弥补的，从第 6 年起，可以用税后利润弥补。

企业纳税年度发生的亏损，依照税法的规定弥补后仍不足弥补的，可以由董事会提议，经股东（大）会或类似权力机构批准，用所提取的盈余公积来弥补。

【筹划思路】弥补以前年度亏损的年限是 5 年，若存在 5 年内亏损未弥补完的情况，则会加重企业所得税税负。因此，企业应尽量将弥补期以外的所得在弥补期内实现。具体可以通过与购货方议定合适的结算方式，或通过促销来增加亏损弥补期内应确认的收入，最大限度地使亏损在弥补期内被弥补完，避免不必要的损失。

【筹划过程】

具体的应纳税所得额如表 5－5 所示。

表5-5　各年度应纳税所得额汇总表　　单位：万元

年份	20×1	20×2	20×3	20×4	20×5	20×6	20×7
应纳税所得额	-300	80	40	30	50	60（或100）	70（或30）

方案一：将销售利润为40万元的业务在20×7年1月实现并确认收入和利润。

$$-300+80+40+30+50+60=-40(\text{万元})$$

也就是说，20×6年实现的应纳税所得额全部用于弥补亏损后，还有40万元的未弥补亏损。20×7年已超过5年期亏损弥补时限，因此，该40万元的未弥补亏损在20×7年不能用该年度的应纳税所得额继续弥补，则

$$20\times7\text{年应纳企业所得税}=(40+30)\times25\%=70\times25\%=17.5(\text{万元})$$

方案二：通过合理的手段将销售利润为40万元的业务在20×6年12月31日前实现并确认收入和利润。

$$-300+80+40+30+50+(60+40)=0$$

也就是说，300万元的亏损在20×2至20×6年这5年内全部被应纳税所得额弥补完。将该笔销售利润为40万元的业务在20×6年实现，因此，20×7年不必针对该笔业务缴纳企业所得税，则

$$20\times7\text{年应纳企业所得税}=30\times25\%=7.5(\text{万元})$$

【筹划结论】方案二比方案一20×7年少缴纳企业所得税10万元（17.5-7.5），若以实现税负最小化为纳税筹划目标，则应当选择方案二。

【筹划点评】可以通过合理的方法与手段提前实现利润，保证在亏损弥补期内最大限度地弥补亏损，从而避免或降低因亏损未弥补完而发生的损失。

工作引例解析

【税法依据】根据《企业所得税法实施条例》的规定，股息、红利等权益性投资收益，是指企业因权益性投资从被投资方取得的收入。股息、红利等权益性投资收益，除国务院财政、税务主管部门另有规定外，按照被投资方作出利润分配决定的日期确认收入的实现。

根据《企业所得税法》的规定，企业的免税收入包括：国债利息收入；符合条件的居民企业之间的股息、红利等权益性投资收益；在中国境内设立机构、场所的非居民企业从居民企业取得的与该机构、场所有实际联系的股息、红利等权益性投资收益；符合条件的非营利组织的收入。

【筹划思路】企业若想转让其拥有的股票，应在分得红利后进行，这样能降低应纳税所得额，减轻企业所得税税负。

【筹划过程】

方案一：在取得分红前将股票以1 600万元的价格转让。

应纳企业所得税＝(1 600－1 000)×25％＝150(万元)
税后利润＝1 600－1 000－150＝450(万元)

方案二：在取得分红后将股票以1 500万元的价格转让，取得的100万元分红免税。

应纳企业所得税＝(1 500＋100－100－1 000)×25％＝125(万元)
税后利润＝1 500＋100－1 000－125＝475(万元)

【筹划结论】方案二比方案一少缴纳企业所得税25万元（150－125），多获取税后利润25万元（475－450），若以实现税负最小化以及税后利润最大化为纳税筹划目标，则应当选择方案二。

【筹划点评】股票持有人选择转让股票时机的主要依据在于所持有股票的预期风险和报酬，而非股票转让与分红的税收因素。因此，取得分红之前还是取得分红之后转让股票的纳税筹划思路仅适用于股票持有人和购买人均不注重转让时机的情况。

5.3.8 促销支出方式选择的纳税筹划

【例5－16】 甲公司本年准备加大促销力度，现有以下两种方案可供选择。方案一：采用广告宣传的方式促销，全年支付的广告费和业务宣传费合计额为180万元。方案二：年初招聘30名员工，用1年的时间上门促销，支付给每名员工的年工资、薪金均为5万元（且这30名员工本年没有其他收入），支付的工资、薪金合计额为150万元（5×30），另支付的社会保险费等费用合计额为30万元。甲公司本年实现的销售收入合计额为1 000万元，获取利润总额500万元（已扣除180万元的促销支出），且没有其他企业所得税纳税调整项目。甲公司适用的企业所得税税率为25％。

【工作要求】请对上述业务进行纳税筹划。

【税法依据】企业发生的符合条件的广告费和业务宣传费支出，不超过当年销售（营业）收入15％的部分，准予扣除；超过部分，准予在以后纳税年度结转扣除。

企业发生的合理的工资薪金支出，准予扣除。企业依照国务院有关主管部门或者省级人民政府规定的范围和标准为职工缴纳的“五险一金”，即基本养老保险费、基本医疗保险费、失业保险费、工伤保险费、生育保险费等基本社会保险费和住房公积金，准予扣除。

居民个人的综合所得，以每一纳税年度的收入额减除费用6万元以及专项扣除、专项附加扣除和依法确定的其他扣除后的余额，为应纳税所得额。

【筹划思路】企业采用广告宣传的方式促销，发生的广告费和业务宣传费若超过销售收入的15％，超过部分只能在以后纳税年度企业所得税税前扣除；而企业招聘员工上门促销所支付的工资、薪金支出和社会保险费等费用可在本年企业所得税税前全额扣除。若促销支出较大，从延期纳税的角度考虑，在两种促销方式支出和效果相同的情况下，企业应优先采用招聘员工上门促销的方式。

【筹划过程】

方案一：采用广告宣传的方式促销，全年支付的广告费和业务宣传费合计额为 180 万元。

当年广告费用扣除限额＝1 000×15%＝150（万元）

应调增应纳税所得额＝180－150＝30（万元）

应纳税所得额＝500＋30＝530（万元）

应纳企业所得税＝530×25%＝132.5（万元）

方案二：年初招聘 30 名员工，用 1 年的时间上门促销，支付给每名员工的年工资、薪金均为 5 万元（且这 30 名员工本年没有其他收入），支付的工资、薪金合计额为 150 万元（5×30），另支付的社会保险费等费用合计额为 30 万元。

上述费用在企业所得税税前可全额扣除，无须进行纳税调整。

应纳税所得额＝500（万元）

应纳企业所得税＝500×25%＝125（万元）

每名员工取得的年工资、薪金均为 5 万元（且这 30 名员工本年没有其他收入），均低于 6 万元，因此不缴纳个人所得税。

【筹划结论】方案二比方案一少缴纳企业所得税 7.5 万元（132.5－125），若以实现税负最小化为纳税筹划目标，则应当选择方案二。

【筹划点评】企业在选择营销策略时，不能只考虑税负的大小，要从多个方面考虑，包括招聘员工要符合《中华人民共和国劳动合同法》的有关规定、不同促销方式的促销效果等因素，最终做出合理的决策。

5.3.9　现金折扣享受与否的纳税筹划

【例 5－17】　甲公司为一家商业企业，为增值税一般纳税人，本年 1 月向乙公司赊购一批商品，取得增值税专用发票，发票上注明价款 50 000 元，增值税税额 6 500 元（50 000×13%）。乙公司为提前收回货款，与甲公司约定现金折扣（现金折扣只限价款，不包括税金）条件为“2/30，n/60”。甲公司若要享受现金折扣，需要自购买之日起 30 天内付款。由于手头紧，只能采用向银行借入短期借款的方式筹资，借款金额为 55 500 元（50 000－50 000×2%＋50 000×13%），借款期限为 30 天，年利率为 6%。甲公司若不享受现金折扣，可以自购买之日起 60 天内以自有资金付款。甲公司与此采购业务相关的收入为 80 000 元。以上价格均不含增值税，该商品适用的增值税税率为 13%。甲公司取得的增值税专用发票本年 1 月符合抵扣规定。甲公司适用的企业所得税税率为 25%，城市维护建设税税率为 7%，教育费附加征收率为 3%。

【工作要求】请对上述业务进行纳税筹划。

【税法依据】销售折扣，会计上又称现金折扣，是指销货方在销售货物或应税劳务后，为了鼓励购货方及早偿还货款而协议许诺给予购货方的一种折扣优待。销售折扣通常用“2/10，1/20，n/30”表示。其含义为：购货方若10天内付款，则货款折扣2%；若20天内付款，则货款折扣1%；若30天内付款，则需全额付款。销售折扣发生在销货之后，是一种融资性质的理财费用，因此销售折扣不得从销售额中扣除，而需按全额计征增值税。

企业在生产经营活动中发生的下列利息支出准予扣除：(1) 非金融企业向金融企业借款的利息支出、金融企业的各项存款利息支出和同业拆借利息支出、企业经批准发行债券的利息支出；(2) 非金融企业向非金融企业借款的利息支出，不超过按照金融企业同期同类贷款利率计算的数额的部分。

债权人为鼓励债务人在规定的期限内付款而向债务人提供的债务扣除属于现金折扣，销售商品涉及现金折扣的，应当按扣除现金折扣前的金额确定销售商品收入金额，现金折扣在实际发生时作为财务费用扣除。

【筹划思路】采购方若享受现金折扣，则可以获取价格上的优惠，但有可能要通过借款来提前付款；若不享受现金折扣，则不能获取价格上的优惠，但不需要负担资金成本。采购方应当综合比较两种方式的税后利润大小，最终选择合适的方案。

【筹划过程】

方案一：不享受现金折扣。

$$应纳增值税=80\ 000\times13\%-50\ 000\times13\%=3\ 900(元)$$

$$应纳城市维护建设税和教育费附加=3\ 900\times(7\%+3\%)=390(元)$$

$$应纳企业所得税=[80\ 000-50\ 000-(80\ 000\times13\%-50\ 000\times13\%)\times(7\%+3\%)]\times25\%=7\ 402.5(元)$$

$$应纳税额合计=3\ 900+390+7\ 402.5=11\ 692.5(元)$$

$$税后利润=[80\ 000-50\ 000-(80\ 000\times13\%-50\ 000\times13\%)\times(7\%+3\%)]\times(1-25\%)=22\ 207.5(元)$$

方案二：享受现金折扣。

$$应纳增值税=80\ 000\times13\%-50\ 000\times13\%=3\ 900(元)$$

$$应纳城市维护建设税和教育费附加=3\ 900\times(7\%+3\%)=390(元)$$

$$应纳企业所得税=[80\ 000-(50\ 000-50\ 000\times2\%)-(50\ 000-50\ 000\times2\%+50\ 000\times13\%)\times6\%\div12-(80\ 000\times13\%-50\ 000\times13\%)\times(7\%+3\%)]\times25\%=7\ 583.13(元)$$

$$应纳税额合计=3\ 900+390+7\ 583.13=11\ 873.13(元)$$

$$税后利润=[80\ 000-(50\ 000-50\ 000\times2\%)-(50\ 000-50\ 000\times2\%+50\ 000\times13\%)\times6\%\div12-(80\ 000\times13\%-50\ 000\times13\%)\times(7\%+3\%)]\times(1-25\%)=22\ 749.38(元)$$

【筹划结论】方案一比方案二少缴纳企业所得税180.63元（7 583.13－7 402.5），方案一比方案二少缴纳税额合计 180.63 元（11 873.13－11 692.5），若以实现税负最小化为纳税筹划目标，则应当选择方案一；方案二比方案一多获取税后利润 541.88 元（22 749.38－22 207.5），若以实现税后利润最大化为纳税筹划目标，则应当选择方案二。

【筹划点评】现金折扣的折扣率（30 天内付款的折扣率为 2%）往往大于借款利率（折算为月利率＝6%÷12＝0.5%），因此，若以实现税后利润最大化为纳税筹划目标，企业应当尽量选择享受现金折扣。

5.4 企业所得税销售行为的纳税筹划

5.4.1 还本销售的纳税筹划

【例 5－18】 甲公司是一家生产企业，为增值税一般纳税人。本年 1 月 1 日，因资金缺乏，决定采用还本销售方式销售货物，以保证企业正常经营。销售货物的价格为 600 万元（含增值税），双方约定自销售当年起，5 年内每年年末以银行存款还本 120 万元，该货物的市场价格为 200 万元（含增值税）。该批货物的成本为 110 万元，其中原材料成本为 100 万元（不含增值税），甲公司取得增值税专用发票，注明增值税额为 13 万元。甲公司取得的增值税专用发票本年 1 月符合抵扣规定。甲公司销售货物适用的增值税税率为 13%。甲公司适用的企业所得税税率为 25%，城市维护建设税税率为 7%，教育费附加征收率为 3%。

【工作要求】请对上述业务进行纳税筹划。

【税法依据】还本销售是指纳税人在销售货物后，到一定期限由销售方一次或分次退还给购货方全部或部分价款。这种方式实际上是一种筹资，即以货物换取资金的使用价值，到期还本不付息。

采取还本销售方式销售货物，其销售额（计算增值税的销售额）就是货物的销售价格，不得从销售额中减除还本支出。

企业实际发生的与取得收入有关的、合理的支出，包括成本、费用、税金、损失和其他支出，准予在计算应纳税所得额时扣除。

【筹划思路】企业若采用还本销售方式销售货物，不仅会增加增值税税负，当期收入的增加还会引起当期企业所得税税负增加。企业可用向购货方借款的方式来代替还本销售方式进行筹资，以达到降低税负的目的。

【筹划过程】

方案一：采用还本销售方式进行筹资。

甲公司应确认的收入＝600÷(1＋13%)＝530.97(万元)

应纳增值税＝530.97×13%－13＝56.03(万元)

应纳城市维护建设税和教育费附加＝56.03×(7%＋3%)＝5.60(万元)

本年应确认的还本支出＝120(万元)

本年应纳税所得额＝530.97－110－120－5.60＝295.37(万元)

本年应纳企业所得税＝295.37×25％＝73.84(万元)

本年税后利润＝295.37－73.84＝221.53(万元)

本年甲公司应纳税额合计＝56.03＋5.60＋73.84＝135.47(万元)

方案二：甲公司以市场价格销售货物，价格为200万元（含增值税），同时向购货方借款400万元，利率为10％（银行同期贷款利率为6.55％），双方约定自销售当年起，5年内每年还本付息120万元（400÷5＋400×10％），5年内本息合计600万元（120×5）。

甲公司应确认的收入＝200÷(1＋13％)＝176.99(万元)

应纳增值税＝176.99×13％－13＝10.01(万元)

应纳城市维护建设税和教育费附加＝10.01×(7％＋3％)＝1.00(万元)

本年应确认的财务费用＝400×10％＝40(万元)

本年可在企业所得税税前扣除的财务费用＝400×6.55％＝26.2(万元)

本年应纳税所得额＝176.99－110－26.2－1.00＝39.79(万元)

本年应纳企业所得税＝39.79×25％＝9.95(万元)

本年税后利润＝176.99－110－40－1.00－9.95＝16.04(万元)

本年甲公司应纳税额合计＝10.01＋1.00＋9.95＝20.96(万元)

【筹划结论】方案二比方案一少缴税额合计114.51万元（135.47－20.96），若以实现税负最小化为纳税筹划目标，则应当选择方案二。

【筹划点评】企业在选择筹资方式时，应尽量避免还本销售方式，可以与购买方协商，以借款方式代替还本销售方式，这样可以降低筹资方（销售方）的税负。同时应当注意到，方案二的税后利润远小于方案一的税后利润，但后4年方案一每年税前要扣除还本支出120万元，而方案二每年税前要扣除利息支出26.2万元。也就是说，方案二后4年会实现更多的利润，读者可以通过折现的方式自行测算。

5.4.2 以物易物的纳税筹划

【例5-19】 甲公司、乙公司均为增值税一般纳税人，本年12月10日，甲公司为促销欲采取以物易物的销售方式，以甲设备换入乙公司的乙设备（甲设备和乙设备均为2009年1月之后购入，市场价格均为200万元（不含增值税），账面成本均为160万元）。设备的折旧年限均为10年，都采用直线法计提折旧。两公司的资金成本为10％，设备净残值率为5％。甲设备和乙设备适用的增值税税率均为13％。两家公司当月无其他允许抵扣的进项税额。甲公司、乙公司分别向对方开具增值税专用发票，且甲公司、乙公司取得的增值税专用发票本年1月符合抵扣规定。甲公司、乙公司适用的企业所得税税率均为25％。

【工作要求】请对上述业务进行纳税筹划。

【税法依据】以物易物是指购销双方不以货币结算，而以同等价款的货物相互结算，实现货物购销的一种方式。

对于增值税而言，以物易物的双方都应做购销处理，以各自发出的货物核算销售额并计算销项税额，以各自收到的货物核算购货额并计算进项税额。对于一般纳税人之间的以物易物，双方是否可以抵扣进项税额，需要看能否取得对方开具的增值税专用发票等合法扣税凭证、换入的货物是否属于可以抵扣进项税额的货物等。若能取得对方开具的增值税专用发票等合法扣税凭证，且换入的货物是可以抵扣进项税额的货物，则可以抵扣进项税额。

对于企业所得税而言，企业发生非货币性资产交换，以及将货物、财产、劳务用于捐赠、偿债、赞助、集资、广告、样品、职工福利或者利润分配等用途的，应当视同销售货物、转让财产或者提供劳务，但国务院财政、税务主管部门另有规定的除外。

【筹划思路】一方面，采用以物易物销售方式的，应确认收入，缴纳企业所得税。此时，以物易物双方对物品的作价直接影响企业所得税税负。另一方面，若换入的物品为固定资产，则对其作价的大小又会影响未来每年计提的折旧额，进而影响未来每年的企业所得税，因此，交换双方应比较不同作价下企业应承担的整体税负，以便做出合理的决策。

【筹划过程】

方案一：以 200 万元作为交换价格，并相互开具增值税专用发票。

甲公司、乙公司应纳增值税 $=200\times13\%-200\times13\%=0$

甲公司、乙公司换入设备年折旧额 $=(200-200\times5\%)\div10=19$(万元)

未来 10 年甲公司、乙公司折旧额可抵减的企业所得税现值

$$=19\times25\%\times(P/A,10\%,10)$$
$$=19\times25\%\times6.1446$$
$$=29.1869(万元)$$

甲公司、乙公司因以物易物应纳企业所得税 $=(200-160)\times25\%=10$(万元)

方案二：以 160 万元作为交换价格，并相互开具增值税专用发票。

甲公司、乙公司应纳增值税 $=160\times13\%-160\times13\%=0$

甲公司、乙公司换入设备年折旧额 $=(160-160\times5\%)\div10=15.2$(万元)

未来 10 年甲公司、乙公司折旧额可抵减的企业所得税现值

$$=15.2\times25\%\times(P/A,10\%,10)$$
$$=15.2\times25\%\times6.1446$$
$$=23.3495(万元)$$

甲公司、乙公司因以物易物应纳企业所得税 $=(160-160)\times25\%=0$

方案三：以 240 万元作为交换价格，并相互开具增值税专用发票。

甲公司、乙公司应纳增值税 $=240\times13\%-240\times13\%=0$

甲公司、乙公司换入设备年折旧额 $=(240-240\times5\%)\div10$
$=22.8$（万元）

未来10年甲公司、乙公司折旧额可抵减的企业所得税现值 $=22.8\times25\%\times(P/A,10\%,10)$
$=22.8\times25\%\times6.1446$
$=35.0242$（万元）

甲公司、乙公司因以物易物应纳企业所得税 $=(240-160)\times25\%=20$（万元）

【筹划结论】方案二比方案一少缴纳企业所得税10万元（10－0），少抵减企业所得税5.837 4万元（29.186 9－23.349 5），基本上相当于少缴纳企业所得税4.162 6万元（10－5.837 4）；比方案三少缴纳企业所得税20万元（20－0），少抵减企业所得税11.674 7万元（35.024 2－23.349 5），基本上相当于少缴纳企业所得税8.325 3万元（20－11.674 7），若以实现税负最小化以及涉税资金时间价值最大化为纳税筹划目标，则应当优先选择方案二，其次是方案一，最后是方案三。

【筹划点评】在以物易物的销售方式中，若换入资产为固定资产：一方面，交换双方不仅要考虑固定资产的作价对企业所得税的影响，还要考虑在未来固定资产所提取的折旧对企业所得税的影响；另一方面，交换双方的交换价格要在合理的范围内，以避免税务机关的纳税调整。

5.5 企业所得税重组的纳税筹划

5.5.1 企业分立的纳税筹划

【例5-20】 甲公司为一家生产企业，尚未设立独立的销售公司，本年预计实现销售收入5 000万元，广告费支出、业务宣传费支出合计1 200万元。其他可税前扣除的成本费用为2 600万元，没有其他企业所得税纳税调整项目。甲公司适用的企业所得税税率为25%。

【工作要求】请对上述业务进行纳税筹划。

【税法依据】广告费和业务宣传费支出不超过当年销售收入15%的部分，可以据实扣除，超过部分可结转到以后年度扣除。

【筹划思路】很多生产企业存在广告费和业务宣传费超支而不能在企业所得税税前全部扣除的现象。若把其销售部门分立出去，成立独立核算的销售子公司，则可以以原企业（母公司）的名义列支一部分广告费和业务宣传费，这样原本超支而不能税前扣除的费用就可以在销售子公司税前扣除，从而可以降低集团公司整体企业所得税税负。

【筹划过程】

方案一：甲公司不设立销售子公司。

甲公司广告费和业务宣传费支出的扣除限额为 750 万元（5 000×15%），实际发生额为 1 200 万元，超支 450 万元（1 200－750），因此只能按照 750 万元在企业所得税税前扣除。

应纳企业所得税＝(5 000－2 600－750)×25%＝412.5(万元)

税后利润＝5 000－2 600－1 200－412.5＝787.5(万元)

方案二：甲公司把销售部门分立出去，设立独立核算的销售子公司乙公司。

假设甲公司先以 4 000 万元的价格把产品销售给乙公司，乙公司再以 5 000 万元的价格对外销售。由甲公司承担广告费支出、业务宣传费支出 600 万元，同时乙公司承担广告费支出、业务宣传费支出 600 万元。

因甲公司和乙公司之间构成销售关系，需要根据买卖合同分别多缴纳印花税 1.2 万元（4 000×0.000 3）。

甲公司广告费和业务宣传费支出的扣除限额为 600 万元（4 000×15%），实际发生额为 600 万元，未超支，可按照 600 万元在税前全额扣除。

甲公司应纳企业所得税＝(4 000－2 600－600－1.2)×25%＝199.7(万元)

甲公司税后利润＝4 000－2 600－600－1.2－199.7＝599.1(万元)

乙公司广告费和业务宣传费支出的扣除限额为 750 万元（5 000×15%），实际发生额为 600 万元，未超支，可按照 600 万元在税前全额扣除。

乙公司应纳企业所得税＝(5 000－4 000－600－1.2)×25%＝99.7(万元)

乙公司税后利润＝5 000－4 000－600－1.2－99.7＝299.1(万元)

集团公司应纳企业所得税合计＝199.7＋99.7＝299.4(万元)

集团公司税后利润合计＝599.1＋299.1＝898.2(万元)

【筹划结论】方案二比方案一少缴纳企业所得税合计 113.1 万元（412.5－299.4），多获取税后利润合计 110.7 万元（898.2－787.5），若以实现税负最小化以及税后利润最大化为纳税筹划目标，则应当选择方案二。

【筹划点评】分立销售部门成立销售子公司必然会发生一定的开办费用以及后续的管理费用，因此，此类纳税筹划方法在运用时会受到一定的限制。

5.5.2 企业合并的纳税筹划

【例 5－21】 甲公司欲合并乙公司，乙公司在被合并时的净资产公允价值为 1 500 万元，尚未弥补的亏损为 250 万元，该亏损的税前弥补期限尚有 3 年。甲公司和乙公司双方股东达成协议，甲公司股东于 20×6 年 1 月 1 日以价值 1 200 万元的股份和 300 万元的现金合并乙公司。假设合并后的甲公司 20×6 年、20×7 年、20×8 年弥补亏损前的应税所得额分别为200万元、300万元、300万元，20×6年、20×7年、20×8年国家发行的最长期限国债的利率均为4%。甲公司适用的企业所得税税率为25%。

【工作要求】请对上述业务进行纳税筹划。

【税法依据】

(1) 企业重组同时符合下列条件的，适用特殊性税务处理规定：

1) 具有合理的商业目的，且不以减少、免除或者推迟缴纳税款为主要目的。

2) 被收购、合并或分立部分的资产或股权比例符合下述第(2)项规定的比例。

3) 企业重组后的连续12个月内不改变重组资产原来的实质性经营活动。

4) 重组交易对价中涉及的股权支付金额符合下述第(2)项规定的比例。

5) 企业重组中取得股权支付的原主要股东，在重组后连续12个月内，不得转让所取得的股权。

(2) 企业重组符合上述五个条件的，交易各方对其交易中的股权支付部分，可以按以下规定进行特殊性税务处理。

1) 企业债务重组确认的应纳税所得额占该企业当年应纳税所得额50%以上，可以在5个纳税年度的期间内，均匀计入各年度的应纳税所得额。

企业发生债权转股权业务，对债务清偿和股权投资两项业务暂不确认有关债务清偿所得或损失，股权投资的计税基础以原债权的计税基础确定。企业的其他相关所得税事项保持不变。

2) 股权收购，收购企业购买的股权不低于被收购企业全部股权的50%，且收购企业在该股权收购发生时的股权支付金额不低于其交易支付总额的85%，可以选择按以下规定处理：

①被收购企业的股东取得收购企业股权的计税基础，以被收购股权的原有计税基础确定。

②收购企业取得被收购企业股权的计税基础，以被收购股权的原有计税基础确定。

③收购企业、被收购企业的原有各项资产和负债的计税基础和其他相关所得税事项保持不变。

3) 资产收购，受让企业收购的资产不低于转让企业全部资产的50%，且受让企业在该资产收购发生时的股权支付金额不低于其交易支付总额的85%，可以选择按以下规定处理：

①转让企业取得受让企业股权的计税基础，以被转让资产的原有计税基础确定。

②受让企业取得转让企业资产的计税基础，以被转让资产的原有计税基础确定。

4) 企业合并，企业股东在该企业合并发生时取得的股权支付金额不低于其交易支付总额的85%，以及同一控制下且不需要支付对价的企业合并，可以选择按以下规定处理：

①合并企业接受被合并企业资产和负债的计税基础，以被合并企业的原有计税基础确定。

②被合并企业合并前的相关所得税事项由合并企业承继。

③可由合并企业弥补的被合并企业亏损的限额＝被合并企业净资产公允价值×截至合并业务发生当年年末国家发行的最长期限的国债利率。

可由合并企业弥补的被合并企业亏损的限额，是指按税法规定的剩余结转年限内，每年可由合并企业弥补的被合并企业亏损的限额。

④被合并企业股东取得合并企业股权的计税基础，以其原持有的被合并企业股权的计税基础确定。

5）企业分立，被分立企业所有股东按原持股比例取得分立企业的股权，分立企业和被分立企业均不改变原来的实质经营活动，且被分立企业股东在该企业分立发生时取得的股权支付金额不低于其交易支付总额的85%，可以选择按以下规定处理：

①分立企业接受被分立企业资产和负债的计税基础，以被分立企业的原有计税基础确定。

②被分立企业已分立出去资产相应的所得税事项由分立企业承继。

③被分立企业未超过法定弥补期限的亏损额可按分立资产占全部资产的比例进行分配，由分立企业继续弥补。

④被分立企业的股东取得分立企业的股权（以下简称"新股"），如需部分或全部放弃原持有的被分立企业的股权（以下简称"旧股"），"新股"的计税基础应以放弃"旧股"的计税基础确定。如不需放弃"旧股"，则其取得"新股"的计税基础可从以下两种方法中选择确定：直接将"新股"的计税基础确定为零；或者以被分立企业分立出去的净资产占被分立企业全部净资产的比例先调减原持有的"旧股"的计税基础，再将调减的计税基础平均分配到"新股"上。

6）重组交易各方按上述1）至5）项规定对交易中股权支付暂不确认有关资产的转让所得或损失的，其非股权支付仍应在交易当期确认相应的资产转让所得或损失，并调整相应资产的计税基础。

$$\begin{matrix}\text{非股权支付对应的}\\\text{资产转让所得或损失}\end{matrix}=\left(\begin{matrix}\text{被转让资产的}\\\text{公允价值}\end{matrix}-\begin{matrix}\text{被转让资产的}\\\text{计税基础}\end{matrix}\right)\times\frac{\text{非股权支付金额}}{\text{被转让资产的公允价值}}$$

【筹划思路】在企业合并过程中，应当尽量使合并企业股东在合并发生时的股权支付金额不低于其交易支付总额的85%，这样，在被合并企业存在尚未弥补完的亏损的情况下，可进行特殊税务处理，即可由合并企业弥补被合并企业未弥补的亏损，从而达到少缴或者晚缴企业所得税的目的。

【筹划过程】

方案一：甲公司以价值1 200万元的股份和300万元的现金合并乙公司。

$$\text{股权支付比例}=1\ 200\div(1\ 200+300)=80\%<85\%$$

合并企业甲公司不能弥补被合并企业乙公司的亏损，因此

$$\text{甲公司三年应纳企业所得税合计}=(200+300+300)\times25\%=200(\text{万元})$$

方案二：甲公司以价值 1 300 万元的股份和 200 万元的现金合并乙公司。

股权支付比例＝1 300÷(1 300＋200)＝86.67%＞85%

合并企业甲公司可在税法规定的限额内弥补被合并企业乙公司的亏损。

甲公司 20×6 年可弥补的亏损限额＝1 500×4%＝60(万元)

60 万元＜250 万元，因此

甲公司应纳企业所得税＝(200－60)×25%＝35(万元)

甲公司 20×7 年可弥补的亏损限额＝1 500×4%＝60(万元)

60 万元＜190 万元（250－60），因此

甲公司应纳企业所得税＝(300－60)×25%＝60(万元)

甲公司 20×8 年可弥补的亏损限额＝1 500×4%＝60(万元)

60 万元＜130 万元（190－60），因此

甲公司应纳企业所得税＝(300－60)×25%＝60(万元)

甲公司三年应纳企业所得税合计＝35＋60＋60＝155(万元)

【筹划结论】方案二比方案一少缴纳企业所得税合计 45 万元（200－155），若以实现税负最小化为纳税筹划目标，则应当选择方案二。

【筹划点评】一方面，特殊性税务处理会产生递延纳税的好处；另一方面，应当注意特殊性税务处理需要满足“具有合理的商业目的，且不以减少、免除或者推迟缴纳税款为主要目的”这一条件。

5.5.3 企业清算的纳税筹划

【例 5－22】 甲公司董事会于本年 8 月向股东会提交解散申请书，股东会于本年 9 月 20 日通过并做出决议，清算开始日定于本年 10 月 1 日，清算期间为两个月。该公司财务部经理在开始清算后发现，本年 1—9 月公司盈利 100 万元，并且公司在清算初期会发生巨额清算支出。假定整个清算期间（本年 10 月 1 日至 11 月 30 日）甲公司的全部资产可变现价值或交易价格，减除资产的计税基础、清算费用、相关税费，加上债务清偿损益等后的余额（即清算所得）为－150 万元，其中本年 10 月 1 日至 10 月 14 日出售本公司多台设备取得净收益－100 万元。甲公司适用的企业所得税税率为 25%。

【工作要求】请对上述业务进行纳税筹划。

【税法依据】企业在一个纳税年度中间开业，或者终止经营活动，使该纳税年度的实际经营期不足 12 个月的，应当以其实际经营期为 1 个纳税年度。企业依法清算时，应当以清算期间作为 1 个纳税年度。企业应当在办理注销登记前，就其清算所得向税务机关申报并依法缴纳企业所得税。

企业应将整个清算期作为一个独立的纳税年度计算清算所得。企业的全部资产可变现价值或交易价格，减除资产的计税基础、清算费用、相关税费，加上债务清偿损益等后的余额，为清算所得。

【筹划思路】企业在清算年度应划分两个纳税年度：从当年 1 月 1 日到清算开始日为生产经营纳税年度；从清算开始日到清算结束日的清算期间为清算纳税年度。企业的清算日期不同，对两个纳税年度应纳税所得额的影响就不同。企业可以利用推迟或提前清算开始日期的方法来影响企业清算期间应纳税所得额，从而达到降低企业所得税税负的目的。

【筹划过程】

方案一：清算开始日定于本年 10 月 1 日。

生产经营纳税年度（本年 1 月 1 日至 9 月 30 日）应纳企业所得税为 25 万元（100×25%）；清算纳税年度（本年 10 月 1 日至 11 月 30 日）清算所得为－150 万元，不缴纳企业所得税。

方案二：清算开始日定于本年 10 月 15 日。

生产经营纳税年度（本年 1 月 1 日至 10 月 14 日）应纳企业所得税为 0((100－100)×25%)；清算纳税年度（本年 10 月 15 日至 11 月 30 日）清算所得为－50 万元（－150－(－100)），不缴纳企业所得税。

【筹划结论】方案二比方案一少缴纳企业所得税 25 万元（25－0），若以实现税负最小化为纳税筹划目标，则应当选择方案二。

【筹划点评】通过改变清算开始日期，合理调整正常生产经营所得和清算所得，可以达到降低企业整体税负的目的。

5.6 企业所得税优惠政策的纳税筹划

5.6.1 投资产业选择的纳税筹划

【例 5－23】 甲农场本年计划在种植蔬菜以外增加种植项目，经过考察，最终决定在种植水果和种植茶叶之中选择一个。假设种植水果或种植茶叶均能实现利润总额 300 万元，且没有其他企业所得税纳税调整项目。

【工作要求】请对上述业务进行纳税筹划。

【税法依据】企业从事农、林、牧、渔业项目的所得，可以免征、减征企业所得税。

(1) 企业从事下列项目的所得，免征企业所得税：

1) 蔬菜、谷物、薯类、油料、豆类、棉花、麻类、糖料、水果、坚果的种植；

2) 农作物新品种的选育；

3) 中药材的种植；

4）林木的培育和种植；

5）牲畜、家禽的饲养；

6）林产品的采集；

7）灌溉、农产品初加工、兽医、农技推广、农机作业和维修等农、林、牧、渔服务业项目；

8）远洋捕捞。

（2）企业从事下列项目的所得，减半征收企业所得税：

1）花卉、茶以及其他饮料作物和香料作物的种植；

2）海水养殖、内陆养殖。

【筹划思路】税法规定的各种税收优惠反映了国家的政策导向，是国家鼓励和倡导的，企业可以充分利用各种税收优惠政策进行纳税筹划，这不仅有利于企业，还有利于国家。

【筹划过程】

方案一：选择种植茶叶。种植茶叶的所得可以减半征收企业所得税，则

$$应纳企业所得税=300\times25\%\div2=37.5(万元)$$

方案二：选择种植水果。可以免征企业所得税。

【筹划结论】方案二比方案一少缴纳企业所得税37.5万元（37.5－0），若以实现税负最小化为纳税筹划目标，则应当选择方案二。

【筹划点评】具体种植什么项目，要看企业自身的具体情况，不能单纯根据企业所得税税负来做选择。

5.6.2 直接投资与间接投资选择的纳税筹划

【例5-24】 甲公司为中国居民企业，现有闲置资金2 000万元，准备对外投资。有两种方案可供选择。方案一：甲公司与其他公司联营，共同投资创建一个新的高新技术企业乙公司（在中国境内注册成立），甲公司拥有乙公司40%的股权，预计乙公司每年的利润总额为400万元，税后利润提取法定盈余公积后全部分配。方案二：甲公司用2 000万元购买国债，年利率为8%。甲公司没有其他企业所得税纳税调整项目。

【工作要求】请对上述业务进行纳税筹划。

【税法依据】国家需要重点扶持的高新技术企业减按15%的税率征收企业所得税。

符合条件的居民企业之间的股息、红利等权益性投资收益为企业所得税免税收入。符合条件的居民企业之间的股息、红利等权益性投资收益，是指居民企业直接投资于其他居民企业取得的投资收益，不包括连续持有居民企业公开发行并上市流通的股票不足12个月取得的投资收益。

【筹划思路】企业投资大体上有直接投资与间接投资两种方式。在不同的投资方式下，企业的税负和税后利润一般是不同的，若企业以实现税后利润最大化为纳税筹划目

标，则应当比较不同方案下税后利润的大小，然后做出合理的决策。

【筹划过程】

方案一：甲公司与其他公司联营，共同投资创建一个新的高新技术企业乙公司（在中国境内注册成立）。

乙公司可获取税后利润＝400×(1－15％)＝340(万元)

乙公司提取法定盈余公积＝340×10％＝34(万元)

向投资者分配的利润合计＝340－34＝306(万元)

甲公司可获取投资收益(税后利润)＝306×40％＝122.4(万元)

符合条件的居民企业之间的股息、红利等权益性投资收益，是指居民企业直接投资于其他居民企业取得的投资收益，属于免税收入。因此

甲公司可获取税后投资收益(税后利润)＝122.4(万元)

方案二：甲公司用 2 000 万元购买国债，年利率为 8％。

甲公司可获取投资收益(税后利润)＝2 000×8％＝160(万元)

国债利息收入免征企业所得税，因此

甲公司可获取税后投资收益(税后利润)＝160(万元)

【筹划结论】方案二比方案一多获取税后投资收益（税后利润）37.6 万元（160－122.4），若以实现税后利润最大化为纳税筹划目标，则应当选择方案二。

【筹划点评】虽然以上两种方式下投资方都免于缴纳企业所得税，但方案一中，投资方收取的是被投资企业缴纳企业所得税后所分配的利润，显然不如因投资国债而取得的免税收益高。应当注意的是，企业在选择投资方式时，应综合考虑投资收益、投资风险、投资的变现能力等各种因素，最终选择合理的方案。

5.6.3　技术转让所得的纳税筹划

【例 5－25】　甲公司 20×6 年 12 月 15 日准备以 1 600 万元的价格转让某技术，其技术转让成本和相关税费为 600 万元，技术转让所得为 1 000 万元（1 600－600）。甲公司适用的企业所得税税率为 25％。

【工作要求】请对上述业务进行纳税筹划。

【税法依据】一个纳税年度内，居民企业技术转让所得不超过 500 万元的部分，免征企业所得税；超过 500 万元的部分，减半征收企业所得税。其中，

技术转让所得＝技术转让收入－技术转让成本－相关税费

以分期收款方式销售货物按照合同约定的收款日期确认收入的实现。

【筹划思路】对于预计当年技术转让所得超过 500 万元的情况，可以采取递延技术转让所得的方式进行纳税筹划。具体操作方法如下：采用分期收款方式，将超过 500 万

元的这部分所得分摊到以后年度，从而充分利用免征企业所得税的优惠。

【筹划过程】

方案一：20×6年12月15日签订直接收款的技术转让合同。

20×6年应纳税所得额＝1 600－600－500＝500(万元)

20×6年应纳企业所得税＝500×25%×0.5＝62.5(万元)

方案二：签订分期收款的技术转让合同，合同约定20×6年12月15日收取800万元，20×7年1月15日再收取800万元，则600万元的技术转让成本和相关税费也相应地在两个年度均分。

20×6年应纳税所得额＝800－300－500＝0

20×6年应纳企业所得税＝0

20×7年应纳税所得额＝800－300－500＝0

20×7年应纳企业所得税＝0

【筹划结论】方案二比方案一少缴纳企业所得税62.5万元（62.5－0），若以实现税负最小化为纳税筹划目标，则应当选择方案二。

【筹划点评】分期确认技术转让收入的好处在于将技术转让所得分摊在不同的年度，在各年度充分享受税收优惠政策。

5.6.4 合理安排研究开发费用的纳税筹划

【例5-26】 甲公司本年根据市场需求，拟开发一系列新产品，计划耗时两年，科研部门提出的研究开发费用预算为1 000万元。现有两种方案可供选择。方案一：第一年研究开发费用为250万元，第二年研究开发费用为750万元，第一年可实现利润总额1 200万元，第二年可实现利润总额3 600万元。方案二：第一年研究开发费用为750万元，第二年研究开发费用为250万元，第一年可实现利润总额3 600万元，第二年可实现利润总额1 200万元。上述利润总额均未扣除研究开发费用，且甲公司没有其他企业所得税纳税调整项目，预算安排不影响甲公司正常的生产进度。甲公司适用的企业所得税税率为25%。

【工作要求】请对上述业务进行纳税筹划。

【税法依据】企业为开发新技术、新产品和新工艺发生的研究开发费用（又称研究开发费、研发费用），未形成无形资产计入当期损益的，在按照规定据实扣除的基础上，按照研发费用的50%加计扣除；形成无形资产的，按照无形资产成本的150%摊销。企业开展研发活动中实际发生的研发费用，未形成无形资产计入当期损益的，在按规定据实扣除的基础上，在2018年1月1日至2023年12月31日期间，再按照实际发生额的75%在税前加计扣除；形成无形资产的，在上述期间按照无形资产成本的175%在税前摊销。适用研发费用税前加计扣除比例75%的企业，在2022年10月1日至2022年12月31日期间，税前加计扣除比例提高至100%。制造业企业开展研发活动中实际发生的研发费用，未形成无形资产计入当期损益的，在按规定据实扣除的基础上，自2021年1月1日起，再按照实际发生额的100%在税前加计扣除；形成无形资产的，自2021年1月1日起，按照无形资产成本的200%在税前摊销。科技型中小企业开展研发活动中实际发生的研发费用，未形成无形资产计入当期损益的，在按规定据实扣除的基础上，自2022年1月1日起，再按照实际发生额的100%在税前加计扣除；形成无形资产的，自2022年1月1日起，按照无形资产成本的200%在税前摊销。企业开展研发活动中实际发生的研发费用，未形成无形资产计入当期损益的，在按规定据实扣除的基础上，自2023年1月1日起，再按照实际发生额的100%在税前加计扣除；形成无形资产的，自2023年1月1日起，按照无形资产成本的200%在税前摊销（该政策作为制度性安排长期实施）。

【筹划思路】企业开发新技术、新产品、新工艺发生的研究开发费用，其金额大小和发生年度的不同会影响相关年度利润总额，进而影响相关年度企业所得税税负。企业应当测算不同研究开发费用方案下相关指标的大小，选择对企业有利的方案。

【筹划过程】

方案一：第一年研究开发费用为250万元，第二年研究开发费用为750万元，第一年可实现利润总额1 200万元，第二年可实现利润总额3 600万元。

第一年发生研究开发费用250万元，可加计扣除的100%即250万元（250×100%）。

第一年应纳税所得额＝1 200－(250＋250)＝700(万元)

第一年应纳企业所得税＝700×25%＝175(万元)

第一年税后利润＝1 200－250－175＝775(万元)

第二年发生研究开发费用750万元，可加计扣除的100%即750万元（750×100%）。

第二年应纳税所得额＝3 600－(750＋750)＝2 100(万元)

第二年应纳企业所得税＝2 100×25%＝525(万元)

第二年税后利润＝3 600－750－525＝2 325(万元)

方案二：第一年研究开发费用为750万元，第二年研究开发费用为250万元，第一年可实现利润总额3 600万元，第二年可实现利润总额1 200万元。

第一年发生研究开发费用750万元，可加计扣除的100%即750万元（750×100%）。

第一年应纳税所得额＝3 600－(750＋750)＝2 100(万元)

第一年应纳企业所得税＝2 100×25%＝525(万元)

第一年税后利润＝3 600－750－525＝2 325(万元)

第二年发生研究开发费用250万元，可加计扣除的100%即250万元（250×100%）。

第二年应纳税所得额＝1 200－(250＋250)＝700(万元)

第二年应纳企业所得税＝700×25%＝175(万元)

第二年税后利润＝1 200－250－175＝775(万元)

【筹划结论】方案一比方案二整体上能够晚缴纳企业所得税，但方案二比方案一整体上能够早获取税后利润。若以涉税资金时间价值最大化为纳税筹划目标，则应当选择方案一。

【筹划点评】研究开发费用的发生时间应当以不影响企业正常经营为前提，否则得不偿失。

5.6.5 自行研发与委托研发选择的纳税筹划

【例5-27】 甲公司现需得到某项新技术，有两种方案可供选择。方案一：甲公司自行研发，由于甲公司不擅长研发该技术，研发费用高达350万元，且未形成无形资产。方案二：甲公司委托我国境内有开发经验的乙技术研发公司研发该技术，并支付研发费用300万元，且未形成无形资产。甲公司本年未扣除该技术相关费用的利润总额为1 500万元，且没有其他企业所得税纳税调整项目。甲公司适用的企业所得税税率为25%。

【工作要求】请对上述业务进行纳税筹划。

【税法依据】企业开展研发活动中实际发生的研发费用，未形成无形资产计入当期损益的，在按规定据实扣除的基础上，在2018年1月1日至2023年12月31日期间，再按照实际发生额的75%在税前加计扣除；形成无形资产的，在上述期间按照无形资产成本的175%在税前摊销。适用研发费用税前加计扣除比例75%的企业，在2022年10月1日至2022年12月31日期间，税前加计扣除比例提高至100%。制造业企业开展研发活动中实际发生的研发费用，未形成无形资产计入当期损益的，在按规定据实扣除的基础上，自2021年1月1日起，再按照实际发生额的100%在税前加计扣除；形成无形资产的，自2021年1月1日起，按照无形资产成本的200%在税前摊销。科技型中小企业开展研发活动中实际发生的研发费用，未形成无形资产计入当期损益的，在按规定据实扣除的基础上，自2022年1月1日起，再按照实际发生额的100%在税前加计扣除；形成无形资产的，自2022年1月1日起，按照无形资产成本的200%在税前摊销。企业开展研发活动中实际发生的研发费用，未形成无形资产计入当期损益的，在按规定据实扣除的基础上，自2023年1月1日起，再按照实际发生额的100%在税前加计扣除；形成无形资产的，自2023年1月1日起，按照无形资产成本的200%在税前摊销（该政策作为制度性安排长期实施）。

企业委托外部机构或个人进行研发活动所发生的费用，按照费用实际发生额的80%计入委托方研发费用并计算加计扣除，受托方不得再进行加计扣除。委托外部研究开发费用实际发生额应按照独立交易原则确定。“企业委托外部机构或个人进行研发活动所发生的费用，按照费用实际发生额的80%计入委托方研发费用并计算加计扣除”具体解读为：企业委托外部机构或个人开展研发活动发生的费用，可按规定在税前扣除；加计扣除时按照研发活动发生费用的80%作为加计扣除基数。委托个人研发的，应凭个人出具的发票等合法有效凭证在税前加计扣除。自2018年1月1日起，委托境外进行研发活动所发生的费用，按照费用实际发生额的 80%计入委托方的委托境外研发费用。委托境外研发费用不超过境内符合条件的研发费用 2/3 的部分，可以按规定在企业所得税税前加计扣除。上述费用实际发生额应按照独立交易原则确定。委托方与受托方存在关联关系的，受托方应向委托方提供研发项目费用支出明细情况。委托境外进行研发活动不包括委托境外个人进行的研发活动。

【筹划思路】与自行开展研发活动相比，委托外部机构或个人进行研发活动所发生的费用，只能按照费用实际发生额的 80%作为加计扣除基数。在研发支出相等的情况下，自行开展研发活动要优于委托他人开展研发活动，但若委托他人开展研发活动的研发支出较低，则可以通过测算来判断委托他人开展研发活动是否对本企业更加有利。

【筹划过程】

方案一：甲公司自行研发，由于甲公司不擅长研发该技术，研发费用高达 350 万元，且未形成无形资产。

应纳税所得额＝1 500－350－350×100%＝800(万元)
应纳企业所得税＝800×25%＝200(万元)
税后利润＝1 500－350－200＝950(万元)

方案二：甲公司委托我国境内有开发经验的乙技术研发公司研发该技术，并支付研发费用 300 万元，且未形成无形资产。

应纳税所得额＝1 500－300－300×80%×100%＝960(万元)
应纳企业所得税＝960×25%＝240(万元)
税后利润＝1 500－300－240＝960(万元)

【筹划结论】方案二比方案一多缴纳企业所得税 40 万元（240－200），多获取税后利润 10 万元（960－950）。若以实现税负最小化为纳税筹划目标，则应当选择方案一；若以实现税后利润最大化为纳税筹划目标，则应当选择方案二。

【筹划点评】之所以税法只允许委托研发费用按照 80%加计扣除，是因为企业自主研发费用和委托研发费用的构成是不同的，委托研发费用除了研发成本还包括研发利润，如果委托研发按照实际支付的研发费用全额享受优惠，那么研发利润部分也被加计扣除，这可能会导致税收优惠政策的滥用。

5.6.6　创业投资企业对外投资的纳税筹划

【例 5－28】　甲公司 20×1 年打算对其他企业进行投资，现有两种方案可供选择。方案一：甲公司 20×1 年 7 月 1 日向乙公司（一家上市的中小高新技术企业）投资 100 万元，股权持有至 20×3 年 6 月 30 日之后。方案二：甲公司 20×1 年 7 月 1 日向丙公司（一家未上市的中小高新技术企业）投资 100 万元，股权持有至 20×3 年 6 月 30 日之后。甲公司 20×3 年未考虑上述投资的应纳税所得额为 400 万元。甲公司适用的企业所得税税率为 25%。

【税法依据】创业投资企业采取股权投资方式投资于未上市的中小高新技术企业2年以上的，可以按照其投资额的70%在股权持有满2年的当年抵扣该创业投资企业的应纳税所得额；当年不足抵扣的，可以在以后纳税年度结转抵扣。

【筹划思路】创业投资企业对外投资，应当尽量采取股权投资方式投资于未上市的中小高新技术企业并且投资持续2年以上，以便享受相应的企业所得税税收优惠。

【筹划过程】

方案一：甲公司20×1年7月1日向乙公司（一家上市的中小高新技术企业）投资100万元，股权持有至20×3年6月30日之后。

甲公司20×3年应纳企业所得税＝400×25%＝100(万元)

方案二：甲公司20×1年7月1日向丙公司（一家未上市的中小高新技术企业）投资100万元，股权持有至20×3年6月30日之后。

甲公司20×3年可抵扣的应纳税所得额＝100×70%＝70(万元)

甲公司20×3年应纳企业所得税＝(400－70)×25%＝82.5(万元)

【筹划结论】方案二比方案一少缴纳企业所得税17.5万元（100－82.5），若以实现税负最小化为纳税筹划目标，则应当选择方案二。

【筹划点评】企业对外投资不能仅考虑税收因素，还应当结合盈利水平、风险水平等进行综合考虑，以作出合理的决策。

5.6.7 利用企业从事符合条件的环境保护、节能节水项目的所得“三免三减半”税收优惠政策的纳税筹划

【例5-29】 甲公司为从事符合条件的环境保护项目的一家企业。甲公司20×1年、20×2年、20×3年、20×4年、20×5年、20×6年、20×7年、20×8年的应纳税所得额分别为10万元、－30万元、500万元（未弥补以前年度亏损）、550万元、650万元、600万元、700万元、800万元，其中20×1取得第一笔生产经营收入20万元，发生成本费用10万元，20×2年没有取得生产经营收入，发生成本费用30万元。

【工作要求】请对上述业务进行纳税筹划。

【税法依据】企业从事符合条件的环境保护、节能节水项目的所得，自项目取得第一笔生产经营收入所属纳税年度起，第1～3年免征企业所得税，第4～6年减半征收企业所得税。符合条件的环境保护、节能节水项目，包括公共污水处理、公共垃圾处理、沼气综合开发利用、节能减排技术改造、海水淡化等。

【筹划思路】企业从事符合条件的环境保护、节能节水项目，前期一般存在亏损或微利的状况，这时企业应当尽量推迟取得第一笔生产经营收入年度，以便在以后产生高额利润的年度享受“三免三减半”的企业所得税优惠政策。

【筹划过程】

方案一：甲公司20×1年、20×2年、20×3年、20×4年、20×5年、20×6年、

20×7年、20×8年的应纳税所得额分别为10万元、−30万元、500万元（未弥补以前年度亏损）、550万元、650万元、600万元、700万元、800万元，其中20×1取得第一笔生产经营收入20万元，发生成本费用10万元，20×2年没有取得生产经营收入，发生成本费用30万元。甲公司20×1年至20×8年的应纳税所得额、应纳企业所得税如表5-6所示。

表5-6　方案一下甲公司20×1年至20×8年的应纳税所得额和应纳企业所得税

单位：万元

年份	应纳税所得额	应纳企业所得税
20×1（20×1年为取得第一笔生产经营收入的年度，开始享受“三免三减半”的企业所得税优惠政策）	10	0（免税）
20×2	−30	0（免税）
20×3	500（未弥补以前年度亏损，弥补以前年度亏损后的应纳税所得额=500−30=470）	0（免税）
20×4	550	550×25%÷2=68.75（减半）
20×5	650	650×25%÷2=81.25（减半）
20×6	600	600×25%÷2=75.00（减半）
20×7	700	700×25%=175.00
20×8	800	800×25%=200.00
合计	3 780	600.00

方案二：甲公司在合法合理的前提下有意识地进行利润控制，将原来20×1年取得的生产经营收入20万元延期至20×3年实现，这会使20×1年的应纳税所得额变为−10万元（10−20），20×3年的应纳税所得额（未弥补以前年度亏损）变为520万元（500+20），其他各年应纳税所得额不变，从而将取得第一笔生产经营收入的年度推迟到20×3年。甲公司20×1年至20×8年的应纳税所得额和应纳企业所得税如表5-7所示。

表5-7　方案二下甲公司20×1年至20×8年的应纳税所得额和应纳企业所得税

单位：万元

年份	应纳税所得额	应纳企业所得税
20×1	−10	0
20×2	−30	0
20×3（20×3年为取得第一笔生产经营收入的年度，开始享受“三免三减半”的企业所得税优惠政策）	520（未弥补以前年度亏损，弥补以前年度亏损后的应纳税所得额=520−10−30=480）	0（免税）
20×4	550	0（免税）

续表

年份	应纳税所得额	应纳企业所得税
20×5	650	0（免税）
20×6	600	600×25%÷2=75.00（减半）
20×7	700	700×25%÷2=87.50（减半）
20×8	800	800×25%÷2=100.00（减半）
合计	3 780	262.00

【筹划结论】方案二比方案一少缴纳企业所得税338万元（600－262），若以实现税负最小化为纳税筹划目标，则应当选择方案二。

【筹划点评】从事符合条件的环境保护、节能节水项目的企业应当在合法合理的前提下，对收入和成本费用进行合理的规划，合理确定取得第一笔生产经营收入的年度，从而在未来获取高额利润的年度更加充分地享受企业所得税减免政策。

5.6.8 单独核算核电厂操纵员培养费的纳税筹划

【例5-30】 甲公司是一家核力发电企业。甲公司本年度“核电厂操纵员培养费”和“员工其他的职工教育经费”没有分别核算，共计150万元；若分别核算，则“核电厂操纵员培养费”为75万元，“员工其他的职工教育经费”为75万元。甲公司本年利润总额为3 000万元（已经扣除上述150万元的费用），且没有其他企业所得税纳税调整项目，本年发给全体职工的工资、薪金总额为1 000万元。甲公司适用的企业所得税税率为25%。

【税法依据】核力发电企业为培养核电厂操纵员发生的培养费用，可作为企业的发电成本在税前扣除。企业应将核电厂操纵员培养费与员工的职工教育经费严格区分，单独核算，员工实际发生的职工教育经费支出不得计入核电厂操纵员培养费直接扣除。

除国务院财政、税务主管部门或者省级人民政府规定外，企业发生的职工教育经费支出，不超过工资、薪金总额8%的部分准予扣除，超过部分准予结转以后纳税年度扣除。

【筹划思路】企业应当将“核电厂操纵员培养费”与“员工其他的职工教育经费”严格区分，单独核算，以便享受“核电厂操纵员培养费”单独税前扣除的税收优惠。

【筹划过程】

方案一：没有分别核算“核电厂操纵员培养费”和“员工其他的职工教育经费”。

这种情况下，“核电厂操纵员培养费”（75万元）不能单独据实税前扣除，只能作为职工教育经费的组成部分限额税前扣除，则职工教育经费共计150万元（75+75）。

150万元>80万元（1 000×8%），因此本年职工教育经费只能在税前扣除80万元，需要调增应纳税所得额=150－80=70(万元)。

本年应纳税所得额=3 000+70=3 070(万元)

本年应纳企业所得税=3 070×25%=767.5(万元)

方案二：分别核算“核电厂操纵员培养费”和“员工其他的职工教育经费”。

这种情况下，“核电厂操纵员培养费”（75万元）可以单独据实税前扣除，则职工教育经费共计75万元。

75万元<80万元（1 000×8%），因此本年职工教育经费可以在税前扣除75万元。

因此，无须进行纳税调整。

本年应纳税所得额=3 000(万元)

本年应纳企业所得税=3 000×25%=750(万元)

【筹划结论】 方案二比方案一少缴纳企业所得税17.5万元（767.5−750），若以实现税负最小化为纳税筹划目标，则应当选择方案二。

【筹划点评】 需要注意的是，“员工其他的职工教育经费”应当限额税前扣除，不得变相计入“核电厂操纵员培养费”直接全额税前扣除。

5.6.9　国家重点扶持的高新技术企业注册地点选择的纳税筹划

【例5-31】 甲公司本年年初欲投资设立国家重点扶持的高新技术企业乙公司（独立法人），现有两种方案可供选择。方案一：在广州市设立。方案二：在珠海经济特区设立。假设无论在哪里设立都不影响乙公司的生产经营，其应纳税所得额预计每年均为2 000万元。

【工作要求】 请对上述业务进行纳税筹划。

【税法依据】 对在经济特区和上海浦东新区于2008年1月1日（含）之后完成登记注册的国家需要重点扶持的高新技术企业，在经济特区和上海浦东新区内取得的所得，自取得第一笔生产经营收入所属纳税年度起，第1～2年免征企业所得税，第3～5年按照25%的法定税率减半征收企业所得税。

国家需要重点扶持的高新技术企业减按15%的税率征收企业所得税。

【筹划思路】 国家重点扶持的高新技术企业在选址时，在不影响正常生产经营的情况下，应尽量选择在经济特区或上海浦东新区登记注册，以充分享受税收优惠。

【筹划过程】

方案一：在广州市设立。

乙公司前5年应纳企业所得税=2 000×15%×5=1 500(万元)

乙公司前5年税后利润=2 000×5−1 500=8 500(万元)

方案二：在珠海经济特区设立。

乙公司前5年应纳企业所得税=2 000×25%×50%×3=750(万元)

乙公司前5年税后利润=2 000×5−750=9 250(万元)

【筹划结论】 方案二比方案一前5年少缴纳企业所得税750万元（1 500−750），多获取税后利润750万元（9 250−8 500），若以实现税负最小化以及税后利润最大化为纳税筹划目标，则应当选择方案二。

【筹划点评】 仅考虑税负因素进行选址，在有些情况下可能会影响企业的生产经营。

企业应当权衡利弊、综合考虑，做出最优决策。

5.6.10 招聘残疾人员的纳税筹划

【例5-32】 甲公司因生产规模扩大，本年计划招聘20名新员工，每年需要向新增加的20名员工支付60万元工资。本年甲公司预计实现的扣除60万元工资前的应纳税所得额为200万元。甲公司没有其他企业所得税纳税调整项目。甲公司适用的企业所得税税率为25%。

【工作要求】请对上述业务进行纳税筹划。

【税法依据】企业安置残疾人员及国家鼓励安置的其他就业人员所支付的工资，可以在计算应纳税所得额时加计100%扣除。

【筹划思路】企业应当充分利用支付残疾人员工资税前加计扣除的优惠政策，以降低企业所得税税负。

【筹划过程】

方案一：招聘20名身体健全人员作为新员工。

应纳企业所得税=(200-60)×25%=35(万元)

方案二：在不影响企业正常生产经营的情况下，招聘20名残疾人员作为新员工。

应纳企业所得税=(200-60-60×100%)×25%=20(万元)

【筹划结论】方案二比方案一少缴纳企业所得税15万元（35-20），若以实现税负最小化为纳税筹划目标，则应当选择方案二。

【筹划点评】企业可在不影响正常生产经营的前提下，招聘部分残疾人员。一方面，可以关爱社会弱势群体；另一方面，可以增加企业所得税税前扣除金额，从而降低企业所得税税负。

5.7 企业所得税纳税时机或方式的纳税筹划

5.7.1 无形资产摊销的纳税筹划

【例5-33】 甲公司于本年年初接受乙公司投资的一项价值1 200万元的无形资产，投资合同未约定有效期限。预计甲公司获取该项投资后，每年的利润总额将达到1 000万元（未扣除摊销额）。假设甲公司的投资报酬率为10%。甲公司没有其他企业所得税纳税调整项目。甲公司适用的企业所得税税率为25%。

【工作要求】请对上述业务进行纳税筹划。

【税法依据】无形资产的摊销年限不得低于10年。作为投资或者受让的无形资产，有关法律规定或者合同约定了使用年限的，可以按照规定或者约定的使用年限分期摊销。

【筹划思路】 若在合同中约定了使用年限，可按约定的使用年限摊销，因此企业可以通过合同控制摊销年限，从而调整利润和企业所得税税负。

【筹划过程】

方案一：甲公司与乙公司在合同中未约定无形资产的使用期限，因此按税法规定的 10 年来摊销无形资产。

$$\text{10 年甲公司应纳企业所得税的现值合计}=(1\,000-1\,200\div 10)\times 25\%\times (P/A,10\%,10)$$
$$=880\times 25\%\times 6.144\,6=1\,351.812(\text{万元})$$

方案二：甲公司与乙公司在合同中约定无形资产的使用期限为 5 年，因此甲公司按 5 年来摊销无形资产。

$$\text{10 年甲公司应纳企业所得税的现值合计}=(1\,000-1\,200\div 5)\times 25\%\times (P/A,10\%,5)$$
$$+1\,000\times 25\%\times [(P/A,10\%,10)-(P/A,10\%,5)]$$
$$=190\times 3.790\,8+250\times (6.144\,6-3.790\,8)$$
$$=1\,308.702(\text{万元})$$

【筹划结论】 方案二比方案一 10 年应纳企业所得税的现值合计少 43.11 万元（1 351.812－1 308.702），若以实现涉税资金时间价值最大化为纳税筹划目标，则应当选择方案二。

【筹划点评】 若企业处于减免税期间，则应当尽量延长摊销期限，以更多地享受减免税带来的好处。

5.7.2　固定资产折旧年限选择的纳税筹划

【例 5－34】　甲公司为增值税一般纳税人，20×6 年 12 月购入价值 3 000 万元（不含增值税）的电子设备，残值率为 5%，预计可以使用 3～5 年，按《企业所得税法》的规定，计算折旧的最低年限为 3 年，按照直线法计提折旧。假设甲公司处于非减免税期间，从 20×7 年起，5 年内每年扣除折旧前的利润总额为 10 000 万元，且没有企业所得税纳税调整项目。假设折现率为 10%。甲公司适用的企业所得税税率为 25%。

【工作要求】 请对上述业务进行纳税筹划。

【税法依据】 除国务院财政、税务主管部门另有规定外，固定资产计算折旧的最低年限如下：(1) 房屋、建筑物，为 20 年；(2) 飞机、火车、轮船、机器、机械和其他生产设备，为 10 年；(3) 与生产经营活动有关的器具、工具、家具等，为 5 年；(4) 飞机、火车、轮船以外的运输工具，为 4 年；(5) 电子设备，为 3 年。

【筹划思路】 折旧作为非付现成本，具有抵减企业所得税的作用。也就是说，折旧年限越短，年折旧额就越大，从而利润越低，应纳所得税越少。因此在非减免税期间，企业应尽量按照上述规定的最低年限对固定资产进行折旧。反之，在减免税期间，企业应尽量采用较长的折旧年限对固定资产进行折旧。

【筹划过程】

方案一：按5年计提折旧。

5年每年折旧额＝3 000×(1－5%)÷5＝570(万元)

5年每年应纳企业所得税＝(10 000－570)×25%＝2 357.5(万元)

$$\text{5年应纳企业所得税折合到20×7年年初的现值合计}=2\ 357.5\times(P/A,10\%,5)=2\ 357.5\times3.790\ 8=8\ 936.81(\text{万元})$$

方案二：按3年计提折旧。

前3年每年折旧额＝3 000×(1－5%)÷3＝950(万元)

前3年每年应纳企业所得税＝(10 000－950)×25%＝2 262.5(万元)

后2年每年应纳企业所得税＝10 000×25%＝2 500(万元)

$$\text{5年应纳企业所得税折合到20×7年年初的现值合计}=2\ 262.5\times(P/A,10\%,3)+2\ 500\times[(P/A,10\%,5)-(P/A,10\%,3)]=2\ 262.5\times2.486\ 9+2\ 500\times(3.790\ 8-2.486\ 9)=8\ 886.36(\text{万元})$$

【筹划结论】方案二比方案一5年应纳企业所得税的现值合计少50.45万元(8 936.81－8 886.36)，若以实现涉税资金时间价值最大化为纳税筹划目标，则应当选择方案二。

【筹划点评】未来期间盈利或亏损，以及是否属于减免税期间均具有一定的不确定性，因此，此类纳税筹划方法在运用时会受到一定的限制。

5.7.3 固定资产折旧方法选择的纳税筹划

【例5-35】 甲公司为增值税一般纳税人，现购进一台新设备，原值为1 000万元，预计净残值率为5%，税务机关核定其折旧年限为5年。该设备属于处于强震动、高腐蚀状态的固定资产，因此可以采用直线法、双倍余额递减法或年数总和法计提折旧。预计每年利润总额均为2 000万元，且没有其他企业所得税纳税调整项目。假设折现率为10%。甲公司适用的企业所得税税率为25%。

【工作要求】请对上述业务进行纳税筹划。

【税法依据】固定资产按照直线法计提的折旧，准予扣除。企业的固定资产由于技术进步等原因，确需加速折旧的，可以缩短折旧年限或者采取加速折旧的方法。可以享受这一优惠的固定资产包括：(1) 由于技术进步，产品更新换代较快的固定资产；(2) 常年处于强震动、高腐蚀状态的固定资产。采取缩短折旧年限方法的，最低折旧年限不得低于规定折旧年限的 60%；采取加速折旧方法的，可以采取双倍余额递减法或者年数总和法。

【筹划思路】采用不同的折旧方法，计算出来的一定纳税年度的折旧额是不同的，而折旧额的不同会影响企业的应纳税所得额，进而影响企业所得税税负。折旧方法的选择应以最充分或最快地发挥折旧费用的抵税效应为标准。

在不同期间，企业应选择不同的折旧方法，以达到降低企业所得税税负的目的。

第一，减免税期间。因为减免税期间折旧费用的抵税效应会全部或部分地被减免税优惠抵消，所以企业应选择在减免税期间折旧少而在非减免税期间折旧多的折旧方法。

第二，非减免税且盈利期间。因为折旧费用能从应纳税所得额中扣除，所以为了完全发挥折旧费用的抵税效应，应选择前期折旧费用较大、后期折旧费用较小的折旧方法。具体来说，可选择加速折旧法。

第三，亏损期间。折旧方法的选择应与企业的亏损弥补情况相结合，使不能得到或不能完全得到税前弥补的亏损年度的折旧费用降低，保证折旧费用的抵税效应得到最大限度的发挥。

【筹划过程】

具体方案的比较如表 5-8 所示。

表 5-8　不同折旧方法下相关项目的比较　　单位：万元

年份	方案一：直线法				方案二：双倍余额递减法				方案三：年数总和法			
	折旧	税前利润	企业所得税	折现值	折旧	税前利润	企业所得税	折现值	折旧	税前利润	企业所得税	折现值
第 1 年	190	1 810	452.50	411.37	400	1 600	400.00	363.64	316.67	1 683.33	420.83	382.59
第 2 年	190	1 810	452.50	373.95	240	1 760	440.00	363.62	253.33	1 746.67	436.67	360.85
第 3 年	190	1 810	452.50	339.96	144	1 856	464.00	348.60	190.00	1 810.00	452.50	339.96
第 4 年	190	1 810	452.50	309.06	83	1 917	479.25	327.33	126.67	1 873.33	468.33	319.88
第 5 年	190	1 810	452.50	280.96	83	1 917	479.25	297.57	63.33	1 936.67	484.17	300.61
合计	950	9 050	2 262.50	1 715.30	950	9 050	2 262.50	1 700.76	950.00	9 050.00	2 262.50	1 703.89

以方案一为例说明折现值的计算过程：

$$452.50\times(P/F,10\%,1)=452.50\times0.909\ 1=411.37(\text{万元})$$

$$452.50\times(P/F,10\%,2)=452.50\times0.826\ 4=373.95(\text{万元})$$

$$452.50\times(P/F,10\%,3)=452.50\times0.751\ 3=339.96(\text{万元})$$

$$452.50\times(P/F,10\%,2)=452.50\times0.683\ 0=309.06(\text{万元})$$

$$452.50\times(P/F,10\%,5)=452.50\times0.620\ 9=280.96(\text{万元})$$

【筹划结论】方案二比方案一 5 年应纳企业所得税的现值合计少 14.54 万元(1 715.30−1 700.76)，比方案三 5 年应纳企业所得税的现值合计少 3.13 万元

（1 703.89－1 700.76），若以实现涉税资金时间价值最大化为纳税筹划目标，则应当优先选择方案二，其次是方案三，最后是方案一。

【筹划点评】未来期间盈利或亏损，以及是否属于减免税期间均具有一定的不确定性，因此，此类纳税筹划方法在运用时会受到一定的限制。

5.7.4 固定资产技术改造时间的纳税筹划

【例5-36】 甲公司拥有机器设备一台，原值600万元，预计使用年限10年，采用直线法计提折旧（不考虑净残值）。在机器设备正常使用的情况下，甲公司10年内的折旧前利润、折旧、应纳税所得额、税后利润等项目金额如表5-9所示。假设折现率为10%。甲公司没有其他企业所得税纳税调整项目。甲公司适用的企业所得税税率为25%。

【工作要求】请对上述业务进行纳税筹划。

【税法依据】在计算应纳税所得额时，企业发生的下列支出作为长期待摊费用，按照规定摊销的，准予扣除：

（1）已足额提取折旧的固定资产的改建支出；

（2）租入固定资产的改建支出；

（3）固定资产的大修理支出；

（4）其他应当作为长期待摊费用的支出。

改建的固定资产，除上述第（1）项和第（2）项规定的支出外，以改建过程中发生的改建支出增加计税基础。

上述第（3）项所称固定资产的大修理支出，是指同时符合下列条件的支出：

（1）修理支出达到取得固定资产时的计税基础50%以上；

（2）修理后固定资产的使用年限延长2年以上。

【筹划思路】机器设备前期运行良好，能为企业带来较多利润，但后期由于磨损严重，为企业带来的利润逐年递减。为改善机器设备的性能，企业应选择合理时间对机器设备进行技术改造。企业可以对不同时间机器设备改造后实现的税后利润及其现值进行比较（见表5-9），从中选择最佳方案，使企业的收益维持在较高的水平。

表5-9 经营情况表（一） 单位：万元

年份	折旧前利润	折旧	应纳税所得额	应纳企业所得税	税后利润	折现系数（P/F，10%，n）	税后利润现值
第1年	110	60	50	12.50	37.50	0.909 1	34.091 3
第2年	120	60	60	15.00	45.00	0.826 4	37.188 0
第3年	120	60	60	15.00	45.00	0.751 3	33.808 5
第4年	120	60	60	15.00	45.00	0.683 0	30.735 0
第5年	120	60	60	15.00	45.00	0.620 9	27.940 5
第6年	110	60	50	12.50	37.50	0.564 5	21.168 8

续表

年份	折旧前利润	折旧	应纳税所得额	应纳企业所得税	税后利润	折现系数 (P/F，10%，n)	税后利润现值
第 7 年	105	60	45	11.25	33.75	0.513 2	17.320 5
第 8 年	100	60	40	10.00	30.00	0.466 5	13.995 0
第 9 年	95	60	35	8.75	26.25	0.424 1	11.132 6
第 10 年	90	60	30	7.50	22.50	0.385 5	8.673 8
合计	1 090	600	490	122.50	367.50	—	236.054 0

【筹划过程】

方案一：甲公司在第 5 年 12 月投入修理支出 300 万元进行并完成技术改造，改造后机器设备的使用寿命延长 2 年，共可使用 12 年。甲公司在 12 年内的折旧和摊销前利润、折旧和摊销、应纳税所得额、税后利润等项目金额如表 5－10 所示。

表 5－10　经营情况表（二）　　单位：万元

年份	折旧和摊销前利润	折旧和摊销	应纳税所得额	应纳企业所得税	税后利润	折现系数 (P/F，10%，n)	税后利润现值
第 1 年	110	60	50	12.5	37.5	0.909 1	34.091 3
第 2 年	120	60	60	15	45	0.826 4	37.188 0
第 3 年	120	60	60	15	45	0.751 3	33.808 5
第 4 年	120	60	60	15	45	0.683 0	30.735 0
第 5 年	120	60	60	15	45	0.620 9	27.940 5
第 6 年	150	85.714 3①	64.285 7	16.071 4	48.214 3	0.564 5	27.217 0
第 7 年	150	85.714 3	64.285 7	16.071 4	48.214 3	0.513 2	24.743 6
第 8 年	150	85.714 3	64.285 7	16.071 4	48.214 3	0.466 5	22.492 0
第 9 年	150	85.714 3	64.285 7	16.071 4	48.214 3	0.424 1	20.447 7
第 10 年	140	85.714 3	54.285 7	13.571 4	40.714 3	0.385 5	15.695 4
第 11 年	130	85.714 3	44.285 7	11.071 4	33.214 3	0.350 5	11.641 6
第 12 年	120	85.714 2	34.285 8	8.571 5	25.714 3	0.318 6	8.192 6
合计②	1 580	900	680	170	510	—	294.193 2

注：①方案一下第 6 年的"折旧＋摊销"＝(600－60×5)÷7＋300÷7＝85.714 3(万元)。
②合计栏数据在计算过程中存在四舍五入的情况。

方案二：甲公司在第 7 年 12 月投入修理支出 420 万元进行并完成技术改造，改造后机器设备的使用寿命延长 2 年，共可使用 12 年。甲公司在 12 年内的折旧和摊销前利润、折旧和摊销、应纳税所得额、税后利润等项目金额如表 5－11 所示。

表 5-11　经营情况表（三）　　单位：万元

年份	折旧和摊销前利润	折旧和摊销	应纳税所得额	应纳企业所得税	税后利润	折现系数 (P/F, 10%, n)	税后利润现值
第 1 年	110	60	50	12.50	37.50	0.909 1	34.091 3
第 2 年	120	60	60	15.00	45.00	0.826 4	37.188 0
第 3 年	120	60	60	15.00	45.00	0.751 3	33.808 5
第 4 年	120	60	60	15.00	45.00	0.683 0	30.735 0
第 5 年	120	60	60	15.00	45.00	0.620 9	27.940 5
第 6 年	110	60	50	12.50	37.50	0.564 5	21.168 8
第 7 年	105	60	45	11.25	33.75	0.513 2	17.320 5
第 8 年	160	120①	40	10.00	30.00	0.466 5	13.995 0
第 9 年	160	120	40	10.00	30.00	0.424 1	12.723 0
第 10 年	160	120	40	10.00	30.00	0.385 5	11.565 0
第 11 年	150	120	30	7.50	22.50	0.350 5	7.886 3
第 12 年	140	120	20	5.00	15.00	0.318 6	4.779 0
合计	1 575	1 020	555	138.75	416.25	—	253.200 9

注：①方案二下第 8 年的“折旧＋摊销”＝(600－60×7)÷5＋420÷5＝120(万元)。

【筹划结论】方案一比方案二多获取税后利润 93.75 万元（510－416.25），多获取税后利润现值 40.992 3 万元（294.193 2－253.200 9），若以实现税后利润最大化为纳税筹划目标，则应当选择方案一。

【筹划点评】企业在选择固定资产技术改造的时间时，要考虑到销售收入、利润、税金的变化，应选择一个合理的时间对固定资产进行技术改造，以获取更多的收益。

5.7.5　固定资产维修的纳税筹划

【例 5-37】　甲公司本年 12 月对一台原值为 3 000 万元的旧设备进行大修（该设备尚可使用 2 年），当月可完工。预计大修之后，该设备还能使用 5 年。大修过程中耗用材料费、配件费 1 000 万元，支付工人工资和其他费用共 550 万元。预计本年及未来 5 年未考虑修理支出的每年应纳税所得额为 2 000 万元，折现率为 6%。甲公司没有其他企业所得税纳税调整项目。甲公司适用的企业所得税税率为 25%。

【工作要求】请对上述业务进行纳税筹划。

【税法依据】纳税人的一般性固定资产修理支出可在发生当期直接扣除。但是符合税法规定条件的固定资产大修理支出，要作为长期待摊费用，按照固定资产尚可使用年限分期摊销。固定资产的大修理支出是指同时符合下列条件的支出：修理支出达到取得固定资产时的计税基础的 50%以上；修理后固定资产的使用年限延长 2 年以上。

【筹划思路】企业在安排固定资产的修理时应首先明确修理支出的数额及延长固定资产使用时间这两个因素。若修理支出达到取得固定资产时的计税基础的 50%以上且修理后固定资产的使用年限延长 2 年以上，就不可以在当期直接扣除，而是作为长期待摊费用分期扣除。与此同时，要关注企业的盈亏情况：如果企业现在和未来的一段时间将持续亏损，则应尽量将修理支出资本化，增加资产的账面价值，使税前可列支的折旧费用向以后年度递延，即平均企业各年度的可扣除费用；如果企业现在及未来的一段时间将持续盈利，则要将修理支出费用化，以增加当期税前扣除项目，减少当期企业所得税。

【筹划过程】

方案一：将修理支出资本化。

设备原值的 50%＝3 000×50%＝1 500(万元)

旧设备修理支出总金额为 1 550 万元（1 000＋550），高于 1 500 万元，且设备寿命延长了 3 年（5－2），因此该笔 1 550 万元的修理支出属于固定资产大修理支出，不能在本年直接税前扣除，只能在未来的 5 年内通过平均摊销的方式在税前扣除。

本年应纳企业所得税＝2 000×25%＝500(万元)

未来 5 年每年应纳企业所得税＝(2 000－1 550÷5)×25%＝422.5(万元)

6 年应纳企业所得税的现值合计＝500＋422.5×(P/A，6%，5)

＝500＋422.5×4.212 4

＝2 279.739(万元)

方案二：将修理支出费用化。

通过适当压低材料费或配件费的进价，将修理支出的总额降为 1 480 万元，低于 1 500 万元，则该笔 1 480 万元的修理支出属于日常修理支出，可全部在本年税前扣除。

本年应纳企业所得税＝(2 000－1 480)×25%＝130(万元)

未来 5 年每年应纳企业所得税＝2 000×25%＝500(万元)

6 年应纳企业所得税的现值合计＝130＋500×(P/A，6%，5)

＝130＋500×4.212 4

＝2 236.2(万元)

【筹划结论】方案二比方案一 6 年应纳企业所得税的现值合计少 43.539 万元（2 279.739－2 236.2），若以实现涉税资金时间价值最大化为纳税筹划目标，则应当选择方案二。

【筹划点评】固定资产修理的支出数额和时间安排必须在保证正常生产经营的前提下确定，否则有可能顾此失彼，得不偿失。

5.7.6　存货计价方法选择的纳税筹划

【例 5－38】　甲公司 20×6 年 1 月和 11 月先后购进数量和品种相同的货物两

批，进货价格分别为1 000万元和800万元，假设此前甲公司库存中没有这种货物。甲公司在20×6年12月和20×7年3月各出售购进货物的一半，出售价格分别为1 200万元和1 000万元。以上价格均为不含增值税价格。假设甲公司20×6年和20×7年均处于非减免税期间，且处于盈利年度，折现率为10%。甲公司没有其他企业所得税纳税调整项目。甲公司适用的企业所得税税率为25%。

【工作要求】请对上述业务进行纳税筹划。

【税法依据】《企业会计准则第1号——存货》规定，企业应当采用先进先出法、加权平均法或者个别计价法确定发出存货的实际成本。

《企业所得税法实施条例》规定，企业使用或者销售的存货的成本计算方法，可以在先进先出法、加权平均法、个别计价法中选用一种。计价方法一经选用，不得随意变更。

【筹划思路】采用不同的存货计价方法，计算出来的一定纳税年度的存货成本是不同的，而存货成本的不同会影响企业的应纳税所得额，进而影响企业所得税税负。存货计价方法的选择应以最充分或最快速地发挥成本费用的抵税效应为标准。

在不同期间，企业应选择不同的存货计价方法，以达到降低企业所得税税负的目的。

第一，减免税期间。因为减免税期间成本费用的抵税效应会部分或全部地被减免税优惠抵消，所以企业应选择在减免税期间与存货相关的成本费用少而在非减免税期间与存货相关的成本费用多的存货计价方法。

第二，非减免税且盈利期间。因为存货成本能从应纳税所得额中扣除，所以为了完全发挥存货成本的抵税效应，应选择前期存货成本较大、后期存货成本较小的存货计价方法。具体来说，在通货膨胀时期，可选择加权平均法；在通货紧缩时期，可选择先进先出法。

第三，亏损期间。存货计价方法的选择应与企业的亏损弥补情况相结合，降低不能得到或不能完全得到税前弥补的亏损年度的成本费用，保证成本费用的抵税效应得到最大限度的发挥。

【筹划过程】

具体方案的比较如表5-12所示。

表5-12　不同存货计价方法下相关项目的比较　　单位：万元

项目	方案一：加权平均法			方案二：先进先出法		
	20×6年	20×7年	合计	20×6年	20×7年	合计
销售收入	1 200	1 000	2 200	1 200	1 000	2 200
销售成本	900	900	1 800	1 000	800	1 800
税前利润	300	100	400	200	200	400
企业所得税	75	25	100	50	50	100
复利现值系数	0.909 1	0.826 4	—	0.909 1	0.826 4	—
税金支出现值	68.18	20.66	88.84	45.46	41.32	86.78

方案一：采用加权平均法。

存货的加权平均成本＝(1 000＋800)÷2＝900(万元)

20×6 年应纳企业所得税＝(1 200－900)×25%＝75(万元)

20×7 年应纳企业所得税＝(1 000－900)×25%＝25(万元)

企业所得税折合到20×6 年年初的现值＝75×$(P/F,10\%,1)$＋25×$(P/F,10\%,2)$

＝75×0.909 1＋25×0.826 4＝88.84(万元)

方案二：采用先进先出法。

20×6 年应纳企业所得税＝(1 200－1 000)×25%＝50(万元)

20×7 年应纳企业所得税＝(1 000－800)×25%＝50(万元)

企业所得税折合到20×6 年年初的现值＝50×$(P/F,10\%,1)$＋50×$(P/F,10\%,2)$

＝50×0.909 1＋50×0.826 4＝86.78(万元)

【筹划结论】方案二比方案一缴纳的企业所得税的现值共少 2.06 万元（88.84－86.78），若以实现涉税资金时间价值最大化为纳税筹划目标，则应当选择方案二。

【筹划点评】存货计价方法一经选用，不得随意变更，因此，此类纳税筹划方法在运用时会受到一定的限制。尤其是当存货价格上升或下降的趋势与预计相反时，会导致纳税筹划结果事与愿违。

5.7.7　购货过程的纳税筹划

【例 5－39】　甲公司为增值税一般纳税人，主营净水器的研发、生产和销售。根据其产销能力，预计本年实现不含增值税销售收入 2 000 万元（取得购买方支付给甲公司的 2 260 万元含增值税货款），所用原材料成本为 1 200 万元（领用时转入“生产成本”科目，完工时转入“库存商品”科目，销售时转入“主营业务成本”科目）。假定甲公司当期期初存货为 0，现有三种方案可供选择。方案一：购进 1 200 万元（不含增值税）的原材料。方案二：购进 2 000 万元（不含增值税）的原材料。方案三：购进 2 400 万元（不含增值税）的原材料。以上三种方案甲公司均可取得税率为 13%的增值税专用发票，且甲公司取得的增值税专用发票均符合抵扣规定。甲公司没有其他企业所得税纳税调整项目。甲公司适用的企业所得税税率为 25%，城市维护建设税税率为 7%，教育费附加征收率为 3%。

【工作要求】请对上述业务进行纳税筹划。

【税法依据】从销售方取得的增值税专用发票上注明的增值税税额准予从销项税额中抵扣。企业每一纳税年度的收入总额减除不征税收入、免税收入、各项扣除以及允许弥补的以前年度亏损后的余额为应纳税所得额。居民企业以及在中国境内设立机构、场所且取得所得与该机构、场所有实际联系的非居民企业应纳所得税税额等于应纳税所得额乘以适用税率。

【筹划思路】一方面，企业应尽可能多地抵扣进项税额，从而降低增值税税负；另一方面，要避免以下情况出现：因多购进原材料而增加的进项税额超过当期的销项税额，导致部分税额留待下期抵扣，同时增加企业的现金流出。企业应在满足正常生产经营的前提下，比较不同采购规模对企业税负及现金流出量的影响，从而做出合理决策。

【筹划过程】

方案一：购进1 200万元（不含增值税）的原材料。

应纳增值税＝2 000×13%－1 200×13%＝104(万元)

应纳城市维护建设税和教育费附加＝104×(7%＋3%)＝10.4(万元)

应纳企业所得税＝(2 000－1 200－10.4)×25%＝197.4(万元)

应纳税额合计＝104＋10.4＋197.4＝311.8(万元)

税后利润＝2 000－1 200－10.4－197.4＝592.2(万元)

现金净流量＝2 260－(1 200＋1 200×13%＋311.8)＝592.2(万元)

方案二：购进2 000万元（不含增值税）的原材料。

应纳增值税＝2 000×13%－2 000×13%＝0

应纳城市维护建设税和教育费附加＝0

应纳企业所得税＝(2 000－1 200)×25%＝200(万元)

应纳税额合计＝0＋0＋200＝200(万元)

税后利润＝2 000－1 200－200＝600(万元)

现金净流量＝2 260－(2 000＋2 000×13%＋200)＝－200(万元)

方案三：购进2 400万元（不含增值税）的原材料。

应纳增值税＝2 000×13%－2 400×13%＝－52(万元)

52万元留待下期抵扣，本期实际应纳增值税为0。

应纳城市维护建设税和教育费附加＝0

应纳企业所得税＝(2 000－1 200)×25%＝200(万元)

应纳税额合计＝0＋0＋200＝200(万元)

税后利润＝2 000－1 200－200＝600(万元)

现金净流量＝2 260－(2 400＋2 400×13%＋200)＝－652(万元)

【筹划结论】方案一比方案二多缴纳税款111.8万元（311.8－200），比方案三多缴纳税款111.8万元（311.8－200），若以实现税负最小化为纳税筹划目标，则应当优先选择方案二、方案三，其次是方案一。方案一比方案二现金净流量多792.2万元（592.2－(－200)），比方案三现金净流量多1 244.2万元（592.2－(－652)），若以实现现金净流量最大化为纳税筹划目标，则应当优先选择方案一，其次是方案二，最后是方案三。

【筹划点评】从表面来看，方案一的税负高于方案二、方案三，但从长期来看，上述三种方案的税负实际是相同的，只不过税款缴纳时间有差别。但当期方案一比方案二、方案三多出的现金流量远远高于当期方案一比方案二、方案三多缴纳的税款。在这种情况下，从整体来分析，应当选择方案一。

5.7.8　接受售后服务方式的纳税筹划

【例 5－40】　甲出租汽车服务公司为增值税一般纳税人，主要提供客运服务。根据业务需要，要采购 150 辆小汽车替换原临近报废车辆。经与汽车销售公司协商，有两种方案可供选择。方案一：汽车销售公司的销售价格为 17 万元/辆（不含增值税），并提供 4 年免费保养服务。方案二：汽车销售公司将价格降至 16.2 万元/辆（不含增值税），4 年的免费服务变为有偿服务，服务费按 2 000 元/辆的标准按年收取（不含增值税）。甲公司的购买业务均取得合法的增值税扣税凭证，汽车的购置日期为 20×1 年 12 月 31 日。根据车辆使用情况，确定该车辆使用年限为 5 年，净残值为 0.7 万元/辆。假设甲公司不考虑折旧费，20×2 年及以后各年的应纳税所得额均为 4 000 万元。甲公司没有其他企业所得税纳税调整项目。甲公司适用的企业所得税税率为 25%。

【工作要求】请对上述业务进行纳税筹划。

【税法依据】从 2013 年 8 月 1 日起，增值税一般纳税人购入应征消费税的摩托车、汽车和游艇，取得的进项税额可以抵扣。在计算应纳税所得额时，企业按照规定计算的固定资产折旧，准予扣除。

【筹划思路】在购置固定资产总支出不变的前提下，在法律许可的范围内，在降低固定资产原值的同时，增加当期费用可以增加企业当期税前扣除金额，减少企业当期应纳税所得额，达到降低企业当期税负、充分利用资金的时间价值的目的。

【筹划过程】

方案一：汽车销售公司的销售价格为 17 万元/辆（不含增值税），并提供 4 年免费保养服务。

购进汽车的入账价值＝17×150＝2 550(万元)

20×2 年计提折旧＝(2 550－150×0.7)÷5＝489(万元)

20×2 年应纳企业所得税＝(4 000－489)×25%＝877.75(万元)

方案二：汽车销售公司将价格降至 16.2 万元/辆（不含增值税），4 年的免费服务变为有偿服务，服务费按 2 000 元/辆的标准按年收取（不含增值税）。

20×2 年新增期间费用＝2 000×150＝300 000(元)＝30(万元)

购进汽车的入账价值＝16.2×150＝2 430(万元)

20×2 年计提折旧＝(2 430－150×0.7)÷5＝465(万元)

20×2 年应纳企业所得税＝(4 000－465－30)×25%＝876.25(万元)

【筹划结论】方案二比方案一少缴纳企业所得税 1.5 万元（877.75－876.25），若以实现税负最小化为纳税筹划目标，则应当选择方案二。

【筹划点评】方案二与方案一相比，购进环节整体上既未增加支出，也未减少支出。企业在购进汽车的前4年每年均可少缴纳企业所得税1.5万元，共可少缴纳企业所得税6万元。虽然在第5年会多缴纳企业所得税6万元，但延迟了税款的缴纳时间，利用了资金的时间价值。

5.7.9 查账征收与核定征收选择的纳税筹划

【例5-41】 某投资者准备投资成立甲公司，主营餐饮服务，现有查账征收与核定征收两种企业所得税征收方式可供选择。方案一：采用查账征收方式。甲公司本年收入总额为100万元，不征税收入为0，免税收入为0，各项扣除金额为70万元，无弥补亏损。方案二：采用核定征收方式。甲公司能正确核算收入总额，但不能正确核算成本费用总额，本年收入总额为100万元，应税所得率为20%。甲公司符合小型微利企业的条件。

【工作要求】请对上述业务进行纳税筹划。

【税法依据】

1. 查账征收企业所得税的税法规定

居民企业以及在中国境内设立机构、场所且取得所得与该机构、场所有实际联系的非居民企业应纳所得税税额等于应纳税所得额乘以适用税率，其计算公式为：

应纳所得税税额＝应纳税所得额×适用税率－减免税额－抵免税额

由以上公式可以看出，应纳所得税税额的多少取决于应纳税所得额和适用税率两个因素。在实际中，应纳税所得额的计算一般有以下两种方法。

（1）直接计算法。在直接计算法下，企业每一纳税年度的收入总额减除不征税收入、免税收入、各项扣除以及允许弥补的以前年度亏损后的余额为应纳税所得额。其计算公式为：

应纳税所得额＝收入总额－不征税收入－免税收入－各项扣除－弥补亏损

（2）间接计算法。在间接计算法下，应纳税所得额是在会计利润总额的基础上加或减按照税法规定调整的项目金额后的金额。其计算公式为：

应纳税所得额＝会计利润总额±纳税调整项目金额

2. 核定征收企业所得税的税法规定

（1）居民企业纳税人具有下列情形之一的，核定征收企业所得税：

1）依照法律、行政法规的规定可以不设置账簿的；

2）依照法律、行政法规的规定应当设置但未设置账簿的；

3）擅自销毁账簿或者拒不提供纳税资料的；

4）虽设置账簿，但账目混乱或者成本资料、收入凭证、费用凭证残缺不全，难以查账的；

5）发生纳税义务，未按照规定的期限办理纳税申报，经税务机关责令限期申报，逾期仍不申报的；

6）申报的计税依据明显偏低，又无正当理由的。

特殊行业、特殊类型的纳税人和一定规模以上的纳税人不适用核定征收企业所得税办法。

（2）税务机关应根据纳税人的具体情况，对核定征收企业所得税的纳税人，核定应税所得率或者核定应纳所得税额。具有下列情形之一的，核定其应税所得率：

1）能正确核算（查实）收入总额，但不能正确核算（查实）成本费用总额的；

2）能正确核算（查实）成本费用总额，但不能正确核算（查实）收入总额的；

3）通过合理方法，能计算和推定纳税人收入总额或成本费用总额的。

纳税人不属于以上情形的，核定其应纳所得税额。

（3）税务机关采用下列方法核定征收企业所得税：

1）参照当地同类行业或者类似行业中经营规模和收入水平相近的纳税人的税负水平核定；

2）按照应税收入额或成本费用支出额定率核定；

3）按照耗用的原材料、燃料、动力等推算或测算核定；

4）按照其他合理方法核定。

采用上述所列一种方法不足以正确核定应纳税所得额或应纳所得税税额的，可以同时采用两种以上方法核定。采用两种以上方法测算的应纳所得税税额不一致时，可按测算的应纳所得税税额从高核定。

（4）采用应税所得率方式核定征收企业所得税的，应纳所得税额的计算公式如下：

应纳所得税税额＝应纳税所得额×适用税率

应纳税所得额＝应税收入额×应税所得率

或　＝成本(费用)支出额÷(1－应税所得率)×应税所得率

应税收入额＝收入总额－不征税收入－免税收入

式中，收入总额为企业以货币形式和非货币形式从各种来源取得的收入。

应税所得率幅度标准的确定如表5－13所示。

表5－13　应税所得率幅度标准的确定

行业	应税所得率（%）
农、林、牧、渔业	3～10
制造业	5～15
批发和零售贸易业	4～15
交通运输业	7～15

续表

行业	应税所得率（%）
建筑业	8～20
饮食业	8～25
娱乐业	15～30
其他行业	10～30

3. 小型微利企业的企业所得税优惠规定

参照例5-5的税法依据。

【筹划思路】企业所得税有查账征收与核定征收两种征收方式。对会计核算较为健全，能够认真履行纳税义务的单位，应当采用查账征收方式；而对经营规模较小、会计核算不健全的纳税人，应当采用核定征收方式。核定征收方式包括定额征收、核定应税所得率征收以及其他核定征收方式。在核定应税所得率征收方式下，税法对不同行业的应税所得率规定了比例范围，同一行业最低比例与最高比例之间差距较大，而税务机关在具体确定应税所得率时缺乏统一标准，导致主观性较强。企业可以通过测算查账征收与核定征收两种方式下企业所得税税负的大小，选择税负较小的征收方式。

【筹划过程】

方案一：采用查账征收方式。甲公司本年收入总额为100万元，不征税收入为0，免税收入为0，各项扣除金额为70万元，无弥补亏损。

应纳税所得额＝收入总额－不征税收入－免税收入－各项扣除－弥补亏损

＝100－0－0－70－0＝30(万元)

应纳企业所得税＝30×25%×20%＝1.5(万元)

方案二：采用核定征收方式。甲公司能正确核算收入总额，但不能正确核算成本费用总额，本年收入总额为100万元，应税所得率为20%。

根据税法规定，符合规定条件的小型微利企业（包括采取查账征收和核定征收方式的企业）均可按照规定享受小型微利企业所得税优惠政策。

应纳税所得额＝应税收入额×应税所得率＝100×20%＝20(万元)

应纳企业所得税＝20×25%×20%＝1(万元)

【筹划结论】方案二比方案一少缴纳企业所得税0.5万元（1.5－1），若以实现税负最小化为纳税筹划目标，则应当选择方案二。

【筹划点评】如果企业会计核算制度不健全，不能正确核算收入或者成本费用，税务机关一定会对其实行核定征收。如果企业的销售利润率高于税务机关核定的应税所得率，则采用核定征收方式可以降低企业所得税税负。而如果企业的销售利润率低于税务机关核定的应税所得率，则采用查账征收方式可以降低企业所得税税负。在这种情况下，企业应当努力做好会计核算工作，按照国家统一规定设置账簿，正确核算收入、成本、费用，并按期办理纳税申报，即采用查账征收方式，以避免多缴税。

5.8　企业所得税实务疑难解答

【实务释疑 1】我公司在符合条件的技术转让过程中，同时销售设备、仪器取得的收入是否一并计入技术转让收入？

答：根据《国家税务总局关于技术转让所得减免企业所得税有关问题的通知》（国税函〔2009〕212 号）的规定，技术转让收入是指当事人履行技术转让合同后获得的价款，不包括销售或转让设备、仪器、零部件、原材料等非技术性收入。

因此，你公司在符合条件的技术转让过程中，同时销售设备、仪器取得的收入不能计入技术转让收入。

【实务释疑 2】我公司同时符合研究开发费用加计扣除和小型微利企业两项优惠政策的条件，两种优惠是否可以同时享受？

答：根据《财政部 国家税务总局关于执行企业所得税优惠政策若干问题的通知》（财税〔2009〕69 号）的规定，《国务院关于实施企业所得税过渡优惠政策的通知》（国发〔2007〕39 号）第三条所称不得叠加享受，且一经选择，不得改变的税收优惠情形，限于企业所得税过渡优惠政策与《企业所得税法》及其实施条例中规定的定期减免税和减低税率类的税收优惠。《企业所得税法》及其实施条例中规定的各项税收优惠，凡企业符合规定条件的，可以同时享受。

因此，你公司如果同时符合研究开发费用加计扣除和小型微利企业两项优惠政策的条件，则可以同时享受上述两项优惠政策。

【实务释疑 3】我公司将自己开发的商品房对外出租，在计算企业所得税时需要将该项业务视同销售确认收入吗？

答：根据《国家税务总局关于印发〈房地产开发经营业务企业所得税处理办法〉的通知》（国税发〔2009〕31 号）的规定，企业将开发产品用于捐赠、赞助、职工福利、奖励、对外投资、分配给股东或投资人、抵偿债务、换取其他企事业单位和个人的非货币性资产等行为，应视同销售，于开发产品所有权或使用权转移，或于实际取得利益权利时确认收入（或利润）的实现。

根据《国家税务总局关于企业处置资产所得税处理问题的通知》（国税函〔2008〕828 号）的规定，企业将自己开发的商品房转为出租不需要视同销售确认收入。

因此，你公司将自己开发的商品房对外出租，在计算企业所得税时不需要将该项业务视同销售确认收入。

【实务释疑 4】我公司销售货物后因质量问题发生退货，应如何确认收入？

答：根据《国家税务总局关于确认企业所得税收入若干问题的通知》（国税函〔2008〕875 号）的规定，企业因售出商品的质量不合格等原因而在售价上给的减让属于销售折让；企业因售出商品质量、品种不符合要求等原因而发生的退货属于销售退回。企业已经确认销售收入的售出商品发生销售折让和销售退回，应当在发生当期冲减当期销售商品收入。

因此，你公司销售货物后因质量问题发生退货，应当在发生当期冲减当期销售商品收入。

【实务释疑5】我公司因某员工非法挪用公司现金造成的损失（该员工已被判刑）如何在税前扣除？

答：根据《国家税务总局关于发布〈企业资产损失所得税税前扣除管理办法〉的公告》（国家税务总局公告2011年第25号）的规定，企业发生的资产损失，应按规定的程序和要求向主管税务机关申报后方能在税前扣除。未经申报的损失，不得在税前扣除。

现金损失应依据以下证据材料确认：

（1）现金保管人确认的现金盘点表（包括倒推至基准日的记录）；

（2）现金保管人对于短缺的说明及相关核准文件；

（3）对责任人由于管理责任造成损失的责任认定及赔偿情况的说明；

（4）涉及刑事犯罪的，应有司法机关出具的相关材料；

（5）金融机构出具的假币收缴证明。

因此，你公司发生的因内部职工挪用公司现金所造成的损失，符合以上政策规定，并能够提供上述证据资料的，可以按照上述文件规定的申报程序在企业所得税税前扣除。

【实务释疑6】我公司为一家非居民企业，合同中约定由我公司企业所得税源泉扣缴的扣缴义务人负担应纳税款，请问应如何计算征税？

答：根据《国家税务总局关于非居民企业所得税源泉扣缴有关问题的公告》（国家税务总局公告2017年第37号）的规定，扣缴义务人与非居民企业签订与《企业所得税法》第三条第三款规定的所得有关的业务合同时，凡合同中约定由扣缴义务人实际承担应纳税款的，应将非居民企业取得的不含税所得换算为含税所得计算并解缴应扣税款。

因此，你公司作为非居民企业，合同中约定由你公司企业所得税源泉扣缴的扣缴义务人负担应纳税款，扣缴义务人应将你公司取得的不含税所得换算为含税所得计算并解缴应扣税款。

【实务释疑7】以“公司＋农户”经营模式从事农、林、牧、渔业项目生产的企业，是否可以享受相关企业所得税税收优惠政策？

答：根据《国家税务总局关于“公司＋农户”经营模式企业所得税优惠问题的公告》（国家税务总局公告2010年第2号）的规定，目前，一些企业采取“公司＋农户”经营模式从事牲畜、家禽的饲养，即公司与农户签订委托养殖合同，向农户提供畜禽苗、饲料、兽药及疫苗等（所有权（产权）仍属于公司），农户将畜禽养大成为成品后交付公司回收。鉴于采取“公司＋农户”经营模式的企业，虽不直接从事畜禽的养殖，但系委托农户饲养，并承担诸如市场、管理、采购、销售等经营职责及绝大部分经营管理风险，公司和农户是劳务外包关系。为此，自 2010 年 1 月 1 日起，对此类以“公司＋农户”经营模式从事农、林、牧、渔业项目生产的企业，可以按照《企业所得税法实施条例》第八十六条的有关规定，享受减免企业所得税优惠政策。

因此，满足上述条件的以“公司＋农户”经营模式从事农、林、牧、渔业项目生产的企业，可以享受相关企业所得税税收优惠政策。

【实务答疑 8】 我公司 2022 年 12 月计提的工资在 2023 年 1 月发放，请问能否计入 2022 年度工资、薪金支出予以在企业所得税税前扣除？

答： 根据《国家税务总局关于企业工资薪金和职工福利费等支出税前扣除问题的公告》（国家税务总局公告 2015 年第 34 号）的规定，企业在年度汇算清缴结束前向员工实际支付的已预提汇缴年度工资、薪金，准予在汇缴年度按规定扣除。

因此，你公司 2022 年 12 月计提的工资在 2023 年 1 月发放，可以在 2022 年度企业所得税汇算清缴时税前扣除。

技能训练

1. 甲公司本年的会计利润预计为 100 万元（扣除捐赠后的利润额），甲公司计划通过公益性组织捐赠 8 万元，直接向受赠单位捐赠 4 万元。甲公司没有其他企业所得税纳税调整项目，假设甲公司不符合小型微利企业的条件。请计算甲公司当年应纳企业所得税，并对其进行纳税筹划。

2. 甲公司本年度的计划销售额为 2 000 万元。请根据企业所得税中对业务招待费的规定，计算当年允许在税前扣除的业务招待费最高限额所对应的业务招待费发生额。

实战演练

还款方式选择的纳税筹划

甲公司要推进一个新项目，需投资 2 000 万元，项目生命周期为 5 年，预计第一年可获得息税前利润 360 万元，以后逐年增加 100 万元。项目所需资金从银行借款，借款年利率为 10%。甲公司适用的企业所得税税率为 25%。现有以下四种计息方式可供选择。

方案一：复利计息，到期一次还本付息；

方案二：复利年金法，每年等额偿还本金和利息 527.6 万元；

方案三：每年等额还本 400 万元，并且每年支付剩余借款的利息；

方案四：每年付息，到期还本。

任务要求：

1. 正确计算各种还款方式下的企业所得税税负。
2. 通过比较分析选择最优的还款方式。

第6章

个人所得税的纳税筹划

素养提升

纳税人应当充分运用国家出台的个人所得税税收政策，合法合理地进行纳税筹划，避免税收违法行为。

（1）我国出台了个人所得税“赡养老人”专项附加扣除政策，有利于树立孝敬父母的社会风尚，减轻老百姓赡养老人的家庭支出负担，实现社会公平。

（2）国家税务总局坚决支持对明星等高收入人群偷逃税案件依法严肃处理，要求各级税务机关对各种偷逃税行为坚持依法严查严处，坚决维护国家税法权威，促进社会公平正义。

能力目标

（1）能通过选择个人所得税纳税人身份进行纳税筹划。
（2）能通过选择组织形式进行纳税筹划。
（3）能通过居民个人按年均衡取得综合所得进行纳税筹划。
（4）能运用企业年金进行纳税筹划。
（5）能通过选择居民个人子女教育专项附加在夫妻之间的扣除方进行纳税筹划。
（6）能通过非居民个人均衡取得工资、薪金所得进行纳税筹划。
（7）能通过非居民个人费用转移进行纳税筹划。
（8）能通过增加非居民个人取得劳务报酬所得的次数进行纳税筹划。
（9）能通过居民个人综合所得内部项目转换进行纳税筹划。
（10）能通过居民个人综合所得与经营所得转换进行纳税筹划。
（11）能通过居民个人中的高收入者综合所得与其他所得转换进行纳税筹划。
（12）能通过非居民个人工资、薪金所得与劳务报酬所得转换进行纳税筹划。
（13）能通过选择居民个人股东取得红利所得与工资、薪金所得进行纳税筹划。

(14) 能对个人捐赠进行纳税筹划。

(15) 能对偶然所得临界点进行纳税筹划。

(16) 能通过规避应税所得进行纳税筹划。

(17) 能基本解决个人所得税实务中的疑难问题。

工作引例

企业年金的纳税筹划

甲公司若不建立企业年金，则本年支付给每位员工的税前工资、薪金收入合计额均为 180 000 元（同上年数），本年每位员工的专项扣除、专项附加扣除和依法确定的其他扣除合计额均为 36 000 元。甲公司若建立企业年金，则按员工缴费工资计税基数的 2%为员工缴纳年金，员工个人缴纳年金的比例也为本人缴费工资计税基数的 2%，本年每位员工的专项扣除、专项附加扣除和依法确定的其他扣除合计额均为 39 600 元（36 000＋180 000×2%）。假设该企业共有 1 000 名员工，建立企业年金之前全年的利润总额为 20 000 000 元，且没有其他企业所得税纳税调整项目。甲公司为员工缴纳的年金符合国家有关政策规定的办法和标准。甲公司的所有员工月平均工资均未超过职工工作地所在设区城市上一年度职工月平均工资的 300%。甲公司适用的企业所得税税率为 25%。

【工作要求】请对上述业务进行纳税筹划。

【工作引例解析】见本章的 6.2.1。

6.1　个人所得税纳税人的纳税筹划

6.1.1　个人所得税纳税人身份选择的纳税筹划

【例 6-1】　汤姆任职于美国 A 公司，于本年 1 月 1 日首次被美国 A 公司派往中国 B 公司（美国 A 公司的子公司）工作，本年 7 月 5 日回美国 A 公司继续工作，未向主管税务机关备案。汤姆在中国 B 公司工作期间，中国 B 公司向其支付的工资、薪金收入为人民币 20 万元；汤姆回美国 A 公司继续工作期间，美国 A 公司向其支付的工资、薪金收入折合人民币 10 万元。

【工作要求】请对上述业务进行纳税筹划。

【税法依据】在中国境内有住所，或者无住所而一个纳税年度内在中国境内居住累计满 183 天的个人，为居民个人。居民个人从中国境内和境外取得的所得，依照《个人所得税法》的规定缴纳个人所得税。

在中国境内无住所又不居住，或者无住所而一个纳税年度内在中国境内居住累计不满183天的个人，为非居民个人。非居民个人从中国境内取得的所得，依照《个人所得税法》的规定缴纳个人所得税。

在中国境内无住所的个人，在中国境内居住累计满183天的年度连续不满6年的，经向主管税务机关备案，其来源于中国境外且由境外单位或者个人支付的所得，免予缴纳个人所得税；在中国境内居住累计满183天的任一年度中有一次离境超过30天的，其在中国境内居住累计满183天的年度的连续年限重新起算。

在中国境内无住所的个人，在一个纳税年度内在中国境内居住累计不超过90天的，其来源于中国境内的所得，由境外雇主支付并且不由该雇主在中国境内的机构、场所负担的部分，免予缴纳个人所得税。

【筹划思路】外籍个人到中国工作时，应充分利用中国税法对居民个人和非居民个人的规定，避免就从中国境内和境外取得的全部所得在中国缴纳个人所得税，而是仅就从中国境内取得的所得在中国缴纳个人所得税，从而减轻个人所得税税负。

【筹划过程】

方案一：汤姆于本年1月1日首次被美国A公司派往中国B公司（美国A公司的子公司）工作，本年7月5日回美国A公司继续工作，且未向主管税务机关备案。

汤姆本年度在中国境内居住累计超过183天，为居民个人。汤姆从中国境内和境外取得的所得30万元（20+10），需要依照中国《个人所得税法》的规定在中国缴纳个人所得税。

方案二：汤姆于本年1月1日首次被美国A公司派往中国B公司（美国A公司的子公司）工作，本年6月30日回美国A公司继续工作。

汤姆本年度在中国境内居住累计不超过183天，为非居民个人。汤姆从中国境内取得的所得20万元，需要依照中国《个人所得税法》的规定在中国缴纳个人所得税；从中国境外取得的所得10万元，不需要在中国缴纳个人所得税。

方案三：汤姆于本年1月1日首次被美国A公司派往中国B公司（美国A公司的子公司）工作，本年7月5日回美国A公司继续工作，且向主管税务机关备案。

汤姆在中国境内无住所，在中国境内居住累计满183天的年度连续不满6年，经向主管税务机关备案，其来源于中国境外且由境外单位或者个人支付的所得10万元，免予在中国缴纳个人所得税；只就从中国境内取得的所得20万元，依照中国《个人所得税法》的规定在中国缴纳个人所得税。

【筹划结论】方案三、方案二与方案一相比，汤姆在中国不缴纳美国A公司支付的工资、薪金所得的个人所得税；方案三与方案二相比，汤姆不需要调整在中国的工作时间。若以实现税负最小化为纳税筹划目标并且考虑其他成本因素，则应当优先选择方案三，其次是方案二，最后是方案一。

【筹划点评】通过减少在中国工作的天数，或者使得单次离境超过30天，或者主动向主管税务机关备案，均有可能避免就从中国境内和境外取得的全部所得在中国缴纳个人所得税。

6.1.2　组织形式选择的纳税筹划

【例 6－2】　张某、李某、王某和赵某 4 人本年欲成立一家皮鞋商场，4 人的出资额相等，均享有 25%的股份，现有两种方案可供选择。方案一：成立有限责任公司，每年获取的利润总额为 1 200 000 元（假设没有企业所得税纳税调整项目，即利润总额＝应纳税所得额），且税后利润提取法定盈余公积后全部平均分配给股东。该有限责任公司不符合小型微利企业条件，适用的企业所得税税率为 25%。方案二：成立合伙企业，每年获取的利润总额为 1 200 000 元，且 4 位合伙人约定将利润全部平均分配（假设 4 位合伙人每人分得的利润恰好等于其计算经营所得个人所得税的应纳税所得额[①]）。本年张某、李某、王某和赵某 4 人每人除了获取上述所得之外，没有获取综合所得（工资、薪金所得，劳务报酬所得，稿酬所得，特许权使用费所得）。

【工作要求】请对上述业务进行纳税筹划。

【税法依据】具有法人资格的企业（股份有限公司、有限责任公司）需要缴纳 25%的企业所得税，个人股东从股份有限公司和有限责任公司分配的税后利润需要按照"利息、股息、红利所得"缴纳 20%的个人所得税。不具有法人资格的企业（个体工商户、个人独资企业、合伙企业）不需要缴纳企业所得税，个人通过在中国境内注册登记的个体工商户、个人独资企业、合伙企业从事生产、经营活动取得的所得按照"经营所得"缴纳个人所得税。

取得经营所得的个人，没有综合所得的，计算其每一纳税年度的应纳税所得额时，应当减除费用 6 万元、专项扣除、专项附加扣除以及依法确定的其他扣除。专项附加扣除在办理汇算清缴时减除。经营所得个人所得税税率表如表 6－1 所示。

表 6－1　经营所得个人所得税税率表

级数	全年应纳税所得额	税率（%）	速算扣除数
1	不超过 30 000 元的	5	0
2	超过 30 000 元至 90 000 元的部分	10	1 500
3	超过 90 000 元至 300 000 元的部分	20	10 500
4	超过 300 000 元至 500 000 元的部分	30	40 500
5	超过 500 000 元的部分	35	65 500

【筹划思路】投资者个人在不影响正常经营的情况下，尽量不要注册成立股份有限公司、有限责任公司，而是注册成立个体工商户、个人独资企业、合伙企业，以规避企业所得税，虽然有可能多缴个人所得税，但整体税负会降低。

【筹划过程】

方案一：成立有限责任公司，每年获取的利润总额为 1 200 000 元（假设没有企业

① 题目中的用词是"计算经营所得个人所得税的应纳税所得额"，意味着该应纳税所得额已经减除了费用 6 万元、专项扣除、专项附加扣除以及依法确定的其他扣除。

所得税纳税调整项目，即利润总额＝应纳税所得额），且税后利润提取法定盈余公积后全部平均分配给股东。

有限责任公司应纳企业所得税＝1 200 000×25％＝300 000(元)

有限责任公司税后利润＝1 200 000－300 000＝900 000(元)

有限责任公司提取法定盈余公积＝900 000×10％＝90 000(元)

有限责任公司向股东分配的利润合计＝900 000－90 000＝810 000(元)

4位股东“利息、股息、红利所得”应纳个人所得税总额＝810 000÷4×20％×4＝162 000(元)

应纳税额合计＝300 000＋162 000＝462 000(元)

方案二：成立合伙企业，每年获取的利润总额为1 200 000元，且4位合伙人约定将利润全部平均分配（假设4位合伙人每人分得的利润恰好等于其计算经营所得个人所得税的应纳税所得额）。

每位合伙人的应纳税所得额(根据题目，该应纳税所得额已经减除了费用6万元、专项扣除、专项附加扣除以及依法确定的其他扣除)＝1 200 000÷4＝300 000(元)

4位合伙人“经营所得”应纳个人所得税总额＝(300 000×20％－10 500)×4＝198 000(元)

应纳税额合计＝198 000(元)

【筹划结论】方案二比方案一共少缴纳税额264 000元（462 000－198 000），若以实现税负最小化为纳税筹划目标，则应当选择方案二。

【筹划点评】成立不具有法人资格的企业（个体工商户、个人独资企业、合伙企业），而非具有法人资格的企业（股份有限公司、有限责任公司），一方面，不利于扩大单位的经营规模，实现长期发展；另一方面，不具有法人资格的企业的投资人以其个人财产对企业债务承担无限责任，因此纳税人应综合考虑，权衡利弊，做出合理的决策。

6.2 个人所得税计税依据或税率的纳税筹划

6.2.1 居民个人按年均衡取得综合所得的纳税筹划

【例6-3】 预计居民个人张某20×1年、20×2年、20×3年三年取得的综合所得应纳税所得额（每一纳税年度的收入额减除费用60 000元以及专项扣除、专项附加扣除和依法确定的其他扣除后的余额）合计额为450 000元。根据张某各种工作的先后次序，现有三种取得所得的方案可供选择。方案一：20×1年的应纳税所得额为50 000元，20×2年的应纳税所得额为150 000元，20×3年的应纳税所得额为

250 000 元。方案二：20×1 年的应纳税所得额为 100 000 元，20×2 年的应纳税所得额为 150 000 元，20×3 年的应纳税所得额为 200 000 元。方案三：20×1 年的应纳税所得额为 150 000 元，20×2 年的应纳税所得额为 150 000 元，20×3 年的应纳税所得额为 150 000 元。

【工作要求】请对上述业务进行纳税筹划。

【税法依据】综合所得包括：(1) 工资、薪金所得；(2) 劳务报酬所得；(3) 稿酬所得；(4) 特许权使用费所得。居民个人的综合所得，以每一纳税年度的收入额减除费用 60 000 元以及专项扣除、专项附加扣除和依法确定的其他扣除后的余额，为应纳税所得额。劳务报酬所得、稿酬所得、特许权使用费所得以收入减除 20%的费用后的余额为收入额。稿酬所得的收入额减按 70%计算。

综合所得个人所得税税率表（按年）如表 6-2 所示。

表 6-2　综合所得个人所得税税率表（按年）

级数	全年应纳税所得额	税率（%）	速算扣除数
1	不超过 36 000 元的	3	0
2	超过 36 000 元至 144 000 元的部分	10	2 520
3	超过 144 000 元至 300 000 元的部分	20	16 920
4	超过 300 000 元至 420 000 元的部分	25	31 920
5	超过 420 000 元至 660 000 元的部分	30	52 920
6	超过 660 000 元至 960 000 元的部分	35	85 920
7	超过 960 000 元的部分	45	181 920

【筹划思路】居民个人如果各年的综合所得不均衡，则综合所得高的年份多缴的个人所得税有可能会大于综合所得低的年份少缴的个人所得税，因此个人可以考虑均衡各年的综合所得，以便从整体上降低个人所得税税负。

【筹划过程】

方案一：20×1 年的应纳税所得额为 50 000 元，20×2 年的应纳税所得额为 150 000 元，20×3 年的应纳税所得额为 250 000 元。

20×1 年综合所得的应纳个人所得税＝50 000×10%－2 520＝2 480(元)

20×2 年综合所得的应纳个人所得税＝150 000×20%－16 920＝13 080(元)

20×3 年综合所得的应纳个人所得税＝250 000×20%－16 920＝33 080(元)

20×1 年、20×2 年、20×3 年三年应纳个人所得税合计＝2 480＋13 080＋33 080
＝48 640(元)

方案二：20×1 年的应纳税所得额为 100 000 元，20×2 年的应纳税所得额为 150 000 元，20×3 年的应纳税所得额为 200 000 元。

20×1 年综合所得的应纳个人所得税＝100 000×10%－2 520＝7 480(元)

20×2 年综合所得的应纳个人所得税＝150 000×20%－16 920＝13 080(元)

20×3 年综合所得的应纳个人所得税＝200 000×20%－16 920＝23 080(元)

20×1 年、20×2 年、20×3 年三年应纳个人所得税合计＝7 480＋13 080＋23 080
＝43 640(元)

方案三：20×1 年的应纳税所得额为 150 000 元，20×2 年的应纳税所得额为 150 000 元，20×3 年的应纳税所得额为 150 000 元。

20×1 年综合所得的应纳个人所得税＝150 000×20%－16 920＝13 080(元)

20×2 年综合所得的应纳个人所得税＝150 000×20%－16 920＝13 080(元)

20×3 年综合所得的应纳个人所得税＝150 000×20%－16 920＝13 080(元)

20×1 年、20×2 年、20×3 年三年应纳个人所得税合计＝13 080＋13 080＋13 080
＝39 240(元)

【筹划结论】方案三比方案一少缴纳个人所得税 9 400 元（48 640－39 240），比方案二少缴纳个人所得税 4 400 元（43 640－39 240），若以实现税负最小化为纳税筹划目标，则应当优先选择方案三，其次是方案二，最后是方案一。

【筹划点评】绝对均衡各年度的综合所得有一定困难，但相对均衡各年度的综合所得却是可行的。居民个人先工作一年（当年取得综合所得），然后休假一年（当年未取得综合所得）属于最不均衡取得综合所得的情况，应当尽量避免这种情况出现。

工作引例解析

【税法依据】企业和事业单位（以下简称单位）根据国家有关政策规定的办法和标准，为在本单位任职或者受雇的全体职工缴付的企业年金或职业年金。单位缴费部分，在计入个人账户时，个人暂不缴纳个人所得税；个人缴费部分，在不超过本人缴费工资计税基数的 4%标准内的部分，暂从个人当期的应纳税所得额中扣除。超过上述规定的标准缴付的年金单位缴费和个人缴费部分，应并入个人当期的工资、薪金所得，依法计征个人所得税。企业年金个人缴费工资计税基数为本人上一年度月平均工资。月平均工资按国家统计局规定列入工资总额统计的项目计算。月平均工资超过职工工作地所在设区城市上一年度职工月平均工资 300%以上的部分，不计入个人缴费工资计税基数。年金基金投资运营收益分配计入个人账户时，个人暂不缴纳个人所得税。个人达到国家规定的退休年龄，按月领取的年金，全额按照“工资、薪金所得”项目适用的税率，计征个人所得税。

企业年金，是指企业及其职工在依法参加基本养老保险的基础上，自愿建立的补充养老保险制度。企业根据国家有关政策规定，为在本企业任职或者受雇的全体员工支付的补充养老保险费、补充医疗保险费，分别在不超过职工工资总额 5%标准内的部分，在计算应纳税所得额时准予扣除；超过的部分，不予扣除。

综合所得个人所得税税率表（按年）如表6-2所示（见例6-3）。

【筹划思路】对于员工来说，企业年金或职业年金能够使其享受个人所得税递延纳税的优惠政策，即在年金缴费环节和年金基金投资收益环节暂不征收个人所得税，将纳税义务递延到个人实际领取年金的环节（即退休、死亡或出国定居时）。对于企业来说，企业在企业年金或职业年金中为员工缴费的部分，在计算企业所得税时，在国家规定标准以内的部分可以税前扣除。因此有条件的企业应当设立企业年金或职业年金，以获取税收优惠。

【筹划过程】

方案一：甲公司不建立企业年金。

每位员工本年综合所得的应纳税所得额＝180 000－60 000－36 000＝84 000(元)
每位员工本年综合所得的应纳个人所得税＝84 000×10%－2 520＝5 880(元)
1 000名员工本年综合所得的应纳个人所得税合计＝5 880×1 000＝5 880 000(元)
甲公司应纳企业所得税＝20 000 000×25%＝5 000 000(元)

方案二：甲公司建立企业年金。

每位员工本年综合所得的应纳税所得额＝180 000－60 000－39 600＝80 400(元)
每位员工本年综合所得的应纳个人所得税＝80 400×10%－2 520＝5 520(元)
1 000名员工本年综合所得的应纳个人所得税合计＝5 520×1 000＝5 520 000(元)
甲公司应纳企业所得税＝(20 000 000－180 000×2%×1 000)×25%
＝4 100 000(元)

【筹划结论】与方案一相比，方案二中所有员工当期共少缴纳个人所得税360 000元(5 880 000－5 520 000)，甲公司少缴纳企业所得税900 000元（5 000 000－4 100 000)，若以实现税负最小化为纳税筹划目标，则应当选择方案二。

【筹划点评】企业年金个人所得税递延纳税的政策，不仅可以让员工延期纳税，还可以提升员工对工作的热情以及对企业的忠诚度，企业的效益也会随之提高，最终形成一个良性循环。

6.2.2　居民个人子女教育专项附加在夫妻之间选择扣除方的纳税筹划

【例6-4】　居民个人张某和王某是一对夫妻，其独生子在上小学。张某任职于甲公司，本年从甲公司获取的税前工资、薪金收入合计额为100 000元，本年张某的专项扣除和依法确定的其他扣除合计额为18 500元，专项附加扣除只有子女教育这一项符合税法扣除规定。王某任职于乙公司，本年从乙公司获取的税前工资、薪金收入合计额为300 000元，本年王某的专项扣除和依法确定的其他扣除合计额为55 500元，专项附加扣除只有子女教育这一项符合税法扣除规定。张某和王某本年无其他收入。

【工作要求】请对上述业务进行纳税筹划。

【税法依据】综合所得包括：(1) 工资、薪金所得；(2) 劳务报酬所得；(3) 稿酬所得；(4) 特许权使用费所得。居民个人的综合所得，以每一纳税年度的收入额减除费用

60 000元以及专项扣除、专项附加扣除和依法确定的其他扣除后的余额，为应纳税所得额。

纳税人的子女接受全日制学历教育的相关支出，按照每个子女每月1 000元的标准定额扣除。学历教育包括义务教育（小学、初中教育）、高中阶段教育（普通高中、中等职业、技工教育）、高等教育（大学专科、大学本科、硕士研究生、博士研究生教育）。

年满3岁至小学入学前处于学前教育阶段的子女，按上述规定执行。

父母可以选择由其中一方按扣除标准的100%扣除，也可以选择由双方分别按扣除标准的50%扣除，具体扣除方式在一个纳税年度内不能变更。

纳税人子女在中国境外接受教育的，纳税人应当留存境外学校录取通知书、留学签证等相关教育的证明资料备查。

综合所得个人所得税税率表（按年）如表6-2所示（见例6-3）。

【筹划思路】对于子女教育专项附加扣除，父母可以选择由其中一方按扣除标准的100%扣除，也可以选择由双方分别按扣除标准的50%扣除，这为纳税人家庭整体提供了纳税筹划的空间。夫妻双方可以选择由综合所得高的一方按扣除标准的100%扣除，这样有可能降低夫妻双方整体的个人所得税税负。

【筹划过程】

方案一：对于子女教育专项附加扣除，选择由张某一方按扣除标准的100%扣除。

张某本年综合所得的应纳税所得额＝100 000－60 000－18 500－1 000×12
＝9 500(元)

张某本年综合所得的应纳个人所得税＝9 500×3%＝285(元)

王某本年综合所得的应纳税所得额＝300 000－60 000－55 500＝184 500(元)

王某本年综合所得的应纳个人所得税＝184 500×20%－16 920＝19 980(元)

张某和王某本年综合所得的应纳个人所得税合计＝285＋19 980＝20 265(元)

方案二：对于子女教育专项附加扣除，选择由张某和王某双方分别按扣除标准的50%扣除。

张某本年综合所得的应纳税所得额＝100 000－60 000－18 500－1 000×12×50%
＝15 500(元)

张某本年综合所得的应纳个人所得税＝15 500×3%＝465(元)

王某本年综合所得的应纳税所得额＝300 000－60 000－55 500－1 000×12×50%
＝178 500(元)

王某本年综合所得的应纳个人所得税＝178 500×20%－16 920＝18 780(元)

张某和王某本年综合所得的应纳个人所得税合计＝465＋18 780＝19 245(元)

方案三：对于子女教育专项附加扣除，选择由王某一方按扣除标准的100%扣除。

张某本年综合所得的应纳税所得额＝100 000－60 000－18 500＝21 500(元)

张某本年综合所得的应纳个人所得税＝21 500×3%＝645(元)

王某本年综合所得的应纳税所得额＝300 000－60 000－55 500－1 000×12
＝172 500(元)

王某本年综合所得的应纳个人所得税＝172 500×20%－16 920＝17 580(元)

张某和王某本年综合所得的应纳个人所得税合计＝645＋17 580＝18 225(元)

【筹划结论】与方案一相比，方案三中张某和王某合计少缴纳个人所得税 2 040 元(20 265－18 225)，与方案二相比，方案三中张某和王某合计少缴纳个人所得税 1 020 元（19 245－18 225)，若以实现税负最小化为纳税筹划目标，则应当优先选择方案三，其次是方案二，最后是方案一。

【筹划点评】夫妻双方选择由综合所得高且适用个人所得税边际税率高的一方按扣除标准的 100%扣除子女教育专项附加扣除额，实际上降低了夫妻双方整体的个人所得税税率，从而降低了夫妻双方整体的个人所得税税负。

6.2.3　非居民个人均衡取得工资、薪金所得的纳税筹划

【例 6-5】　非居民个人汤姆（英国国籍）本年 1 月 1 日至 5 月 31 日在中国境内的甲公司工作，之后返回英国。汤姆以每月绩效与薪酬挂钩的方式取得工资、薪金收入。汤姆 1—5 月取得的税前工资、薪金收入分别为 10 000 元、2 000 元、4 000 元、3 000 元、7 000 元。

【工作要求】请对上述业务进行纳税筹划。

【税法依据】非居民个人的工资、薪金所得，以每月收入额减除费用 5 000 元后的余额为应纳税所得额。

非居民个人工资、薪金所得，劳务报酬所得，稿酬所得，特许权使用费所得个人所得税税率表（按月）如表 6-3 所示。

表 6-3　非居民个人工资、薪金所得，劳务报酬所得，稿酬所得，特许权使用费所得个人所得税税率表（按月）

级数	应纳税所得额	税率（%）	速算扣除数
1	不超过 3 000 元的	3	0
2	超过 3 000 元至 12 000 元的部分	10	210
3	超过 12 000 元至 25 000 元的部分	20	1 410
4	超过 25 000 元至 35 000 元的部分	25	2 660
5	超过 35 000 元至 55 000 元的部分	30	4 410
6	超过 55 000 元至 80 000 元的部分	35	7 160
7	超过 80 000 元的部分	45	15 160

【筹划思路】非居民个人的工资、薪金所得不按年综合计征，而是按月适用七级超额累进税率计征个人所得税。如果非居民个人每月的工资、薪金收入不均衡，则工资、

薪金收入高的月份，适用的税率也可能较高，而工资、薪金收入低的月份，适用的税率也可能较低，甚至有可能因工资、薪金收入不超过免征额5 000元而不缴税。在这种情况下，非居民个人的实际税负将会超过其应当承担的税负。将非居民个人的工资、薪金按月平均分摊，有可能降低个人所得税税负，从而获取税收利益。

【筹划过程】

方案一：采取每月绩效与薪酬挂钩的方式，汤姆1—5月取得的税前工资、薪金收入分别为10 000元、2 000元、4 000元、3 000元、7 000元。

$$\text{应纳个人所得税合计}=[(10\,000-5\,000)\times10\%-210]+0+0+0+[(7\,000-5\,000)\times3\%]=350(\text{元})$$

方案二：采取均衡取得税前工资、薪金收入的方式。

$$\text{每月取得税前工资、薪金收入}=(10\,000+2\,000+4\,000+3\,000+7\,000)\div5=5\,200(\text{元})$$

$$\text{应纳个人所得税合计}=(5\,200-5\,000)\times3\%\times5=30(\text{元})$$

【筹划结论】方案二比方案一少缴纳个人所得税320元（350－30），若以实现税负最小化为纳税筹划目标，则应当选择方案二。

【筹划点评】在非居民个人每月工资、薪金变化幅度较大的情况下，可以考虑采用平均取得工资、薪金的方式，一般情况下都能降低个人所得税税负。具体操作时，企业可预估非居民个人各月工资、薪金总额，前几个月按月平均发放，最后一个月多退少补。

6.2.4 非居民个人费用转移的纳税筹划

【例6-6】 非居民个人杰克住在北京，本年1月受邀为深圳甲公司的高管张某讲课，为期7天。有两种方案可供选择。方案一：杰克去深圳的甲公司为高管张某讲课，杰克可从甲公司获取税前劳务报酬收入100 000元，但交通费、食宿费等由杰克自理，杰克共支出20 000元。方案二：深圳甲公司的高管张某去北京听杰克讲课，杰克可从甲公司获取税前劳务报酬收入80 000元，高管张某去北京的交通费、食宿费20 000元由甲公司承担。假设不考虑增值税等因素。

【工作要求】请对上述业务进行纳税筹划。

【税法依据】非居民个人的工资、薪金所得，以每月收入额减除费用5 000元后的余额为应纳税所得额；劳务报酬所得、稿酬所得、特许权使用费所得，以每次收入额为应纳税所得额。劳务报酬所得、稿酬所得、特许权使用费所得以收入减除20%的费用后的余额为收入额。稿酬所得的收入额减按70%计算。

非居民个人取得工资、薪金所得，劳务报酬所得，稿酬所得和特许权使用费所得，依照表6-2按月换算后计算应纳税额。换算后的非居民个人工资、薪金所得，劳务报酬所得，稿酬所得，特许权使用费所得个人所得税税率表（按月）如表6-3所示（见例6-5）。

【筹划思路】 非居民个人在提供劳务时，一般情况下，接受劳务的单位只是定额地支付劳务报酬，非居民个人的相关费用由自己承担。非居民个人也可以和接受劳务的单位进行协商，在合法合理的前提下，通过变换提供劳务的地点等方式，将相关费用转移到接受劳务的单位身上，通过适当降低劳务报酬的方法对接受劳务的单位进行补偿。这样一来，接受劳务的单位没有损失，非居民个人的实际收入也没有减少，但劳务报酬（名义收入）降低了，因此可以降低个人所得税税负。

【筹划过程】

方案一：杰克去深圳的甲公司为高管张某讲课，杰克可从甲公司获取税前劳务报酬收入 100 000 元，但交通费、食宿费等由杰克自理，杰克共支出 20 000 元。

杰克劳务报酬的应纳税所得额＝100 000×(1－20%)＝80 000(元)

杰克应纳个人所得税＝80 000×35%－7 160＝20 840(元)

杰克税后收益＝100 000－20 000－20 840＝59 160(元)

方案二：深圳甲公司的高管张某去北京听杰克讲课，杰克可从甲公司获取税前劳务报酬收入 80 000 元，高管张某去北京的交通费、食宿费 20 000 元由甲公司承担。

杰克劳务报酬的应纳税所得额＝80 000×(1－20%)＝64 000(元)

杰克应纳个人所得税＝64 000×35%－7 160＝15 240(元)

杰克税后收益＝80 000－15 240＝64 760(元)

【筹划结论】 方案二比方案一少缴纳个人所得税 5 600 元（20 840－15 240），多获取税后收益 5 600 元（64 760－59 160），若以实现税负最小化以及税后收益最大化为纳税筹划目标，则应当选择方案二。

【筹划点评】 通过将费用合理合法地转移到接受劳务的单位身上，同时降低个人的名义报酬，可以降低个人所得税的计税依据，进而降低个人所得税税负。

6.2.5　非居民个人增加取得劳务报酬所得次数的纳税筹划

【例 6－7】 非居民个人乔治为知名经济学家，本年应邀到我国提供为期 2 周的宏观经济培训，现有两种培训方案可供选择。方案一：向我国甲公司提供 2 周的培训，可取得税前劳务报酬收入 50 000 元。方案二：先向我国乙公司提供 1 周的培训，可取得税前劳务报酬收入 25 000 元；然后向我国丙公司提供 1 周的培训，可取得税前劳务报酬收入 25 000 元。假设不考虑增值税等因素。

【工作要求】 请对上述业务进行纳税筹划。

【税法依据】 非居民个人的工资、薪金所得，以每月收入额减除费用 5 000 元后的余额为应纳税所得额；劳务报酬所得、稿酬所得、特许权使用费所得，以每次收入额为应纳税所得额。劳务报酬所得、稿酬所得、特许权使用费所得以收入减除 20%的费用后的余额为收入额。稿酬所得的收入额减按 70%计算。非居民个人取得的劳务报酬所得、稿酬所得、特许权使用费所得，属于一次性收入的，以取得该项收入为一次；属于同一项目连续性收入的，以一个月内取得的收入为一次。

非居民个人取得工资、薪金所得，劳务报酬所得，稿酬所得和特许权使用费所得，有扣缴义务人的，由扣缴义务人按月或者按次代扣代缴税款，不办理汇算清缴。非居民个人取得工资、薪金所得，劳务报酬所得，稿酬所得和特许权使用费所得，依照表6-2按月换算后计算应纳税额。换算后的非居民个人工资、薪金所得，劳务报酬所得，稿酬所得，特许权使用费所得个人所得税税率表（按月）如表6-3所示（见例6-5）。

【筹划思路】非居民个人的劳务报酬所得适用七级超额累进税率，因此在总收入一定的情况下，通过增加提供劳务报酬的次数来合理地降低每次收入额，有可能降低个人所得税税率，进而降低个人所得税税负。

【筹划过程】

方案一：向我国甲公司提供2周的培训，可取得税前劳务报酬收入50 000元。

从甲公司取得的劳务报酬所得的应纳税所得额＝50 000×(1－20%)＝40 000(元)

从甲公司取得的劳务报酬所得的应纳个人所得税＝40 000×30%－4 410
＝7 590(元)

方案二：先向我国乙公司提供1周的培训，可取得税前劳务报酬收入25 000元；然后向我国丙公司提供1周的培训，可取得税前劳务报酬收入25 000元。

从乙公司取得的劳务报酬所得的应纳税所得额＝25 000×(1－20%)
＝20 000(元)

从乙公司取得的劳务报酬所得的应纳个人所得税＝20 000×20%－1 410
＝2 590(元)

从丙公司取得的劳务报酬所得的应纳税所得额＝25 000×(1－20%)
＝20 000(元)

从丙公司取得的劳务报酬所得的应纳个人所得税＝20 000×20%－1 410
＝2 590(元)

从乙公司和丙公司取得的劳务报酬所得的应纳个人所得税合计＝2 590＋2 590
＝5 180(元)

【筹划结论】方案二比方案一少缴纳个人所得税2 410元（7 590－5 180），若以实现税负最小化为纳税筹划目标，则应当选择方案二。

【筹划点评】非居民个人取得的劳务报酬所得分次计算缴纳个人所得税，不按年合并计算纳税，因此在总收入一定的情况下，增加取得劳务报酬所得的次数有可能会降低个人所得税的适用税率，从而降低个人所得税税负。但因为居民个人取得综合所得（包括劳务报酬所得）需要按年合并计算个人所得税，所以同样的方法不适用于居民个人。

6.3 个人所得税应税项目转换的纳税筹划

6.3.1 居民个人综合所得内部项目转换的纳税筹划

【例6-8】 居民个人李某是一名艺术设计人员，为甲公司的一名在职员工，本年有两种获取综合所得的方案可供选择。方案一：从甲公司获取税前工资、薪金收入合计为180 000元（含加班为任职单位甲公司设计效果图获得的收入30 000元），业余兼职取得税前劳务报酬收入合计为70 000元（含审稿取得的收入20 000元），业余出版专业书籍取得税前稿酬收入合计为60 000元。方案二[①]：从甲公司获取税前工资、薪金收入合计为150 000元（180 000－30 000），业余兼职取得税前劳务报酬收入合计为80 000元（70 000＋30 000－20 000），业余出版专业书籍取得税前稿酬收入合计为80 000元（60 000＋20 000）。假设无论选择上述何种方案，李某本年的专项扣除、专项附加扣除和依法确定的其他扣除合计额均为40 000元。[②] 假设不考虑增值税等因素。

【工作要求】请对上述业务进行纳税筹划。

【税法依据】综合所得包括：（1）工资、薪金所得；（2）劳务报酬所得；（3）稿酬所得；（4）特许权使用费所得。居民个人的综合所得，以每一纳税年度的收入额减除费用60 000元以及专项扣除、专项附加扣除和依法确定的其他扣除后的余额，为应纳税所得额。劳务报酬所得、稿酬所得、特许权使用费所得以收入减除20％的费用后的余额为收入额。稿酬所得的收入额减按70％计算。

居民个人工资、薪金所得，劳务报酬所得，稿酬所得，特许权使用费所得即综合所得个人所得税税率表（按年）如表6-2所示（见例6-3）。

【筹划思路】综合所得中的劳务报酬所得、稿酬所得、特许权使用费所得以收入减除20％的费用后的余额为收入额，稿酬所得的收入额减按70％计算，而工资、薪金所得以实际金额作为收入额，因此同等收入的情况下，个人应当尽量优先获取稿酬所得，其次是劳务报酬所得、特许权使用费所得，最后是工资、薪金所得。

【筹划过程】

方案一：从甲公司获取税前工资、薪金收入合计为180 000元（含加班为任职单位甲公司设计效果图获得的收入30 000元），业余兼职取得税前劳务报酬收入合计为70 000元（含审稿取得的收入20 000元），业余出版专业书籍取得税前稿酬收入合计为60 000元。

---

① 李某若放弃加班为任职单位甲公司设计效果图，减少税前工资、薪金收入30 000元，则可以通过兼职为其他单位设计效果图相应地增加税前劳务报酬收入30 000元；若放弃审稿，减少税前劳务报酬收入20 000元，则可以通过增加写作时间相应地增加税前稿酬收入20 000元。

② 为研究方便，本例两个方案统一了“专项扣除、专项附加扣除和依法确定的其他扣除”的金额口径。类似情况下，全书同。

本年综合所得的应纳税所得额＝180 000＋70 000×(1－20%)＋60 000×(1－20%)×70%－60 000－40 000＝169 600(元)

本年综合所得的应纳个人所得税＝169 600×20%－16 920＝17 000(元)

方案二：从甲公司获取税前工资、薪金收入合计为 150 000 元（180 000－30 000），业余兼职取得税前劳务报酬收入合计为 80 000 元（70 000＋30 000－20 000），业余出版专业书籍取得税前稿酬收入合计为 80 000 元（60 000＋20 000）。

本年综合所得的应纳税所得额＝150 000＋80 000×(1－20%)＋80 000×(1－20%)×70%－60 000－40 000＝158 800(元)

本年综合所得的应纳个人所得税＝158 800×20%－16 920＝14 840(元)

【筹划结论】方案二比方案一少缴纳个人所得税 2 160 元（17 000－14 840），若以实现税负最小化为纳税筹划目标，则应当选择方案二。

【筹划点评】原来的《个人所得税法》规定，月免征额 3 500 元（定额减除额）从工资、薪金收入中扣除，而自 2019 年 1 月 1 日起实施的修正后的《个人所得税法》规定，年免征额 60 000 元（定额减除额）可以从居民个人的综合所得（工资、薪金所得，劳务报酬所得，稿酬所得，特许权使用费所得的合计额）中扣除，稿酬所得、劳务报酬所得、特许权使用费所得又有各自的定率减除额（减除 20%的费用）。因此相对于原来的《个人所得税法》，根据自 2019 年 1 月 1 日起实施的修正后的《个人所得税法》，取得稿酬所得、劳务报酬所得、特许权使用费所得比取得工资、薪金所得更为有利。另外，应当注意的是，属于增值税征收范围的劳务报酬所得和特许权使用费所得若达到起征点，还需要缴纳增值税，甚至有可能缴纳城市维护建设税、教育费附加。因此，纳税人应当综合测算，做出最终的决策。

6.3.2 居民个人综合所得与经营所得转换的纳税筹划

【例 6-9】 居民个人王某是一名会计专家，主要从事财税咨询工作，本年有两种工作方案可供选择。方案一：王某在甲会计师事务所兼职提供咨询服务，本年度取得税前劳务报酬收入合计为 600 000 元，且与甲会计师事务所约定，王某自己承担因提供咨询活动产生的成本、费用和损失，当年的成本、费用以及损失合计为 400 000 元（包括王某的工作场所租赁费、办公费、水电费、交通费、通信费、支付给律师的咨询费、支付给自己团队其他人的报酬等）。方案二：王某注册成立一家个体工商户，通过甲会计师事务所对外提供咨询服务，且与甲会计师事务所约定，该个体工商户自己承担因提供咨询活动产生的成本、费用和损失，本年度该个体工商户取得税前经营收入合计为 600 000 元，当年的成本、费用以及损失合计为 400 000 元（包括王某注册的个体工商户的工作场所租赁费、办公费、水电费、交通费、通信费、支付给律师的咨询费、支付给自己团队其他人的报酬等）。假设无论选择上述何种方案，当年王某的专项扣除、专项附加扣除和依法确定的其他扣除合计额均为40 000元（为研究方便，假设王某当年的专项扣除、专项附加扣除和依法确定的其他扣除的实际发生额也均为40 000元）。当年王某没有其他收入。假设不考虑增值税等因素。

【工作要求】请对上述业务进行纳税筹划。

【税法依据】居民个人的综合所得，以每一纳税年度的收入额减除费用60 000元以及专项扣除、专项附加扣除和依法确定的其他扣除后的余额，为应纳税所得额。劳务报酬所得、稿酬所得、特许权使用费所得以收入减除20%的费用后的余额为收入额。稿酬所得的收入额减按70%计算。

经营所得，以每一纳税年度的收入总额减除成本、费用以及损失后的余额，为应纳税所得额。取得经营所得的个人，没有综合所得的，计算其每一纳税年度的应纳税所得额时，应当减除费用60 000元、专项扣除、专项附加扣除以及依法确定的其他扣除。专项附加扣除在办理汇算清缴时减除。

自2023年1月1日起至2027年12月31日，对个体工商户年应纳税所得额不超过200万元的部分，减半征收个人所得税。个体工商户在享受现行其他个人所得税优惠政策的基础上，可叠加享受本条优惠政策。个体工商户不区分征收方式，均可享受。

综合所得个人所得税税率表（按年）如表6-2所示（见例6-3）；经营所得个人所得税税率表如表6-1所示（见例6-2）。

【筹划思路】一般情况下，个人同等金额的劳动收入在综合所得和经营所得不同的应税项目下，其应纳税所得额和税率基本上是不同的。因此在个人劳动收入金额相同且根据法律规定可以相互转换的情况下，可以通过分别测算综合所得和经营所得各自的个人所得税税负，来选择税负低的应税所得项目。

【筹划过程】

方案一：王某在甲会计师事务所兼职提供咨询服务，本年度取得税前劳务报酬收入合计为600 000元，且与甲会计师事务所约定，王某自己承担因提供咨询活动产生的成本、费用和损失，当年的成本、费用以及损失合计为400 000元（包括王某的工作场所租赁费、办公费、水电费、交通费、通信费、支付给律师的咨询费、支付给自己团队其他人的报酬等）。

劳务报酬所得以收入减除20%的费用后的余额为收入额，因此当年的成本、费用以及损失400 000元不能据实扣除，而只能按照收入的20%定率扣除。

$$\begin{aligned}\text{本年综合所得的应纳税所得额}&=600\ 000\times(1-20\%)-60\ 000-40\ 000\\&=380\ 000(\text{元})\end{aligned}$$

$$\text{本年综合所得的应纳个人所得税}=380\ 000\times25\%-31\ 920=63\ 080(\text{元})$$

方案二：王某注册成立一家个体工商户，通过甲会计师事务所对外提供咨询服务，且与甲会计师事务所约定，该个体工商户自己承担因提供咨询活动产生的成本、费用和损失，本年度该个体工商户取得税前经营收入合计为600 000元，当年的成本、费用以及损失合计为400 000元（包括王某注册的个体工商户的工作场所租赁费、办公费、水电费、交通费、通信费、支付给律师的咨询费、支付给自己团队其他人的报酬等）。

本年经营所得的应纳税所得额＝600 000－400 000－60 000－40 000＝100 000(元)

本年经营所得的应纳个人所得税＝(100 000×20%－10 500)－(100 000×20%－10 500)×50%
＝4 750(元)

【筹划结论】方案二比方案一少缴纳个人所得税58 330元（63 080－4 750），若以实现税负最小化为纳税筹划目标，则应当选择方案二。

【筹划点评】尤其对于高收入者，综合所得的最高边际税率高达45%，而经营所得的最高边际税率仅为35%，因此高收入者最好通过注册成立个体工商户的方式取得收入。同时，应当注意的是，并非所有的劳动收入均可在综合所得与经营所得之间转换。例如个人以团队合作的形式提供咨询服务而取得的咨询收入，可以作为个人的劳务报酬，由于在提供咨询服务的过程中产生了一定的成本、费用以及损失（包括工作场所租赁费、办公费、水电费、交通费、通信费、支付给律师的咨询费、支付给自己团队其他人的报酬等），当然也可以通过成立个体工商户、个人独资企业或者合伙企业的方式来转换为经营所得；而明星、网红等以个人表演或者直播带货取得的收入，根据明星、网红是否与支付所得方建立雇佣关系划分为工资、薪金所得或者劳务报酬所得，该收入明显属于个人的纯收入，几乎没有相关成本、费用或者损失，因此不能转换为经营所得。工资、薪金所得或者劳务报酬所得等综合所得是否可以转换为经营所得，保险起见，纳税人应当事先咨询税务机关，以规避纳税风险。对于可以在综合所得与经营所得之间转换的劳动收入还需要考虑转换成本，因此纳税人需要权衡利弊、综合考虑，选择最优方案。

6.3.3 居民个人中的高收入者综合所得与其他所得转换的纳税筹划

【例6-10】 居民个人王某是一名顶尖化工专家，任职于甲高新技术企业，20×1年和20×2年有两种工作方案可供选择。方案一：20×1年和20×2年在甲高新技术企业全时间（8小时工作制）投入研发工作，两年可取得的税前工资、薪金收入合计额均为2 000 000元。方案二：20×1年和20×2年在甲高新技术企业非全时间（4小时工作制）投入研发工作，两年可取得的税前工资、薪金收入合计额均为1 000 000元；20×1年和20×2年业余时间研究并进行股票和房产投资，20×1年取得的转让境内上市公司股票净所得合计额为400 000元，20×2年取得的转让境内上市公司股票净所得合计额为400 000元，20×2年取得的从公开发行和转让市场获得的上市公司股票（持股期限超过1年的）股息红利所得合计额为200 000元，20×2年取得的转让房产净所得合计额为1 000 000元（转让财产的收入额减除财产原值和合理费用后的余额）。假设无论选择上述何种方案，20×1年和20×2年王某的专项扣除、专项附加扣除和依法确定的其他扣除合计额均为 80 000 元。

【工作要求】 请对上述业务进行纳税筹划。

【税法依据】 下列各项个人所得应当缴纳个人所得税：(1) 工资、薪金所得；(2) 劳务报酬所得；(3) 稿酬所得；(4) 特许权使用费所得；(5) 经营所得；(6) 利息、股息、红利所得；(7) 财产租赁所得；(8) 财产转让所得；(9) 偶然所得。[①]

居民个人取得上述第 (1) 项至第 (4) 项所得 (称为综合所得)，按纳税年度合并计算个人所得税；非居民个人取得上述第 (1) 项至第 (4) 项所得，按月或者按次分项计算个人所得税。纳税人取得上述第 (5) 项至第 (9) 项所得，依照规定分别计算个人所得税。

个人所得税的税率规定如下：(1) 综合所得，适用 3%～45%的超额累进税率；(2) 经营所得，适用 5%～35%的超额累进税率；(3) 利息、股息、红利所得，财产租赁所得，财产转让所得和偶然所得，适用比例税率，税率为 20%。

应纳税所得额的计算规定如下：(1) 居民个人的综合所得，以每一纳税年度的收入额减除费用 60 000 元以及专项扣除、专项附加扣除和依法确定的其他扣除后的余额，为应纳税所得额。(2) 非居民个人的工资、薪金所得，以每月收入额减除费用 5 000 元后的余额为应纳税所得额；劳务报酬所得、稿酬所得、特许权使用费所得，以每次收入额为应纳税所得额。(3) 经营所得，以每一纳税年度的收入总额减除成本、费用以及损失后的余额，为应纳税所得额。(4) 财产租赁所得，每次收入不超过 4 000 元的，减除费用 800 元；4 000 元以上的，减除 20%的费用，其余额为应纳税所得额。(5) 财产转让所得，以转让财产的收入额减除财产原值和合理费用后的余额，为应纳税所得额。(6) 利息、股息、红利所得和偶然所得，以每次收入额为应纳税所得额。

劳务报酬所得、稿酬所得、特许权使用费所得以收入减除 20%的费用后的余额为收入额。稿酬所得的收入额减按 70%计算。

转让境内上市公司股票净所得暂免征收个人所得税。自 2015 年 9 月 8 日起，个人从公开发行和转让市场取得的上市公司股票，持股期限超过 1 年的，股息、红利所得暂免征收个人所得税。个人从公开发行和转让市场取得的上市公司股票，持股期限在 1 个月以内 (含 1 个月) 的，股息、红利所得全额计入应纳税所得额；持股期限在 1 个月以上至 1 年 (含 1 年) 的，暂减按 50%计入应纳税所得额。

综合所得个人所得税税率表 (按年) 如表 6－2 所示 (见例 6－3)。

【筹划思路】 居民个人取得综合所得 (劳动所得)，按纳税年度合并计算个人所得税 (综合计征)；取得其他所得 (非劳动所得)，分别计算个人所得税 (分项计征)。综合所得 (劳动所得) 的最高边际税率是 45%，远远超过其他所得 (非劳动所得) 20%的税率，因此取得综合所得的高收入群体应当分散工作精力和时间，在适当减少综合所得 (劳动所得) 的同时，增加其他所得 (非劳动所得)，以降低个人所得税税负。

① 为研究方便，第 (6) 项至第 (9) 项所得称为其他所得。

【筹划过程】

方案一：20×1年和20×2年在甲高新技术企业全时间（8小时工作制）投入研发工作，两年可取得的税前工资、薪金收入合计额均为2 000 000元。

20×1年综合所得的应纳税所得额=2 000 000－60 000－80 000=1 860 000(元)

20×1年综合所得的应纳个人所得税=1 860 000×45%－181 920=655 080(元)

20×2年综合所得的应纳税所得额=2 000 000－60 000－80 000=1 860 000(元)

20×2年综合所得的应纳个人所得税=1 860 000×45%－181 920=655 080(元)

20×1年和20×2年应纳个人所得税合计=655 080+655 080=1 310 160(元)

方案二：20×1年和20×2年在甲高新技术企业非全时间（4小时工作制）投入研发工作，两年可取得的税前工资、薪金收入合计额均为1 000 000元；20×1年和20×2年业余时间研究并进行股票和房产投资，20×1年取得的转让境内上市公司股票净所得合计额为400 000元，20×2年取得的转让境内上市公司股票净所得合计额为400 000元，20×2年取得的从公开发行和转让市场获得的上市公司股票（持股期限超过1年的）股息红利所得合计额为200 000元，20×2年取得的转让房产净所得合计额为1 000 000元（转让财产的收入额减除财产原值和合理费用后的余额）。

20×1年综合所得的应纳税所得额=1 000 000－60 000－80 000=860 000(元)

20×1年综合所得的应纳个人所得税=860 000×35%－85 920=215 080(元)

20×1年取得转让境内上市公司股票净所得（财产转让所得）400 000元，免征个人所得税。

20×2年综合所得的应纳税所得额=1 000 000－60 000－80 000=860 000(元)

20×2年综合所得的应纳个人所得税=860 000×35%－85 920=215 080(元)

20×2年取得转让境内上市公司股票净所得（财产转让所得）400 000元，免征个人所得税。

20×2年取得从公开发行和转让市场获得的上市公司股票（持股期限超过1年的）股息红利所得（利息、股息、红利所得）200 000元，免征个人所得税。

20×2年取得转让房产净所得(财产转让所得)的应纳个人所得税=1 000 000×20%

=200 000(元)

20×1年和20×2年应纳个人所得税合计=215 080+215 080+200 000

=630 160(元)

【筹划结论】方案二比方案一20×1年和20×2年少缴纳个人所得税合计680 000元（1 310 160－630 160），若以实现税负最小化为纳税筹划目标，则应当选择方案二。

【筹划点评】根据《财政部 税务总局关于粤港澳大湾区个人所得税优惠政策的通知》（财税〔2019〕31号）的规定，自2019年1月1日至2023年12月31日，广东省、深圳市按内地与香港个人所得税税负差额，对在大湾区工作的境外（含港澳台）高端人才和紧缺人才给予补贴，该补贴免征个人所得税。根据《财政部 税务总局关于海南自由贸易港高端紧缺人才个人所得税政策的通知》（财税〔2020〕32 号）的规定，自 2020 年 1 月 1 日至 2024 年 12 月 31 日，对在海南自由贸易港工作的高端人才和紧缺人才，其个人所得税实际税负超过 15%的部分，予以免征。目前我国较多城市为了吸引人才，相继出台了人才引进政策。各地在制定人才引进政策时，应当考虑高收入人才的个人所得税问题，在法律允许的前提下，通过给予补贴、返还等方式来提高引进人才的税收收益。

6.3.4　非居民个人工资、薪金所得与劳务报酬所得转换的纳税筹划

【例 6-11】　非居民个人迈克（美国人）是一名设计师，本年 1—4 月在中国境内，其他时间在美国。本年 1—4 月有两种工作方案可供选择。方案一：与中国甲公司签订劳务合同，本年 1—4 月每月可取得的税前劳务报酬收入均为 6 000 元。方案二：与中国甲公司签订劳动合同，本年 1—4 月每月可取得的税前工资、薪金收入均为 6 000 元。假设无论确定何种用工关系，对企业和个人的其他方面都不产生影响。假设不考虑增值税等因素。

【工作要求】请对上述业务进行纳税筹划。

【税法依据】非居民个人的工资、薪金所得，以每月收入额减除费用 5 000 元后的余额为应纳税所得额；劳务报酬所得、稿酬所得、特许权使用费所得，以每次收入额为应纳税所得额。

劳务报酬所得、稿酬所得、特许权使用费所得以收入减除 20%的费用后的余额为收入额。稿酬所得的收入额减按 70%计算。

非居民个人工资、薪金所得，劳务报酬所得，稿酬所得，特许权使用费所得个人所得税税率表（按月）如表 6-3 所示（见例 6-5）。

【筹划思路】非居民个人工资、薪金所得与劳务报酬所得的费用扣除金额或方式不同（非居民个人的工资、薪金所得以每月收入额减除费用 5 000 元后的余额为应纳税所得额；劳务报酬所得以每次收入减除 20%的费用后的余额为每次收入额，即应纳税所得额），因此相同数额的收入，是按工资、薪金所得纳税，还是按劳务报酬所得纳税，其应纳税所得额是不同的，由此计算的个人所得税税额也是不同的。非居民个人可以通过测算和比较不同所得的个人所得税税负的大小来选择最佳工作方案。

【筹划过程】

方案一：与中国甲公司签订劳务合同，本年 1—4 月每月可取得的税前劳务报酬收入均为 6 000 元。

迈克每月劳务报酬所得的应纳税所得额＝6 000×(1－20%)＝4 800(元)

迈克每月劳务报酬所得的应纳个人所得税＝4 800×10%－210＝270(元)

迈克本年1—4月工资、薪金所得的应纳个人所得税合计=270×4=1 080(元)

方案二：与中国甲公司签订劳动合同，本年1—4月每月可取得的税前工资、薪金收入均为6 000元。

迈克每月工资、薪金所得的应纳税所得额=6 000−5 000=1 000(元)

迈克每月工资、薪金所得的应纳个人所得税=1 000×3%=30(元)

迈克本年1—4月工资、薪金所得的应纳个人所得税合计=30×4=120(元)

【筹划结论】方案二比方案一少缴纳个人所得税960元（1 080−120），若以实现税负最小化为纳税筹划目标，则应当选择方案二。

【筹划点评】设非居民个人工资、薪金所得和劳务报酬所得的应纳税所得额相等时的收入额为A。令$A(1-20\%)=A-5\ 000$，得出$A=25\ 000$(元)。也就是说，当非居民个人的税前收入为25 000元时，非居民个人无论是按工资、薪金所得还是按劳务报酬所得纳税，其应纳税所得额都是一样的，个人所得税税负也是一样的，此时既可以选择按工资、薪金所得纳税，也可以选择按劳务报酬所得纳税；当非居民个人的税前收入大于25 000元时，非居民个人按劳务报酬所得纳税的应纳税所得额小于按工资、薪金所得纳税的应纳税所得额，此时应当选择按劳务报酬所得纳税；当非居民个人的税前收入小于25 000元时，非居民个人按工资、薪金所得纳税的应纳税所得额小于按劳务报酬所得纳税的应纳税所得额，此时应当选择按工资、薪金所得纳税。应当注意的是，工资、薪金收入与劳务报酬收入都是劳动所得，二者最大的区别在于提供劳动的个人与接受其劳动的单位或个人签订了存在雇佣关系的劳动合同还是存在非雇佣关系的劳务合同。还应当注意的是，属于增值税征收范围的劳务报酬所得和特许权使用费所得若达到起征点，还需要缴纳增值税，甚至有可能缴纳城市维护建设税、教育费附加。因此，纳税人应当综合测算，做出最终的决策。

6.3.5 居民个人股东取得红利所得与工资、薪金所得选择的纳税筹划

【例6-12】 甲公司是由4个股东每人出资100万元成立的有限责任公司，4个股东的持股比例各为25%。本年度，甲公司职工人数为40人，全年工资、薪金总额为200万元，实现税前利润120万元（已经扣除了40名职工200万元的工资、薪金），没有企业所得税纳税调整项目。本年度4个股东有三种收入分配方案可供选择。方案一：4个股东不取得工资、薪金，只取得红利。即年终甲公司按照本年税后利润（净利润）的10%提取法定盈余公积，然后将剩余的利润作为红利全部平均分配给股东。方案二：4个股东取得工资、薪金与取得红利相结合。即4个股东每人全年分别取得工资、薪金10万元，且被税务机关认定为合理的工资、薪金支出；年终4个股东每人分别取得红利10.25万元（20.25−10）。方案三：4个股东只取得工资、薪金，不取得红利。即4个股东每人全年分别取得工资、薪金20.25万元，且被税务机关认定为合理的工资、薪金支出。假设无论选择上述何种方案，本年4个股东每人的专项扣除、专项附加扣除

和依法确定的其他扣除合计额均为 4 万元。[①] 4 个股东除了上述所得以外没有其他所得。上述工资、薪金均为未扣除个人所得税的工资、薪金。甲公司适用的企业所得税税率为 25%。

【工作要求】请对上述业务进行纳税筹划。

【税法依据】下列各项个人所得应当缴纳个人所得税：(1) 工资、薪金所得；(2) 劳务报酬所得；(3) 稿酬所得；(4) 特许权使用费所得；(5) 经营所得；(6) 利息、股息、红利所得；(7) 财产租赁所得；(8) 财产转让所得；(9) 偶然所得。[②]

居民个人取得上述第 (1) 项至第 (4) 项所得 (称为综合所得)，按纳税年度合并计算个人所得税；非居民个人取得上述第 (1) 项至第 (4) 项所得，按月或者按次分项计算个人所得税。纳税人取得上述第 (5) 项至第 (9) 项所得，依照规定分别计算个人所得税。

个人所得税的税率规定如下：(1) 综合所得，适用 3%～45%的超额累进税率；(2) 经营所得，适用 5%～35%的超额累进税率；(3) 利息、股息、红利所得，财产租赁所得，财产转让所得和偶然所得，适用比例税率，税率为 20%。

应纳税所得额的计算规定如下：(1) 居民个人的综合所得，以每一纳税年度的收入额减除费用 60 000 元以及专项扣除、专项附加扣除和依法确定的其他扣除后的余额，为应纳税所得额。(2) 非居民个人的工资、薪金所得，以每月收入额减除费用 5 000 元后的余额为应纳税所得额；劳务报酬所得、稿酬所得、特许权使用费所得，以每次收入额为应纳税所得额。(3) 经营所得，以每一纳税年度的收入总额减除成本、费用以及损失后的余额，为应纳税所得额。(4) 财产租赁所得，每次收入不超过 4 000 元的，减除费用 800 元；4 000 元以上的，减除 20%的费用，其余额为应纳税所得额。(5) 财产转让所得，以转让财产的收入额减除财产原值和合理费用后的余额，为应纳税所得额。(6) 利息、股息、红利所得和偶然所得，以每次收入额为应纳税所得额。

劳务报酬所得、稿酬所得、特许权使用费所得以收入减除 20%的费用后的余额为收入额。稿酬所得的收入额减按 70%计算。

《企业所得税法实施条例》规定，企业发生的合理的工资、薪金支出，准予扣除。合理的工资、薪金是指企业按照股东大会、董事会、薪酬委员会或相关管理机构制定的工资、薪金制度规定实际发放给员工的工资、薪金。税务机关在对工资、薪金进行合理性确认时，可按以下原则掌握：(1) 企业制定了较为规范的员工工资、薪金制度；(2) 企业所制定的工资、薪金制度符合行业及地区水平；(3) 企业在一定时期所发放的工资、薪金是相对固定的，工资、薪金的调整是有序进行的；(4) 企业对实际发放的工资、薪金，已依法履行了代扣代缴个人所得税义务；(5) 有关工资、薪金的安排，不以减少或逃避

---

① 为研究方便，假设不考虑不同方案的专项扣除、专项附加扣除和依法确定的其他扣除合计额之间的差异，且假设 4 个股东每人的专项扣除、专项附加扣除和依法确定的其他扣除的实际发生额均为 4 万元 (由 4 个股东各自承担 4 万元)。

② 为研究方便，第 (6) 项至第 (9) 项所得称为其他所得。

税款为目的。

综合所得个人所得税税率表（按年）如表6-2所示（见例6-3）。

【筹划思路】由于工资、薪金所得与红利所得个人所得税税率的不同以及企业所得税税前、税后列支的不同，计算的个人所得税和企业所得税税负也是不同的，纳税人可以通过测算和比较工资、薪金所得与红利所得的个人所得税税负大小来选择合理的方案。

【筹划过程】

方案一：4个股东不取得工资、薪金，只取得红利。即年终甲公司按照本年税后利润（净利润）的10%提取法定盈余公积，然后将剩余的利润作为红利全部平均分配给股东。

应纳企业所得税＝120×25%＝30(万元)

税后利润＝120－30＝90(万元)

提取法定盈余公积＝90×10%＝9(万元)

可供分配给股东的利润＝90－9＝81(万元)

每个股东取得股利＝81÷4＝20.25(万元)

4个股东利息、股息、红利所得应纳个人所得税合计＝20.25×20%×4
＝16.2(万元)

4个股东不领取工资、薪金，因此4个股东综合所得的应纳个人所得税为0。

4个股东的应纳个人所得税合计＝16.2＋0＝16.2(万元)

4个股东税后收益合计＝81－4×4－16.2＝48.8(万元)

税负总额＝30＋16.2＝46.2(万元)

方案二：4个股东取得工资、薪金与取得红利相结合。即4个股东每人全年分别取得工资、薪金10万元，且被税务机关认定为合理的工资、薪金支出；年终4个股东每人分别取得红利10.25万元（20.25－10）。

应纳企业所得税＝(120－10×4)×25%＝20(万元)

税后利润＝120－10×4－20＝60(万元)

提取法定盈余公积＝60×10%＝6(万元)

可供分配给股东的利润＝60－6＝54(万元)

从54万元中拿出41万元发放红利，即4个股东每人分别领取10.25万元的股利。

4个股东利息、股息、红利所得应纳个人所得税合计＝10.25×20%×4
＝8.2(万元)

每个股东的工资、薪金所得的应纳税所得额＝10－6－4＝0

每个股东的综合所得的应纳个人所得税＝0

4个股东的综合所得的应纳个人所得税＝0

4个股东的应纳个人所得税合计＝8.2＋0＝8.2(万元)

4个股东税后收益合计＝10.25×4＋10×4－4×4－8.2＝56.8(万元)

税负总额＝20＋8.2＝28.2(万元)

方案三：4个股东只取得工资、薪金，不取得红利。即4个股东每人全年分别取得工资、薪金20.25万元，且被税务机关认定为合理的工资、薪金支出。

应纳企业所得税＝(120－20.25×4)×25%＝9.75(万元)

税后利润＝120－20.25×4－9.75＝29.25(万元)

提取法定盈余公积＝29.25×10%＝2.925(万元)

可供分配给股东的利润＝29.25－2.925＝26.325(万元)

甲公司不分配红利，因此4个股东的利息、股息、红利所得的应纳个人所得税为0。

每个股东的工资、薪金所得的应纳税所得额＝20.25－6－4＝10.25(万元)

每个股东的综合所得的应纳个人所得税＝10.25×10%－0.252＝0.773(万元)

4个股东的综合所得的应纳个人所得税＝0.773×4＝3.092(万元)

4个股东的应纳个人所得税合计＝0＋3.092＝3.092(万元)

4个股东税后收益合计＝20.25×4－4×4－3.092＝61.908(万元)

税负总额＝9.75＋3.092＝12.842(万元)

【筹划结论】方案三比方案二少缴纳企业所得税10.25万元（20－9.75），比方案一少缴纳企业所得税20.25万元（30－9.75）；比方案二少缴纳个人所得税5.108万元（8.2－3.092），比方案一少缴纳个人所得税13.108万元（16.2－3.092）；比方案二少缴税合计15.358万元（28.2－12.842），比方案一少缴税合计33.358万元（46.2－12.842）；比方案二多获取税后收益5.108万元（61.908－56.8），比方案一多获取税后收益13.108万元（61.908－48.8）。若以实现税负最小化以及税后收益最大化为纳税筹划目标，则应当优先选择方案三，其次是方案二，最后是方案一。

【筹划点评】通过变换个人应税所得的形式可能会达到降低个人所得税税负的目的，但要注意发放的工资、薪金应当为合理的工资、薪金，以避免税务机关进行纳税调整。

6.4　个人所得税税收优惠及其他方面的纳税筹划

6.4.1　个人捐赠的纳税筹划

【例6-13】　居民个人刘某于本年1月转让私有住房一套，取得转让收入240 000元，同时将其中的30 000元进行捐赠。该套住房购进时的原价为180 000元，转让时支付有关税费16 000元。刘某本年只有转让私有住房这一笔收入。

【工作要求】请对上述业务进行纳税筹划。

【税法依据】财产转让所得，以转让财产的收入额减除财产原值和合理费用后的余额，为应纳税所得额。财产转让所得适用比例税率，税率为20%。

个人不通过公益性社会团体和国家有关部门，而是直接向受灾对象的捐赠，捐赠额不能在个人所得税税前扣除。

根据《个人所得税法》的规定，个人将其所得对教育、扶贫、济困等公益慈善事业进行捐赠，捐赠额未超过纳税人申报的应纳税所得额30%的部分，可以从其应纳税所得额中扣除；国务院规定对公益慈善事业捐赠实行全额税前扣除的，从其规定。

根据《财政部 国家税务总局关于企业等社会力量向红十字事业捐赠有关所得税政策问题的通知》（财税〔2000〕30号）的规定，自2000年1月1日起，企业、事业单位、社会团体和个人等社会力量，通过非营利性的社会团体和国家机关（包括中国红十字会）向红十字事业的捐赠，在计算缴纳企业所得税和个人所得税时准予全额扣除。

根据《财政部 税务总局关于公益慈善事业捐赠个人所得税政策的公告》（财政部 税务总局公告2019年第99号），自2019年1月1日起，公益慈善事业捐赠有关个人所得税政策规定如下：

（1）个人通过中华人民共和国境内公益性社会组织、县级以上人民政府及其部门等国家机关，向教育、扶贫、济困等公益慈善事业的捐赠（以下简称公益捐赠），发生的公益捐赠支出，可以按照《个人所得税法》有关规定在计算应纳税所得额时扣除。

境内公益性社会组织，包括依法设立或登记并按规定条件和程序取得公益性捐赠税前扣除资格的慈善组织、其他社会组织和群众团体。

（2）个人发生的公益捐赠支出金额，按照以下规定确定：

1）捐赠货币性资产的，按照实际捐赠金额确定；

2）捐赠股权、房产的，按照个人持有股权、房产的财产原值确定；

3）捐赠除股权、房产以外的其他非货币性资产的，按照非货币性资产的市场价格确定。

（3）居民个人按照以下规定扣除公益捐赠支出：

1）居民个人发生的公益捐赠支出可以在财产租赁所得、财产转让所得、利息股息红利所得、偶然所得（以下统称分类所得）、综合所得或者经营所得中扣除。在当期一个所得项目扣除不完的公益捐赠支出，可以按规定在其他所得项目中继续扣除。

2）居民个人发生的公益捐赠支出，在综合所得、经营所得中扣除的，扣除限额分别为当年综合所得、当年经营所得应纳税所得额的30%；在分类所得中扣除的，扣除限额为当月分类所得应纳税所得额的30%。

3）居民个人根据各项所得的收入、公益捐赠支出、适用税率等情况，自行决定在综合所得、分类所得、经营所得中扣除的公益捐赠支出的顺序。

（4）居民个人在综合所得中扣除公益捐赠支出的，应按照以下规定处理：

1）居民个人取得工资、薪金所得的，可以选择在预扣预缴时扣除，也可以选择在年度汇算清缴时扣除。

居民个人选择在预扣预缴时扣除的，应按照累计预扣法计算扣除限额，其捐赠当月的扣除限额为截止当月累计应纳税所得额的30%（全额扣除的从其规定，下同）。个人从两处以上取得工资、薪金所得，选择其中一处扣除，选择后当年不得变更。

2）居民个人取得劳务报酬所得、稿酬所得、特许权使用费所得的，预扣预缴时不扣除公益捐赠支出，统一在汇算清缴时扣除。

3）居民个人取得全年一次性奖金、股权激励等所得，且按规定采取不并入综合所得而单独计税方式处理的，公益捐赠支出扣除比照上述分类所得的扣除规定处理。

（5）居民个人发生的公益捐赠支出，可在捐赠当月取得的分类所得中扣除。当月分类所得应扣除未扣除的公益捐赠支出，可以按照以下规定追补扣除：

1）扣缴义务人已经代扣但尚未解缴税款的，居民个人可以向扣缴义务人提出追补扣除申请，退还已扣税款。

2）扣缴义务人已经代扣且解缴税款的，居民个人可以在公益捐赠之日起90日内提请扣缴义务人向征收税款的税务机关办理更正申报追补扣除，税务机关和扣缴义务人应当予以办理。

3）居民个人自行申报纳税的，可以在公益捐赠之日起90日内向主管税务机关办理更正申报追补扣除。

居民个人捐赠当月有多项多次分类所得的，应先在其中一项一次分类所得中扣除。已经在分类所得中扣除的公益捐赠支出，不再调整到其他所得中扣除。

（6）在经营所得中扣除公益捐赠支出，应按以下规定处理：

1）个体工商户发生的公益捐赠支出，在其经营所得中扣除。

2）个人独资企业、合伙企业发生的公益捐赠支出，其个人投资者应当按照捐赠年度合伙企业的分配比例（个人独资企业分配比例为100%），计算归属于每一个人投资者的公益捐赠支出，个人投资者应将其归属的个人独资企业、合伙企业公益捐赠支出和本人需要在经营所得中扣除的其他公益捐赠支出合并，在其经营所得中扣除。

3）在经营所得中扣除公益捐赠支出的，可以选择在预缴税款时扣除，也可以选择在汇算清缴时扣除。

4）经营所得采取核定征收方式的，不扣除公益捐赠支出。

（7）非居民个人发生的公益捐赠支出，未超过其在公益捐赠支出发生的当月应纳税所得额30%的部分，可以从其应纳税所得额中扣除。扣除不完的公益捐赠支出，可以在经营所得中继续扣除。

非居民个人按规定可以在应纳税所得额中扣除公益捐赠支出而未实际扣除的，可按照上述第（5）项规定追补扣除。

（8）国务院规定对公益捐赠全额税前扣除的，按照规定执行。个人同时发生按30%扣除和全额扣除的公益捐赠支出，自行选择扣除次序。

（9）公益性社会组织、国家机关在接受个人捐赠时，应当按照规定开具捐赠票据；个人索取捐赠票据的，应予以开具。

个人发生公益捐赠时不能及时取得捐赠票据的，可以暂时凭公益捐赠银行支付凭证扣除，并向扣缴义务人提供公益捐赠银行支付凭证复印件。个人应在捐赠之日起 90 日内向扣缴义务人补充提供捐赠票据，如果个人未按规定提供捐赠票据的，扣缴义务人应在 30 日内向主管税务机关报告。

机关、企事业单位统一组织员工开展公益捐赠的，纳税人可以凭汇总开具的捐赠票据和员工明细单扣除。

（10）个人通过扣缴义务人享受公益捐赠扣除政策，应当告知扣缴义务人符合条件可扣除的公益捐赠支出金额，并提供捐赠票据的复印件，其中捐赠股权、房产的还应出示财产原值证明。扣缴义务人应当按照规定在预扣预缴、代扣代缴税款时予以扣除，并将公益捐赠扣除金额告知纳税人。

个人自行办理或扣缴义务人为个人办理公益捐赠扣除的，应当在申报时一并报送《个人所得税公益慈善事业捐赠扣除明细表》。个人应留存捐赠票据，留存期限为 5 年。

【筹划思路】个人在选择捐赠对象时，应优先选择通过非营利性的社会团体和国家机关向红十字公益事业等进行捐赠，其次选择通过非营利性的社会团体和国家机关进行公益性捐赠，最后选择直接向受灾对象捐赠。

【筹划过程】

方案一：直接捐赠 30 000 元。

此时，捐赠额不能在个人所得税税前扣除。

应纳个人所得税＝(240 000－180 000－16 000)×20%＝8 800(元)

方案二：通过中国境内的社会团体、国家机关捐赠 30 000 元。

此时，捐赠额在缴纳个人所得税税前限额扣除。

允许在个人所得税税前扣除的捐赠限额＝(240 000－180 000－16 000)×30%
＝13 200(元)

实际捐赠额（30 000 元）大于捐赠限额（13 200 元），只能将捐赠限额作为允许扣除的捐赠额，来计算应纳个人所得税。

应纳个人所得税＝(240 000－180 000－16 000－13 200)×20%＝6 160(元)

方案三：通过非营利性的社会团体和国家机关向红十字事业捐赠 30 000 元。

此时，捐赠额在缴纳个人所得税税前准予全额扣除。

应纳个人所得税＝(240 000－180 000－16 000－30 000)×20%＝2 800(元)

【筹划结论】方案三比方案二少缴纳个人所得税 3 360 元（6 160－2 800），比方案一少缴纳个人所得税 6 000 元（8 800－2 800），若以实现税负最小化为纳税筹划目标，则应当优先选择方案三，其次是方案二，最后是方案一。

【筹划点评】公益性捐赠有时会出现捐赠对象错位、捐赠不及时，甚至捐赠资金被挪用的情况，可能会影响捐赠效果，此时不如直接捐赠。

6.4.2　偶然所得临界点的纳税筹划

【例6-14】　发行体育彩票和社会福利有奖募捐的单位在设立奖项时，有两种方案可供选择。方案一：设置5个奖项，每个奖项中奖额为11 000元。方案二：设置5个一等奖，每个一等奖中奖额为10 000元，同时设置5个二等奖，每个二等奖中奖额为1 000元。

【工作要求】 请对上述业务进行纳税筹划。

【税法依据】 偶然所得是个人得奖、中奖、中彩以及其他偶然性质的所得。偶然所得，以每次收入额为应纳税所得额。偶然所得适用比例税率，税率为20%。对个人购买福利彩票、赈灾彩票、体育彩票，一次中奖收入在1万元以下的（含1万元），暂免征收个人所得税；超过1万元的，全额征收个人所得税。

【筹划思路】 发行体育彩票和社会福利有奖募捐的单位在设立奖项时，应当考虑税收政策的规定，尽量避免出现单项中奖额刚刚超过1万元的情况，而应将单项中奖额控制在1万元以下（含1万元），以使纳税人享受免税待遇。

【筹划过程】

方案一：设置5个奖项，每个奖项中奖额为11 000元。

应纳个人所得税＝11 000×20%×5＝11 000(元)

税后收益＝11 000×5－11 000＝44 000(元)

方案二：设置5个一等奖，每个一等奖中奖额为10 000元，同时设置5个二等奖，每个二等奖中奖额为1 000元。

应纳个人所得税＝0

税后收益＝10 000×5＋1 000×5＝55 000(元)

【筹划结论】 方案二比方案一少缴纳个人所得税11 000元（11 000－0），多获取税后收益11 000元（55 000－44 000），若以实现税负最小化以及税后收益最大化为纳税筹划目标，则应当选择方案二。

【筹划点评】 只有当奖金超出10 000元达到一定数额时，获奖者才不会感到“吃亏”。下面通过设立方程式求解均衡点。

设奖金为X，则有

$$X(1-20\%)\geqslant 10\ 000$$

解得

$$X\geqslant 12\ 500(\text{元})$$

也就是说，区间（10 000，12 500）是非有效区。如果奖金设在这个区间，税后收益反而会低于10 000元。因此，发行体育彩票和社会福利有奖募捐的单位在设立奖项时，应当考虑税收政策的规定，要么小于或等于10 000元，要么超过12 500元。

6.4.3 规避应税所得的纳税筹划

【例6-15】 甲公司（非上市公司）为增值税一般纳税人，本年1月购买了一辆价值5 650 000元（含增值税）的小汽车（取得了增值税专用发票），准备让公司高级管理人员居民个人张某（甲公司股东）使用。现有两种方案可供选择。方案一：甲公司先将车辆所有权办到本公司名下，然后将车辆所有权转到股东张某名下，这相当于甲公司将购进的小汽车作为红利分配给公司高级管理人员居民个人张某，预计张某每年支付该汽车的保险等固定费用的价税合计额均为60 000元（可取得增值税普通发票）、油耗及修理费的价税合计额均为113 000元（可取得增值税普通发票）。该小汽车预计使用年限为4年，预计净残值为0。张某每年取得的工资、薪金合计额均为720 000元。方案二：甲公司将车辆所有权办到本公司名下，仅将车辆使用权交给张某，预计甲公司每年支付该汽车的保险等固定费用的价税合计额均为60 000元（只能取得增值税普通发票）、油耗及修理费的价税合计额均为113 000元（可取得增值税专用发票）。该小汽车预计使用年限为4年，预计净残值为0。甲公司采用直线法计提折旧，同时每年降低张某的工资、薪金173 000元（相当于方案一每年支付的保险等固定费用、油耗及修理费）。假设无论选择上述何种方案，张某每年专项扣除、专项附加扣除和依法确定的其他扣除合计额均为50 000元，且张某各年度均没有其他收入。甲公司取得的增值税专用发票均符合抵扣规定。甲公司适用的企业所得税税率为25%。

【工作要求】 请对上述业务进行纳税筹划。

【税法依据】 居民个人的综合所得，以每一纳税年度的收入额减除费用60 000元以及专项扣除、专项附加扣除和依法确定的其他扣除后的余额，为应纳税所得额。利息、股息、红利所得和偶然所得，以每次收入额为应纳税所得额。综合所得，适用3%～45%的超额累进税率。利息、股息、红利所得，适用比例税率，税率为20%。

个人独资企业、合伙企业的个人投资者以企业资金为本人、家庭成员及其相关人员支付与企业生产经营无关的消费性支出及购买汽车、住房等财产性支出，视为企业对个人投资者的利润分配，并入投资者个人的生产经营所得，依照“经营所得”项目计征个人所得税。除个人独资企业、合伙企业以外的其他企业的个人投资者，以企业资金为本人、家庭成员及其相关人员支付与企业生产经营无关的消费性支出及购买汽车、住房等财产性支出，视为企业对个人投资者的红利分配，依照“利息、股息、红利所得”项目计征个人所得税。企业的上述支出不允许在所得税税前扣除。

企业出资购买房屋及其他财产将所有权登记为企业其他人员的，或者企业其他人员向企业借款用于购买房屋及其他财产，将所有权登记为企业其他人员且借款年度终了后未归还借款的，企业其他人员取得的上述所得，按照工资、薪金所得征收个人所得税。

企业购买车辆并将车辆所有权办到股东个人名下，其实质为企业对股东进行了红利性质的实物分配，应按照“利息、股息、红利所得”项目征收个人所得税。考虑到该股东个人名下的车辆同时也为企业经营使用的实际情况，允许合理减除部分所得，减除的具体数额由主管税务机关根据车辆的实际使用情况合理确定。

个人所得的形式，包括现金、实物、有价证券和其他形式的经济利益。所得为实物的，应当按照取得的凭证上所注明的价格计算应纳税所得额；无凭证的实物或者凭证上所注明的价格明显偏低的，参照市场价格核定应纳税所得额。所得为有价证券的，根据票面价格和市场价格核定应纳税所得额。所得为其他形式的经济利益的，参照市场价格核定应纳税所得额。

【筹划思路】如果企业购买车辆并将车辆所有权办到股东个人名下，则股东个人需要缴纳个人所得税。如果企业购买车辆并将车辆所有权办到公司名下，仅将车辆使用权交给股东个人，则股东个人无须缴纳个人所得税。同时企业可以抵扣购车及用车的进项税额，还可以计提该车的折旧，可谓一举多得。

【筹划过程】

方案一：甲公司先将车辆所有权办到本公司名下，然后将车辆所有权转到股东张某名下，这相当于甲公司将购进的小汽车作为红利分配给公司高级管理人员居民个人张某，预计张某每年支付该汽车的保险等固定费用的价税合计额均为 60 000 元（可取得增值税普通发票）、油耗及修理费的价税合计额均为 113 000 元（可取得增值税普通发票）。该小汽车预计使用年限为 4 年，预计净残值为 0。张某每年取得的工资、薪金合计额均为 720 000 元。

甲公司购入该小汽车可抵扣进项税额＝5 650 000÷(1＋13%)×13%
＝650 000(元)

甲公司将该小汽车作为红利分配给张某时视同销售，则

增值税销项税额＝5 650 000÷(1＋13%)×13%＝650 000(元)
应纳增值税＝650 000－650 000＝0
红利所得应纳个人所得税＝5 650 000×20%＝1 130 000(元)
张某每年支付固定费用、油耗及修理费＝60 000＋113 000＝173 000(元)
张某每年工资、薪金所得的应纳税所得额＝720 000－60 000－50 000
＝610 000(元)
张某每年综合所得应纳个人所得税＝610 000×30%－52 920＝130 080(元)

方案二：甲公司将车辆所有权办到本公司名下，仅将车辆使用权交给张某，预计甲公司每年支付该汽车的保险等固定费用的价税合计额均为 60 000 元（只能取得增值税普通发票）、油耗及修理费的价税合计额均为 113 000 元（可取得增值税专用发票）。该小汽车预计使用年限为 4 年，预计净残值为 0。甲公司采用直线法计提折旧，同时每年降低张某的工资、薪金 173 000 元（相当于方案一每年支付的保险等固定费用、油耗及修理费）。

$$甲公司购入该小汽车可抵扣进项税额=5\,650\,000\div(1+13\%)\times13\%=650\,000(元)$$

$$甲公司每年小汽车折旧抵减企业所得税=5\,650\,000\div(1+13\%)\div4\times25\%=312\,500(元)$$

$$\begin{array}{l}甲公司每年小汽车固定费用、\\油耗及修理费抵减企业所得税\end{array}=[60\,000+113\,000\div(1+13\%)]\times25\%=40\,000(元)$$

$$甲公司每年小汽车油耗及修理费抵扣进项税额=113\,000\div(1+13\%)\times13\%=13\,000(元)$$

$$\begin{array}{l}张某每年工资、薪金\\所得的应纳税所得额\end{array}=(720\,000-173\,000)-60\,000-50\,000=437\,000(元)$$

$$张某每年综合所得应纳个人所得税=437\,000\times30\%-52\,920=78\,180(元)$$

【筹划结论】与方案一相比，方案二中张某少缴纳个人所得税1 181 900元（1 130 000+130 080−78 180），甲公司每年少缴纳企业所得税352 500元（312 500+40 000），甲公司购入小汽车当年少缴纳（多抵扣）增值税663 000元（0−(−650 000)−(−13 000)），若以实现税负最小化为纳税筹划目标，则应当选择方案二。

【筹划点评】采用此方法进行纳税筹划，前提是车辆的所有权归公司，这需要公司与股东达成一致意见。

6.5 个人所得税实务疑难解答

【实务释疑1】我公司收到员工提供的机主为员工个人的手机话费发票，我公司支付（报销）后，员工是否需要缴纳个人所得税？

答：根据《国家税务总局关于个人所得税有关政策问题的通知》（国税发〔1999〕58号）和《国家税务总局关于修改部分税收规范性文件的公告》（国家税务总局公告2018年第31号）的规定，个人因公务用车和通讯制度改革而取得的公务用车、通讯补贴收入，扣除一定标准的公务费用后，按照工资、薪金所得项目计征个人所得税。按月发放的，并入当月工资、薪金所得计征个人所得税；不按月发放的，分解到所属月份并与该月份工资、薪金所得合并后计征个人所得税。公务费用的扣除标准，由省税务局根据纳税人公务交通、通讯费用的实际发生情况调查测算，报经省级人民政府批准后确定，并报国家税务总局备案。

各地税务机关在执行中一般区分以下两种情况：（1）如果单位为员工通讯工具（因公需要，发票抬头是单位名称）负担通讯费采取全额实报实销或限额实报实销形式，可不并入员工当月的工资、薪金所得项目计征个人所得税。（2）如果单位为员工通讯工具负担通讯费采取发放补贴形式或者报销（发票抬头是个人）形式，应并入员工当月的工资、薪金所得项目计征个人所得税。因此，你公司收到员工提供的机主为员工个人的手机话费发票，你公司支付（报销）后，该项手机话费应并入员工当月的工资、薪金所得项目计征个人所得税。

【实务释疑 2】我以优惠价格从房地产开发公司购得店面后，无偿提供给房地产开发公司对外出租，如何计算缴纳个人所得税？

答：根据《国家税务总局关于个人与房地产开发企业签订有条件优惠价格协议购买商店征收个人所得税问题的批复》（国税函〔2008〕576 号）的规定，房地产开发企业与商店购买者个人签订协议规定，房地产开发企业按优惠价格出售其开发的商店给购买者个人，但购买者个人在一定期限内必须将购买的商店无偿提供给房地产开发企业对外出租使用。其实质是购买者个人以所购商店交由房地产开发企业出租而取得的房屋租赁收入支付了部分购房价款。根据《个人所得税法》的有关规定精神，对上述情形的购买者个人少支出的购房价款，应视同个人财产租赁所得，按照“财产租赁所得”项目征收个人所得税。每次财产租赁所得的收入额，按照少支出的购房价款和协议规定的租赁月份数平均计算确定。

因此，你少支出的购房价款，应视同个人财产租赁所得，按照“财产租赁所得”项目计算缴纳个人所得税。

【实务释疑 3】本人有多套房产，本年取得了房产租赁收入和房产转让收入，并在取得收入的同时申报缴纳了个人所得税，此外没有其他收入。请问本人需要按纳税年度合并计算个人所得税吗？

答：根据《个人所得税法》的规定，下列各项个人所得应当缴纳个人所得税：（1）工资、薪金所得；（2）劳务报酬所得；（3）稿酬所得；（4）特许权使用费所得；（5）经营所得；（6）利息、股息、红利所得；（7）财产租赁所得；（8）财产转让所得；（9）偶然所得。居民个人取得第（1）项至第（4）项所得（称综合所得），按纳税年度合并计算个人所得税；非居民个人取得第（1）项至第（4）项所得，按月或者按次分项计算个人所得税。纳税人取得第（5）项至第（9）项所得，依照规定分别计算个人所得税。

因此，你取得的房产租赁收入和房产转让收入分别属于财产租赁所得和财产转让所得，只需要分别计算个人所得税，不需要按纳税年度合并计算个人所得税。

【实务释疑 4】个人获得的专利赔偿款应按什么项目计算缴纳个人所得税？

答：根据《个人所得税法》、《个人所得税法实施条例》以及《国家税务总局关于个人取得专利赔偿所得征收个人所得税问题的批复》（国税函〔2000〕257 号）的规定，专利赔偿款应按“特许权使用费所得”应税项目缴纳个人所得税，税款由支付赔款的一方预扣预缴；需要办理汇算清缴的，还应当并入“综合所得”，在取得所得的次年 3 月 1 日至 6 月 30 日内办理汇算清缴。

【实务释疑 5】夫妻同时有符合条件的大病医疗支出，是否可以选择都在丈夫一方扣除？如果可以，扣除限额是多少？

答：根据《个人所得税专项附加扣除暂行办法》的规定，在一个纳税年度内，纳税人发生的与基本医保相关的医药费用支出，扣除医保报销后个人负担（指医保目录范围内的自付部分）累计超过 15 000 元的部分，由纳税人在办理年度汇算清缴时，在80 000 元限额内据实扣除。纳税人发生的医药费用支出可以选择由本人或者其配偶扣除；未成年子女发生的医药费用支出可以选择由其父母一方扣除。

因此，夫妻同时有符合条件的大病医疗支出，可以选择都在丈夫一方扣除，在丈夫一方扣除的限额为 160 000 元（80 000＋80 000）。

技能训练

1. 居民个人张某根据自己的情况，未来两年有两种取得所得的方案可供选择。方案一：20×1 年不工作，休息一年；20×2 年工作并取得的税前劳务报酬收入合计额为 300 000 元。方案二：20×1 年工作并取得的税前劳务报酬收入合计额为 150 000 元；20×2 年工作并取得的税前劳务报酬收入合计额为 150 000 元。假设无论选择上述何种方案，张某 20×1 年、20×2 年的专项扣除、专项附加扣除和依法确定的其他扣除合计数均为 40 000 元。20×1 年、20×2 年张某均无其他收入。假设不考虑增值税等因素。请对其进行纳税筹划。

2. 王某和李某于本年 1 月分别因购买体育彩票而中奖，王某获得奖金 11 000 元，李某获得奖金 10 000 元。试问谁获益更多？

实战演练

居民个人劳务报酬所得与经营所得之间选择的纳税筹划

居民个人王某是一名灵活就业者，常年为多家企业进行工程设计以获取劳务报酬收入。王某每取得 10 000 元的税前劳务报酬收入，需要支出费用 8 000 元（包括工作场所租赁费、办公费、水电费、交通费、通信费、支付给律师的咨询费、支付给自己团队其他人的报酬等）。预计本年共取得税前劳务报酬收入 1 800 000 元。王某目前考虑减少工作时间和工作项目，压低税前劳务报酬收入至 900 000 元，或者保持原来的工作时间和工作项目，注册成立个体工商户，本年仍旧能够取得税前收入 1 800 000 元。假设无论选择上述何种方案，王某本年的专项扣除、专项附加扣除和依法确定的其他扣除合计额均为 45 000 元。（为研究方便，假设王某本年的专项扣除、专项附加扣除和依法确定的其他扣除的实际发生额也均为 45 000 元）王某本年无其他收入来源。假设不考虑增值税等因素。

任务要求：

1. 明确关于劳务报酬所得和经营所得个人所得税的税法规定。
2. 设计劳务报酬所得和经营所得之间选择的纳税筹划方案。
3. 正确计算劳务报酬所得和经营所得方式下的税负及税后收益。
4. 通过比较分析选择最优的应税所得项目。

第7章

其他税种的纳税筹划

素养提升

纳税人应当充分运用国家出台的相关税收政策，合法合理地进行纳税筹划，避免税收违法行为。

（1）我国通过征收进口关税、增值税、消费税来提高进口商品的价格，以便减少进口商品对我国商品的不良影响，保护和促进我国产业的发展。

（2）我国征收资源税，有利于国家资源的适度开采和节约使用，促进产业结构优化升级，促进资源再生产业的发展，实现我国经济社会可持续发展。

能力目标

（1）能对关税进行纳税筹划。

（2）能对城市维护建设税进行纳税筹划。

（3）能对资源税进行纳税筹划。

（4）能对土地增值税进行纳税筹划。

（5）能对城镇土地使用税进行纳税筹划。

（6）能对房产税进行纳税筹划。

（7）能对车船税进行纳税筹划。

（8）能对车辆购置税进行纳税筹划。

（9）能对印花税进行纳税筹划。

（10）能对契税进行纳税筹划。

（11）能基本解决其他税种实务中的疑难问题。

工作引例

分开签订合同降低契税的纳税筹划

甲公司拟将一个生产车间以3 000万元的价格出售给乙公司，该生产车间包括一幢厂房及独立于房屋之外的建筑物、构筑物（包括围墙、烟囱、水塔、变电塔、蓄水池等），占地2 000平方米，整体估价3 000万元，其中厂房800万元，土地使用权1 200万元，独立于房屋之外的建筑物、构筑物1 000万元。以上价格均不含增值税。本地适用的契税税率为4%。

【工作要求】请对上述业务进行纳税筹划。

【工作引例解析】见本章的7.10.2。

7.1 关税的纳税筹划

7.1.1 进口货物完税价格的纳税筹划

【例7-1】 甲公司欲从境外引进钢结构产品自动生产线，可选择从英国或美国进口。若从美国进口，境外成交价格（FOB）为1 700万元。该生产线运抵我国输入地点起卸前的运费和保险费为100万元，另支付由买方负担的经纪费10万元、买方负担的包装材料和包装劳务费50万元、与生产线有关的境外开发设计费用50万元。若从英国进口，境外成交价格为1 600万元。该生产线运抵我国输入地点起卸前的运费和保险费为120万元，另支付由买方负担的经纪费10万元、买方负担的包装材料和包装劳务费30万元、与生产线有关的境外开发设计费用100万元。进口钢结构产品自动生产线适用的增值税税率为13%，适用的关税税率为30%。

【工作要求】请对上述业务进行纳税筹划。

【税法依据】进口货物的完税价格由海关以货物的成交价格为基础审查确定，并应当包括该货物运抵我国境内输入地点起卸前的运输及其相关费用、保险费。成交价格是指买方为购买该货物，并按有关规定调整后的实付或应付价格。下列费用，如能与该货物实付或者应付价格区分，不得计入完税价格：(1) 厂房、机械、设备等货物进口后的基建、安装、装配、维修和技术服务的费用；(2) 货物运抵境内输入地点之后的运输费用；(3) 进口关税及其他国内税；(4) 为在境内复制进口货物而支付的费用；(5) 境内外技术培训与境外考察费用。

【筹划思路】关税纳税人进口货物时，应当选择同类货物中成交价格比较低或运费、保险费等相对低的货物，以降低完税价格，从而降低进口关税。

【筹划过程】

方案一：若从美国进口。

关税完税价格＝1 700＋100＋10＋50＋50＝1 910(万元)

应纳进口关税＝1 910×30%＝573(万元)

应纳进口环节增值税＝(1 910＋573)×13%＝322.79(万元)

方案二：若从英国进口。

关税完税价格＝1 600＋120＋10＋30＋100＝1 860(万元)

应纳进口关税＝1 860×30%＝558(万元)

应纳进口环节增值税＝(1 860＋558)×13%＝314.34(万元)

【筹划结论】方案二比方案一少缴纳关税15万元（573－558），少缴纳增值税8.45万元（322.79－314.34），若以实现税负最小化为纳税筹划目标，则应当选择方案二。

【筹划点评】进口货物时，不能仅考虑关税税负，还应考虑货物质量、售后服务等多种因素，以便选择合理的进口方案。

7.1.2　稀缺商品估定完税价格的纳税筹划

【例7-2】　日本的乙公司刚刚开发了一款最新高新技术产品，尚未形成确定的市场价格，但我国的甲公司预计其未来的市场价格将远高于目前市场上的类似产品价格，达到100万元。最终，甲公司以80万元的价格与日本乙公司成交，而类似产品的市场价格仅为50万元。进口该高新技术产品适用的关税税率为30%。

【工作要求】请对上述业务进行纳税筹划。

【税法依据】进口货物的价格不符合成交价格条件或者成交价格不能确定的，由海关估定。海关一般按以下次序估定完税价格：相同货物成交价格估价方法、类似货物成交价格估价方法、倒扣价格估价方法、计算价格估价方法及其他合理估价方法。

【筹划思路】对于一般进口商品，国内、国外市场上均有参考价格，因此纳税筹划的空间不大。但对于稀缺商品，如高新技术、特种资源、新产品等，国内、国外市场上没有确定的市场价格，而其预期的市场价格一般要远高于市场上类似商品的价格，这就为其进口完税价格的申报留下较大的纳税筹划空间。企业可以用市场上类似商品的价格对稀缺商品进行申报，通过降低完税价格来降低关税。

【筹划过程】

方案一：甲公司以80万元作为关税完税价格申报。

应纳进口关税＝80×30%＝24(万元)

方案二：甲公司以50万元作为关税完税价格申报。

由于类似产品的市场价格仅为50万元，海关工作人员一般会认为50万元为合理的完税价格。

应纳进口关税＝50×30%＝15(万元)

【筹划结论】方案二比方案一少缴纳关税9万元（24－15），若以实现税负最小化为纳税筹划目标，则应当选择方案二。

【筹划点评】方案二属于典型的避税筹划方案，企业不应当使用该纳税筹划方法以规避未来海关进行纳税调整或处罚的风险。

7.1.3 进口零部件或产成品选择的纳税筹划

【例7-3】 甲公司是德国的一家汽车生产企业，在中国设立了自己的汽车销售公司乙公司。现由乙公司从甲公司进口100辆小汽车，每辆小汽车的关税完税价格为20万元，适用的关税税率为15%，消费税税率为5%，增值税税率为13%。如果甲公司将乙公司变更为自己的汽车组装兼销售公司，并将乙公司原来从甲公司进口整装小汽车的方式改为先从甲公司进口散装汽车零部件后组装成小汽车的方式，则全套散装零部件（可以组装成一辆小汽车）的关税完税价格为15万元，适用的关税税率降为6%，增值税税率为13%。

【工作要求】请对上述业务进行纳税筹划。

【税法依据】自2018年7月1日起，将税率分别为25%，20%的汽车整车关税降至15%；将税率分别为8%，10%，15%，20%，25%的汽车零部件关税降至6%。

【筹划思路】原材料、零部件与成品的关税税率相比，原材料和零部件的关税税率最低，半成品次之，产成品的税率最高。企业在条件允许的情况下，可以考虑先进口原材料和零部件，然后进行加工，生产或组装成最终的产成品，这样可以在进口环节降低相关税负。

【筹划过程】

方案一：乙公司以每辆小汽车20万元的关税完税价格从甲公司进口100辆小汽车。

乙公司进口环节应纳关税＝20×100×15%＝300(万元)

乙公司进口环节应纳消费税＝(20×100＋300)÷(1－5%)×5%＝121.05(万元)

乙公司进口环节应纳增值税＝(20×100＋300)÷(1－5%)×13%＝314.74(万元)

乙公司应纳税额合计＝300＋121.05＋314.74＝735.79(万元)

方案二：乙公司以全套散装零部件（可以组装成一辆小汽车）15万元的关税完税价格从甲公司进口100辆小汽车的全套散装零部件。

乙公司进口环节应纳关税＝15×100×6%＝90(万元)

这种情况下，乙公司进口环节不需要缴纳消费税，则

乙公司进口环节应纳增值税＝(15×100＋90)×13%＝206.7(万元)

乙公司应纳税额合计＝90＋206.7＝296.7(万元)

【筹划结论】方案二比方案一进口环节少缴纳关税210万元（300－90），少缴税合计439.09万元（735.79－296.7），若以实现税负最小化为纳税筹划目标，则应当选择方案二。

【筹划点评】虽然消费税和一部分增值税在以后生产环节还需要缴纳，但方案二延缓了纳税时间，充分利用了资金的时间价值，且使乙公司少缴纳关税210万元。

7.1.4　选购国外礼品的纳税筹划

【例 7-4】　假定王某在国外欲购买礼物送给他儿子。根据儿子的需要，王某可以选择购买单反相机，其关税完税价格为 9 000 元，适用的进口关税税率为 25%；也可以选择购买机械指示式的贵金属电子手表，其关税完税价格也为 9 000 元，适用的进口关税税率为 11%。

【工作要求】请对上述业务进行纳税筹划。

【税法依据】关税的征税对象是准许进出境的货物和物品。其中，货物是指贸易性商品；物品是非贸易性商品，包括入境旅客随身携带的行李和物品、个人邮递物品、各种运输工具上的服务人员携带进口的日用物品、馈赠物品以及以其他方式进入国境的个人物品。对物品征收的进口税包括关税、代征的国内增值税和消费税。纳税人是入境行李物品的携带人和进口邮件的收件人。

【筹划思路】我国税法对烟、酒、化妆品、金银及其制品、包金饰品、纺织品和制成品、电器用具、手表、照相机、录像机、汽车等的关税税率的规定差异很大。若想在国外购买礼物回国馈赠亲朋，可以选择购买税率较低的外国商品，以达到降低进口关税的目的。

【筹划过程】

方案一：购买单反相机作为礼物。

应纳关税＝9 000×25%＝2 250(元)

方案二：购买机械指示式的贵金属电子手表作为礼物。

应纳关税＝9 000×11%＝990(元)

【筹划结论】方案二比方案一少缴纳关税 1 260 元（2 250－990），若以实现税负最小化为纳税筹划目标，则应当选择方案二。

【筹划点评】购买礼品不能单纯考虑关税税负大小，还应考虑个人的爱好、需要等很多方面。

7.2　城市维护建设税的纳税筹划

7.2.1　企业选址的纳税筹划

【例 7-5】　甲公司在设立选址时有两个地方可供选择：一是设在市区；二是设在县城。假设无论选择哪种方案，都不会影响其经济效益，且当期应纳增值税和应纳消费税合计为 100 万元。

【工作要求】请对上述业务进行纳税筹划。

【税法依据】纳税人所在地在市区的，城市维护建设税税率为7%；在县城、镇的，税率为5%；不在市区、县城或镇的，税率为1%。

【筹划思路】不同的地区适用不同的城市维护建设税税率，因此企业可以根据自身的情况，在不影响经济效益的前提下，选择在城市维护建设税适用税率低的区域设立，这样不仅可以少缴城市维护建设税，还能降低房产税与城镇土地使用税的税负。

【筹划过程】

方案一：设在市区。

应纳城市维护建设税$=100\times7\%=7$(万元)

方案二：设在县城。

应纳城市维护建设税$=100\times5\%=5$(万元)

【筹划结论】方案二比方案一少缴纳城市维护建设税2万元（7－5），若以实现税负最小化为纳税筹划目标，则应当选择方案二。

【筹划点评】将企业设在县城，在有些情况下可能影响企业的生产经营，因此企业在选址时不能只考虑城市维护建设税税负。

7.2.2 根据地址选择受托方的纳税筹划

【例7-6】 甲公司本年拟委托加工一批高档化妆品，由受托加工单位代收代缴消费税500万元。现有两个受托单位可供选择：一是设在市区的乙公司；二是设在县城的丙公司。

【工作要求】请对上述业务进行纳税筹划。

【税法依据】纳税人所在地在市区的，城市维护建设税税率为7%；在县城、镇的，税率为5%；不在市区、县城或镇的，税率为1%。由受托方代扣代缴、代收代缴增值税、消费税的单位和个人，其代扣代缴、代收代缴的城市维护建设税按受托方所在地适用税率执行。

【筹划思路】纳税人为要委托加工应税消费品而选择受托方时，可以选择位于城市维护建设税税率比自己低的地区的企业作为受托方，以便降低城市维护建设税税负。

【筹划过程】

方案一：选择位于市区的乙公司作为受托方。

甲公司承担的城市维护建设税(由受托方乙公司代收代缴)$=500\times7\%=35$(万元)

方案二：选择位于县城的丙公司作为受托方。

甲公司承担的城市维护建设税(由受托方丙公司代收代缴)$=500\times5\%=25$(万元)

【筹划结论】方案二比方案一少缴纳城市维护建设税10万元（35－25），若以实现税负最小化为纳税筹划目标，则应当选择方案二。

【筹划点评】企业选择受托方时不能只考虑受托方的地址，还应考虑受托方的信誉、加工质量等各种因素。

7.3　资源税的纳税筹划

7.3.1　运杂费用的纳税筹划

【例7-7】　甲煤矿为增值税一般纳税人，本年1月开采原煤100万吨，当月对外销售90万吨。该煤矿每吨原煤含增值税售价为550元（含从坑口或者洗选（加工）地到车站、码头或者购买方指定地点的运输费用、建设基金以及随运销产生的装卸、仓储、港杂费用等运杂费用50元，且未取得相关运杂费用的增值税发票或者其他合法有效凭据），该原煤适用的资源税税率为5%。

【工作要求】请对上述业务进行纳税筹划。

【税法依据】资源税从价定率征收的计税依据为应税产品的销售额。

资源税应税产品（简称应税产品）的销售额，按照纳税人销售应税产品向购买方收取的全部价款确定，不包括增值税税款。

计入销售额中的相关运杂费用，凡取得增值税发票或者其他合法有效凭据的，准予从销售额中扣除。相关运杂费用是指应税产品从坑口或者洗选（加工）地到车站、码头或者购买方指定地点的运输费用、建设基金以及随运销产生的装卸、仓储、港杂费用。

纳税人扣减的运杂费用明显偏高导致应税产品价格偏低且无正当理由的，主管税务机关可以合理调整计税价格。

纳税人将其开采的应税产品直接出口的，按其离岸价格（不含增值税）计算销售额征收资源税。

【筹划思路】企业在销售应税产品时应当将运杂费用与计税销售额分别核算，并且取得相关运杂费用的增值税发票或其他合法有效凭据，以避免将运杂费用并入销售额计征资源税。

【筹划过程】

方案一：未取得相关运杂费用的增值税发票或其他合法有效凭据。

$$应纳资源税=90\times550\div(1+13\%)\times5\%=2\ 190.27(万元)$$

方案二：取得相关运杂费用的增值税发票或其他合法有效凭据，且与计税销售额分别进行核算。

$$应纳资源税=90\times(550-50)\div(1+13\%)\times5\%=1\ 991.15(万元)$$

【筹划结论】方案二比方案一少缴纳资源税199.12万元（2 190.27−1 991.15），若以实现税负最小化为纳税筹划目标，则应当选择方案二。

【筹划点评】分别核算在一定程度上会增加核算成本，但与节税额相比是非常合算的。

7.3.2 分别核算的纳税筹划

【例7-8】 甲公司是一家矿业开采企业，为增值税一般纳税人，本年1月开采销售铜矿共取得收入100万元（不含增值税），开采销售金矿共取得收入50万元（不含增值税）。铜矿适用的资源税税率为8%，金矿适用的资源税税率为4%。

【工作要求】请对上述业务进行纳税筹划。

【税法依据】纳税人开采或者生产不同税目应税产品的，应当分别核算不同税目应税产品的销售额或者销售数量；未分别核算或者不能准确提供不同税目应税产品的销售额或者销售数量的，从高适用税率。

【筹划思路】纳税人一方面应当分清应税项目与减免税项目，单独核算销售额或销售数量；另一方面应当分别核算不同税目、不同税率应税产品的销售额或销售数量，以适用各自的税率，避免从高适用税率计税，达到降低税负的目的。

【筹划过程】

方案一：未将铜矿、金矿分别核算。

应纳资源税＝(100＋50)×8%＝12(万元)

方案二：将铜矿、金矿分别核算。

应纳资源税＝100×8%＋50×4%＝10(万元)

【筹划结论】方案二比方案一少缴纳资源税2万元（12－10），若以实现税负最小化为纳税筹划目标，则应当选择方案二。

【筹划点评】分别核算在一定程度上会增加核算成本，但与节税额相比，一般情况下是非常合算的。

7.4 土地增值税的纳税筹划

7.4.1 利用税收优惠政策的纳税筹划

【例7-9】 甲房地产开发企业开发的一批商品房计划销售价格总额为5 000万元（不含增值税），按税法规定计算的可扣除项目金额为4 000万元。

【工作要求】请对上述业务进行纳税筹划。

【税法依据】纳税人建造普通标准住宅出售，增值额未超过扣除项目金额20%的（即增值率未超过20%时），免征土地增值税；增值额超过扣除项目金额20%的，应就其全部增值额按规定计税。

【筹划思路】纳税人建造普通标准住宅出售的，应考虑增值额增加带来的效益和放弃免征土地增值税的优惠而增加的税收负担间的关系，避免增值率略高于 20%而导致产生土地增值税税负。也就是说，纳税人在销售所建造的普通标准住宅增值率略高于 20%时，可适当减少销售收入或增加扣除项目金额使增值率控制在 20%以内，以获取免征土地增值税的优惠。

【筹划过程】

方案一：销售价格总额为 5 000 万元，可扣除项目金额为 4 000 万元。

增值额＝5 000－4 000＝1 000(万元)

增值率＝1 000÷4 000＝25%

增值率为 25%，超过 20%，因此不能享受免征土地增值税的优惠政策。经查表，适用 30%的税率，则

应纳土地增值税＝1 000×30%＝300(万元)

方案二：销售价格总额降为 4 800 万元，可扣除项目金额仍保持为 4 000 万元。

增值额＝4 800－4 000＝800(万元)

增值率＝800÷4 000＝20%

此时，免缴土地增值税。

【筹划结论】方案二比方案一少缴纳土地增值税 300 万元（300－0），若以实现税负最小化为纳税筹划目标，则应当选择方案二。

【筹划点评】一方面，虽然减少了销售收入 200 万元（5 000－4 800），但同时少缴了土地增值税 300 万元，因此总体上仍然减少了 100 万元（300－200）的支出；另一方面，通过降低销售价格可以扩大销售，提升业绩。

7.4.2　房地产开发费用扣除方法选择的纳税筹划

【例 7－10】　甲房地产开发企业本年 1 月开发一处房地产，为取得土地使用权所支付的金额为 1 200 万元，房地产开发成本为 1 500 万元，财务费用中按转让房地产项目计算分摊的利息支出为 250 万元，不超过商业银行同类同期贷款利率。假设该项目所在省政府规定，计征土地增值税时，房地产开发费用扣除比例按国家规定允许的最高比例执行。

【工作要求】请对上述业务进行纳税筹划。

【税法依据】房地产开发费用是指与房地产开发项目有关的销售费用、管理费用和财务费用。纳税人能够按转让房地产项目计算分摊利息支出，并能提供金融机构贷款证明的，其最多允许扣除的房地产开发费用为：利息＋(为取得土地使用权所支付的金额＋房地产开发成本)×5%；纳税人不能按转让房地产项目计算分摊利息支出或不能提供金融机构贷款证明的，其最多允许扣除的房地产开发费用为：(为取得土地使用权所支付的金额＋房地产开发成本)×10%。

【筹划思路】通过比较两种计算方法下房地产开发费用的大小，选择使得房地产开

发费用较大的方法，从而降低增值额，进而降低土地增值税税负。

【筹划过程】

方案一：不按转让房地产项目计算分摊利息支出或不提供金融机构贷款证明。

$$\begin{aligned}\text{允许扣除的房地产开发费用}&=\left(\begin{matrix}\text{为取得土地使用权}\\\text{所支付的金额}\end{matrix}+\begin{matrix}\text{房地产}\\\text{开发成本}\end{matrix}\right)\times 10\%\\&=(1\ 200+1\ 500)\times 10\%\\&=270(\text{万元})\end{aligned}$$

方案二：按转让房地产项目计算分摊利息支出，并提供金融机构贷款证明。

$$\begin{aligned}\text{允许扣除的房地产开发费用}&=\text{利息}+\left(\begin{matrix}\text{为取得土地使用权}\\\text{所支付的金额}\end{matrix}+\begin{matrix}\text{房地产}\\\text{开发成本}\end{matrix}\right)\times 5\%\\&=250+(1\ 200+1\ 500)\times 5\%\\&=385(\text{万元})\end{aligned}$$

【筹划结论】方案二比方案一多扣除房地产开发费用115万元（385－270），因此一般会导致少缴纳土地增值税，若以实现税负最小化为纳税筹划目标，则应当选择方案二。

【筹划点评】如果房地产开发企业进行房地产开发主要依靠负债筹资，利息支出较多，可考虑分摊利息并提供金融机构证明，据实扣除并加扣其他开发费用。如果房地产开发企业进行房地产开发主要依靠权益资本筹资，利息支出较少，则可考虑不计算应分摊的利息，这样可以多扣除房地产开发费用。

7.5 城镇土地使用税的纳税筹划

7.5.1 企业选址的纳税筹划

【例7-11】 甲公司欲投资建厂，需占用土地100 000平方米，现有两种方案可供选择。方案一：在某中等城市的城区建厂。当地城镇土地使用税年应纳税额为20元/平方米。方案二：在某小城市的城区建厂。当地城镇土地使用税年应纳税额为8元/平方米。

【工作要求】请对上述业务进行纳税筹划。

【税法依据】凡在城市、县城、建制镇、工矿区范围内使用土地的单位和个人，均为城镇土地使用税的纳税义务人。城镇土地使用税采取的是有幅度的差别定额税率，最高税额（30元）是最低税额（0.6元）的50倍。

【筹划思路】投资者可以结合自身生产经营的需要，从以下几个方面进行考虑：一是将企业设在城市、县城、建制镇、工矿区以外的农村；二是因为税法允许经济落后地区土地使用税的适用税额标准适当降低，经济发达地区土地使用税的适用税额标准适当提高，所以可以将企业设在经济落后地区；三是在同一省份的大中小城市以及县城和工矿区之中选择税率低的地区设立企业；四是在同一城市、县城和工矿区的不同等级的土地之中选择税率低的土地设立企业。

【筹划过程】

方案一：在某中等城市的城区建厂。

每年应纳城镇土地使用税＝100 000×20＝2 000 000(元)＝200(万元)

方案二：在某小城市的城区建厂。

每年应纳城镇土地使用税＝100 000×8＝800 000(元)＝80(万元)

【筹划结论】方案二比方案一每年少缴纳城镇土地使用税 120 万元（200－80），若以实现税负最小化为纳税筹划目标，则应当选择方案二。

【筹划点评】将企业设在城镇土地使用税税率低的地区，有可能影响企业的生产经营。因此，企业在选址时不能只考虑城镇土地使用税税负。

7.5.2　分别核算的纳税筹划

【例 7－12】　甲公司本年全年实际占地合计 100 000 平方米。其中厂房占地 80 000 平方米，办公楼占地 8 000 平方米，学校占地 2 000 平方米，幼儿园占地 3 000 平方米，厂区内道路及绿化占地 7 000 平方米。当地城镇土地使用税年应纳税额为 4 元/平方米。

【工作要求】请对上述业务进行纳税筹划。

【税法依据】对国家拨付事业经费和企业办的各类学校、托儿所、幼儿园自用的土地，免征城镇土地使用税。对企业厂区（包括生产、办公及生活区）以内的绿化用地，应照章征收城镇土地使用税；厂区以外的公共绿化用地和向社会开放的公园用地，暂免征收城镇土地使用税。

【筹划思路】企业办的学校、托儿所、幼儿园，其用地应尽量与企业其他用地明确区分，以享受免征城镇土地使用税的优惠。

【筹划过程】

方案一：各种用地未明确区分，未分别核算面积。

本年应纳城镇土地使用税＝100 000×4＝400 000(元)＝40(万元)

方案二：各种用地明确区分，分别核算各自面积，则学校、幼儿园占地免缴城镇土地使用税。

本年应纳城镇土地使用税＝(100 000－2 000－3 000)×4＝380 000(元)＝38(万元)

【筹划结论】方案二比方案一本年少缴纳城镇土地使用税 2 万元（40－38），若以实现税负最小化为纳税筹划目标，则应当选择方案二。

【筹划点评】分别核算在一定程度上会增加核算成本，但与节税额相比，一般情况下是非常合算的。

7.6 房产税的纳税筹划

7.6.1 降低房产原值的纳税筹划

【例7-13】 甲公司位于某市市区，该公司除厂房、办公用房外，还包括厂区围墙、烟囱、水塔、变电塔、游泳池、停车场等建筑物。全部工程造价为100 000万元，除厂房、办公用房外的建筑设施（即厂区围墙、烟囱、水塔、变电塔、游泳池、停车场等建筑物）的工程造价为20 000万元。当地政府规定计算房产余值的扣除比例为30%。

【工作要求】请对上述业务进行纳税筹划。

【税法依据】房产税在城市、县城、建制镇和工矿区征收，不包括农村。房产是以房屋形态表现的财产。房屋则是指有屋面和围护结构（有墙或两边有柱），能够遮风避雨，可供人们在其中生产、工作、学习、娱乐、居住或储藏物资的场所。独立于房屋之外的建筑物，如围墙、烟囱、水塔、变电塔、油池油柜、酒窖菜窖、酒精池、糖蜜池、室外游泳池、玻璃暖房、砖瓦石灰窑以及各种油气罐等，不属于房产。与房屋不可分离的附属设施，属于房产。

【筹划思路】如果将除厂房、办公用房以外的建筑物，如厂区围墙、烟囱、水塔、变电塔、游泳池、停车场等都建成露天的，并且把这些独立建筑物的造价同厂房、办公用房的造价分开，在会计账簿中单独核算，则这部分建筑物的造价不计入房产原值，不缴纳房产税。

【筹划过程】

方案一：将所有建筑物都作为房产计入房产原值。

每年应纳房产税＝100 000×(1－30%)×1.2%＝840(万元)

方案二：将厂区围墙、烟囱、水塔、变电塔、游泳池、停车场等都建成露天的，并且把这些独立建筑物的造价同厂房、办公用房的造价分开，在会计账簿中单独核算，则这部分建筑物的造价不计入房产原值，不缴纳房产税。

每年应纳房产税＝(100 000－20 000)×(1－30%)×1.2%＝672(万元)

【筹划结论】方案二比方案一每年少缴纳房产税168万元（840－672），若以实现税负最小化为纳税筹划目标，则应当选择方案二。

【筹划点评】将厂区围墙、烟囱、水塔、变电塔、游泳池、停车场等都建成露天的，并且把这些独立建筑物的造价同厂房、办公用房的造价分开，可以降低房产税的计税依据，从而降低房产税税负。应当注意的是，将游泳池、停车场等建成露天的，有时未必适合所有企业。

7.6.2　降低租金收入的纳税筹划

【例 7－14】　甲公司为增值税一般纳税人，拥有一幢写字楼，配套设施齐全，对外出租。本年 1 月收取的租金共计 3 000 万元（含增值税），其中含代收的物业管理费 300 万元（含增值税）、水电费 500 万元（含增值税）。

【工作要求】请对上述业务进行纳税筹划。

【税法依据】房产出租的，房产税采用从租计征方式，以租金收入作为计税依据，按 12％税率计征。

【筹划思路】房屋出租方应当尽量避免通过增加租金的方式向承租方代收物业管理费和水电费，从而避免增加从租计征房产税的计税依据，进而避免增加房产税税负。

【筹划过程】

方案一：甲公司与承租方签订租赁合同，合同中的租金共 3 000 万元（含增值税）。

应纳房产税＝3 000÷(1＋9％)×12％＝330.28(万元)

方案二：甲公司与承租方签订租赁合同，合同中的租金降为 2 200 万元（含增值税）。物业管理费 300 万元（含增值税）、水电费 500 万元（含增值税）由承租方直接缴纳给物业公司或者其他相关单位。

应纳房产税＝(3 000－300－500)÷(1＋9％)×12％＝242.20(万元)

【筹划结论】方案二比方案一少缴纳房产税 88.08 万元（330.28－242.20），若以实现税负最小化为纳税筹划目标，则应当选择方案二。

【筹划点评】目前国家统一的房产税法律文件中均未对租金收入的构成进行明确规定，也未引入价外费用的概念。这实际上给予各地税务机关一个较大的自由裁量权。各地税务机关对于从租计征的房产税计税依据，即租金收入是否应包含物业管理费、代收水电费等存在不同的意见或观点。企业应当事先咨询当地税务机关相关政策和所持观点，以便在合法合理的前提下进行相应的纳税筹划。

7.6.3　房产投资方式选择的纳税筹划

【例 7－15】　甲公司为增值税一般纳税人，本年 7 月 1 日至本年 12 月 31 日将其自有的房屋用于投资联营，该房产原账面价值为 400 万元，现有两个对外投资方案可供选择。方案一：收取固定收入，不承担联营风险，本年 7 月 1 日至本年 12 月 31 日取得的固定收入合计 20 万元（含增值税）。方案二：投资者参与投资利润分红，共担风险。当地房产税原值扣除比例为 30％。

【工作要求】请对上述业务进行纳税筹划。

【税法依据】对投资联营的房产，在计征房产税时应区别对待。对于以房产投资联营，投资者参与投资利润分红，共担风险的情况，按房产余值作为计税依据计征房产税；对于以房产投资，收取固定收入，不承担联营风险的情况，实际上是以联营名义取得房产的租金，应由出租方按租金收入计缴房产税。

【筹划思路】从价计征与从租计征两种计征方式下的房产税计税依据和适用税率都是不同的，通过比较两种计税方式下房产税税负的大小，可以选择税负低的方案。

【筹划过程】

方案一：收取固定收入，不承担联营风险。

本年1—6月应纳房产税＝400×(1－30％)×1.2％×(6÷12)＝1.68(万元)

本年7—12月应纳房产税＝20÷(1＋9％)×12％＝2.20(万元)

本年全年应纳房产税＝1.68＋2.20＝3.88(万元)

方案二：投资者参与投资利润分红，共担风险。

本年全年应纳房产税＝400×(1－30％)×1.2％＝3.36(万元)

【筹划结论】方案二比方案一本年少缴纳房产税0.52万元（3.88－3.36），若以实现税负最小化为纳税筹划目标，则应当选择方案二。

【筹划点评】不同的房产投资方式，其投资风险和收益是不同的，投资者不应仅考虑税负因素，而应权衡利弊，综合考虑，做出最佳决策。

7.6.4 修理房屋的纳税筹划

【例7-16】 甲公司为增值税一般纳税人，本年决定对现有的办公楼进行修理。该办公楼的账面价值为300万元，使用年限为20年，已使用15年，修理后可使该办公楼使用年限延长至10年。现有两个方案可供选择。方案一：对房屋进行修理，自本年1月1日开始，所耗费的时间为5个月。领用生产用原材料的成本为110万元（购入该原材料取得了增值税普通发票），耗费的人工成本为17万元。方案二：耗用相同的成本，自本年1月1日开始，所耗费的时间为7个月。假设当地房产原值减除比例为30％。

【工作要求】请对上述业务进行纳税筹划。

【税法依据】纳税人因房屋大修导致连续停用半年以上的，在房屋大修期间免征房产税，免征额由纳税人在申报缴纳房产税时自行计算扣除，并在申报表附表或备注栏中作相应说明。纳税人对原有房屋进行改建、扩建的，要相应增加房屋的原值。

【筹划思路】纳税人对房屋的修理应尽量使房屋停用半年以上，这样可以获取大修期间免征房产税的税收优惠。

【筹划过程】

方案一：对房屋进行修理，自本年1月1日开始，所耗费的时间为5个月。

本年1—5月应纳房产税合计＝300×(1－30％)×(5÷12)×1.2％＝1.05(万元)

本年6—12月应纳房产税合计＝(300＋110＋17)×(1－30％)×(7÷12)×1.2％

=2.09(万元)

本年全年应纳房产税=1.05+2.09=3.14(万元)

方案二：对房屋进行修理，自本年1月1日开始，所耗费的时间为7个月。

本年1—7月应纳房产税合计=0

本年8—12月应纳房产税合计=(300+110+17)×(1−30%)×(5÷12)×1.2%
=1.49(万元)

本年全年应纳房产税=0+1.49=1.49(万元)

【筹划结论】方案二比方案一全年少缴纳房产税1.65万元（3.14−1.49），若以实现税负最小化为纳税筹划目标，则应当选择方案二。

【筹划点评】企业在修理房屋时，应当创造条件充分利用相关税收优惠政策，以获取最大的节税利益。

7.7　车船税的纳税筹划

7.7.1　车船税临界点的纳税筹划

【例7-17】　甲公司欲购买一艘机动船舶，现有两艘机动船舶可供选择：一艘机动船舶的净吨位为2 010吨，另一艘机动船舶的净吨位为2 000吨。

【工作要求】请对上述业务进行纳税筹划。

【税法依据】机动船舶具体适用的车船税年税额为：(1) 净吨位小于或者等于200吨的，每吨3元。(2) 净吨位在201～2 000吨的，每吨4元。(3) 净吨位在2 001～10 000吨的，每吨5元。(4) 净吨位在10 001吨及以上的，每吨6元。

【筹划思路】我国机动船舶车船税的税率实质上是一种全额累进性质的定额税率，机动船舶的单位税额达到哪一个等级，即全部按相应的单位税额征税，净吨位等级越高，适用的单位税额越大。对于这种形式的税率，纳税人应当充分利用临界点，避免在稍高于各级的临界点处购买机动船舶，否则会出现税额大幅增加的现象。

【筹划过程】

方案一：购买净吨位为2 010吨的机动船舶，适用的车船税年税额为5元/吨。

每年应纳车船税=2 010×5=10 050(元)

方案二：购买净吨位为2 000吨的机动船舶，适用的车船税年税额为4元/吨。

每年应纳车船税=2 000×4=8 000(元)

【筹划结论】方案二比方案一每年少缴纳车船税2 050元（10 050−8 000），若以实现税负最小化为纳税筹划目标，则应当选择方案二。

【筹划点评】本例中，虽然净吨位只相差10吨，但每年产生了2 050元的纳税差异。在机动船舶的净吨位少10吨的情况下，若不影响企业的经营，选择购买净吨位为2 000吨的机动船舶是大有益处的。企业应当考虑吨位发生变化所带来的收益变化和所引起的税负变化之间的关系，选择最佳吨位的机动船舶。

7.7.2 降低车船税适用税率的纳税筹划

【例7-18】 山东的甲公司本年需要购置20辆乘用车，汽车市场上有两种乘用车可供选择：一是排气量为2.5升的乘用车；二是排气量为2.6升的乘用车。该地区乘用车适用的车船税年税额为：排气量2.0～2.5升（含）的，每辆900元；排气量2.5～3.0升（含）的，每辆1 800元。

【工作要求】请对上述业务进行纳税筹划。

【税法依据】山东省政府公布《山东省实施〈中华人民共和国车船税法〉办法》，自2012年1月1日起施行。其中规定乘用车（按发动机汽缸容量（排气量）分档）具体适用的车船税年税额为：（1）1.0升（含）以下的，每辆240元；（2）1.0～1.6升（含）的，每辆360元；（3）1.6～2.0升（含）的，每辆420元；（4）2.0～2.5升（含）的，每辆900元；（5）2.5～3.0升（含）的，每辆1 800元；（6）3.0～4.0升（含）的，每辆3 000元；（7）4.0升以上的，每辆4 500元。

【筹划思路】企业购买车辆时，应尽量购买排气量小的乘用车，以降低车船税适用税额，从而降低车船税税负。

【筹划过程】

方案一：购买20辆排气量为2.5升的乘用车。

每年应纳车船税＝20×900＝18 000(元)

方案二：购买20辆排气量为2.6升的乘用车。

每年应纳车船税＝20×1 800＝36 000(元)

【筹划结论】方案一比方案二每年少缴纳车船税18 000元（36 000－18 000），若以实现税负最小化为纳税筹划目标，则应当选择方案一。

【筹划点评】企业在不影响正常生产经营的情况下，购置排气量比较小的乘用车，不但可以降低车船税税负，而且有利于环境保护。

7.8 车辆购置税的纳税筹划

7.8.1 降低车辆购置税计税依据的纳税筹划

【例7-19】 甲公司为增值税一般纳税人，本年1月从乙汽车销售公司购买一辆轿车自用，支付车款 226 000 元。另外支付临时牌照费 200 元，随车购买工具用具 3 000 元，代收保险金 350 元，车辆装饰费 14 530 元。以上价款均含增值税。各款项由乙汽车销售公司开具税率为 13%的机动车销售统一发票。

【工作要求】请对上述业务进行纳税筹划。

【税法依据】纳税人购买自用的应税车辆的计税价格为纳税人购买应税车辆而支付给销售者的全部价款和价外费用（不包括增值税税款）。价外费用是指销售方价外向购买方收取的基金、集资费、返还利润、补贴、违约金（延期付款利息）和手续费、包装费、储存费、优质费、运输装卸费、保管费、代收款项、代垫款项以及其他各种性质的价外收费。应当注意的是：(1) 代收款项应区别对待。凡使用代收单位的票据收取的款项，应视为代收单位的价外费用，并入计算征收车辆购置税；凡使用委托方的票据收取、受托方只履行代收义务或收取手续费的款项，不应并入计征车辆购置税，按其他税收政策规定征税。(2) 购买者随车购买的工具或零件应作为购车款的一部分，并入计税价格征收车辆购置税，但如果不同时间或销售方不同，则不应并入计征车辆购置税。(3) 支付的车辆装饰费应作为价外费用，并入计征车辆购置税，但如果不同时间或收款方不同，则不并入计税价格。

【筹划思路】对于收取各代收款项，应当尽量由委托方开具相关票据，从而避免将代收款项并入车辆购置税的计税价格，进而降低车辆购置税税负。

【筹划过程】

方案一：将各个代收款项体现在乙汽车销售公司（代收单位）开具的机动车销售统一发票中。

车辆购置税计税价格＝(226 000＋200＋3 000＋350＋14 530)÷(1＋13%)

＝216 000(元)

应纳车辆购置税＝216 000×10%＝21 600(元)

方案二：各代收款项由委托方另行开具票据。

车辆购置税计税价格＝226 000÷(1＋13%)＝200 000(元)

应纳车辆购置税＝200 000×10%＝20 000(元)

【筹划结论】方案二比方案一少缴纳车辆购置税 1 600 元（21 600－20 000），若以实现税负最小化为纳税筹划目标，则应当选择方案二。

【筹划点评】各代收款项由委托方另行开具票据，可降低车辆购置税的计税依据，从而降低车辆购置税税负。

7.8.2 选择汽车经销商的增值税纳税人身份的纳税筹划

【例 7-20】 甲公司为增值税一般纳税人，本年 1 月欲购买一辆轿车自用，现有两种购买方式可供选择：一是从作为增值税小规模纳税人的车辆经销商乙公司处购买，车款为 55 000 元（含增值税），取得由乙公司开具的税率为 3%的机动车销售统一发票；二是从作为增值税一般纳税人的车辆经销商丙公司处购买，车款为56 500元（含增值税），取得由丙公司开具的税率为13%的机动车销售统一发票。甲公司取得的机动车销售统一发票本年1月符合抵扣规定。假设不考虑城市维护建设税和教育费附加。

【工作要求】请对上述业务进行纳税筹划。

【税法依据】纳税人购买自用的应税车辆的车辆购置税计税价格，为纳税人购买应税车辆而支付给销售者的全部价款和价外费用（不包括增值税税款）。

纳税人销售货物不含增值税的销售额的计算公式为：

销售额=含税销售额÷(1+增值税税率或征收率)

【筹划思路】若车辆经销商为增值税小规模纳税人，则车辆经销商为车辆购买方开具的机动车销售统一发票适用的征收率为3%，对车辆购置税的纳税人（车辆购买自用方）以车辆的含增值税价格按3%的征收率换算为车辆购置税的计税依据；若车辆经销商为增值税一般纳税人，则车辆经销商为车辆购买方开具的机动车销售统一发票适用的税率为13%，对车辆购置税的纳税人（车辆购买自用方）以车辆的含增值税价格按13%的增值税税率换算为车辆购置税的计税依据。因此在车辆购置价格（含增值税）相同的情况下，车辆购买自用方应从作为增值税一般纳税人的车辆经销商处购买，以降低车辆购置税税负。

【筹划过程】

方案一：从作为增值税小规模纳税人的车辆经销商乙公司处购买，车款为55 000元（含增值税），取得由乙公司开具的税率为3%的机动车销售统一发票。

应纳车辆购置税=55 000÷(1+3%)×10%=5 339.81(元)

可抵扣的增值税进项税额=55 000÷(1+3%)×3%=1 601.94(元)

现金流出量=55 000+5 339.81−1 601.94=58 737.87(元)

方案二：从作为增值税一般纳税人的车辆经销商丙公司处购买，车款为56 500元（含增值税），取得由丙公司开具的税率为13%的机动车销售统一发票。

应纳车辆购置税=56 500÷(1+13%)×10%=5 000(元)

可抵扣的增值税进项税额=56 500÷(1+13%)×13%=6 500(元)

现金流出量=56 500+5 000−6 500=55 000(元)

【筹划结论】方案二比方案一少缴纳车辆购置税339.81元（5 339.81−5 000），多抵扣（相当于少缴纳）增值税4 898.06元（6 500−1 601.94），现金流出量少（相当于现金净流量多）3 737.87元（58 737.87−55 000），若以实现税负最小化以及现金净流量最大化为纳税筹划目标，则应当选择方案二。

【筹划点评】要在不同增值税纳税人身份的车辆经销商中做出选择，不能单纯地以车辆购置税的税负大小为标准，还应考虑车辆价格、售后服务、企业形象等因素。

7.9　印花税的纳税筹划[①]

7.9.1　分次投资的纳税筹划

【例 7-21】　A 投资者欲本年 1 月投资设立一家公司——甲公司，现有两种资金投入方案。方案一：A 投资者第 1 年一次性投资 8 000 万元设立甲公司。方案二：A 投资者分两次投资，即第 1 年先投资 4 000 万元设立甲公司，第 10 年再追加投资 4 000 万元。

【工作要求】请对上述业务进行纳税筹划。

【税法依据】应税营业账簿的计税依据，为账簿记载的实收资本（股本）、资本公积合计金额。已缴纳印花税的营业账簿，以后年度记载的实收资本（股本）、资本公积合计金额比已缴纳印花税的实收资本（股本）、资本公积合计金额增加的，按照增加部分计算应纳税额。营业账簿按照实收资本（股本）、资本公积合计金额的万分之二点五计算缴纳印花税。

【筹划思路】投资者可以在不影响企业经营的前提下，分次投资给企业，使得企业的实收资本（股本）、资本公积陆续增加，以至于可以分次缴纳营业账簿的印花税，延迟税款缴纳时间，利用资金的时间价值。

【筹划过程】

方案一：A 投资者第 1 年一次性投资 8 000 万元设立甲公司。

甲公司第 1 年应纳印花税＝8 000×0.25‰＝2(万元)

方案二：A 投资者分两次投资，即第 1 年先投资 4 000 万元设立甲公司，第 10 年再追加投资 4 000 万元。

甲公司第 1 年应纳印花税＝4 000×0.25‰＝1(万元)

甲公司第 10 年应纳印花税＝4 000×0.25‰＝1(万元)

【筹划结论】方案二比方案一第 1 年少缴纳印花税合计 1 万元（2－1），若以实现税负最小化以及涉税资金时间价值最大化为纳税筹划目标，则应当选择方案二。

【筹划点评】分次投资对印花税的节税效果较小，企业选择分次投资应当以不影响企业的生产经营为前提，否则可能得不偿失。

7.9.2　选择借款方的纳税筹划

【例 7-22】　甲公司本年 1 月计划借款 20 000 万元，现有两个借款方案可供选择：一是从乙商业银行借款；二是从关系较好的丙工业企业借款。假设借款年利率均为

① 本教材中印花税相关内容主要根据 2022 年 7 月 1 日起施行的《中华人民共和国印花税法》（简称《印花税法》）编写。

6%，其他借款条件都一样。

【工作要求】请对上述业务进行纳税筹划。

【税法依据】纳税人书立借款合同按照借款金额的万分之零点五计算缴纳印花税。这里的借款合同指银行业金融机构、经国务院银行业监督管理机构批准设立的其他金融机构与借款人（不包括同业拆借）的借款合同。不符上述规定的借款合同不属于印花税的征税范围。

【筹划思路】对企业来说，从不同借款方借款的利率相同或差异较小时，可以考虑避免从银行业金融机构、经国务院银行业监督管理机构批准设立的其他金融机构借款，而选择从其他企业借款，以规避印花税的纳税义务。

【筹划过程】

方案一：从乙商业银行借款。

$$甲公司应纳印花税=20\,000\times0.05‰=1(万元)$$

方案二：从关系较好的丙工业企业借款。

甲公司不需要缴纳印花税。

【筹划结论】方案二比方案一少缴纳印花税1万元，若以实现税负最小化为纳税筹划目标，则应当选择方案二。

【筹划点评】企业从其他企业借款的利率一般高于从金融机构借款的利率，因此不能只考虑印花税税负因素。

7.9.3 对不同的税目事项分别列明金额的纳税筹划

【例7-23】 甲公司本年1月有一批货物需要乙公司保管，乙公司负责将该批货物从甲公司运到乙公司的仓库并进行保管。现有两种方案可供选择。方案一：乙公司与甲公司签订的合同中记载运费和保管费价款共计3 000万元（不含增值税），并未分别列明运费价款和保管费价款，但列明增值税税款总额。方案二：乙公司与甲公司签订的合同中分别列明运费价款300万元（不含增值税）、保管费价款2 700万元（不含增值税），并分别列明增值税税款。

【工作要求】请对上述业务进行纳税筹划。

【税法依据】同一应税凭证载有两个以上税目事项并分别列明金额的，按照各自适用的税目税率分别计算应纳税额；未分别列明金额的，从高适用税率。

纳税人书立运输合同按照运输费用的万分之三计算缴纳印花税。纳税人书立仓储合同按照仓储费的千分之一计算缴纳印花税。

【筹划思路】同一应税凭证载有两个以上税目事项时，应当分别列明金额，以便按照各自适用的税目税率分别计算缴纳印花税，避免从高适用税率。

【筹划过程】

方案一：乙公司与甲公司签订的合同中记载运费和保管费价款共计3 000万元（不

含增值税），并未分别列明运费价款和保管费价款，但列明增值税税款总额。

甲公司和乙公司各自应纳印花税＝3 000×1‰＝3(万元)＝30 000(元)

方案二：乙公司与甲公司签订的合同中分别列明运费价款 300 万元（不含增值税）、保管费价款 2 700 万元（不含增值税），并分别列明增值税税款。

甲公司和乙公司各自应纳印花税＝300×0.3‰＋2 700×1‰
＝2.79(万元)＝27 900(元)

【筹划结论】与方案一相比，方案二中甲公司和乙公司各自少缴纳印花税 2 100 元（30 000－27 900），若以实现税负最小化为纳税筹划目标，则应当选择方案二。

【筹划点评】在合同中分别列明不同税目的不含增值税价款，不仅会达到降低税负的目的，而且符合合同签订规范，可以防范合同法律风险。

7.9.4 分期租赁的纳税筹划

【例 7－24】 甲公司本年 1 月从乙租赁公司租入生产用设备一台，并于本年 1 月 1 日签订租赁合同。合同规定，该设备的租期为 10 年，每年租金为 100 万元（不含增值税），10 年租金共计 1 000 万元（不含增值税）。

【工作要求】请对上述业务进行纳税筹划。

【税法依据】印花税的纳税义务发生时间为纳税人书立应税凭证或者完成证券交易的当日。纳税人书立租赁合同按照租金的千分之一计算缴纳印花税。

【筹划思路】企业之间可以尽量避免签订长期合同，而转为签订短期合同，以便分期缴纳印花税，充分利用资金的时间价值。

【筹划过程】

方案一：甲公司和乙租赁公司本年 1 月 1 日签订租期为 10 年的租赁合同，每年租金为 100 万元（不含增值税），10 年租金共计 1 000 万元（不含增值税）。

甲公司和乙租赁公司本年 1 月各自应纳印花税＝1 000×1‰＝1(万元)

方案二：甲公司和乙租赁公司本年 1 月 1 日签订租期为 1 年的租赁合同，以后连续 9 年每年的 1 月 1 日都签订租期为 1 年的租赁合同，每年租金为 100 万元（不含增值税）。

甲公司和乙租赁公司本年 1 月各自应纳印花税＝100×1‰＝0.1(万元)

甲公司和乙租赁公司以后连续 9 年每年的 1 月 1 日各自应纳印花税＝100×1‰＝0.1(万元)

【筹划结论】与方案一相比，方案二中甲公司和乙租赁公司本年 1 月各自的应纳印花税少 0.9 万元（1－0.1），若以实现税负最小化以及涉税资金时间价值最大化为纳税筹划目标，则应当选择方案二。

【筹划点评】若租赁的设备不具有稀缺性，即随时可以在市场上租赁到，企业可以与出租方分期签订租赁合同，以获取税收上的好处。否则，企业应当与出租方签订长期租赁合同，以避免出现经营风险。

7.9.5 电子商务经营者选择电子订单订立对象的纳税筹划

【例7-25】 甲公司为一家工艺品电子商务经营者，本年1月有一笔电子订单业务准备成交，订单金额为1 000万元（不含增值税），现对成交方有两种选择：一是甲公司与乙公司订立电子订单；二是甲公司与张某订立电子订单。

【工作要求】请对上述业务进行纳税筹划。

【税法依据】个人与电子商务经营者订立的电子订单，免征印花税。纳税人书立买卖合同按照价款的万分之三计算缴纳印花税。

【筹划思路】电子商务经营者在寻找电子订单业务成交对象时，应当尽量选择个人，即与个人订立电子订单，以便享受印花税的免税优惠。

【筹划过程】

方案一：甲公司与乙公司订立电子订单。

$$\text{甲公司和乙公司各自应纳印花税}=1\,000\times0.3‰=0.3(\text{万元})=3\,000(\text{元})$$

方案二：甲公司与张某订立电子订单。

甲公司和张某均免予缴纳印花税。

【筹划结论】与方案一相比，方案二中甲公司少缴纳印花税3 000元，若以实现税负最小化为纳税筹划目标，则应当选择方案二。

【筹划点评】《印花税法》明确规定："个人与电子商务经营者订立的电子订单，免征印花税。"但之前的《中华人民共和国印花税法（草案）》对此的表述为："电子商务经营者与用户订立的电子订单，免征印花税。"相对于《中华人民共和国印花税法（草案）》，《印花税法》对电子商务经营者印花税免税范围有所缩小，在一定程度上有利于线上线下经营者之间的公平竞争。

7.10 契税的纳税筹划

7.10.1 减少涉税环节的纳税筹划

【例7-26】 甲、乙、丙为三方当事人，甲和丙均拥有一套市价100万元（不含增值税）的房屋，分别为房屋A和房屋C。乙打算购买甲的房屋A，甲打算先销售房屋A给乙，再购买丙的房屋C。假设甲、乙、丙三方均知道各自售房或购房的供求信息。本地适用的契税税率为5%。

【工作要求】请对上述业务进行纳税筹划。

【税法依据】土地使用权出让、出售，房屋买卖，契税的计税依据为土地、房屋权属转移合同确定的成交价格，包括应交付的货币以及实物、其他经济利益对应的价款。土地使用权互换、房屋互换，互换价格相等的，互换双方计税依据为零；互换价格不相等的，以其差额为计税依据，由支付差额的一方缴纳契税。

【筹划思路】每发生一次土地、房屋权属转移，权属承受方就要发生一次契税的纳税行为，因此，为了避免或者减少重复纳税，在条件允许的情况下，通过减少权属转移环节可达到降低契税税负的目的。

【筹划过程】

方案一：甲先销售房屋 A 给乙，再购买丙的房屋 C。

甲销售房屋 A 给乙时：

乙(购买方)应纳契税＝100×5%＝5(万元)

甲购买丙的房屋 C 时：

甲(购买方)应纳契税＝100×5%＝5(万元)

丙为房屋的销售方，不缴纳契税。

方案二：甲先将房屋 A 和丙的房屋 C 互换，然后丙将房屋 A 销售给乙。

甲和丙互换房屋，其互换价格相等，免征契税。丙将房屋 A 销售给乙时：

乙(购买方)应纳契税＝100×5%＝5(万元)

【筹划结论】方案二比方案一整体少缴纳契税 5 万元（5＋5－5），若以实现税负最小化为纳税筹划目标，则应当选择方案二。

【筹划点评】虽然现实中甲、乙、丙为三方当事人的上述行为出现的可能性较小，但这种方案至少提供了一种纳税筹划思路。

7.10.2　利用隐性赠与的纳税筹划

【例 7－27】　张某本年 1 月向其表弟李某赠送一套住房，该套住房的市价为 100 万元（不含增值税）。本地适用的契税税率为 3%。

【工作要求】请对上述业务进行纳税筹划。

【税法依据】契税的征税范围包括：(1) 土地使用权出让。(2) 土地使用权转让（包括出售、赠与、互换）。(3) 房屋买卖、赠与、互换。

【筹划思路】在赠与房屋的行为中，可通过隐性赠与等方式（例如通过不办理产权转移手续的方式）来达到避免缴纳契税的目的。

【筹划过程】

方案一：张某与其表弟李某办理产权转移手续。

李某应纳契税＝100×3%＝3(万元)

方案二：张某与其表弟李某不办理产权转移手续。

李某不缴纳契税。

【筹划结论】方案二比方案一少缴纳契税3万元，若以实现税负最小化为纳税筹划目标，则应当选择方案二。

【筹划点评】方案二中的双方未办理产权转移手续，因此该住房在法律上仍属于张某。

工作引例解析

【税法依据】对于承受与房屋相关的附属设施（包括停车位、汽车库、自行车库、顶层阁楼以及储藏室）使用权或土地使用权的行为，按照契税法律法规征收契税；对于不涉及土地使用权和房屋所有权转移变动的，不征收契税。

【筹划思路】就如何判断企业所购买的建筑物是否属于契税应税房屋，国家税务总局给予了详细解答，明确凡是房产税征税的房屋均可作为契税的征税对象。对于承受与房屋相关的附属设施（包括停车位、汽车库、自行车库、顶层阁楼以及储藏室）使用权或土地使用权的行为，按照契税法律法规征收契税。对于独立于房屋之外的建筑物、构筑物，如围墙、水塔、烟囱、油池油柜、变电塔、酒精池、酒窖菜窖、糖蜜池、玻璃暖房、室外游泳池、砖瓦石灰窑、各种油气罐、堤坝、栈桥、挡土墙、蓄水池和囤仓等，因为与房屋不相关，也不属于“房屋”范畴，所以承受独立于房屋之外的建筑物、构筑物使用权或土地使用权的行为，不属于契税的征税范围。因此，购入不动产时，凡不属于不动产的部分应分别核算。

【筹划过程】

方案一：甲公司与乙公司签订一份销售合同，合同注明转让生产车间的总价款为3 000万元。

乙公司应纳契税＝3 000×4％＝120(万元)

方案二：甲公司与乙公司签订两份销售合同，一份销售厂房及土地使用权，合同价款为2 000万元，另一份销售独立于房屋之外的建筑物、构筑物（包括围墙、烟囱、水塔、变电塔、蓄水池等），合同价款为1 000万元。

乙公司应纳契税＝2 000×4％＝80(万元)

【筹划结论】方案二比方案一少缴纳契税40万元（120－80），若以实现税负最小化为纳税筹划目标，则应当选择方案二。

【筹划点评】购入不动产时，凡不属于不动产的部分，一定要将其从不动产中分离出来，以避免提高契税的计税依据。

7.10.3 房屋不等价互换的纳税筹划

【例7－28】 甲公司以市价1 000万元的办公楼与乙公司市价1 200万元的厂房

进行互换，甲公司向乙公司支付差价200万元。假设乙公司计划出资200万元对换入的办公楼进行装修，并且甲公司获悉乙公司未来的装修计划。以上价格均不含增值税。本地适用的契税税率为5%。

【工作要求】请对上述业务进行纳税筹划。

【税法依据】土地使用权互换、房屋互换，互换价格相等的，互换双方计税依据为零；互换价格不相等的，以其差额为计税依据，由支付差额的一方缴纳契税。

【筹划思路】当双方互换不等价的房屋时，如果能通过一定的手段来降低双方互换房屋的差额，那么以差额作为计税依据计算出的契税税额就会降低。若能进一步变为等价互换，则可享受免征契税的优惠。

【筹划过程】

方案一：甲公司与乙公司进行房屋产权互换，且甲公司向乙公司支付差额200万元。

甲公司应纳契税＝200×5%＝10(万元)

方案二：甲公司在与乙公司进行房屋产权互换之前，先对自己的办公楼按乙公司的要求进行装修，装修费用为200万元。

装修后办公楼的价值变为1 200万元，双方房屋互换价格相等，互换双方计税依据为零，应纳契税为零。

【筹划结论】与方案一相比，方案二中甲公司少缴纳契税10万元（10－0），若以实现税负最小化为纳税筹划目标，则应当选择方案二。

【筹划点评】甲公司先对办公楼按乙公司的要求进行装修，未必能得到乙公司的同意，因此，此类纳税筹划方法在运用时会受到一定的限制。

7.11　其他税种实务疑难解答

【实务释疑1】我公司为增值税一般纳税人，只缴纳增值税，不缴纳消费税。本年2月我公司的应交增值税为8 000元，但本年1月还有10 000元的进项税额未抵扣，也就是说，本年2月应交增值税为0。本年2月我公司没有出口货物、劳务或者跨境销售服务、无形资产增值税免抵税额。请问本年2月我公司还要计算缴纳城市维护建设税吗？

答：根据《国家税务总局关于城市维护建设税征收管理有关事项的公告》（国家税务总局公告2021年第26号）的规定，城市维护建设税以纳税人依法实际缴纳的增值税、消费税（以下称两税）税额为计税依据。依法实际缴纳的增值税税额，是指纳税人依照增值税相关法律法规和税收政策规定计算应当缴纳的增值税税额，加上增值税免抵税额，扣除直接减免的增值税税额和期末留抵退税退还的增值税税额（以下简称留抵退税额）后的金额。依法实际缴纳的消费税税额，是指纳税人依照消费税相关法律法规和税收政策规定计算应当缴纳的消费税税额，扣除直接减免的消费税税额后的金额。应当缴纳的两税税额，不含因进口货物或境外单位和个人向境内销售劳务、服务、无形资产缴纳的两税税额。纳税人自收到留抵退税额之日起，应当在下一个纳税申报期从城市维护建设税计税依据中扣除。留抵退税额仅允许在按照增值税一般计税方法确定的城市维护建设税计税依据中扣除。当期未扣除完的余额，在以后纳税申报期按规定继续扣除。

你公司不缴纳消费税，本年2月应交增值税为0，也没有出口货物、劳务或者跨境销售服务、无形资产增值税免抵税额，因此城市维护建设税也是零申报缴纳。

【实务释疑2】我公司是一家生产建材产品的企业，在当地主管税务机关没有书面资料委托或者口头通知的情况下，我公司在收购未税矿产品时应该代扣代缴资源税吗？

答：根据《国家税务总局关于公布取消一批税务证明事项以及废止和修改部分规章规范性文件的决定》（国家税务总局令第48号）的规定，废止《中华人民共和国资源税代扣代缴管理办法》（国税发〔1998〕49号文件印发，国家税务总局令第44号修改）。根据《关于〈国家税务总局关于公布取消一批税务证明事项以及废止和修改部分规章规范性文件的决定〉的解读》，“资源税管理证明”取消后，实行纳税人自主申报，不再采用代扣代缴的征管方式。

因此，资源税由在中华人民共和国领域和中华人民共和国管辖的其他海域开发应税资源的单位和个人自行缴纳，你公司没有代扣代缴的义务。

【实务释疑3】我公司为一家房地产开发企业，本年1月销售地下车位使用权，与业主签订合同约定使用年限为20年，使用费一次性收取，请问该业务是否应当缴纳土地增值税？

答：根据《中华人民共和国土地增值税暂行条例》及其实施细则的规定，土地增值税是对以出售或者其他方式有偿转让国有土地使用权、地上的建筑物及其附着物的行为所征收的税。

以出售或其他方式有偿转让国有土地使用权、地上的建筑物及其附着物，应当以办理相应产权为标志，产权未发生转移就不构成出售或转让，转让地下车位使用权相当于只发生出租地下车位的行为，因此，你公司不缴纳土地增值税，而且地下车位的成本在计算土地增值税时不得作为房地产开发成本扣除。

另外，根据《财政部 税务总局关于建筑服务等营改增试点政策的通知》（财税〔2017〕58号）的规定，《营业税改征增值税试点实施办法》（财税〔2016〕36号）第四十五条第（二）项修改为“纳税人提供租赁服务采取预收款方式的，其纳税义务发生时间为收到预收款的当天”。

因此，你公司一次性收取（预收）了使用费，需要以收取的“使用费全额”（不含增值税）为计税依据，按照“不动产租赁服务”（属于“租赁服务”）以9%的税率一次性计算缴纳增值税。

【实务释疑4】我公司向村委会租用村集体用地，请问是否由我公司缴纳城镇土地使用税？

答： 根据《财政部 国家税务总局关于集体土地城镇土地使用税有关政策的通知》（财税〔2006〕56号）的规定，自2006年5月1日起，在城镇土地使用税征税范围内实际使用应税集体所有建设用地、但未办理土地使用权流转手续的，由实际使用集体土地的单位和个人按规定缴纳城镇土地使用税。

因此，对你公司租用的未办理土地使用权流转手续的村集体用地，应由你公司缴纳城镇土地使用税。

【实务释疑5】 我公司有一批地下建筑用地，请问其城镇土地使用税如何征收？

答： 根据《财政部 国家税务总局关于房产税城镇土地使用税有关问题的通知》（财税〔2009〕128号）的规定，对在城镇土地使用税征税范围内单独建造的地下建筑用地，按规定征收城镇土地使用税。其中，已取得地下土地使用权证的，按土地使用权证确认的土地面积计算应征税款；未取得地下土地使用权证或地下土地使用权证上未标明土地面积的，按地下建筑垂直投影面积计算应征税款。同时，为了鼓励利用地下土地，对地下建筑用地暂按应征税款的50%征收城镇土地使用税。

因此，你公司针对地下建筑用地，应当按照上述规定计算缴纳城镇土地使用税。

【实务释疑6】 甲公司与乙公司合作建房，在建工程的成本仅在甲公司账上反映，工程尚未竣工，产权证也没有办理。现甲、乙两公司已将房产投入使用，请问房产税由哪方缴纳？

答： 根据《中华人民共和国房产税暂行条例》的规定，房产税由产权所有人缴纳。产权所有人、承典人不在房产所在地的，或者产权未确定及租典纠纷未解决的，由房产代管人或者使用人缴纳。

因此，甲、乙两公司应当分别就自己使用部分的房产缴纳房产税。

【实务释疑7】 我公司购买车辆，取得了机动车销售统一发票，其中的某一联次为报税联，请问该联发票应当由哪方留存？

答： 根据《国家税务总局关于使用新版机动车销售统一发票有关问题的通知》（国税函〔2006〕479号）的规定，机动车销售统一发票为电脑六联式发票，即第一联发票联（购货单位付款凭证）、第二联抵扣联（购货单位扣税凭证）、第三联报税联（车辆购置税征收单位留存）、第四联注册登记联（车辆登记单位留存）、第五联记账联（销货单位记账凭证）、第六联存根联（销货单位留存）。

因此，你公司购买车辆，取得了机动车销售统一发票，发票的第三联报税联应当由车辆购置税征收单位留存。

技能训练

1. 甲公司是一家煤矿企业，本年1月与铁路部门签订运输合同，记载运输费及保管费合计500万元（不含增值税），且未分别列明运输费及保管费各自的金额，但列明增值税税款总额。若分别列明运输费及保管费各自的金额，则运输费为300万元（不含增值税），保管费为200万元（不含增值税），并分别列明增值税税款。运输合同的印花税税率为0.3‰，保管合同的印花税税率为1‰。请对其进行纳税筹划。

2. 甲公司是一家外贸进出口企业，主要销售某进口洗衣机，年销售量为10 000台，每台国内的销售价格为8 000元（不含增值税），进口关税完税价格为5 000元。假定进口环节适用的关税税率为25%，增值税税率为13%。现在该公司管理层提出一项改革方案：在取得该品牌洗衣机厂商的同意和技术协作的前提下，先进口该品牌洗衣机的电路板和发动机，电路板和发动机的进口关税完税价格为整机关税完税价格的60%，假定进口环节适用的关税税率为20%。然后，委托国内技术先进的企业加工其他配件并完成整机组装，所发生的不含增值税的加工费为整机关税完税价格的50%，进口电路板和发动机及加工劳务的增值税税率为13%。甲公司适用的城市维护建设税税率为7%，教育费附加征收率为3%。请从纳税筹划的角度分析该管理层的提案是否可行。

实战演练

企业设立选址的纳税筹划

甲公司欲投资建厂，需占用土地15万平方米。在设立选址时有两种方案可供选择：方案一，设在市区。当地城镇土地使用税定额税率为10元/平方米。方案二，设在县城。当地城镇土地使用税定额税率为3元/平方米。假设无论选择哪种方案，都不会影响其经济效益，且全年应纳增值税合计1 000万元。

任务要求：

1. 明确与企业选址相关的税法规定。
2. 设计企业设立选址的纳税筹划思路。
3. 正确计算不同选址方式下的税负。
4. 通过比较分析选择最优的地址设立企业。

第 8 章

跨国经营中的纳税筹划

素养提升

纳税人应当充分运用国家出台的与“一带一路”“走出去”相关的税收政策，合法合理地进行纳税筹划，避免税收违法行为。

（1）税务机关应当做好税收协定执行，落实相关国内税收政策，优化“走出去”税收服务，深化国别税收信息研究，完善“走出去”税收政策咨询，开展“走出去”税收宣传与辅导，加强数据统计分析，深化国际税收合作。

（2）纳税人应当积极学习和掌握与“一带一路”或者“走出去”相关的税收政策，合法合理安排跨境经济业务事项，取得跨境税收收益，降低跨境税务风险。

能力目标

（1）能通过变换投资主体所在国进行纳税筹划。

（2）能通过规避成为某国常设机构进行纳税筹划。

（3）能运用跨国关联企业购销业务转让定价方法进行纳税筹划。

（4）能运用跨国关联企业劳务转让定价方法进行纳税筹划。

（5）能通过在避税地成立销售公司进行纳税筹划。

（6）能通过境外投资利润分配进行纳税筹划。

工作引例

跨国关联企业劳务转让定价的纳税筹划

A 国甲公司在 B 国拥有一家全资子公司乙，本年甲公司向乙公司提供一项劳务，无同类市场价格，采用成本加成方法定价。由于成本归集口径不同，成本加成后的价格为 30 万～100 万元（换算为人民币之后的价格，本章下同），与提供该劳务相关的成本为

20万元。乙公司的收入为500万元，除该劳务成本外的其他成本为200万元。A，B两国的企业所得税税率分别为20%和30%。假设不考虑相关流转税。

【工作要求】请对上述业务进行纳税筹划。

【工作引例解析】见本章的8.3。

8.1 变换投资主体所在国的纳税筹划

【例8-1】 甲公司是我国的一家跨国企业，本年预计应纳税所得额为8 000万元，适用我国25%的企业所得税税率。甲公司在B国设有子公司乙公司，本年预计乙公司应纳税所得额为2 000万元，B国的企业所得税税率为30%，且B国税法规定：企业在汇总计算企业所得税时，其境外营业机构的亏损可以抵减境内营业机构的盈利。本年甲公司欲在A国投资兴建丙公司，预计丙公司当年发生亏损500万元。

【工作要求】请对上述业务进行纳税筹划。

【税法依据】企业在汇总计算企业所得税时，其境外营业机构的亏损不得抵减境内营业机构的盈利。

【筹划思路】我国企业在海外投资设立分支机构时，如果预测该分支机构最初几年一定会亏损，则不论采取分公司的形式还是子公司的形式，都不能用该企业的盈利来弥补其亏损。但若我国企业在海外某国设立子公司，且该国税法规定境外分支机构的亏损可以抵减境内营业机构的盈利，则可以考虑让该子公司在另一国投资设立分公司。

【筹划过程】

方案一：由甲公司或乙公司在A国投资设立子公司丙。

丙公司的亏损由其以后年度的盈利弥补，则

甲、乙公司应纳企业所得税总额=8 000×25%+2 000×30%=2 600(万元)

方案二：由甲公司在A国投资设立分公司丙。

丙公司的亏损由其以后年度的盈利弥补，则

甲、乙公司应纳企业所得税总额=8 000×25%+2 000×30%=2 600(万元)

方案三：由乙公司在A国投资设立分公司丙。

丙公司的亏损可以抵减乙公司的盈利，则

甲、乙公司应纳企业所得税总额=8 000×25%+(2 000-500)×30%=2 450(万元)

【筹划结论】方案三比方案一、方案二少缴纳企业所得税150万元（2 600-2 450），若以实现税负最小化为纳税筹划目标，则应当选择方案三。

【筹划点评】通过变更投资主体的所在国来利用其所在国的境外机构所得税优惠政策，不失为跨国经营的一种节税手段。

8.2 规避成为某国常设机构的纳税筹划

【例 8-2】　本年我国甲建筑公司到 A 国从事建筑工程工作，工期约为 8 个月。根据我国与 A 国的双边税收协定，建筑工期达到 6 个月以上的即构成常设机构，需按该国规定缴纳企业所得税。甲公司实施该建筑工程的总成本为 2 000 万元，工程总收入为 3 000 万元。A 国对该工程征收的除企业所得税以外的其他税为 200 万元（均可以在企业所得税税前扣除），企业所得税税率为 30%。

【工作要求】请对上述业务进行纳税筹划。

【税法依据】是否成为一国的常设机构是该国判断跨国企业的经营所得是否应当在该国纳税的核心标准。也就是说，纳税人一旦成为某国的常设机构，则来源于该常设机构的所得便应当在该国纳税。根据《联合国关于发达国家与发展中国家间避免双重征税的协定范本》的规定，（1）常设机构是指一个企业进行全部或部分营业的固定营业场所；（2）常设机构同样包括建筑工地，建筑、装配或安装工程或者与其有关的监督管理活动，但该工地、工程或活动以连续为期 6 个月以上为限。

【筹划思路】对于到某国从事建筑、安装工程工作的跨国企业，若该国企业所得税税率较高，则企业应充分利用该国规定常设机构的条件，避免成为该国的常设机构，从而降低税负。

【筹划过程】

方案一：甲公司的建筑工期达到 6 个月以上，甲公司构成 A 国的常设机构，需要在 A 国缴纳企业所得税。

甲公司在 A 国应纳企业所得税＝(3 000－2 000－200)×30%＝240(万元)

甲公司共纳税＝200＋240＝440(万元)

该笔所得汇回我国后，因为 A 国企业所得税税率超过我国 25%的税率，所以在我国不需要补缴企业所得税。

甲公司的税后利润＝3 000－2 000－440＝560(万元)

方案二：若甲公司将此建筑工程分为两个阶段进行，每 3 个月作为一个阶段，中间停工休息一个月，甲公司就不构成 A 国的常设机构，不需要在 A 国缴纳企业所得税。

甲公司在 A 国的税后利润＝3 000－2 000－200＝800(万元)

该笔所得汇回我国后，需要按照我国企业所得税税率缴纳企业所得税。

甲公司应纳企业所得税＝800×25%＝200(万元)

甲公司共纳税＝200＋200＝400(万元)

甲公司的税后利润＝3 000－2 000－400＝600(万元)

【筹划结论】方案二比方案一少缴纳企业所得税40万元（440－400），多获取税后利润40万元（600－560），若以实现税负最小化以及税后利润最大化为纳税筹划目标，则应当选择方案二。

【筹划点评】通过利用税收协定中常设机构的条件，使用合理的方法与手段避免成为常设机构，从而避免采用所在国的高企业所得税税率，可以达到节税的目的。

8.3 跨国关联企业购销业务转让定价的纳税筹划

【例8－3】 A国的甲公司在B国拥有一家子公司乙公司并控制其全部股权。本年甲公司向乙公司销售一批零件，由乙公司加工后对外出售。甲公司生产这批零件的成本为80万元，按正常价格销售该批零件的收入为160万元，乙公司的总成本为在甲公司的进价基础上加价30万元，乙公司加工完毕后以320万元的价格对外出售最终产品。A国企业所得税税率为40%，B国企业所得税税率为20%，假设不考虑相关流转税。

【工作要求】请对上述业务进行纳税筹划。

【税法依据】应纳企业所得税税额的计算公式为：

应纳企业所得税税额＝应纳税所得额×适用税率－减免税额－抵免税额

在没有减免税额和抵免税额的情况下，计算公式为：

应纳企业所得税税额＝应纳税所得额×适用税率

若没有企业所得税纳税调整项目，利润总额即为应纳税所得额。

【筹划思路】跨国关联企业之间提供购销业务时，若在不同的国家适用不同的企业所得税税率，可以通过合理运用“高进低出”或“低进高出”的手段，将利润在关联集团公司内部各成员之间进行合理转移，使得利润从高税率地区转移到低税率地区，从而在一定程度上降低整个集团公司的企业所得税税负。

【筹划过程】

方案一：甲公司将零件按160万元的正常价格出售给乙公司。

甲公司应纳企业所得税＝(160－80)×40%＝32(万元)

乙公司应纳企业所得税＝[320－(160＋30)]×20%＝26(万元)

甲、乙公司应纳企业所得税合计＝32＋26＝58(万元)

方案二：甲公司将零件按140万元的较低价格出售给乙公司。

甲公司应纳企业所得税＝(140－80)×40%＝24(万元)

乙公司应纳企业所得税＝[320－(140＋30)]×20%＝30(万元)

甲、乙公司应纳企业所得税合计＝24＋30＝54(万元)

【筹划结论】方案二比方案一少缴纳企业所得税合计4万元（58－54），若以实现税负最小化为纳税筹划目标，则应当选择方案二。

【筹划点评】关联方之间应遵循独立交易原则，因此转让定价的纳税筹划要合理有度，不能过分地降低或提高价格。

工作引例解析

【税法依据】参照例8-3的税法依据。

【筹划思路】跨国关联企业相互提供劳务时，若在不同的国家适用不同的企业所得税税率，则可以通过合理运用“高作价”或“低作价”的方式来收取劳务费用，使得关联企业之间的利润根据需要合理地转移，从而在一定程度上降低整个集团公司的企业所得税税负。

【筹划过程】

方案一：甲公司将劳务价格定为30万元。

甲公司应纳企业所得税＝(30－20)×20％＝2(万元)

乙公司应纳企业所得税＝(500－30－200)×30％＝81(万元)

甲、乙公司纳税合计＝2＋81＝83(万元)

方案二：甲公司将劳务价格定为100万元。

甲公司应纳企业所得税＝(100－20)×20％＝16(万元)

乙公司应纳企业所得税＝(500－100－200)×30％＝60(万元)

甲、乙公司纳税合计＝16＋60＝76(万元)

【筹划结论】方案二比方案一少缴纳企业所得税7万元（83－76），若以实现税负最小化为纳税筹划目标，则应当选择方案二。

【筹划点评】关联方之间应遵循独立交易原则，因此转让定价的纳税筹划要合理有度，不能过分地降低或提高价格。

8.4　在避税地成立销售公司的纳税筹划

【例8-4】　甲国的A公司在避税港乙国设立了全资子公司B。现A公司欲销售一批货物给丙国的C公司，这批货物的成本及分摊的经营管理费用为600万元，双方协定的离岸价格为800万元。已知甲、乙两国的企业所得税税率分别为30％和10％，假设不考虑相关流转税。

【工作要求】请对上述业务进行纳税筹划。

【税法依据】国际避税地的说法源自英文“tax haven”，也称国际避税港，简称避税地或避税港。一般来讲，国际避税地是指某一国家或地区在境内的全部或部分区域，它们对外实行轻税甚至无税政策。目前世界上有一些国家和地区通过特低税率、为外国公司提供特殊优惠、对银行账户绝对保密、不签订双边或多边税收协定等手段进行税收竞争，吸引外国投资和为国际避税提供方便。这些国家和地区就是避税港。这样的避税港主要有：百慕大群岛、开曼群岛、巴哈马、马恩岛和中国香港等。有一些国家和地区因税收协定网络发达和对外有较为优惠的政策而成为“准避税港”，成为国际控股企业、投资公司、中介性金融公司和信托公司建立的热点地区，如荷兰、瑞士、塞浦路斯等。

【筹划思路】跨国公司通过在国际避税地设置销售公司，并运用转让定价等手段，将部分利润转移给避税地公司，可以降低跨国公司在全球经营中的总体税负。

【筹划过程】

方案一：由A公司直接销售给C公司。

A公司应纳企业所得税＝(800－600)×30%＝60(万元)

方案二：A公司先将这批货物以700万元的价格销售给B公司，再由B公司以800万元的价格销售给C公司。

A公司应纳企业所得税＝(700－600)×30%＝30(万元)
B公司应纳企业所得税＝(800－700)×10%＝10(万元)
A,B公司纳税合计＝30＋10＝40(万元)

【筹划结论】方案二比方案一少缴纳企业所得税20万元（60－40），若以实现税负最小化为纳税筹划目标，则应当选择方案二。

【筹划点评】利用避税地进行纳税筹划越来越受到各国政府的限制，各国纷纷制定反避税（特别纳税调整）措施来限制避税地纳税筹划。

8.5　境外投资利润分配的纳税筹划

【例8-5】　乙公司系甲公司在国外设立的子公司，本年盈利200万元。已知甲公司与乙公司的企业所得税税率分别为25%和15%。

【工作要求】请对上述业务进行纳税筹划。

【税法依据】中国的企业所得税税率为25%。由居民企业，或者由居民企业和中国居民控制的设立在实际税负明显低于《企业所得税法》第四条第一款规定税率水平（指税率为25%）的国家（地区）的企业，并非由于合理的经营需要而对利润不做分配或者减少分配的，上述利润中应归属于该居民企业的部分，应当计入该居民企业的当期收入。

【筹划思路】当投资企业在境内（适用25%的企业所得税税率），被投资企业在境外，被投资企业的企业所得税税率低于投资企业（但不低于12.5%）时，被投资企业将税后利润分回给投资企业，投资企业应补缴企业所得税。若被投资企业的税后利润暂不分配，则投资企业本期不需要补缴企业所得税，这样便可以实现延迟纳税。

【筹划过程】

方案一：乙公司将全部税后利润分回给甲公司。

甲公司应补缴企业所得税＝200×(25％－15％)＝20(万元)

方案二：乙公司对其税后利润暂不进行分配。

甲公司不必补缴企业所得税，这样便延迟了纳税时间，充分利用了资金的时间价值，相当于获取了一笔免息贷款。

【筹划结论】方案二比方案一当期少缴纳企业所得税 20 万元（20－0），若以实现税负最小化以及涉税资金时间价值最大化为纳税筹划目标，则应当选择方案二。

【筹划点评】保留利润不分配的方案必须符合集团公司的整体发展需要，同时还需兼顾各方利益，否则不宜长期采用。

技能训练

甲国 A 公司在避税港乙国设有全资子公司 B，现 A 公司欲销售一批货物给丙国 C 公司。这批货物的成本及分摊费用为 500 万元，双方协商的离岸价格为 800 万元。已知甲、乙两国的企业所得税税率分别为 30％和 15％，假设不考虑相关流转税。请对其进行纳税筹划。

实战演练

境外投资地选择的纳税筹划

德祥投资公司欲在境外投资一个项目，投资地有两种选择，分别是甲国和乙国。两国的企业所得税税率分别为 20％和 30％，预计来自境外的年税前所得为 1 000 万元，境内年税前所得为 1 200 万元。

任务要求：

1. 明确与境外投资相关的税法规定。
2. 设计境外投资地选择的纳税筹划思路。
3. 正确计算选择不同的境外投资地所产生的税负。
4. 通过比较分析选择最优的境外投资地。

第9章

纳税筹划的风险管理

素养提升

建立纳税风险预警机制，强化纳税筹划风险意识，做好纳税筹划风险管理，防范、化解纳税筹划风险。

（1）征税主体及人员应当优化纳税评估工作，做好纳税检查工作。

（2）纳税主体及人员应当做好纳税筹划风险管理工作，防范与化解纳税筹划风险。

能力目标

（1）能确定纳税筹划风险管理的流程框架。

（2）能做好纳税筹划风险管理的准备工作。

（3）能做好纳税筹划风险管理的实施工作。

（4）能做好纳税筹划风险管理的监控工作。

（5）能总结当前我国企业纳税筹划风险管理存在的问题。

（6）能指出改进我国企业纳税筹划风险管理的措施。

工作引例

分散纳税筹划风险

甲公司为增值税一般纳税人，生产多种产品，均为销售利润率比较高的产品，有较大的降价空间。为及时收回资金，应对金融危机，甲公司本年1月对A，B两种产品进行促销。现有两种方案可供选择。方案一：满1 000元（含增值税），八折销售，其产品成本为500元（含增值税，且进项税额可以抵扣），其他成本为20元（不含增值税，进项税额不可抵扣）。方案二：满1 000元（含增值税），可免费获得一次抽奖机会（人均税后奖金为200元），其产品成本为500元（含增值税，且进项税额可以抵扣），其他成本为20元（不含增值税，进项税额不可抵扣）。甲公司A，B两种产品适用的增值税税率均为13%。甲公司适用的企业所得税税率为25%，城市维护建设税税率为7%，教育费附加征收率为3%。

【工作要求】请运用分散纳税筹划风险的思路对上述业务进行分析。

【工作引例解析】见本章的9.3.3。

9.1　纳税筹划风险管理的流程框架

要确定纳税筹划风险管理的流程，首先需要了解风险管理的流程。

美国项目管理协会（PMI）在2000年提出的项目管理知识体系（PMBOK）中将风险管理分为六个阶段：风险管理计划、风险识别、风险估计、风险量化、风险处理、风险监控。

COSO（美国反虚假财务报告委员会下属的发起人委员会，专门研究内部控制问题）发布的《企业风险管理——整合框架》虽然未直接指出风险管理的流程，但它所提出的企业风险管理的八个构成要素事实上就构成了风险管理的流程。它们分别是：内部环境、目标设定、事项识别、风险评估、风险应对、控制活动、信息沟通、监控。

我国国务院国有资产监督管理委员会颁布的《中央企业全面风险管理指引》将风险管理基本流程分为五个阶段：收集风险管理初始信息、进行风险评估、制定风险管理策略、提出和实施风险管理解决方案、风险管理的监督与改进。

"3C框架"① 将全面风险管理流程设计为管理准备、管理实施、管理报告、监督改进四个基本流程。具体来说：管理准备包括选择项目、确定目标、成立小组、收集信息、初步了解、制订计划、编制方案、下发倡议；管理实施包括风险识别、风险评估、风险应对、风险控制；管理报告包括风险报告、风险预警、监督报告和审计报告等；监督改进包括风险监督、风险审计、管理改进。

参照风险管理流程的多种说法，结合纳税筹划风险管理的自身特点，可以将纳税筹划风险管理的流程确定为：第一，纳税筹划风险管理的准备，具体包括确定纳税筹划风险管理目标、成立纳税筹划风险管理小组、收集纳税筹划风险管理信息、制订纳税筹划风险管理计划；第二，纳税筹划风险管理的实施，具体包括纳税筹划风险识别、纳税筹划风险评估、纳税筹划风险应对；第三，纳税筹划风险管理的监控，具体包括纳税筹划风险管理的监督与评价、纳税筹划风险管理的总结与改进。

上述各个风险管理流程的顺序总体来说是固定的，但有时并不一定按顺序发生，有可能交叉进行。例如，进行风险评估时，可能发现对某一具体风险的评估还缺少部分信息，需要收集相关信息。

---

① "3C框架"是李三喜提出的一种根植于本土的、基于内部控制的全面风险管理体系。

9.2 纳税筹划风险管理的准备

9.2.1 确定纳税筹划风险管理目标

清晰地界定纳税筹划风险管理的目标，可为纳税筹划风险管理指明方向。

1. 纳税筹划风险管理的总体目标

纳税筹划风险管理是企业纳税筹划活动的一部分，企业纳税筹划风险管理的目标是实现企业纳税筹划。而企业纳税筹划的最终目标是实现企业价值最大化，因此，企业纳税筹划风险管理的总体目标应当是实现企业价值最大化。

2. 纳税筹划风险管理的具体目标

纳税筹划风险管理的具体目标分为纳税筹划风险管理损前目标和纳税筹划风险管理损后目标。

（1）纳税筹划风险管理损前目标。纳税筹划风险管理损前目标就是在纳税筹划风险导致的损失发生前的风险管理目标。它主要是为了避免或减少纳税筹划风险事故的发生，从而降低纳税筹划风险。具体内容包括：建立健全纳税筹划风险管理机制，提高纳税筹划风险意识，准确核算纳税金额，正确运用税收法律法规，选择合适的纳税筹划人员等。

（2）纳税筹划风险管理损后目标。纳税筹划风险管理损后目标就是在纳税筹划风险导致的损失发生后的风险管理目标。它主要是为了使损失的标的恢复到损失前的状态，包括维持企业的经营、保持稳定的收入等。具体内容包括：尽量进行补救，承担应尽的经济责任和社会责任，尽量维护自己的纳税形象，为自身营造良好的继续生存发展的环境；同时，进一步处理和税务机关的关系，将纳税筹划风险损失降到最低。

针对纳税筹划风险的特点，应将第一个目标即纳税筹划风险管理损前目标作为纳税筹划风险管理的主要目标。

9.2.2 成立纳税筹划风险管理小组

成立纳税筹划风险管理小组，主要是成立纳税筹划风险管理的核心小组。企业在确定明确的目标后，应根据项目需要组成纳税筹划风险管理项目核心小组，选定组长和工作人员。纳税筹划风险管理小组的构成，因具体纳税筹划项目的不同而不同，但至少应该由企业税务、财务和审计等部门人员组成，必要时可邀请其他部门相关人员参加。同时要确定纳税筹划风险管理小组各成员的权力、任务和责任，作为绩效考核的依据。

9.2.3 收集纳税筹划风险管理信息

企业应当收集的纳税筹划风险管理信息主要有以下几个方面。

1. 外部信息

（1）税收环境信息。包括企业涉及的税种及各税种的具体规定，特别是税收优惠的相关规定、各税种之间的相关性、税收征纳程序和税务行政制度、税收环境的变化趋势和内容。

（2）政府涉税行为信息。在纳税筹划博弈中，企业先行动，因此，在行动之前必须预测政府可能对自身行动产生的反应。主要包括：政府对纳税筹划的态度、政府的主要反避税法规和措施、政府反避税的运作规程。

2. 内部信息

（1）实施主体信息。任何纳税筹划方案的制订都必须基于企业自身的实际经营情况。因此，在制订方案时，必须充分了解企业自身的相关信息。主要包括：企业财务管理目标、企业纳税筹划目标、企业经营及财务状况、管理人员对纳税筹划风险的态度、纳税筹划人员的素质等。

（2）企业涉税问题调查与评估。在实施纳税筹划风险管理之前，应当对企业进行涉税问题调查和评估。该项工作应重点分析、整理、调查、评估以下涉税资料：纳税筹划内部控制制度、纳税会计处理、主要税种及税率、近三个年度纳税情况分析、主要涉税问题、税收处罚记录、税企关系等。

3. 反馈信息

对内外部信息的收集应当是一个动态的过程，企业在实施纳税筹划风险管理的过程中还会不断获取新的信息。同时，实施结果需要及时反馈给相应部门，以便对纳税筹划风险管理的实施进行调整和完善。

9.2.4　制订纳税筹划风险管理计划

制订纳税筹划风险管理计划，是对纳税筹划风险管理实施的全过程所做的综合安排。纳税筹划风险管理计划是全局性的，是对纳税筹划风险管理的目的、范围、重点、流程等基本内容进行的规划，是进行纳税筹划风险管理的基础和依据，也是进行有效沟通和协调的手段。

9.3　纳税筹划风险管理的实施

9.3.1　纳税筹划风险识别

1. 纳税筹划风险识别概述

纳税筹划风险识别是指企业运用有关的知识和方法，系统、全面和连续地感知和分析企业纳税筹划风险。它是纳税筹划风险管理实施的首要步骤。

纳税筹划风险的识别，可以从以下几个方面来理解[①]：第一，纳税筹划风险识别是

① 杜莹芬，等. 企业风险管理：理论・实务・案例. 北京：经济管理出版社，2008.

一项复杂的系统工程；第二，纳税筹划风险识别是一个连续不间断的过程；第三，纳税筹划风险识别的重点是导致其产生的因素或原因；第四，纳税筹划风险识别是纳税筹划风险评估的前提，是有针对性地应对纳税筹划风险的基础。

2. 纳税筹划风险识别的方法

风险识别有多种方法，如流程图分析法、问卷调查法、环境分析法、财务分析法、情景分析法、事故树分析法以及风险因素分析法等。税收链分析法和问卷调查法是较为适合识别纳税筹划风险的方法。

（1）税收链分析法。税收链分析法属于流程图分析法的一种。流程图分析法，是按照企业的各项生产经营活动内在的逻辑关系建立一系列的流程图，针对流程图中的每个环节逐一进行调查、研究和分析，从中发现潜在风险的一种风险识别方法。通过流程图分析，可以较为直接地揭示企业业务管理活动中的薄弱环节，识别企业存在的各种风险。流程图可以用来描绘公司内任何形式的流程，如产品生产流程、服务流程、财务会计流程、市场营销流程、分配流程等。企业因纳税而形成的税收链也可作为流程的一种，通过对纳税流程的研究，可识别出与纳税筹划相关的风险。

“3C框架”认为：根据价值链理论，把企业的风险识别延伸到价值链，也就是从价值链的视角考虑风险越来越重要。[①] 而税收链正是价值链的一种。企业生产经营活动是多样的，因此，与之相关的税收问题也是多样的，涉及的税种可能包括增值税、消费税、企业所得税、契税、土地增值税、印花税等。从企业的运营流程来看，主要可分为采购、生产、销售、投资、筹资等环节，所有这些环节都创造价值或实现价值，从总体来看就构成了产品的价值链。在这条产品的价值链中，有一部分价值以税收的形式流入国库。从价值流转的路径来看，企业所承担的税收也形成一个链条，即所谓的税收链（见图9-1）。[②]

在税收链中，税收的实现过程与价值的流转过程是同步的。企业可以在采购、筹资、投资、生产、销售、产权重组等各个流程中识别纳税筹划风险。

在采购环节，企业可能识别到的纳税筹划风险主要有：购货方选择失误的风险、购货价格测算失误的风险、购货时机把握失误的风险、购货合同条款设定失误的风险等。

在筹资环节，企业可能识别到的纳税筹划风险主要有：股权筹资与债券筹资比例不当产生的风险、因过度追求债务利息抵税效应而扩大债务筹资产生的财务风险等。

在投资环节，企业可能识别到的纳税筹划风险主要有：因追求税收利益而选择的投资项目经营不善产生的风险、投资于低税率区但后来因政策变化产生的风险等。

在生产环节，企业可能识别到的纳税筹划风险主要有：固定资产折旧方法选择失误的风险、存货计价方法选择失误的风险等。

在销售环节，企业可能识别到的纳税筹划风险主要有：促销方式选择失误的风险、代销方式选择失误的风险、混合销售或兼营行为不被税务机关认可的风险、关联方转移定价被税务机关重新调整的风险等。

---

① 李三喜，徐荣才．3C框架：全面风险管理标准．北京：中国市场出版社，2007.

② 蔡昌．企业纳税筹划方案设计技巧．北京：中国经济出版社，2008.

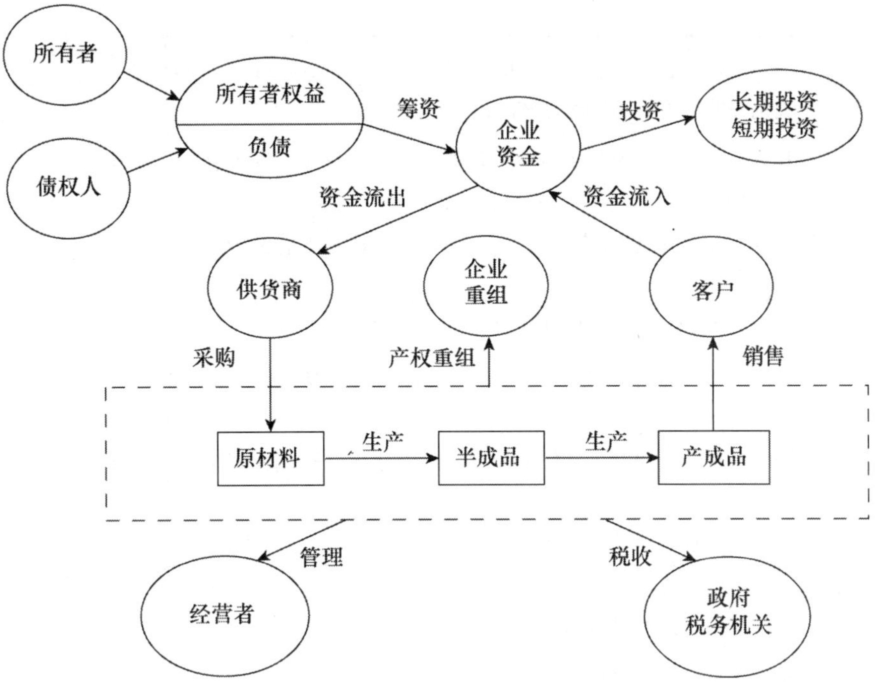

图 9-1　税收链

在产权重组环节，企业可能识别到的纳税筹划风险主要有：并购中存在的承担连带债务责任的风险、分立中存在的开办费用等支出过高的风险等。

(2) 问卷调查法。问卷调查法以问卷的形式调查和了解企业的纳税筹划风险情况，是识别纳税筹划风险比较常用的一种方法。问卷调查主要针对纳税筹划风险管理相关人员，通过设计围绕纳税筹划风险的问题，对其看法、期望、建议等进行了解，并做统计分析。纳税筹划风险识别问卷调查表（见表 9-1）需要根据企业自身情况设计。

表 9-1　纳税筹划风险识别问卷调查表

序号	问题	是/否	有何看法和建议
1	企业的管理层是否具有较强的依法纳税意识？		
2	企业的管理层对纳税风险及纳税筹划风险管理是否重视？		
3	企业涉税人员是否具有较高的职业道德素质？		
4	企业涉税人员是否具有较高的专业能力或素质？		
5	企业是否在招聘环节对涉税人员测试过税收知识？		
6	企业是否经常对涉税人员进行专业培训？		
7	企业是否对业务人员进行发票事项的培训？		
8	对外签订的合同中的付款条件、方式等条款是否考虑了对纳税的影响？		
9	企业的业务合同是否经过企业税务部门的审核？		

续表

序号	问题	是/否	有何看法和建议
10	新的有关税务的法律法规和政策颁布后，企业是否在30日内了解？		
11	企业涉税人员是否知道所从事行业的税收优惠政策，并能充分获取相关资料以享受该优惠？		
12	所处行业或产品税收政策变动后，企业是否立即采取措施做出应对？		
13	新业务发生时是否咨询过企业涉税人员？		
14	企业是否为日常纳税申报建立了流程文件并且按时完成日常申报？		
15	企业是否为涉税资料建立了专门的档案或索引目录，并按保密责任和权限进行控制？		
16	企业是否建立了税务事项的内部控制？		
17	企业是否与当地税务机关建立了良好关系，如遇困难，企业是否能得到当地税务机关的支持或帮助？		
18	企业是否就税务事项进行过听证、行政复议或诉讼？		
19	税务机关通知查账时，企业是否知道查账的重点？		
20	企业是否定期聘请财税专家进行纳税筹划风险检测？		
21	企业管理者是否经常有急功近利、注重短期业绩而忽视长期效益的行为？		
22	企业涉税人员是否因纳税筹划预期结果不确定而有较大的心理负担？		
23	企业的涉税人员流动性是否超过预期？		
24	企业所处行业或产品相关税收政策是否频繁变动？		
25	企业有关税收优惠政策的利用和执行是否经常不到位？		
26	企业经营活动是否频繁变动？		
27	企业相关部门及人员的配合与协作是否经常不到位？		
28	企业纳税筹划方案在实施过程中是否不彻底或半途而废？		
29	企业是否有被罚款、缴纳滞纳金的情况发生？		
30	企业是否经常受到税务机关的调查？		
31	当地税务机关执法水平是否存在偏差（主要是由税务机关在执法时未遵守相关法律法规、法定程序或税务机关人员素质差引起的）？		
32	当地税务机关是否有不良倾向（主要是从思想上抵制纳税筹划，认为纳税筹划行为就是偷税（逃避缴纳税款），或担心企业进行纳税筹划后税源减少，自身无法完成税收任务）？		

注：表中的涉税人员包括企业会计人员、税务人员和纳税筹划人员等；被调查者包括企业相关部门领导、人力资源管理人员、会计人员、税务人员和纳税筹划人员等。

表中第 1～20 项若回答“否”，则表示被调查者认为此项存在纳税筹划风险；表中第 21～32 项若回答“是”，则表示被调查者认为此项存在纳税筹划风险。

通过统计某项回答“是”与“否”的人数及比例，可以总结出该项是否存在风险或风险的大小。举例说明：若对 10 人进行问卷调查，对于第 1 项“企业的管理层是否具有较强的依法纳税意识”，若全回答“是”，则表明此项不存在纳税筹划风险；若全回答“否”，则表明此项存在的纳税筹划风险非常大；若 5 人回答“是”，5 人回答“否”，则表明此项存在一定的纳税筹划风险。

通过对“有何看法和建议”进行整理和研究，可以更加深入地分析产生风险的原因并寻求解决方案。这对于纳税筹划风险管理人员识别风险是很有帮助的。

9.3.2　纳税筹划风险评估

1. 纳税筹划风险评估概述

纳税筹划风险评估就是对识别出的纳税筹划风险进行度量和分析，以便为应对纳税筹划风险提供依据。纳税筹划风险评估是纳税筹划风险管理的一个重要步骤，是纳税筹划风险应对的前提。

2. 纳税筹划风险评估方法

纳税筹划风险评估方法包括定性方法和定量方法，在纳税筹划风险评估过程中，最好将定性方法和定量方法结合起来。比较常用的风险评估定性方法有模糊测评法、标杆分析法、集体讨论法、问卷调查法等；比较常用的风险评估定量方法有概率分析法、情景分析法、压力测试法、敏感性分析法等。其中，模糊测评法和概率分析法是较为适合评估纳税筹划风险的方法。

（1）模糊测评法。① 模糊测评法是通过专家模糊测评纳税筹划风险频率来对纳税筹划风险进行评估的一种方法。纳税筹划风险频率指纳税筹划风险发生可能性的高低。风险具有不确定性，精确测量风险频率是很困难的，因此，对纳税筹划风险频率可以采用模糊测评法。模糊测评法具体指通过引入模糊数学理论，建立企业纳税筹划风险的模糊集合、企业纳税筹划风险的隶属函数和评价企业纳税筹划风险因素的模糊矩阵，来测量企业纳税筹划风险。

模糊测评的公式为：

$$B=AR$$

式中，A 为模糊集合，反映了纳税筹划风险因素的重要性；R 为模糊矩阵，矩阵中的元素表示纳税筹划风险因素可能的风险等级及发生的概率；B 为模糊评价矩阵，矩阵中的元素表示纳税筹划风险的各种风险等级发生的概率。

【例 9-1】② 甲公司为测量企业的纳税筹划风险聘请了 20 位专家，对企业的

① 胥朝阳. 企业并购的风险管理. 北京：中国经济出版社，2004.
② 于岩. 税收筹划风险及风险控制研究. 大连：东北财经大学，2007.

纳税筹划风险发生的可能性进行测量，该公司的纳税筹划风险主要有税收政策变化风险、经营活动变化风险、策略制定和执行不当风险、执法不当风险。依据风险因素对企业纳税筹划风险的影响程度对上述4个风险因素的重要性进行了划分，其中，税收政策变化风险的重要性为0.2，经营活动变化风险的重要性为0.2，策略制定和执行不当风险的重要性为0.4，执法不当风险的重要性为0.2。20位专家对甲公司纳税筹划风险识别的结果如表9-2所示。

表9-2　专家的纳税筹划风险识别统计表

风险因素	风险等级									
	高		较高		一般		较低		低	
	人数	百分比	人数	百分比	人数	百分比	人数	百分比	人数	百分比
税收政策变化	7	35%	4	20%	5	25%	2	10%	2	10%
经营活动变化	5	25%	6	30%	5	25%	3	15%	1	5%
策略制定和执行不当	10	50%	4	20%	5	25%	1	5%	0	0
执法不当	2	10%	3	15%	4	20%	5	25%	6	30%

根据模糊测评法，有

$$A=(0.2,0.2,0.4,0.2)$$

$$R=\begin{bmatrix}0.35 & 0.2 & 0.25 & 0.1 & 0.1\\0.25 & 0.3 & 0.25 & 0.15 & 0.05\\0.5 & 0.2 & 0.25 & 0.05 & 0\\0.1 & 0.15 & 0.2 & 0.25 & 0.3\end{bmatrix}$$

$$\begin{aligned}B=AR&=(0.2,0.2,0.4,0.2)\begin{bmatrix}0.35 & 0.2 & 0.25 & 0.1 & 0.1\\0.25 & 0.3 & 0.25 & 0.15 & 0.05\\0.5 & 0.2 & 0.25 & 0.05 & 0\\0.1 & 0.15 & 0.2 & 0.25 & 0.3\end{bmatrix}\\&=(0.34,0.21,0.24,0.12,0.09)\end{aligned}$$

测算结果表明，34%的专家认为企业纳税筹划风险高，21%的专家认为企业纳税筹划风险较高，24%的专家认为企业纳税筹划风险一般，12%的专家认为企业纳税筹划风险较低，9%的专家认为企业纳税筹划风险低。综合比较可知，该企业的纳税筹划风险偏高。

（2）概率分析法。概率分析法，就是用概率论、数理统计的方法对纳税筹划风险进行评估。首先，计算纳税筹划方案成本收益率的期望值。其次，计算纳税筹划方案成本收益率的分散程度，即方差和标准差。最后，计算标准离差率，并根据标准离差率来判断风险程度：标准离差率越大，风险越大；标准离差率越小，风险越小。

1）概率分布。在现实生活中，某一事件在完全相同的条件下可能发生也可能不发生，既可能出现这种结果又可能出现那种结果，这类事件称为随机事件。任何一个随机事件的发生说明可能有某种机会，即概率。概率就是用百分数或小数来表示随机事件发生的可能性及出现某种结果的可能性。

概率通常必须符合以下两条规则：一是各个随机变量的概率最小为 0，最大为 1，即 $0\leqslant P_i\leqslant 1$；二是全部概率之和应等于 1，即 $\sum_{i=1}^{n}P_i=1$。

概率一般分为客观概率和主观概率两种。凡事件出现的概率可通过客观事实加以验证的或者其出现的概率能根据大量历史资料加以确定的，都叫客观概率。主观概率则是人们根据经验和积累的知识对某一事件可能出现的机会和频率的主观判断。

2）期望值。期望值是一个概率分布中的所有可能结果以各自相应的概率为权数计算的加权平均值，通常用符号 $\bar{E}$ 表示。其计算公式如下：

$$\bar{E}=\sum_{i=1}^{n}X_iP_i$$

纳税筹划方案的期望收益值或期望成本收益率反映了预计收益的平均化，在各种不确定性因素的影响下，它代表纳税筹划者的合理预期。

3）离散程度。离散程度是用以衡量风险大小的统计指标。一般来说，离散程度越大，风险越大；离散程度越小，风险越小。反映随机变量离散程度的指标包括方差、标准离差、标准离差率等。

①方差。方差是用来表示随机变量与期望值之间离散程度的一个数值。其计算公式为：

$$\sigma^2=\sum_{i=1}^{n}(X_i-\bar{E})^2P_i$$

②标准离差。标准离差又叫标准差、均方差，是方差的平方根。其计算公式为：

$$\sigma=\sqrt{\sum_{i=1}^{n}(X_i-\bar{E})^2P_i}$$

标准离差以绝对数衡量纳税筹划方案的风险。在期望值相同的情况下，标准离差越大，风险越大；标准离差越小，风险越小。虽然标准离差能够表示样本值对于期望值的离散程度，从而达到度量风险的目的，但标准离差是一个绝对数值，当与纳税筹划风险同时出现的纳税筹划收益不同时，人们就难以运用标准离差在不同的纳税筹划方案中做比较。这时需要运用标准离差率来衡量纳税筹划风险。

③标准离差率。标准离差率是标准离差同期望值之比，通常用符号 V 表示。其计算公式为：

$$V=\frac{\sigma}{\bar{E}}\times 100\%$$

标准离差率是一个相对指标，以相对数反映纳税筹划方案的风险程度。方差和标准离差作为绝对数，只适用于比较期望值相同的纳税筹划方案的风险程度。对于期望值不同的纳税筹划方案，评价和比较各自的纳税筹划风险程度只能借助于标准离差率这一相对数。在期望值不同的情况下，标准离差率越大，纳税筹划风险越大；反之，标准离差率越小，纳税筹划风险越小。

【例9-2】 假定某公司在一定时期对某项经济活动的纳税筹划只受政策变化这一风险因素影响，现有两种纳税筹划方案可供选择，各自的成本收益率及概率分布情况如表9-3所示。请用概率分析法计算这两种纳税筹划方案的期望值、方差、标准离差、标准离差率，并比较其纳税筹划风险的大小。

表9-3 两种纳税筹划方案的成本收益率及概率分布情况表

筹划效果	纳税筹划方案的成本收益率		筹划效果出现的概率	
	方案一	方案二	方案一	方案二
好	15%	20%	0.2	0.3
一般	10%	15%	0.6	0.4
差	0	−10%	0.2	0.3

分析过程如下：

首先，计算两种纳税筹划方案的期望成本收益率。

方案一的期望成本收益率 $\bar{E}_1=0.2\times15\%+0.6\times10\%+0.2\times0=9\%$

方案二的期望成本收益率 $\bar{E}_2=0.3\times20\%+0.4\times15\%+0.3\times(-10\%)=9\%$

其次，计算两种纳税筹划方案的方差、标准离差。

$$\begin{aligned}\text{方案一的方差 } \sigma_1^2 &= \sum_{i=1}^{n}(X_i-\bar{E}_1)^2P_i \\ &= 0.2\times(15\%-9\%)^2+0.6\times(10\%-9\%)^2+0.2\times(0-9\%)^2 \\ &= 0.002\,4\end{aligned}$$

$$\text{方案一的标准离差 } \sigma_1=\sqrt{\sum_{i=1}^{n}(X_i-\bar{E}_1)^2P_i}=\sqrt{0.002\,4}=0.049\,0$$

$$\begin{aligned}\text{方案二的方差 } \sigma_2^2 &= \sum_{i=1}^{n}(X_i-\bar{E}_2)^2P_i \\ &= 0.3\times(20\%-9\%)^2+0.4\times(15\%-9\%)^2 \\ &\quad +0.3\times(-10\%-9\%)^2=0.015\,9\end{aligned}$$

$$\text{方案二的标准离差 } \sigma_2=\sqrt{\sum_{i=1}^{n}(X_i-\bar{E}_2)^2P_i}=\sqrt{0.015\,9}=0.126\,1$$

最后，计算标准离差率。

方案一的标准离差率 $V_1=0.049\,0\div9\%\times100\%=54.44\%$

方案二的标准离差率 $V_2=0.1261\div9\%\times100\%=140.11\%$

$V_2>V_1$，因此方案二的纳税筹划风险高于方案一。

应当注意的是，本例中方案一和方案二的期望成本收益率是相等的，可以直接根据标准离差的大小来比较两个方案的纳税筹划风险水平。但如果方案的期望成本收益率不同，则一定要计算标准离差率，根据标准离差率的大小来比较两个方案的纳税筹划风险水平。

通过上述方法将纳税筹划方案的风险加以量化（评估），纳税筹划人员便可据此做出决策。对于单个方案，纳税筹划人员依据此方案的标准离差（率）是否在可接受的最高限值之内来做出取舍。对于多个筹划方案，纳税筹划人员应当选择标准离差率相对较低的方案，具体来说，应当选择低风险、高收益的方案，即标准离差低、期望收益高的方案。然而现实中，高收益方案往往伴随着高风险，低风险方案的收益往往也较低，究竟选择何种方案，不仅要综合权衡期望收益与风险，而且要考虑决策者对风险的态度。风险厌恶型决策者可能会选择期望收益较低同时风险也较低的纳税筹划方案，风险偏好型决策者则可能选择期望收益高但风险也高的纳税筹划方案。

9.3.3　纳税筹划风险应对

1. 纳税筹划风险应对概述

纳税筹划风险应对是指企业在纳税筹划风险识别和评估的基础上，根据自身条件和外部环境，围绕企业发展战略制定和执行纳税筹划风险应对策略的过程。纳税筹划风险应对是纳税筹划风险管理实施阶段的重要环节，具体包括纳税筹划风险应对策略的制定（选择）和纳税筹划风险应对策略的执行（实施）。

2. 纳税筹划风险应对策略的制定

纳税筹划风险应对策略分为六种：避免纳税筹划风险、降低纳税筹划风险、分散纳税筹划风险、转移纳税筹划风险、保留纳税筹划风险和利用纳税筹划风险。企业应当根据自身条件、外部环境、发展战略以及纳税筹划方案的具体情况，制定或选择适合自己的纳税筹划风险应对策略。

（1）避免纳税筹划风险。避免纳税筹划风险，又叫规避纳税筹划风险，是指为了消除纳税筹划风险的威胁，主动放弃和拒绝可能导致风险损失的纳税筹划方案。

避免纳税筹划风险是消除风险最彻底的方法，但也是一种比较消极的风险应对策略，具有一定的局限性。对于避免纳税筹划风险，应从以下几方面理解：第一，避免纳税筹划风险会使企业丧失从风险中取得收益的机会。第二，避免纳税筹划风险的方法不一定可行。第三，避免某种纳税筹划风险可能会产生另一种纳税筹划风险，而另一种纳税筹划风险可能大于原纳税筹划风险。第四，当纳税筹划风险导致损失发生的可能性和损失金额极高，而纳税筹划的收益又很小，或采用其他纳税筹划风险应对策略所付出的成本极高，超出企业可能获得的收益时，应当避免纳税筹划风险。一般来说，企业最好在制订纳税筹划方案阶段或纳税筹划方案实施的早期阶段，考虑是否选用避免纳税筹划风险策略。

【例9-3】 甲公司是一家工业企业，为增值税一般纳税人，拥有一处闲置的库房，拟于本年7—12月对外出租，库房的原值为1 000万元，净值为800万元。乙公司拟承租该库房，双方初步商定本年7—12月租金合计40万元（含增值税），相关可抵扣的进项税额为1万元。甲公司的会计人员通过学习税收政策发现：营业税改征增值税后，房产出租的，计征房产税的租金收入不含增值税。免征增值税的，确定计税依据时，租金收入不扣减增值税税额。

本年7—12月的租金收入应纳房产税＝40÷(1＋9％)×12％＝4.40(万元)

房屋出租属于不动产租赁服务，适用增值税税率为9％。

本年7—12月应纳增值税＝40÷(1＋9％)×9％－1＝2.30(万元)

甲公司会计人员提供以下纳税方案：甲公司与乙公司协商，将房屋的租赁业务转变为仓储业务，即由甲公司代为保管乙公司原先准备承租房屋后存放的物品，从而将原来的租金收入转变为仓储收入。

上述“租赁改仓储”的纳税筹划方案实际上是把出租房屋改为仍旧自用。而根据《中华人民共和国房产税暂行条例》的规定，如果企业将房屋出租，则应按租金收入缴纳税率为12％的房产税，这叫“从租计征”；如果自己使用房屋，则按房产原值一次减除10％～30％后的余值缴纳税率为1.2％的房产税，这叫“从价计征”。在本例中，假设甲公司所在省份规定的减除比例为30％，则

改为仓储业务后本年7—12月应纳房产税＝1 000×(1－30％)×1.2％×6÷12
＝4.20(万元)

仓储服务属于现代服务中的物流辅助服务，适用增值税税率为6％。

本年7—12月应纳增值税＝40÷(1＋6％)×6％－1＝1.26(万元)

“租赁改仓储”后降低了房产税税负0.20万元（4.40－4.20），降低了增值税税负1.04万元（2.30－1.26）。因此，“租赁改仓储”表面上看是一项值得采纳的纳税筹划方案。

但应当注意的是，“租赁改仓储”后虽然甲公司的税收成本有所降低，但甲公司为他人储存货物，必然要安排相应的保管人员，因而会发生相应的人工费用，同时甲公司还要承担仓储期间的水电费等经营费用。不仅如此，在仓储业务中，甲公司还要对仓储物品的数量完整和质量完好承担责任，如果仓储期间房产或其他设施发生意外损毁，只能自行承担损失。相反，在租赁业务中，上述风险转由承租方承担。在考虑这些成本费用及风险因素之后，由节税而相应增加的税后利润大打折扣，甚至得不偿失。因此，“租赁改仓储”的纳税筹划方案有很大的风险。甲公司最好放弃这种纳税筹划方案，以避免由此产生的风险。

（2）降低纳税筹划风险。降低纳税筹划风险是指使纳税筹划风险发生的可能性和风险程度达到最小。降低纳税筹划风险是一种积极主动的风险应对策略，包括损失预防和损失抑制。

损失预防是指在纳税筹划损失发生前采取积极控制措施，努力消除产生纳税筹划风险的各种因素，竭力降低致损事故发生的概率或损失程度。主要包括：及时、准确、全面地收集纳税筹划必需的信息；加强对涉税人员的管理，提升纳税筹划人员的素质；加强对国家新政策的关注和学习，灵活应对国家政策的变化，及时调整纳税筹划方案；缩小纳税筹划项目的规模，使其风险相对降低；放慢纳税筹划方案的实施进度和速度，以便有充足的时间对其进行调整、监督和改进等。

损失抑制是指在纳税筹划损失发生时或发生后，果断采取措施，防止损失扩大，缩小损失范围，减轻损失的严重程度。主要包括：纳税筹划方案没有得到税务机关的认可、受到处罚后，企业及时缴纳税款、罚款及滞纳金，并尽快协调好与税务机关的关系，减少对企业形象和纳税信用的不良影响；纳税筹划方案在实施过程中因政策变化、企业经营活动变化、操作不当等而失败后，企业及时采取措施减少由此带来的损失等。

纳税筹划具有事先性，因此降低纳税筹划风险主要侧重于损失预防。

【例 9-4】 甲酒厂主要生产粮食白酒，产品销售给全国各地的批发商，每年销售 50 000 箱（每箱 12 瓶，每瓶 500 克），每箱售价为 2 000 元（不含增值税）。

消费税的绝大多数税目实行一次课征制，即一般情况下，生产企业只在应税消费品出厂销售时才缴纳消费税，应税消费品进入流通领域后就不再缴纳消费税了。因此，企业可以设立一个独立核算的门市部（规模较大的门市部可称销售公司，有的也称结算中心），生产企业和销售公司之间形成购销关系，生产企业以适当的较低的价格将应税消费品出售给销售公司，销售公司再以正常价格对外出售，这样生产企业就可以适当地少缴消费税。

为了减轻零售白酒的税负，甲酒厂纳税筹划人员制订的纳税筹划方案如下：

甲酒厂在本市设立一个独立核算的白酒销售公司，酒厂先按照每箱 1 200 元的价格（不含增值税）与销售公司结算，销售公司再以每箱 2 000 元的价格（不含增值税）批发给全国各地的批发商。

$$\text{转让定价前应纳消费税} = 50\,000 \times 2\,000 \times 20\% + 50\,000 \times 12 \times 0.5 = 2\,030(\text{万元})$$

$$\text{转让定价后应纳消费税} = 50\,000 \times 1\,200 \times 20\% + 50\,000 \times 12 \times 0.5 = 1\,230(\text{万元})$$

转让定价使甲酒厂少缴消费税 800 万元（2 030－1 230）。

《白酒消费税最低计税价格核定管理办法（试行）》规定，对计税价格低于销售单位对外销售价格 70%以下的白酒将核定消费税最低计税价格。1）白酒生产企业销售给销售单位的白酒，生产企业消费税计税价格高于销售单位对外销售价格 70%（含 70%）以上的，税务机关暂不核定消费税最低计税价格。2）白酒生产企业销售给销售单位的白酒，生产企业消费税计税价格低于销售单位对外销售价格 70%以下的，消费税最低计税价格由税务机关根据生产规模、白酒品牌、利润水平等情况在销售单位对外销售价格50%～70%的范围内自行核定。其中生产规模较大、利润水平较高的企业生产的需要核定消费税最低计税价格的白酒，税务机关核价幅度原则上应选择在销售单位对外销售价格60%～70%的范围内。

对于本例来说，甲酒厂销售给其独立核算的销售公司的价格应当尽量高于销售公司对外销售价格70%（含70%）以上，例如甲酒厂先以高于但接近1 400元（2 000×70%，为降低纳税筹划风险，最好选择1 450元或再高一些的价格，而非正好等于1 400元）的价格与销售公司结算，销售公司再以每箱2 000元的价格批发给全国各地的批发商。这样便降低了纳税筹划风险，减少了税务机关进行纳税调整的可能性。

（3）分散纳税筹划风险。分散纳税筹划风险是指将纳税筹划风险分散成若干较小且价值较低的独立单位，以降低因纳税筹划风险而产生的损失。

分散纳税筹划风险的思想源于投资组合理论。投资组合理论认为，若干种证券组成的投资组合，其收益是这些证券的加权平均收益，但其风险不是这些证券风险的加权平均风险，而是一般低于或至少是等于这些证券风险的加权平均风险，也就是说，投资组合能降低风险。

对于纳税筹划方案来说也是如此。企业不能只对一种业务、一个税种、一种产品或一个环节进行纳税筹划，而是要进行全方位的纳税筹划，形成不同的纳税筹划方案组合，以分散纳税筹划风险。用概率统计原理来分析，不同的纳税筹划方案的成本收益率是独立的或不完全相关的。如果企业将精力和资金只用于一种业务、税种、产品或环节的纳税筹划，一旦失败，损失就会比较严重；如果企业将精力和资金用于风险不同、成本收益率不相关的多种业务、税种、产品或环节的纳税筹划，例如既对增值税进行纳税筹划，又对企业所得税或其他税种进行纳税筹划，即使有一个业务、税种、产品或环节的纳税筹划失败，其他业务、税种、产品或环节的纳税筹划也不会全都失败，成功的纳税筹划方案获取的收益就可以弥补失败的纳税筹划方案导致的损失，从而分散纳税筹划风险。

工作引例解析

方案一：满1 000元（含增值税），八折销售，其产品成本为500元（含增值税），其他成本为20元（不含增值税）。

应纳增值税＝1 000×0.8÷(1＋13%)×13%－500÷(1＋13%)×13%
＝34.51(元)

应纳城市维护建设税和教育费附加＝34.51×(7%＋3%)＝3.45(元)

应纳税所得额＝1 000×0.8÷(1＋13%)－500÷(1＋13%)－3.45－20
＝242.04(元)

应纳企业所得税＝242.04×25%＝60.51(元)

应纳税额合计＝34.51＋3.45＋60.51＝98.47(元)

税后利润=1 000×0.8÷(1+13%)−500÷(1+13%)−3.45−20−60.51
=181.53(元)

方案二：满1 000元（含增值税），可免费获得一次抽奖机会（人均税后奖金为200元），其产品成本为500元（含增值税），其他成本为20元（不含增值税）。

销售1 000元产品应纳增值税=1 000÷(1+13%)×13%−500÷(1+13%)×13%
=57.52(元)

应纳城市维护建设税和教育费附加=57.52×(7%+3%)=5.75(元)

根据《财政部 国家税务总局关于企业促销展业赠送礼品有关个人所得税问题的通知》（财税〔2011〕50号）的规定，企业对累积消费达到一定额度的顾客，给予额外抽奖机会，个人的获奖所得，按照“偶然所得”项目，全额适用20%的税率缴纳个人所得税。

应代扣代缴个人所得税(一般由甲公司为顾客代付)=200÷(1−20%)×20%
=50(元)

应纳税所得额=1 000÷(1+13%)−500÷(1+13%)−5.75−20=416.73(元)

应纳企业所得税=416.73×25%=104.18(元)

应纳税额合计=57.52+5.75+50+104.18=217.45(元)

税后利润=1 000÷(1+13%)−500÷(1+13%)−5.75−20−200−50−104.18
=62.55(元)

由此可见，方案二的税负要重于方案一，税后利润要小于方案一。然而，是否统一单纯采取方案一，还要看促销效果。如果仅仅节省了税负，却没有完成促销任务，便得不偿失，即形成了纳税筹划风险。很明显，因为能得到抽奖机会，方案二的促销效果会好于方案一，而方案一的节税效果要好于方案二。这时就需要在两个方案之间进行权衡，在不同的地方、不同的时点针对不同的购买者分别采取方案一或方案二，来分散纳税筹划风险。通过不断调整方案一和方案二的比例，在适当节税的同时完成促销任务。也就是说，一方面通过采取方案一达到节税目的；另一方面通过采取方案二完成促销目的，从而分散单纯采取方案一而完不成促销任务的纳税筹划风险。

（4）转移纳税筹划风险。转移纳税筹划风险，是指企业将纳税筹划风险转嫁给他人。与避免风险相比，转移风险是将风险转嫁到他人身上，而避免风险的最终结果是没有人需要承受风险。转移纳税筹划风险分为保险转移和非保险转移。

保险转移就是通过购买保险，将自身面临的风险转移给保险公司，由保险公司来承担风险，将不确定的损失转化为确定的费用。目前我国没有专门针对纳税筹划方案的保险项目，所以在纳税筹划中保险的作用范围是有限的，主要集中在自然灾害保险、意外事故保险、信用保险以及一些责任保险中。有些纳税筹划风险导致的损失可通过这些险种得到弥补。

非保险转移即通过签订合同的方式将纳税筹划风险转移给对方当事人，风险承担者不仅承担纳税筹划的法律责任，还承担企业因纳税筹划风险而遭受的损失。企业可以通过聘请税务顾问，寻求专业支持，利用税务代理的专业化服务，将纳税筹划风险转移出去。

【例9-5】 甲公司对一个项目的纳税筹划有两种方案可供选择。方案一：甲公司自己进行纳税筹划。方案二：甲公司将此项目的纳税筹划外包给某税务师事务所。具体的收支情况如表9-4所示，请对其进行选择（假设纳税筹划收益只考虑节税额，纳税筹划成本不考虑心理成本和非税成本，且不考虑时间价值因素）。

表9-4 自行与外包纳税筹划收支情况表

单位：万元

比较项目		可选方案	
		方案一：自行筹划	方案二：外包筹划
节税额		200	300
纳税筹划方案设计成本		40	80
纳税筹划方案执行成本（含机会成本）		20	20
纳税成本		10	5
风险成本及概率	被认定为偷税（逃避缴纳税款）时需补税额	200	300
	加征的滞纳金（假设一年后被认定为偷税（逃避缴纳税款））	36.5	54.75
	罚款	400（被认定为偷税（逃避缴纳税款）时需补税额的2倍）	300（被认定为偷税（逃避缴纳税款）时需补税额的1倍）
	被认定为偷税（逃避缴纳税款）的概率	30%	20%

【筹划过程】

方案一：甲公司自己进行纳税筹划。

纳税筹划总成本＝40＋20＋10＋(200＋36.5＋400)×30%＝260.95(万元)

纳税筹划总收益＝200(万元)

260.95万元＞200万元，因此选择自行筹划的风险是不能接受的。

方案二：甲公司将此项目的纳税筹划外包给某税务师事务所。

纳税筹划总成本＝80＋20＋5＋(300＋54.75＋300)×20%＝235.95(万元)

纳税筹划总收益＝300(万元)

235.95万元＜300万元，因此选择外包筹划的风险是可以接受的。

对于此例，税务代理机构可以充分利用自身的优势：一方面，利用专业优势提高节税额，降低纳税筹划行为被认定为偷税（逃避缴纳税款）的概率；另一方面，利用其与税务机关关系相对密切、沟通更为有效的优势，降低纳税筹划行为被认定为偷税（逃避缴纳税款）后罚款的倍数。而如果企业签订的外包纳税筹划协议中包含“外包纳税筹划方案产生的所有相关损失由接受外包的代理机构承担”之类的条款，则企业将纳税筹划的风险基本上转移给了税务代理机构，一旦外包的纳税筹划失败，企业被收取的滞纳金及罚款等将由税务代理机构承担。

（5）保留纳税筹划风险。保留纳税筹划风险，又叫接受纳税筹划风险，是指企业保留可能发生的纳税筹划风险及其影响，容许一定风险的存在，避免对风险的过多管理。保留风险并不是不采取任何措施，只是在权衡成本和收益之后无意过多地采取其他风险应对策略。那些造成损失小、重复性较高的风险最适合保留。

保留纳税筹划风险分为主动的纳税筹划风险保留和被动的纳税筹划风险保留。其中，主动的纳税筹划风险保留是企业可以经常采用的。

主动的纳税筹划风险保留即有意识、有计划的保留。企业在识别和评估纳税筹划风险的基础上，觉察到风险的存在，明确风险的性质及其后果，并采取相应的预防损失发生的措施，这种保留就是主动的。对于主动的纳税筹划风险保留，由于事先已经对纳税筹划风险做好了相应的财务准备，企业一般不会因此而产生严重的财务后果。主动保留纳税筹划风险并不等于放任自流、任其发展，而应适当地采取一些措施以降低纳税筹划风险，例如及时与当地税务机关沟通，使纳税筹划方案得到税务机关的认可等。

被动的纳税筹划风险保留即无意识、无计划的保留。企业没有觉察到其所面临的风险，或者即使觉察到风险的存在，但思想上不重视，没有采取任何预防措施，这种保留就是被动的。导致被动的纳税筹划风险保留的主要原因有：缺乏风险意识、风险识别失误、风险评估失误、风险应对策略执行不当等。在某些情形下，被动的纳税筹划风险保留会造成严重的财务后果。

保留纳税筹划风险策略可以起到促进资金周转、降低风险管理成本的作用，但同时有可能使企业面临更大的风险，甚至影响持续的生产经营。保留纳税筹划风险一旦造成损失，其财务补偿方式主要有：用当年税后利润直接补偿、设立意外损失准备金、从外部借入资金以及建立专业自保公司等。

【例9-6】 甲公司欲在外地设立乙公司，由于新设乙公司需要开辟当地市场、适应当地环境等，预计本年乙公司一般情况下将亏损4 000万元，而甲公司一般情况下将盈利10 000万元。甲公司没有企业所得税纳税调整项目，适用的企业所得税税率为25%。现在有两个方案可供选择。方案一：将乙公司设立为子公司。方案二：将乙公司设立为分公司。根据《企业所得税法》的规定，以具有法人资格的企业或组织为纳税人。也就是说，子公司作为具有法人资格的企业或组织，应当单独缴纳企业所得税；而分公司不具有法人资格，应当与总公司汇总缴纳企业所得税。因此，若将乙公司设立为子公司，则

甲公司应纳企业所得税＝10 000×25%＝2 500(万元)

乙公司不纳税，其亏损额4 000万元待以后年度弥补。对于整个集团公司来说，应纳企业所得税为2 500万元。

若将乙公司设立为分公司，则乙公司应与甲公司汇总统一纳税。

$$甲公司应纳企业所得税=(10\ 000-4\ 000)\times 25\%=1\ 500(万元)$$

这样一来，虽然将乙公司设立为子公司可以使其亏损额4 000万元待以后年度弥补，但对于甲公司来说，设立分公司要比设立子公司在本年少缴纳1 000万元（2 500－1 500）的企业所得税，这就充分利用了资金的时间价值，本年少缴纳的1 000万元可以作为流动资金使用。

最终，甲公司决定设立分公司。然而设立分公司的纳税筹划方案存在一定的风险。首先，分公司与子公司相比有较小的独立经营和决策的权力，在重要合同的签订、决策的制定上依赖总公司，这会对其资本流动及运营产生很多不利的影响。其次，由于分公司的所得不在当地缴纳企业所得税，地方政府可能不欢迎在当地设立分公司，在投资政策方面不会给予很多优惠。最后，如果分公司当年盈利，会使得汇总纳税失去节税效应。但设立分公司的纳税筹划方案一般情况下会使总公司本年少缴纳1 000万元的企业所得税，这1 000万元可以作为流动资金使用，对企业来说非常重要。另外，即使分公司当年盈利，也可以通过汇总纳税降低企业的办税成本，提高管理效率。因此设立分公司的方案属于低风险、高收益的方案，企业对此风险应当保留。但与此同时，企业应做好相关的公共关系工作，争取地方政府在政策上的支持。

（6）利用纳税筹划风险。利用纳税筹划风险，是指把纳税筹划风险当做机遇，利用纳税筹划过程中遇到的不利之处，迎难而上，化险为夷。利用纳税筹划风险是一项非常积极的风险应对策略，同时也符合风险管理既要应对风险又要把握机会的理念。例如，企业通过重组、合并、分立等手段充分利用税收政策，获取纳税筹划收益；在合法的前提下，通过游说与公共关系活动影响税务机关的决策。

【例9-7】 甲公司是一家工业企业，为增值税小规模纳税人，但截至本年1月年销售额（连续12个月的销售额）已经超过500万元，达到520万元。根据税法的规定，纳税人销售额超过增值税小规模纳税人标准，未办理增值税一般纳税人登记手续的，应按销售额依照增值税税率计算应纳税额，不得抵扣进项税额，也不得使用增值税专用发票。因此，甲公司需要办理增值税一般纳税人登记手续。而甲公司的供应商基本上都是增值税小规模纳税人，也就是说，甲公司若登记成为增值税一般纳税人，则可抵扣的进项税额会很少，这在无形中增加了税负。但若不登记成为增值税一般纳税人，又面临“应按销售额依照增值税税率计算应纳税额”的风险。此时企业应当积极应对、迎难而上，充分利用此纳税筹划风险达到节税的目的。甲公司可以将自身分立为两个公司A和B，使这两个公司的年销售额均不超过500万元，从而保留增值税小规模纳税人的身份。当然企业应当考虑分立是否可行，如果分立影响企业的正常经营或者分立成本较高的话，则得不偿失。

总之，企业在选择或制定纳税筹划风险应对策略时，要综合考虑企业自身条件、外部环境、发展战略以及纳税筹划方案本身的特点，具体问题具体分析，做出合理的选择。

3. 纳税筹划风险应对策略的执行

要保证纳税筹划风险应对策略正确、有效地执行，需要企业针对上述纳税筹划风险应对策略实施以下具体的措施：一是健全并有效实施纳税筹划内部控制；二是建立纳税筹划风险管理激励机制；三是有高层管理人员的参与和大力支持；四是提升纳税筹划风险管理人员的素质；五是加强各部门之间的沟通、协作与配合，将纳税筹划风险应对策略融入企业各个部门、各个业务流程中。

9.4 纳税筹划风险管理的监控

9.4.1 纳税筹划风险管理的监督与评价

1. 纳税筹划风险管理的监督与评价的含义

纳税筹划风险管理的监督与评价，是对纳税筹划风险管理的健全性、合理性及有效性进行监督、检查和评价，以保证纳税筹划风险管理的实施效果，并通过监督与评价活动对纳税筹划风险管理的薄弱环节提出修正意见，为纳税筹划风险管理的总结与改进提供依据。

2. 纳税筹划风险管理的监督与评价的内容

（1）纳税筹划风险管理的持续监督与评价。纳税筹划风险管理的持续监督与评价是对企业纳税筹划风险管理的整体情况所进行的连续、全面、系统的监督、检查与评价。

（2）纳税筹划风险管理的个别监督与评价。纳税筹划风险管理的个别监督与评价是对企业纳税筹划风险管理的某一方面或者某些方面的情况所进行的不定期、专门、有针对性的监督、检查与评价。

3. 纳税筹划风险管理的监督与评价的途径

（1）各部门自查。企业各有关部门应定期对本部门的纳税筹划风险管理工作进行自查，看看是否遗漏风险因素、决策是否合理、采取的措施是否恰当、环境变化是否产生了新的风险因素。其自查报告应及时报送纳税筹划风险管理小组。

（2）纳税筹划风险管理小组的监督与评价。纳税筹划风险管理小组应定期或不定期地对各部门的纳税筹划风险管理工作实施情况和有效性进行检查和检验，并对单个部门及跨部门的纳税筹划风险管理工作进行评估，提出调整或改进建议，出具监督与评价报告，及时报送高层管理人员或纳税筹划风险管理小组负责人。

（3）审计机构的监督与评价。纳税筹划风险管理审计是指审计机构采用一种系统化、规范化的方法来进行以测试风险管理信息系统、各业务循环以及相关部门的纳税筹划风险识别、评估、应对等为基础的一系列审核活动。审计机构对相关部门的纳税筹划风险管理工作进行监督与评价，有利于提高过程效率，帮助企业实现目标。

（4）外部评价。企业可聘请有资质、信誉好、风险管理专业能力强的中介机构或顾问对企业纳税筹划风险管理工作进行评价，出具纳税筹划风险管理评估和建议专项报告。

4. 纳税筹划风险管理结果的评价

上述纳税筹划风险管理的监督与评价已经包含对纳税筹划风险管理过程的评价，下面主要介绍对纳税筹划风险管理结果的评价。

对纳税筹划风险管理结果的评价，一般可以采用成本与收益分析法，这种方法在运用时类似于前面章节的纳税筹划成本与收益分析中使用的成本与收益分析法，只是这里的"成本"是指纳税筹划风险管理成本，"收益"是指纳税筹划风险管理收益。

纳税筹划风险管理成本是指纳税人因对纳税筹划风险进行管理所付出的所有成本，包括显性成本、隐性成本和风险成本。显性成本是企业在纳税筹划风险管理过程中耗费的人力、财力、物力。例如，由企业自己的财务人员进行纳税筹划风险管理时，这笔成本体现为相应人员的工资或奖金；聘请税务专家或通过税务代理进行纳税筹划风险管理时，这笔成本体现为支付给税务专家或税务代理机构的咨询费或代理费。隐性成本是指由于进行纳税筹划风险管理而放弃的潜在利益。风险成本主要是指企业因风险应对策略制定失误或执行不当而造成纳税筹划风险管理目标落空所产生的经济损失。在纳税筹划风险管理中，显性成本、风险成本是比较容易确定的，而隐性成本是一个不容易量化的因素，但在结果评价时又必须加以考虑。

纳税筹划风险管理收益是指纳税人因对纳税筹划风险进行管理所获取的所有收益，包括直接收益和间接收益。前者主要是指进行纳税筹划风险管理使企业减少纳税方面的成本或损失等；后者是指进行纳税筹划风险管理为企业带来良好的纳税信誉，使企业顺应税收政策导向，优化资源配置，获得良好的外部环境等。

根据成本与收益分析法，只有当纳税筹划风险管理成本小于纳税筹划风险管理收益时，该纳税筹划风险管理方案才是可行的；反之，则不可行。

根据监督和评价情况，企业要总结经验教训，及时调整纳税筹划风险管理计划，以开展下一步纳税筹划风险管理工作。企业必须定期对纳税筹划风险管理结果进行评价及反馈，重新检查和审视纳税筹划风险管理的目标和效果，分析差距，为纳税筹划风险管理的总结和改进打下基础。

9.4.2 纳税筹划风险管理的总结与改进

1. 纳税筹划风险管理的总结与改进的含义

纳税筹划风险管理的总结与改进，是根据在纳税筹划风险管理监督与评价过程中发现的问题、不足与缺陷不断总结与改进的动态过程，是本次纳税筹划风险管理的结束，又是下次纳税筹划风险管理的开始。

2. 纳税筹划风险管理的总结与改进的内容

（1）解决纳税筹划风险管理中出现的问题。从纳税筹划风险管理的流程来看，包括纳税筹划风险管理的各个流程中出现的问题。从纳税筹划风险管理中出现问题的原因来看，包括纳税筹划人员的素质不高、各部门沟通协调不力、领导不重视等。

（2）应对纳税筹划风险管理中出现的变化。主要包括应对税收政策的变化、企业自身经营活动的变化、企业其他环境条件的变化等。

3. 纳税筹划风险管理的总结与改进的途径

纳税筹划风险管理总结与改进的途径主要包括：加强主管领导对纳税筹划风险管理的重视；加强对纳税筹划人员乃至全体工作人员的教育培训，提高工作人员的素质；加强各部门的沟通、协作与协调；改进纳税筹划风险管理的方法与手段等。

9.5　当前我国企业纳税筹划风险管理存在的问题及改进措施

9.5.1　当前我国企业纳税筹划风险管理存在的问题

1. 纳税筹划风险管理意识不强，对纳税筹划风险管理的重视程度不高

很多企业一谈到纳税筹划，往往将注意力集中在它能为企业带来多大的经济利益，甚至单纯地以节税金额或节税百分比作为评价纳税筹划方案优劣的标准，而忽视了纳税筹划在带来经济利益的同时蕴藏的风险。高层管理人员缺乏对纳税筹划风险管理的重视和大力支持，同时，纳税筹划人员对纳税筹划风险管理也不够重视。

2. 纳税筹划风险管理整个流程的可操作性差

由于对纳税筹划风险的研究起步较晚，系统阐述整个纳税筹划风险管理流程的著作和论文比较少，现有的研究也不够深入。对于纳税筹划风险管理的流程分为哪些阶段，每个阶段有哪些具体任务，以及纳税筹划风险的识别、评估方法的选择、风险应对策略的制定和执行等问题仍存在很多争议，这一切使得纳税筹划风险管理在现实中缺乏可操作性。

3. 纳税筹划人员及纳税筹划风险管理人员的总体素质不高

从事纳税筹划的人员需要具备扎实的理论基础和丰富的实践经验，真正意义上的纳税筹划人才还比较缺乏。纳税筹划风险管理人员除了要精通纳税筹划知识，还要精通风险管理知识，因此真正意义上的纳税筹划风险管理人才更是少之又少。从事纳税筹划及其风险管理的人员总体素质不高，制约了纳税筹划风险管理的发展。

4. 企业各部门之间的沟通、协作与配合不力

企业各部门出于对自身利益的考虑，往往出现扯皮、拖拉、不愿承担责任等情况，导致相关部门和人员沟通不顺畅，或不能密切协作和配合。即使企业推行纳税筹划风险管理，由于上述原因，纳税筹划风险管理也可能无法及时实施，或实施效果不理想。

5. 未能与税务机关处理好征纳关系

因为许多纳税筹划活动是在法律的边界运作的，纳税筹划人员很难准确把握其界限，同时我国各地税务机关征管的特点、方式和具体要求都有所不同，加之税务机关拥有较大的自由裁量权，所以能否得到税务机关的认可是纳税筹划方案能否顺利实施的关键。部分企业在未和税务机关协商的情况下，盲目地实施自以为正确的纳税筹划方案，以被税务机关认定为偷税（逃避缴纳税款）而告终。还有一些企业盲目注重人情税、关系税，通过送红包等手段侥幸过关，但埋下了隐患，更不用谈纳税筹划风险管理了。

6. 纳税筹划的内部控制制度存在缺陷

对于暴露在业务流程中的企业的纳税筹划风险，可通过流程梳理与改造予以消除，这时的纳税筹划风险管理主要侧重于内部控制。从风险管理角度来说，纳税筹划内部控制是指围绕纳税筹划风险管理目标，针对企业的战略、规划、研发、投资、融资、分配、运营、财务、内审、法律事务、人力资源、采购、生产、销售、物流、质量、安全、环境保护等各项业务及重要业务流程的纳税筹划事项，通过纳税筹划风险管理基本流程制定并执行的规章制度、程序和措施。而现实中很多企业或是根本就没有建立纳税筹划的内部控制制度，或是建立了但未实施或未有效实施，这些都不利于企业的纳税筹划风险管理。

7. 不能恰到好处地利用税务代理的专业化服务

一方面，企业盲目信赖税务代理的专业化服务，认为只要把纳税筹划外包出去就万事大吉了，而疏忽了对纳税筹划风险的管理。税务代理机构毕竟是局外人，对企业的很多情况不是很了解，一旦外包的纳税筹划失败，企业即使可获得赔偿，遭受的有些损失也是不能弥补的，例如纳税信誉的损失等。另一方面，企业不能对自身的胜任能力进行合理的评价，应该外包的纳税筹划没有外包，不必外包的纳税筹划反而外包了。

9.5.2 我国企业纳税筹划风险管理的改进措施

1. 树立纳税筹划风险管理意识，建立纳税筹划风险管理文化

把风险意识融入企业文化，建立企业风险管理文化是非常必要的。企业纳税筹划风险管理是企业每一个纳税筹划相关人员的责任，成功实施纳税筹划风险管理的关键在于，企业纳税筹划相关人员全面接受新的态度、知识与行为模式，使得从最高管理层到普通纳税筹划人员都把纳税筹划风险管理作为自己的一项职责和习惯。企业可以通过开展宣传教育工作，使纳税筹划相关人员深刻认识到开展纳税筹划风险管理的目的、意义和重要性，以统一思想，保证纳税筹划风险管理顺利实施。

2. 加强对纳税筹划风险及其管理的研究，使纳税筹划风险管理更具可操作性

企业应加大对纳税筹划风险及其管理的理论研究，将风险管理的前沿理论与纳税筹划风险相结合，探索纳税筹划风险管理的流程框架，在此基础上探索适合纳税筹划的风险识别、评估方法，以及风险应对策略。同时，及时通过企业具体实践来进行验证和修正，尽快总结出切实可行的纳税筹划风险管理的全程操作模式。

3. 大力提高纳税筹划人员及纳税筹划风险管理人员的素质

一方面，要引进高素质的纳税筹划及风险管理人才，将纳税筹划及风险管理的知识与能力、职业道德修养以及沟通和协作能力，作为应聘人员的录取标准之一。另一方面，要加强对包括财会人员在内的从事纳税筹划及风险管理工作的人员的培训，使他们较好地掌握税收、会计、财务、法律、企业管理、风险管理等各方面的知识，同时加强职业道德教育和沟通、协作能力的培训，使其既能制订正确的纳税筹划方案，又能正确地执行纳税筹划方案，还能有效地对纳税筹划风险进行管理。

4. 加强企业各部门之间的沟通、协作与配合

一方面，纳税筹划风险管理小组应当在企业管理层的组织下，定期与各业务部门交流，共享各自掌握的信息并进行讨论，协调纳税筹划风险管理与其他领域的管理活动，分享各自对纳税筹划风险管理以及其他方面风险管理的建议。另一方面，企业应当建立纳税筹划风险管理责任制，明确各部门和人员的职责，将其风险管理业绩与工资挂钩，以保证纳税筹划风险管理的顺利实施。

5. 加强与税务机关的沟通，协调好与税务机关的征纳关系

企业应当加强与税务机关的交流和沟通，处理好和税务机关的关系，主动适应税务机关的管理，及时争取税务机关的指导，努力寻求税务机关的支持与帮助，树立良好的纳税信誉和形象，甚至在实施每一个新的纳税筹划方案时，诚心地向税务机关咨询，获得批准和认可，实现企业与税务机关的双赢。

6. 建立和有效执行纳税筹划的内部控制制度

纳税筹划的内部控制制度主要包括：纳税筹划内部控制岗位授权制度、审批制度、报告制度、绩效考核制度、控制责任制度、重大纳税筹划风险预警制度、与纳税筹划相关的法律顾问制度、与纳税筹划相关的重要岗位权力制衡制度等。建立和有效执行纳税筹划的内部控制制度，可将很多暴露在企业业务流程中的纳税筹划风险通过流程梳理与改造予以消除。

7. 合理利用税务代理的专业化服务

一方面，不能盲目信赖税务代理的专业化服务，在将纳税筹划方案外包出去的同时，企业自身仍要加强对纳税筹划风险的管理，避免因外包的纳税筹划失败而发生的损失。另一方面，对纳税筹划方案的复杂程度和企业纳税筹划人员的专业胜任能力进行合理评价，应该外包的纳税筹划方案就外包给税务代理机构，不必外包的纳税筹划方案就不外包。

可以根据纳税筹划方案的复杂程度将纳税筹划分为一般性纳税筹划、综合性纳税筹划、系统性纳税筹划。对于一般性纳税筹划，本企业纳税筹划人员应当能够胜任；对于综合性纳税筹划，本企业纳税筹划人员操作会存在一定风险，纳税筹划人员在合理评价自身胜任能力后可以选择自行筹划或外包；对于系统性纳税筹划，最好是外包给税务代理机构，同时企业不能放松对纳税筹划风险的管理。[①]

---

① 庄粉荣. 纳税筹划实战精选百例. 2 版. 北京：机械工业出版社，2007.

技能训练

甲公司现为增值税小规模纳税人，截至本年1月，年应纳增值税销售额（连续12个月的销售额）已达510万元，按规定应办理增值税一般纳税人登记，若不办理，按有关规定，将按13%的税率计算缴纳增值税，并不得抵扣进项税额。本年2月该公司在办理增值税一般纳税人登记时，税务会计向财务主管提出了以下纳税筹划方案：尽快将价值10万元（含增值税）的库存生产用原材料退给供货企业（供货企业为增值税一般纳税人），待甲公司取得增值税一般纳税人资格后再将这些原材料购回。原因是先前甲公司为增值税小规模纳税人，购买生产用原材料的进项税额不能抵扣，而先退货等到甲公司取得增值税一般纳税人资格后再重购则能够抵扣进项税额，从而达到节税的目的。

节税额＝10÷(1＋13%)×13%＝1.15(万元)

试分析退货重购这一方案存在的纳税筹划风险。

实战演练

名为纳税筹划、实为偷税（逃避缴纳税款）的纳税风险分析

甲仪器仪表厂最初为增值税小规模纳税人，适用的增值税征收率为3%。截至20×8年7月甲仪器仪表厂连续12个月的销售收入达到510万元。因为连续12个月的销售收入超过500万元，所以主管税务机关于20×8年8月初要求其办理增值税一般纳税人登记手续，并于20×8年8月批准其成为增值税一般纳税人。

因为该厂生产的产品为分析仪器，制造过程中人工成本占比较高，购进材料较少，所以可抵扣进项税额很少，同时客户对增值税专用发票的需求也不多。为此，企业老总张某认为一般纳税人身份加重了其增值税税负，经过所谓的“纳税筹划”，他于20×8年10月下旬向当地市场监督管理部门注册成立了一家生产同类产品的小规模纳税人企业，并领取了“一照一码”营业执照，原企业仍为一般纳税人。

从20×8年10月开始，张某分别以这两家企业的名义向主管税务机关进行纳税申报。20×8年10—12月一般纳税人企业累计共申报销售收入100万元，销项税额13万元（100×13%），进项税额11万元，缴纳增值税2万元（13－11）；小规模纳税人企业申报销售收入30万元，进项税额1万元（小规模纳税人不能抵扣进项税额），缴纳增值税0.9万元（30×3%），两个企业合计缴纳增值税2.9万元（2＋0.9）。而如果全部按一般纳税人企业计算，应纳增值税为4.9万元（(100＋30)×13%－11－1），这样“纳税筹划”后会比全部作为一般纳税人少缴增值税2万元（4.9－2.9）；如果全部按小规模纳税人企业计算，应纳增值税为3.9万元（(100＋30)×3%），这样“纳税筹划”后会比全部作为小规模纳税人少缴增值税1万元（3.9－2.9）。张某自认为“纳税筹划”

做得非常成功，还常将所谓的“成功经验”传授给其他企业老总。

20×9年2月上旬，主管税务机关税源管理人员对张某的仪器仪表厂实施税源调查后发现，“纳税筹划”后的两个企业未能分别单独核算（而按规定，两个企业从材料购进，到产品入库、销售均应独立核算，不仅一般纳税人企业要做到账证齐全、核算完整，小规模纳税人企业也应做到会计核算清晰）。这主要表现在：（1）在采购环节，张某指使财务人员将所有取得增值税专用发票的购进材料全部记到一般纳税人账上，使其进项税额全部从一般纳税人销项税额中抵扣，而所有取得增值税普通发票的购进材料全部记到小规模纳税人账上。但在领用环节，实际领用材料时并未按所属购入方去领用，造成核算混乱。（2）同样，在生产环节，两个企业的生产车间仍然合二为一，无法分清完工产品究竟是一般纳税人企业生产的还是小规模纳税人企业生产的。（3）在销售环节，两个企业对外都是以一般纳税人的名义洽谈业务，导致小规模纳税人销售产品时开具发票的发票联上有的盖着一般纳税人的发票专用章，而发票记账联仍在小规模纳税人账上反映。

最终，税务部门认定该企业的行为已经构成了偷税（逃避缴纳税款），决定追缴增值税2万元，并处所偷税（逃避缴纳税款）金额1倍罚款且加收滞纳金，同时对其在发票使用方面的违规问题也做了处罚。

任务要求：对上述业务的纳税风险进行分析。

附录

资金时间价值系数表

附表一　复利终值系数表

期数	1%	2%	3%	4%	5%	6%	7%	8%	9%	10%
1	1.010 0	1.020 0	1.030 0	1.040 0	1.050 0	1.060 0	1.070 0	1.080 0	1.090 0	1.100 0
2	1.020 1	1.040 4	1.060 9	1.081 6	1.102 5	1.123 6	1.144 9	1.166 4	1.188 1	1.210 0
3	0.000 0	1.061 2	1.092 7	1.124 9	1.157 6	1.191 0	1.225 0	1.259 7	1.295 0	1.331 0
4	1.040 6	1.082 4	1.125 5	1.169 9	1.215 5	1.262 5	1.310 8	1.360 5	1.411 6	1.464 1
5	1.051 0	1.104 1	1.159 3	1.216 7	1.276 3	1.338 2	1.402 6	1.469 3	1.538 6	1.610 5
6	1.061 5	1.126 2	1.194 1	1.265 3	1.340 1	1.418 5	1.500 7	1.586 9	1.677 1	1.771 6
7	1.072 1	1.148 7	1.229 9	1.315 9	1.407 1	1.503 6	1.605 8	1.713 8	1.828 0	1.948 7
8	1.082 9	1.171 7	1.266 8	1.368 6	1.477 5	1.593 8	1.718 2	1.850 9	1.992 6	2.143 6
9	1.093 7	1.195 1	1.304 8	1.423 3	1.551 3	1.689 5	1.838 5	1.999 0	2.171 9	2.357 9
10	1.104 6	1.219 0	1.343 9	1.480 2	1.628 9	1.790 8	1.967 2	2.158 9	2.367 4	2.593 7
11	1.115 7	1.243 4	1.384 2	1.539 5	1.710 3	1.898 3	2.104 9	2.331 6	2.580 4	2.853 1
12	1.126 8	1.268 2	1.425 8	1.601 0	1.795 9	2.012 2	2.252 2	2.518 2	2.812 7	3.138 4
13	1.138 1	1.293 6	1.468 5	1.665 1	1.885 6	2.132 9	2.409 8	2.719 6	3.065 8	3.452 3
14	1.149 5	1.319 5	1.512 6	1.731 7	1.979 9	2.260 9	2.578 5	2.937 2	3.341 7	3.797 5
15	1.161 0	1.345 9	1.558 0	1.800 9	2.078 9	2.396 6	2.759 0	3.172 2	3.642 5	4.177 2
16	1.172 6	1.372 8	1.604 7	1.873 0	2.182 9	2.540 4	2.952 2	3.425 9	3.970 3	4.595 0
17	1.184 3	1.400 2	1.652 8	1.947 9	2.292 0	2.692 8	3.158 8	3.700 0	4.327 6	5.054 5
18	1.196 1	1.428 2	1.702 4	2.025 8	2.406 6	2.854 3	3.379 9	3.996 0	4.717 1	5.559 9
19	1.208 1	1.456 8	1.753 5	2.106 8	2.527 0	3.025 6	3.616 5	4.315 7	5.141 7	6.115 9
20	1.220 2	1.485 9	1.806 1	2.191 1	2.653 3	3.207 1	3.869 7	4.661 0	5.604 4	6.727 5
21	1.232 4	1.515 7	1.860 3	2.278 8	2.786 0	3.399 6	4.140 6	5.033 8	6.108 8	7.400 2
22	1.244 7	1.546 0	1.916 1	2.369 9	2.925 3	3.603 5	4.430 4	5.436 5	6.658 6	8.140 3
23	1.257 2	1.576 9	1.973 6	2.464 7	3.071 5	3.819 7	4.740 5	5.871 5	7.257 9	8.954 3
24	1.269 7	1.608 4	2.032 8	2.563 3	3.225 1	4.048 9	5.072 4	6.341 2	7.911 1	9.849 7
25	1.282 4	1.640 6	2.093 8	2.665 8	3.386 4	4.291 9	5.427 4	6.848 5	8.623 1	10.834 7
26	1.295 3	1.673 4	2.156 6	2.772 5	3.555 7	4.549 4	5.807 4	7.396 4	9.399 2	11.918 2
27	1.308 2	1.706 9	2.221 3	2.883 4	3.733 5	4.822 3	6.213 9	7.988 1	10.245 1	13.110 0
28	1.321 3	1.741 0	2.287 9	2.998 7	3.920 1	5.111 7	6.648 8	8.627 1	11.167 1	14.421 0
29	1.334 5	1.775 8	2.356 6	3.118 7	4.116 1	5.418 4	7.114 3	9.317 3	12.172 2	15.863 1
30	1.347 8	1.811 4	2.427 3	3.243 4	4.321 9	5.743 5	7.612 3	10.062 7	13.267 7	17.449 4
35	1.416 6	1.999 9	2.813 9	3.946 1	5.516 0	7.686 1	10.676 6	14.785 3	20.414 0	28.102 4
40	1.488 9	2.208 0	3.262 0	4.801 0	7.040 0	10.285 7	14.974 5	21.724 5	31.409 4	45.259 3
45	1.564 8	2.437 9	3.781 6	5.841 2	8.985 0	13.764 6	21.002 5	31.920 4	48.327 3	72.890 5
50	1.644 6	2.691 6	4.383 9	7.106 7	11.467 4	18.420 2	29.457 0	46.901 6	74.357 5	117.391
55	1.728 5	2.971 7	5.082 1	8.646 4	14.635 6	24.650 3	41.315 0	68.913 9	114.408 3	189.060

期数	11%	12%	13%	14%	15%	16%	18%	20%	24%	28%
1	1.110 0	1.120 0	1.130 0	1.140 0	1.150 0	1.160 0	1.180 0	1.200 0	1.240 0	1.280 0
2	1.232 1	1.254 4	1.276 9	1.299 6	1.322 5	1.345 6	1.392 4	1.440 0	1.537 6	1.638 4
3	1.367 6	1.404 9	1.442 9	1.481 5	1.520 9	1.560 9	1.643 0	1.728 0	1.906 6	2.097 2
4	1.518 1	1.573 5	1.630 5	1.689 0	1.749 0	1.810 6	1.938 8	2.073 6	2.364 2	2.684 4
5	1.685 1	1.762 3	1.842 4	1.925 4	2.011 4	2.100 3	2.287 8	2.488 3	2.931 6	3.436 0
6	1.870 4	1.973 8	2.082 0	2.195 0	2.313 1	2.436 4	2.699 6	2.986 0	3.635 2	4.398 0
7	2.076 2	2.210 7	2.352 6	2.502 3	2.660 0	2.826 2	3.185 5	3.583 2	4.507 7	5.629 5
8	2.304 5	2.476 0	2.658 4	2.852 6	3.059 0	3.278 4	3.758 9	4.299 8	5.589 5	7.205 8
9	2.558 0	2.773 1	3.004 0	3.251 9	3.517 9	3.803 0	4.435 5	5.159 8	6.931 0	9.223 4
10	2.839 4	3.105 8	3.394 6	3.707 2	4.045 6	4.411 4	5.233 8	6.191 7	8.594 4	11.806
11	3.151 8	3.478 5	3.835 9	4.226 2	4.652 4	5.117 3	6.175 9	7.430 1	10.657	15.112
12	3.498 5	3.896 0	4.334 5	4.817 9	5.350 3	5.936 0	7.287 6	8.916 1	13.215	19.343
13	3.883 3	4.363 5	4.898 0	5.492 4	6.152 8	6.885 8	8.599 4	10.699	16.386	24.759
14	4.310 4	4.887 1	5.534 8	6.261 3	7.075 7	7.987 5	10.147 2	12.839	20.319	31.691
15	4.784 6	5.473 6	6.254 3	7.137 9	8.137 1	9.265 5	11.973 7	15.407	25.196	40.565
16	5.310 9	6.130 4	7.067 3	8.137 2	9.357 6	10.748 0	14.129 0	18.488	31.243	51.923
17	5.895 1	6.866 0	7.986 1	9.276 5	10.761 3	12.467 7	16.672 2	22.186	38.741	66.461
18	6.543 6	7.690 0	9.024 3	10.575 2	12.375 5	14.462 5	19.673 3	26.623	48.039	85.071
19	7.263 3	8.612 8	10.197	12.056	14.232	16.777	23.214	31.948	59.568	108.890
20	8.062 3	9.646 3	11.523	13.743	16.367	19.461	27.393	38.338	73.864	139.380
21	8.949 2	10.804	13.021	15.668	18.822	22.575	32.324	46.005	91.592	178.406
22	9.933 6	12.100	14.714	17.861	21.645	26.186	38.142	55.206	113.574	228.360
23	11.026	13.552	16.627	20.362	24.891	30.376	45.008	66.247	140.831	292.300
24	12.239	15.179	18.788	23.212	28.625	35.236	53.109	79.497	174.631	374.144
25	13.585	17.000	21.231	26.462	32.919	40.874	62.669	95.396	216.542	478.905
26	15.080	19.040	23.991	30.167	37.857	47.414	73.949	114.48	268.512	612.998
27	16.739	21.325	27.109	34.390	43.535	55.000	87.260	137.37	332.95	784.64
28	18.580	23.884	30.633	39.204	50.066	63.800	102.967	164.84	412.86	1 004.3
29	20.624	26.750	34.616	44.693	57.575	74.009	121.501	197.81	511.95	1 285.6
30	22.892	29.960	39.116	50.950	66.212	85.850	143.371	237.38	634.82	1 645.5
35	38.575	52.800	72.069	98.100	133.18	180.31	328.00	590.67	1 861.1	5 653.9
40	65.001	93.051	132.782	188.884	267.86	378.72	750.38	1 469.8	5 455.9	19 427
45	109.53	163.99	244.641	363.679	538.77	795.44	1 716.7	3 657.3	15 995	66 750
50	184.56	289.00	450.736	700.233	1 083.7	1 670.7	3 927.4	9 100.4	46 890	229 350
55	311.00	509.32	830.452	1 348.2	2 179.6	3 509.0	8 984.8	22 645	137 465	788 040

附表二　复利现值系数表

期数	1%	2%	3%	4%	5%	6%	7%	8%	9%	10%
1	0.990 1	0.980 4	0.970 9	0.961 5	0.952 4	0.943 4	0.934 6	0.925 9	0.917 4	0.909 1
2	0.980 3	0.961 2	0.942 6	0.924 6	0.907 0	0.890 0	0.873 4	0.857 3	0.841 7	0.826 4
3	0.970 6	0.942 3	0.915 1	0.889 0	0.863 8	0.839 6	0.816 3	0.793 8	0.772 2	0.751 3
4	0.961 0	0.923 8	0.888 5	0.854 8	0.822 7	0.792 1	0.762 9	0.735 0	0.708 4	0.683 0
5	0.951 5	0.905 7	0.862 6	0.821 9	0.783 5	0.747 3	0.713 0	0.680 6	0.649 9	0.620 9
6	0.942 0	0.888 0	0.837 5	0.790 3	0.746 2	0.705 0	0.666 3	0.630 2	0.596 3	0.564 5
7	0.932 7	0.870 6	0.813 1	0.759 9	0.710 7	0.665 1	0.622 7	0.583 5	0.547 0	0.513 2
8	0.923 5	0.853 5	0.789 4	0.730 7	0.676 8	0.627 4	0.582 0	0.540 3	0.501 9	0.466 5
9	0.914 3	0.836 8	0.766 4	0.702 6	0.644 6	0.591 9	0.543 9	0.500 2	0.460 4	0.424 1
10	0.905 3	0.820 3	0.744 1	0.675 6	0.613 9	0.558 4	0.508 3	0.463 2	0.422 4	0.385 5
11	0.896 3	0.804 3	0.722 4	0.649 6	0.584 7	0.526 8	0.475 1	0.428 9	0.387 5	0.350 5
12	0.887 4	0.788 5	0.701 4	0.624 6	0.556 8	0.497 0	0.444 0	0.397 1	0.355 5	0.318 6
13	0.878 7	0.773 0	0.681 0	0.600 6	0.530 3	0.468 8	0.415 0	0.367 7	0.326 2	0.289 7
14	0.870 0	0.757 9	0.661 1	0.577 5	0.505 1	0.442 3	0.387 8	0.340 5	0.299 2	0.263 3
15	0.861 3	0.743 0	0.641 9	0.555 3	0.481 0	0.417 3	0.362 4	0.315 2	0.274 5	0.239 4
16	0.852 8	0.728 4	0.623 2	0.533 9	0.458 1	0.393 6	0.338 7	0.291 9	0.251 9	0.217 6
17	0.844 4	0.714 2	0.605 0	0.513 4	0.436 3	0.371 4	0.316 6	0.270 3	0.231 1	0.197 8
18	0.836 0	0.700 2	0.587 4	0.493 6	0.415 5	0.350 3	0.295 9	0.250 2	0.212 0	0.179 9
19	0.827 7	0.686 4	0.570 3	0.474 6	0.395 7	0.330 5	0.276 5	0.231 7	0.194 5	0.163 5
20	0.819 5	0.673 0	0.553 7	0.456 4	0.376 9	0.311 8	0.258 4	0.214 5	0.178 4	0.148 6
21	0.811 4	0.659 8	0.537 5	0.438 8	0.358 9	0.294 2	0.241 5	0.198 7	0.163 7	0.135 1
22	0.803 4	0.646 8	0.521 9	0.422 0	0.341 8	0.277 5	0.225 7	0.183 9	0.150 2	0.122 8
23	0.795 4	0.634 2	0.506 7	0.405 7	0.325 6	0.261 8	0.210 9	0.170 3	0.137 8	0.111 7
24	0.787 6	0.621 7	0.491 9	0.390 1	0.310 1	0.247 0	0.197 1	0.157 7	0.126 4	0.101 5
25	0.779 8	0.609 5	0.477 6	0.375 1	0.295 3	0.233 0	0.184 2	0.146 0	0.116 0	0.092 3
26	0.772 0	0.597 6	0.463 7	0.360 7	0.281 2	0.219 8	0.172 2	0.135 2	0.106 4	0.083 9
27	0.764 4	0.585 9	0.450 2	0.346 8	0.267 8	0.207 4	0.160 9	0.125 2	0.097 6	0.076 3
28	0.756 8	0.574 4	0.437 1	0.333 5	0.255 1	0.195 6	0.150 4	0.115 9	0.089 5	0.069 3
29	0.749 3	0.563 1	0.424 3	0.320 7	0.242 9	0.184 6	0.140 6	0.107 3	0.082 2	0.063 0
30	0.741 9	0.552 1	0.412 0	0.308 3	0.231 4	0.174 1	0.131 4	0.099 4	0.075 4	0.057 3
35	0.705 9	0.500 0	0.355 4	0.253 4	0.181 3	0.130 1	0.093 7	0.067 6	0.049 0	0.035 6
40	0.671 7	0.452 9	0.306 6	0.208 3	0.142 0	0.097 2	0.066 8	0.046 0	0.031 8	0.022 1
45	0.639 1	0.410 2	0.264 4	0.171 2	0.111 3	0.072 7	0.047 6	0.031 3	0.020 7	0.013 7
50	0.608 0	0.371 5	0.228 1	0.140 7	0.087 2	0.054 3	0.033 9	0.021 3	0.013 4	0.008 5
55	0.578 5	0.336 5	0.196 8	0.115 7	0.068 3	0.040 6	0.024 2	0.014 5	0.008 7	0.005 3

期数	11%	12%	13%	14%	15%	16%	18%	20%	24%	28%
1	0.900 9	0.892 9	0.885 0	0.877 2	0.869 6	0.862 1	0.847 5	0.833 3	0.806 5	0.781 3
2	0.811 6	0.797 2	0.783 1	0.769 5	0.756 1	0.743 2	0.718 2	0.694 4	0.650 4	0.610 4
3	0.731 2	0.711 8	0.693 1	0.675 0	0.657 5	0.640 7	0.608 6	0.578 7	0.524 5	0.476 8
4	0.658 7	0.635 5	0.613 3	0.592 1	0.571 8	0.552 3	0.515 8	0.482 3	0.423 0	0.372 5
5	0.593 5	0.567 4	0.542 8	0.519 4	0.497 2	0.476 1	0.437 1	0.401 9	0.341 1	0.291 0
6	0.534 6	0.506 6	0.480 3	0.455 6	0.432 3	0.410 4	0.370 4	0.334 9	0.275 1	0.227 4
7	0.481 7	0.452 3	0.425 1	0.399 6	0.375 9	0.353 8	0.313 9	0.279 1	0.221 8	0.177 6
8	0.433 9	0.403 9	0.376 2	0.350 6	0.326 9	0.305 0	0.266 0	0.232 6	0.178 9	0.138 8
9	0.390 9	0.360 6	0.332 9	0.307 5	0.284 3	0.263 0	0.225 5	0.193 8	0.144 3	0.108 4
10	0.352 2	0.322 0	0.294 6	0.269 7	0.247 2	0.226 7	0.191 1	0.161 5	0.116 4	0.084 7
11	0.317 3	0.287 5	0.260 7	0.236 6	0.214 9	0.195 4	0.161 9	0.134 6	0.093 8	0.066 2
12	0.285 8	0.256 7	0.230 7	0.207 6	0.186 9	0.168 5	0.137 2	0.112 2	0.075 7	0.051 7
13	0.257 5	0.229 2	0.204 2	0.182 1	0.162 5	0.145 2	0.116 3	0.093 5	0.061 0	0.040 4
14	0.232 0	0.204 6	0.180 7	0.159 7	0.141 3	0.125 2	0.098 5	0.077 9	0.049 2	0.031 6
15	0.209 0	0.182 7	0.159 9	0.140 1	0.122 9	0.107 9	0.083 5	0.064 9	0.039 7	0.024 7
16	0.188 3	0.163 1	0.141 5	0.122 9	0.106 9	0.093 0	0.070 8	0.054 1	0.032 0	0.019 3
17	0.169 6	0.145 6	0.125 2	0.107 8	0.092 9	0.080 2	0.060 0	0.045 1	0.025 8	0.015 0
18	0.152 8	0.130 0	0.110 8	0.094 6	0.080 8	0.069 1	0.050 8	0.037 6	0.020 8	0.011 8
19	0.137 7	0.116 1	0.098 1	0.082 9	0.070 3	0.059 6	0.043 1	0.031 3	0.016 8	0.009 2
20	0.124 0	0.103 7	0.086 8	0.072 8	0.061 1	0.051 4	0.036 5	0.026 1	0.013 5	0.007 2
21	0.111 7	0.092 6	0.076 8	0.063 8	0.053 1	0.044 3	0.030 9	0.021 7	0.010 9	0.005 6
22	0.100 7	0.082 6	0.068 0	0.056 0	0.046 2	0.038 2	0.026 2	0.018 1	0.008 8	0.004 4
23	0.090 7	0.073 8	0.060 1	0.049 1	0.040 2	0.032 9	0.022 2	0.015 1	0.007 1	0.003 4
24	0.081 7	0.065 9	0.053 2	0.043 1	0.034 9	0.028 4	0.018 8	0.012 6	0.005 7	0.002 7
25	0.073 6	0.058 8	0.047 1	0.037 8	0.030 4	0.024 5	0.016 0	0.010 5	0.004 6	0.002 1
26	0.066 3	0.052 5	0.041 7	0.033 1	0.026 4	0.021 1	0.013 5	0.008 7	0.003 7	0.001 6
27	0.059 7	0.046 9	0.036 9	0.029 1	0.023 0	0.018 2	0.011 5	0.007 3	0.003 0	0.001 3
28	0.053 8	0.041 9	0.032 6	0.025 5	0.020 0	0.015 7	0.009 7	0.006 1	0.002 4	0.001 0
29	0.048 5	0.037 4	0.028 9	0.022 4	0.017 4	0.013 5	0.008 2	0.005 1	0.002 0	0.000 8
30	0.043 7	0.033 4	0.025 6	0.019 6	0.015 1	0.011 6	0.007 0	0.004 2	0.001 6	0.000 6
35	0.025 9	0.018 9	0.013 9	0.010 2	0.007 5	0.005 5	0.003 0	0.001 7	0.000 5	0.000 2
40	0.015 4	0.010 7	0.007 5	0.005 3	0.003 7	0.002 6	0.001 3	0.000 7	0.000 2	0.000 1
45	0.009 1	0.006 1	0.004 1	0.002 7	0.001 9	0.001 3	0.000 6	0.000 3	0.000 1	*
50	0.005 4	0.003 5	0.002 2	0.001 4	0.000 9	0.000 6	0.000 3	0.000 1	*	*
55	0.003 2	0.002 0	0.001 2	0.000 7	0.000 5	0.000 3	0.000 1	*	*	*

附表三 年金终值系数表

期数	1%	2%	3%	4%	5%	6%	7%	8%	9%	10%
1	1.000 0	1.000 0	1.000 0	1.000 0	1.000 0	1.000 0	1.000 0	1.000 0	1.000 0	1.000 0
2	2.010 0	2.020 0	2.030 0	2.040 0	2.050 0	2.060 0	2.070 0	2.080 0	2.090 0	2.100 0
3	3.030 1	3.060 4	3.090 9	3.121 6	3.152 5	3.183 6	3.214 9	3.246 4	3.278 1	3.310 0
4	4.060 4	4.121 6	4.183 6	4.246 5	4.310 1	4.374 6	4.439 9	4.506 1	4.573 1	4.641 0
5	5.101 0	5.204 0	5.309 1	5.416 3	5.525 6	5.637 1	5.750 7	5.866 6	5.984 7	6.105 1
6	6.152 0	6.308 1	6.468 4	6.633 0	6.801 9	6.975 3	7.153 3	7.335 9	7.523 3	7.715 6
7	7.213 5	7.434 3	7.662 5	7.898 3	8.142 0	8.393 8	8.654 0	8.922 8	9.200 4	9.487 2
8	8.285 7	8.583 0	8.892 3	9.214 2	9.549 1	9.897 5	10.259 8	10.636 6	11.028 5	11.435 9
9	9.368 5	9.754 6	10.159 1	10.582 8	11.026 6	11.491 3	11.978 0	12.487 6	13.021 0	13.579 5
10	10.462 2	10.949 7	11.463 9	12.006 1	12.577 9	13.180 8	13.816 4	14.486 6	15.192 9	15.937 4
11	11.566 8	12.168 7	12.807 8	13.486 4	14.206 8	14.971 6	15.783 6	16.645 5	17.560 3	18.531 2
12	12.682 5	13.412 1	14.192 0	15.025 8	15.917 1	16.869 9	17.888 5	18.977 1	20.140 7	21.384 3
13	13.809 3	14.680 3	15.617 8	16.626 8	17.713 0	18.882 1	20.140 6	21.495 3	22.953 4	24.522 7
14	14.947 4	15.973 9	17.086 3	18.291 9	19.598 6	21.015 1	22.550 5	24.214 9	26.019 2	27.975 0
15	16.096 9	17.293 4	18.598 9	20.023 6	21.578 6	23.276 0	25.129 0	27.152 1	29.360 9	31.772 5
16	17.257 9	18.639 3	20.156 9	21.824 5	23.657 5	25.672 5	27.888 1	30.324 3	33.003 4	35.949 7
17	18.430 4	20.012 1	21.761 6	23.697 5	25.840 4	28.212 9	30.840 2	33.750 2	36.973 7	40.544 7
18	19.614 7	21.412 3	23.414 4	25.645 4	28.132 4	30.905 7	33.999 0	37.450 2	41.301 3	45.599 2
19	20.810 9	22.840 6	25.116 9	27.671 2	30.539 0	33.760 0	37.379 0	41.446 3	46.018 5	51.159 1
20	22.019 0	24.297 4	26.870 4	29.778 1	33.066 0	36.785 6	40.995 5	45.762 0	51.160 1	57.275 0
21	23.239 2	25.783 3	28.676 5	31.969 2	35.719 3	39.992 7	44.865 2	50.422 9	56.764 5	64.002 5
22	24.471 6	27.299 0	30.536 8	34.248 0	38.505 2	43.392 3	49.005 7	55.456 8	62.873 3	71.402 7
23	25.716 3	28.845 0	32.452 9	36.617 9	41.430 5	46.995 8	53.436 1	60.893 3	69.531 9	79.543 0
24	26.973 5	30.421 9	34.426 5	39.082 6	44.502 0	50.815 6	58.176 7	66.764 8	76.789 8	88.497 3
25	28.243 2	32.030 3	36.459 3	41.645 9	47.727 1	54.864 5	63.249 0	73.105 9	84.700 9	98.347 1
26	29.525 6	33.670 9	38.553 0	44.311 7	51.113 5	59.156 4	68.676 5	79.954 4	93.324 0	109.182
27	30.820 9	35.344 3	40.709 6	47.084 2	54.669 1	63.705 8	74.483 8	87.350 8	102.723	121.100
28	32.129 1	37.051 2	42.930 9	49.967 6	58.402 6	68.528 1	80.697 7	95.338 8	112.968	134.210
29	33.450 4	38.792 2	45.218 9	52.966 3	62.322 7	73.639 8	87.346 5	103.966	124.135	148.631
30	34.784 9	40.568 1	47.575 4	56.084 9	66.438 8	79.058 2	94.460 8	113.283	136.308	164.494
35	41.660 3	49.994 5	60.462 1	73.652 2	90.320 3	111.435	138.237	172.317	215.711	271.024
40	48.886 4	60.402 0	75.401 3	95.025 5	120.800	154.762	199.635	259.057	337.882	442.593
45	56.481 1	71.892 7	92.719 9	121.029	159.700	212.744	285.749	386.506	525.859	718.905
50	64.463 2	84.579 4	112.797	152.667	209.348	290.336	406.529	573.770	815.084	1 163.91
55	72.852 5	98.586 5	136.072	191.159	272.713	394.172	575.929	848.923	1 260.09	1 880.59

期数	11%	12%	13%	14%	15%	16%	18%	20%	24%	28%
1	1.000 0	1.000 0	1.000 0	1.000 0	1.000 0	1.000 0	1.000 0	1.000 0	1.000 0	1.000 0
2	2.110 0	2.120 0	2.130 0	2.140 0	2.150 0	2.160 0	2.180 0	2.200 0	2.240 0	2.280 0
3	3.342 1	3.374 4	3.406 9	3.439 6	3.472 5	3.505 6	3.572 4	3.640 0	3.777 6	3.918 4
4	4.709 7	4.779 3	4.849 8	4.921 1	4.993 4	5.066 5	5.215 4	5.368 0	5.684 2	6.015 6
5	6.227 8	6.352 8	6.480 3	6.610 1	6.742 4	6.877 1	7.154 2	7.441 6	8.048 4	8.699 9
6	7.912 9	8.115 2	8.322 7	8.535 5	8.753 7	8.977 5	9.442 0	9.929 9	10.980 1	12.135 9
7	9.783 3	10.089 0	10.404 7	10.730 5	11.066 8	11.413 9	12.141 5	12.915 9	14.615 3	16.533 9
8	11.859 4	12.299 7	12.757 3	13.232 8	13.726 8	14.240 1	15.327 0	16.499 1	19.122 9	22.163 4
9	14.164 0	14.775 7	15.415 7	16.085 3	16.785 8	17.518 5	19.085 9	20.798 9	24.712 5	29.369 2
10	16.722 0	17.548 7	18.419 7	19.337 3	20.303 7	21.321 5	23.521 3	25.958 7	31.643 4	38.592 6
11	19.561 4	20.654 6	21.814 3	23.044 5	24.349 3	25.732 9	28.755 1	32.150 4	40.237 9	50.398 5
12	22.713 2	24.133 1	25.650 2	27.270 7	29.001 7	30.850 2	34.931 1	39.580 5	50.895 0	65.510 0
13	26.211 6	28.029 1	29.984 7	32.088 7	34.351 9	36.786 2	42.218 7	48.496 6	64.109 7	84.852 9
14	30.094 9	32.392 6	34.882 7	37.581 1	40.504 7	43.672 0	50.818 0	59.195 9	80.496 1	109.612
15	34.405 4	37.279 7	40.417 5	43.842 4	47.580 4	51.659 5	60.965 3	72.035 1	100.815	141.303
16	39.189 9	42.753 3	46.671 7	50.980 4	55.717 5	60.925 0	72.939 0	87.442 1	126.011	181.868
17	44.500 8	48.883 7	53.739 1	59.117 6	65.075 1	71.673 0	87.068 0	105.931	157.253	233.791
18	50.395 9	55.749 7	61.725 1	68.394 1	75.836 4	84.140 7	103.740	128.117	195.994	300.252
19	56.939 5	63.439 7	70.749 4	78.969 2	88.211 8	98.603 2	123.414	154.740	244.033	385.323
20	64.202 8	72.052 4	80.946 8	91.024 9	102.444	115.380	146.628	186.688	303.601	494.213
21	72.265 1	81.698 7	92.469 9	104.768	118.810	134.841	174.021	225.026	377.465	633.593
22	81.214 3	92.502 6	105.491	120.436	137.632	157.415	206.345	271.031	469.056	811.999
23	91.147 9	104.603	120.205	138.297	159.276	183.601	244.487	326.237	582.630	1 040.36
24	102.174	118.155	136.831	158.659	184.168	213.978	289.495	392.484	723.461	1 332.66
25	114.413	133.334	155.620	181.871	212.793	249.214	342.604	471.981	898.092	1 706.80
26	127.999	150.334	176.850	208.333	245.712	290.088	405.272	567.377	1 114.63	2 185.71
27	143.079	169.374	200.841	238.499	283.569	337.502	479.221	681.853	1 383.15	2 798.71
28	159.817	190.699	227.950	272.889	327.104	392.503	566.481	819.223	1 716.10	3 583.34
29	178.397	214.583	258.583	312.094	377.170	456.303	669.447	984.068	2 128.96	4 587.68
30	199.021	241.333	293.199	356.787	434.745	530.312	790.948	1 181.88	2 640.92	5 873.23
35	341.590	431.663	546.681	693.573	881.170	1 120.71	1 816.65	2 948.34	7 750.23	20 189.0
40	581.826	767.091	1 013.70	1 342.03	1 779.09	2 360.76	4 163.21	7 343.86	22 728.8	69 377.5
45	986.639	1 358.23	1 874.16	2 590.56	3 585.13	4 965.27	9 531.58	18 281.3	66 640.4	238 388
50	1 668.77	2 400.02	3 459.51	4 994.52	7 217.72	10 435.6	21 813.1	45 497.2	195 373	819 103
55	2 818.20	4 236.01	6 380.40	9 623.13	14 524.1	21 925.3	49 910.2	113 219	572 767	2 814 425

附表四　年金现值系数表

期数	1%	2%	3%	4%	5%	6%	7%	8%	9%	10%
1	0.990 1	0.980 4	0.970 9	0.961 5	0.952 4	0.943 4	0.934 6	0.925 9	0.917 4	0.909 1
2	1.970 4	1.941 6	1.913 5	1.886 1	1.859 4	1.833 4	1.808 0	1.783 3	1.759 1	1.735 5
3	2.941 0	2.883 9	2.828 6	2.775 1	2.723 2	2.673 0	2.624 3	2.577 1	2.531 3	2.486 9
4	3.902 0	3.807 7	3.717 1	3.629 9	3.546 0	3.465 1	3.387 2	3.312 1	3.239 7	3.169 9
5	4.853 4	4.713 5	4.579 7	4.451 8	4.329 5	4.212 4	4.100 2	3.992 7	3.889 7	3.790 8
6	5.795 5	5.601 4	5.417 2	5.242 1	5.075 7	4.917 3	4.766 5	4.622 9	4.485 9	4.355 3
7	6.728 2	6.472 0	6.230 3	6.002 1	5.786 4	5.582 4	5.389 3	5.206 4	5.033 0	4.868 4
8	7.651 7	7.325 5	7.019 7	6.732 7	6.463 2	6.209 8	5.971 3	5.746 6	5.534 8	5.334 9
9	8.566 0	8.162 2	7.786 1	7.435 3	7.107 8	6.801 7	6.515 2	6.246 9	5.995 2	5.759 0
10	9.471 3	8.982 6	8.530 2	8.110 9	7.721 7	7.360 1	7.023 6	6.710 1	6.417 7	6.144 6
11	10.367 6	9.786 8	9.252 6	8.760 5	8.306 4	7.886 9	7.498 7	7.139 0	6.805 2	6.495 1
12	11.255 1	10.575 3	9.954 0	9.385 1	8.863 3	8.383 8	7.942 7	7.536 1	7.160 7	6.813 7
13	12.133 7	11.348 4	10.635 0	9.985 6	9.393 6	8.852 7	8.357 7	7.903 8	7.486 9	7.103 4
14	13.003 7	12.106 2	11.296 1	10.563 1	9.898 6	9.295 0	8.745 5	8.244 2	7.786 2	7.366 7
15	13.865 1	12.849 3	11.937 9	11.118 4	10.379 7	9.712 2	9.107 9	8.559 5	8.060 7	7.606 1
16	14.717 9	13.577 7	12.561 1	11.652 3	10.837 8	10.105 9	9.446 6	8.851 4	8.312 6	7.823 7
17	15.562 3	14.291 9	13.166 1	12.165 7	11.274 1	10.477 3	9.763 2	9.121 6	8.543 6	8.021 6
18	16.398 3	14.992 0	13.753 5	12.659 3	11.689 6	10.827 6	10.059 1	9.371 9	8.755 6	8.201 4
19	17.226 0	15.678 5	14.323 8	13.133 9	12.085 3	11.158 1	10.335 6	9.603 6	8.950 1	8.364 9
20	18.045 6	16.351 4	14.877 5	13.590 3	12.462 2	11.469 9	10.594 0	9.818 1	9.128 5	8.513 6
21	18.857 0	17.011 2	15.415 0	14.029 2	12.821 2	11.764 1	10.835 5	10.016 8	9.292 2	8.648 7
22	19.660 4	17.658 0	15.936 9	14.451 1	13.163 0	12.041 6	11.061 2	10.200 7	9.442 4	8.771 5
23	20.455 8	18.292 2	16.443 6	14.856 8	13.488 6	12.303 4	11.272 2	10.371 1	9.580 2	8.883 2
24	21.243 4	18.913 9	16.935 5	15.247 0	13.798 6	12.550 4	11.469 3	10.528 8	9.706 6	8.984 7
25	22.023 2	19.523 5	17.413 1	15.622 1	14.093 9	12.783 4	11.653 6	10.674 8	9.822 6	9.077 0
26	22.795 2	20.121 0	17.876 8	15.982 8	14.375 2	13.003 2	11.825 8	10.810 0	9.929 0	9.160 9
27	23.559 6	20.706 9	18.327 0	16.329 6	14.643 0	13.210 5	11.986 7	10.935 2	10.026 6	9.237 2
28	24.316 4	21.281 3	18.764 1	16.663 1	14.898 1	13.406 2	12.137 1	11.051 1	10.116 1	9.306 6
29	25.065 8	21.844 4	19.188 5	16.983 7	15.141 1	13.590 7	12.277 7	11.158 4	10.198 3	9.369 6
30	25.807 7	22.396 5	19.600 4	17.292 0	15.372 5	13.764 8	12.409 0	11.257 8	10.273 7	9.426 9
35	29.408 6	24.998 6	21.487 2	18.664 6	16.374 2	14.498 2	12.947 7	11.654 6	10.566 8	9.644 2
40	32.834 7	27.355 5	23.114 8	19.792 8	17.159 1	15.046 3	13.331 7	11.924 6	10.757 4	9.779 1
45	36.094 5	29.490 2	24.518 7	20.720 0	17.774 1	15.455 8	13.605 5	12.108 4	10.881 2	9.862 8
50	39.196 1	31.423 6	25.729 8	21.482 2	18.255 9	15.761 9	13.800 7	12.233 5	10.961 7	9.914 8
55	42.147 2	33.174 8	26.774 4	22.108 6	18.633 5	15.990 5	13.939 9	12.318 6	11.014 0	9.947 1

期数	11%	12%	13%	14%	15%	16%	18%	20%	24%	28%
1	0.900 9	0.892 9	0.885 0	0.877 2	0.869 6	0.862 1	0.847 5	0.833 3	0.806 5	0.781 3
2	1.712 5	1.690 1	1.668 1	1.646 7	1.625 7	1.605 2	1.565 6	1.527 8	1.456 8	1.391 6
3	2.443 7	2.401 8	2.361 2	2.321 6	2.283 2	2.245 9	2.174 3	2.106 5	1.981 3	1.868 4
4	3.102 4	3.037 3	2.974 5	2.913 7	2.855 0	2.798 2	2.690 1	2.588 7	2.404 3	2.241 0
5	3.695 9	3.604 8	3.517 2	3.433 1	3.352 2	3.274 3	3.127 2	2.990 6	2.745 4	2.532 0
6	4.230 5	4.111 4	3.997 5	3.888 7	3.784 5	3.684 7	3.497 6	3.325 5	3.020 5	2.759 4
7	4.712 2	4.563 8	4.422 6	4.288 3	4.160 4	4.038 6	3.811 5	3.604 6	3.242 3	2.937 0
8	5.146 1	4.967 6	4.798 8	4.638 9	4.487 3	4.343 6	4.077 6	3.837 2	3.421 2	3.075 8
9	5.537 0	5.328 2	5.131 7	4.946 4	4.771 6	4.606 5	4.303 0	4.031 0	3.565 5	3.184 2
10	5.889 2	5.650 2	5.426 2	5.216 1	5.018 8	4.833 2	4.494 1	4.192 5	3.681 9	3.268 9
11	6.206 5	5.937 7	5.686 9	5.452 7	5.233 7	5.028 6	4.656 0	4.327 1	3.775 7	3.335 1
12	6.492 4	6.194 4	5.917 6	5.660 3	5.420 6	5.197 1	4.793 2	4.439 2	3.851 4	3.386 8
13	6.749 9	6.423 5	6.121 8	5.842 4	5.583 1	5.342 3	4.909 5	4.532 7	3.912 4	3.427 2
14	6.981 9	6.628 2	6.302 5	6.002 1	5.724 5	5.467 5	5.008 1	4.610 6	3.961 6	3.458 7
15	7.190 9	6.810 9	6.462 4	6.142 2	5.847 4	5.575 5	5.091 6	4.675 5	4.001 3	3.483 4
16	7.379 2	6.974 0	6.603 9	6.265 1	5.954 2	5.668 5	5.162 4	4.729 6	4.033 3	3.502 6
17	7.548 8	7.119 6	6.729 1	6.372 9	6.047 2	5.748 7	5.222 3	4.774 6	4.059 1	3.517 7
18	7.701 6	7.249 7	6.839 9	6.467 4	6.128 0	5.817 8	5.273 2	4.812 2	4.079 9	3.529 4
19	7.839 3	7.365 8	6.938 0	6.550 4	6.198 2	5.877 5	5.316 2	4.843 5	4.096 7	3.538 6
20	7.963 3	7.469 4	7.024 8	6.623 1	6.259 3	5.928 8	5.352 7	4.869 6	4.110 3	3.545 8
21	8.075 1	7.562 0	7.101 6	6.687 0	6.312 5	5.973 1	5.383 7	4.891 3	4.121 2	3.551 4
22	8.175 7	7.644 6	7.169 5	6.742 9	6.358 7	6.011 3	5.409 9	4.909 4	4.130 0	3.555 8
23	8.266 4	7.718 4	7.229 7	6.792 1	6.398 8	6.044 2	5.432 1	4.924 5	4.137 1	3.559 2
24	8.348 1	7.784 3	7.282 9	6.835 1	6.433 8	6.072 6	5.450 9	4.937 1	4.142 8	3.561 9
25	8.421 7	7.843 1	7.330 0	6.872 9	6.464 1	6.097 1	5.466 9	4.947 6	4.147 4	3.564 0
26	8.488 1	7.895 7	7.371 7	6.906 1	6.490 6	6.118 2	5.480 4	4.956 3	4.151 1	3.565 6
27	8.547 8	7.942 6	7.408 6	6.935 2	6.513 5	6.136 4	5.491 9	4.963 6	4.154 2	3.566 9
28	8.601 6	7.984 4	7.441 2	6.960 7	6.533 5	6.152 0	5.501 6	4.969 7	4.156 6	3.567 9
29	8.650 1	8.021 8	7.470 1	6.983 0	6.550 9	6.165 6	5.509 8	4.974 7	4.158 5	3.568 7
30	8.693 8	8.055 2	7.495 7	7.002 7	6.566 0	6.177 2	5.516 8	4.978 9	4.160 1	3.569 3
35	8.855 2	8.175 5	7.585 6	7.070 0	6.616 6	6.215 3	5.538 6	4.991 5	4.164 4	3.570 8
40	8.951 1	8.243 8	7.634 4	7.105 0	6.641 8	6.233 5	5.548 2	4.996 6	4.165 9	3.571 2
45	9.007 9	8.282 5	7.660 9	7.123 2	6.654 3	6.242 1	5.552 3	4.998 6	4.166 4	3.571 4
50	9.041 7	8.304 5	7.675 2	7.132 7	6.660 5	6.246 3	5.554 1	4.999 5	4.166 6	3.571 4
55	9.061 7	8.317 0	7.683 0	7.137 6	6.663 6	6.248 2	5.554 9	4.999 8	4.166 6	3.571 4

参考文献

[1] 盖地. 税务筹划学. 8版. 北京：中国人民大学出版社，2022.
[2] 高允斌. 公司税制与纳税筹划. 北京：中信出版社，2011.
[3] 蔡昌. 税收筹划：理论、实务与案例. 3版. 北京：中国人民大学出版社，2020.
[4] 中国注册会计师协会. 税法. 北京：中国财政经济出版社，2023.
[5] 中国注册会计师协会. 会计. 北京：中国财政经济出版社，2023.
[6] 中国注册会计师协会. 财务成本管理. 北京：中国财政经济出版社，2023.
[7] 梁文涛. 企业纳税筹划方案设计. 北京：中国人民大学出版社，2015.
[8] 梁文涛. 企业纳税方案优化设计120例. 北京：中国税务出版社，2014.
[9] 梁文涛，苏杉. 纳税筹划. 6版. 北京：清华大学出版社，2021.
[10] 梁文涛，苏杉. 纳税筹划实务. 8版. 北京：清华大学出版社，2021.
[11] 梁文涛. 企业纳税实务. 4版. 北京：高等教育出版社，2023.
[12] 梁文涛. 企业纳税实务习题与实训. 4版. 北京：高等教育出版社，2023.
[13] 梁文涛. 税法（简明版）. 3版. 北京：中国人民大学出版社，2022.
[14] 梁文涛. 税法. 7版. 北京：中国人民大学出版社，2023.
[15] 梁文涛. 税法习题集. 北京：中国人民大学出版社，2023.
[16] 梁文涛. 税务会计（简明版）. 2版. 北京：中国人民大学出版社，2022.
[17] 梁文涛. 税务会计. 5版. 北京：中国人民大学出版社，2023.
[18] 梁文涛.《税务会计（第5版）》习题集. 北京：中国人民大学出版社，2023.
[19] 梁文涛. 中国税收：税费计算与申报. 6版. 北京：中国人民大学出版社，2023.

中国人民大学出版社　管理分社

教师教学服务说明

中国人民大学出版社管理分社以出版工商管理和公共管理类精品图书为宗旨。为更好地服务一线教师，我们着力建设了一批数字化、立体化的网络教学资源。教师可以通过以下方式获得免费下载教学资源的权限：

- 在中国人民大学出版社网站 www.crup.com.cn 进行注册，注册后进入“会员中心”，在左侧点击“我的教师认证”，填写相关信息，提交后等待审核。我们将在一个工作日内为您开通相关资源的下载权限。

- 如您急需教学资源或需要其他帮助，请加入教师 QQ 群或在工作时间与我们联络。

中国人民大学出版社　管理分社

教师 QQ 群：648333426(工商管理)　114970332(财会)　648117133(公共管理)
教师群仅限教师加入，入群请备注（学校+姓名）

联系电话：010-62515735，62515987，62515782，82501048，62514760

电子邮箱：glcbfs@crup.com.cn

通讯地址：北京市海淀区中关村大街甲 59 号文化大厦 1501 室（100872）

管理书社　　人大社财会　　公共管理与政治学悦读坊